A NEW HISTORY OF PSYCHOLOGY

新编心理学史

主编　杨鑫辉

暨南大學出版社
JINAN UNIVERSITY PRESS
中国·广州

图书在版编目（CIP）数据

新编心理学史／杨鑫辉主编．—广州：暨南大学出版社，2003. 8
（2015. 1 重印）
ISBN 978 - 7 - 81079 - 153 - 3

Ⅰ. 新… Ⅱ. 杨… Ⅲ. 心理学史—世界 Ⅳ. B84 - 091

中国版本图书馆 CIP 数据核字（2007）第 016922 号

出版发行：暨南大学出版社

地　址：中国广州暨南大学
电　话：总编室（8620）85221601
　　　　营销部（8620）85225284　85228291　85228292（邮购）
传　真：（8620）85221583（办公室）　85223774（营销部）
邮　编：510630
网　址：http：//www. jnupress. com　http：//press. jnu. edu. cn

排　版：暨南大学出版社照排中心
印　刷：暨南大学印刷厂

开　本：787mm × 960mm　1/16
印　张：27. 5
字　数：471 千
版　次：2003 年 8 月第 1 版
印　次：2015 年 1 月第 9 次
印　数：15001—16000 册

定　价：38. 00 元

目　录

下编　外国心理学史

绪 论

心理学史是伴随心理学思想和心理科学的产生与发展而形成的一门分支学科。心理学史所包含的知识与智慧哺育了一代又一代的心理学工作者，因为今天看来是科学历史的东西在过去就是科学现实，而今天的科学现实在以后看来又是科学历史。正是这条心理学发展的知识链，将每一位心理学者与心理学史联系起来了。没有哪一位真正的心理学者是不懂心理学史的，更不可能是对心理学史一无所知的人。

摆在读者面前的这部心理学史教材，涵盖了外国心理学史和中国心理学史两大部分。心理学史是心理学专业的学生必学的课程，并将给哲学、教育学、社会学、管理学以至医学、文学等专业的学习者以必要的帮助。

一、通古变今昭示明天的学史意旨

在学习和研究某门科学的学术活动中，应当善于从本学科的历史中继承和发展其优秀的成果与思想。了解过去是为了更好地理解今天和预见明天。我国著名心理学史家高觉敷教授在《有关心理学史的几个问题》一文中指出：“心理学虽仅在百余年前挤入自然科学之列，但几千年前的哲学家都已对人的心理现象和活动提出了种种看法和学说。所以我们不但要懂得心理学的今天，还要懂得心理学的昨天；懂得了心理学的昨天，才可以更深刻地懂得心理学的今天。”[①] 杨鑫辉教授在此基础上，补充过如下意见：“懂得了心理学的昨天和今天，才可以正确地预见和迈向心理学的明天。我们研究心理学史决不是钻心理学的故纸堆，而是站在今天研究过去，展现未来，古为今用，洋为中用。”[②] 后来他在其主编的《心理学通史》的总论中又进一步概括说：“研究心理学史的真谛应当是：治史之意不在古，论古之旨却在今，通古变今，昭示明天。所以学习和运用心理学史决不只是心理学史工作者的事，而是跟所有心理学工作

① 高觉敷：《心理学文选》，494～495页，江苏教育出版社，1986。
② 杨鑫辉：《心理学探新论丛》第1辑，2页，南京师范大学出版社，1998。

者密切相关。”[①]基于以上认识，可以说通古变今、昭示明天是学习和研究心理学史的意义和主旨所在。

(一)研习心理学史的一般意义

1. 有助于掌握科学心理学发展的历史规律

心理学的发展同其他科学的发展一样，是非直线性的，是按自身发展的内在逻辑螺旋式上升。前一个历史时期的心理学思想观点，对后来的心理学思想观点，是一种继承或更替的关系。研习心理学史，可以帮助我们对各种心理学理论追本溯源，理解其前因后果，发现其发展规律。例如说，中外心理学都是从哲学母体中分化独立出来的，都经历了从思辨的心理学思想发展为实验的心理科学的过程；就心理学史来说，古代只是心理学思想史，近现代才是心理学科学史。

2. 有助于增强研习分支心理学的理论深度

从系统论的观点考察，心理学的知识内容体系可以看成是一株心理学系统树。心理学史是根部，普通心理学是其主干，由主干生发出的许多心理学分支是枝叶。研习心理学史可以帮助我们知根知底，知其源流，因而能深化对各种分支心理学知识的理解，增强心理学理论深度。“普通心理学所提供的是心理学的现代科学知识的横断面，心理学史所提供的是心理学自古至今或自近代至现代的科学知识发展的全面观。”[②]所有心理学工作者都应学习心理学史的道理之一，即在于此。

3. 有助于提高研习心理学的理论思维能力

恩格斯说：“一个民族想要站在科学的最高峰，就一刻也不能没有理论思维。”[③]研习心理学史有助于锻炼和提高我们的理论思维能力。我们运用辩证唯物论与历史唯物论作指导，分析心理学发展史上的各种各样的理论观点，评价心理学家的贡献与局限，能够帮助提高分析问题和解决问题的能力，提高鉴别能力和批判能力。当前国外历史教学中重视培养历史思维(think historically)，就是一种站在历史的角度对历史事实进行综合分析的理论思维方式。心理学史作为一门专业史，无疑也能在这方面发挥作用。

(二)研习中国心理学史的特殊意义

1. 建立中国心理学体系的本土化的意义

① 杨鑫辉：《心理学的历史·理论·技术》，4页，暨南大学出版社，2001。
② 高觉敷主编：《西方近代心理学史》，15~16页，人民教育出版社，1982。
③ 恩格斯：《自然辩证法》，29页，人民出版社，1971。

心理学是一门既具自然科学性质又具人文社会科学性质的二重性学科，这是由人既是自然实体又是社会实体的本质所决定的。人的心理活动规律除了有共性的一面，其心理活动内容与表现方式与社会文化背景又有密不可分且有差异性的一面，所以心理学必须国际化与本土化相结合。中国古代的心理学思想，不可避免地受到中国传统文化的渗透与影响。中国人现在的思维方式、行为规范、价值观念、风俗习惯等等，产生于我国的文化背景，也与历史的沉淀有联系。因此，正如著名心理学家潘菽教授所说："我国古代思想家关于心理学的光辉见解的整理阐述，这是建立我国心理学体系的一项必要的研究工作。"①

2. 丰富世界心理学宝库的国际性意义

尽管中国心理学史作为一个新创建的心理学史分支学科还不到20年，但中国古代的心理学思想却极为丰富且源远流长。中国是世界心理学思想最早的策源地之一，早为国际心理学界所公认。中国古代心理学思想直接影响西方心理学家的事实不少。例如，弗朗兹、高尔顿等采纳了中国古代"左手画圆，右手画方"的注意分配实验；马斯洛的人本主义心理学，直接吸取了中国道家"无为而治"和"任其自然"的观点。中国古代心理学思想，以其自身的特点弥补和充实了世界心理学思想的宝库。

3. 弘扬民族优秀文化传统的教育性意义

我们早就指出："建立有中国特色的心理学体系，一要博采众长，吸取世界各国的优秀成果；二要立足本国现实心理问题的科学实验、调查与研究；三是弘扬祖国心理学思想遗产的精华，将三者有机地结合起来融会为一体。"②研习中国心理学史，就是尊重心理学历史发展的辩证法，光大祖国心理学思想遗产。弘扬民族优秀文化传统，首先是一项爱国主义事业；其次可以学习古代学者探求真理、严谨治学的精神。古代学者提炼出的心理学思想精华就是探求真理的过程，而"对真理的追求要比对真理的占有更为可贵"(爱因斯坦语)。

二、纵贯古今横跨中外的内容体系

心理学史是研究心理学形成、演变和发展的历史。作为教材，它应是心理学通史的简史本，要求反映心理学发展至今的主要面貌和演变轨迹。因此，这部教材的内容体系要基本上做到纵贯古今横跨中外。全书分为中外两编，共

① 潘菽："论心理学基本理论问题的研究"，载《心理学报》，1980(1)。
② 杨鑫辉：《中国心理学思想史》，17页，江西教育出版社，1994。

19章。上编中国心理学史(第一至第四章)，上起先秦下至近现代。下编外国心理学史(第五至十九章)，主要介绍欧美和苏俄近现代心理学流派。这样既可以纵览从古代心理学思想发展为近现代的心理科学的中国心理学发展史，又可以横观近现代外国心理学流派的理论观点的演变史。虽然限于教学时间对内容篇幅的制约，外国部分未介绍其古代心理学思想，但总的说本书还是反映了纵贯古今横跨中外的要求，以帮助读者对心理学发展的历史有一个比较全面的了解与认识。

(一)中国心理学简史

中国心理学源远流长，在历史上产生了极其丰富的心理学思想，至清末由于西方心理学的传播，才发展为近现代中国心理科学。中国心理学史是由古代心理学思想的演变和近现代心理学的形成发展两大部分构成的。当然，将两者冶于一炉的做法，只有“等到我们把我国古代心理学思想中可贵可取的部分都吸收到我国自己的心理学中来，成为我国心理学的一部分骨架和血肉的时候，我国心理学史的前后两部分就更连贯起来了”。[①]

第一至第三章，为古代心理学思想发展史。第一章首先简述了以人性论为主的基本观点，包括孟子的性善端说和荀子的性伪说；其次论述先秦普通心理学思想，包括知虑心理思想、志意心理思想、性欲心理思想、智能心理思想和释梦心理思想；最后论述先秦应用心理学思想，包括社会心理学思想、教育心理学思想、文艺心理学思想、医学心理学思想、运动心理学思想和军事心理学思想。第二章介绍两汉至唐时期心理学思想，第三章介绍宋元明清时期心理学思想。这两章也大体上先论述心理学思想的基本观点，再按范畴和专题论述普通心理学思想和应用心理学思想。中国古代心理学思想是非常宝贵的，虽然它没有直接形成为现代心理科学，但是对它的继承发展却丰富了中国近现代心理学。

第四章是中国近现代心理学。中国近代心理学经历了一个启蒙时期后，由于西方心理学的传播才进入发端期。20世纪初至40年代是中国现代心理学的创立时期。中国现代心理学创立的主要标志有：1917年在北京大学创建了我国第一个心理学实验室，1920年南京高等师范学校成立了我国第一个心理学系，1921年中华心理学会在南京成立，1922年在上海创办了我国第一种心理学杂志《心理》，1929年中央研究院成立心理研究所。这个时期主要是学习西方心理学。

中国现代心理学的发展时期，经历了五个阶段，即学习苏联心理学的改造

① 潘菽：《中国心理学史·序》，2页，人民教育出版社，1986。

阶段(1950—1956)，初步繁荣阶段(1957—1965)，停滞不前阶段(1966—1976)，重新恢复阶段(1977—1980)，稳定发展阶段(1981—)。

中国心理学的发展道路是有过曲折的，先是只学西方心理学，后是只学苏联心理学，都存在过照搬外国心理学的倾向。历史的经验教训告诉我们：既要博采众长，吸取外国心理学先进的科学技术，更要立足本国现实心理问题的科学实验、调查与研究，同时吸取和光大祖国心理学思想遗产的精华，创建和发展有中国特色的心理学。

(二)外国心理学流派

西方心理学史可以上溯到古代希腊、罗马时期的心理学思想，经过欧洲中世纪和文艺复兴时期的心理学思想，才出现近代英国和法国的经验心理学、德国的理性心理学，最后在19世纪西方生理心理学和心理物理学的基础上，产生了实验的科学心理学。德国的冯特1879年在德国莱比锡大学创建世界第一个心理学实验室，一般公认这是现代实验心理学诞生的标志。当时的世界心理学中心在德国，后来逐渐转移到了美国，但心理学中心都在西方。所以讲外国心理学史，可以以欧美心理学和苏俄心理学为代表。

在心理学发展的过程中，形成了各种不同和各具特点的心理学理论派别，它们是心理学史的核心内容。因此，下编以外国心理学流派为内容，来论述外国心理学的发展历史。

严格地说，现代心理学流派应当从实验心理学产生以后算起。为了衔接近现代心理学，本编首先介绍了联想主义心理学，以下基本上以时间先后为顺序，包括联想主义心理学在内，着重论述了15个心理学派别，其中欧美的12个，苏俄的3个。它们是以其对世界心理学的重要影响又具代表性而被选入本书的。

联想主义心理学探讨联想的心理学规律，试图用联想来解释一切心理现象。联想主义的先躯所持的完全是哲学心理学观点，英格兰和苏格兰的一些心理学家则运用自然科学深化和发展联想心理学思想，对心理学从哲学心理学向实验心理学的转变起了促进作用。

德国人冯特认为心理学的研究对象是直接经验，把意识分析为最基本的意识状态，即心理元素；心理学的任务是对经验或意识的元素进行分析和综合。他在心理学研究中引入生理学和物理学的方法，把传统的经验的内省改造成实验的内省，以研究感知、判断等的内容为主，故称为内容心理学。冯特被公认为现代实验心理学的创始人。他的学生铁钦纳更为极端，认为心理学是一门纯粹的科学，只能研究意识的元素构造，分析心理的结构。铁钦纳是构造心理学的最主要的代表人物。

意动心理学是与以冯特为代表的内容心理学相对立的一个心理学派别，其主要代表人物是德国的布伦塔诺。布伦塔诺主张心理学的研究对象是经验活动，而不是经验活动的内容，对经验活动的描述比实验方法更重要。意动心理学与内容心理学的对立，导致实验心理学诞生以来第一次重大的争论。布伦塔诺的弟子用意动解释形质的形成问题，称为形质学派。屈尔佩等企图调和内容心理学与意动心理学的对立，把内容与意动同时包容于心理学的研究对象之内，被称为二重心理学。意动心理学与内容心理学的论争，开了西方心理学史上构造主义与机能主义之争的先河。

美国詹姆士的实用主义心理学是美国机能主义的前奏。机能主义是在与构造主义论战中发展起来并最后取得胜利的。它是在美国本土诞生的第一个心理学派别，主张心理学应研究意识机能而非内容，强调意识在适应环境中的作用及个体之间的差异性。机能主义将实验心理学的精神与美国社会当时经济发展的客观需要结合起来，强调应用是社会的需要，从而促进了教育心理、工业心理、医学心理等的发展，这也是机能主义战胜强调纯科学性的构造主义的原因之一。

英国的麦独孤在进化论和意动心理学的影响下，提出了策动心理学。他关注行为动力的研究，认为行为是有目的的，是受意识调节的。并且，他提出了本能论，用以解释低级的生物性行为和高级的社会性行为。这种生物学化的心理学，遭到了华生行为主义的反对。策动心理学对社会心理学、动机理论、情绪情感理论和道德理论都产生了影响并有所贡献。

苏俄的巴甫洛夫虽然不是一位纯粹的心理学家，但是，他的条件反射学说不仅对苏联心理学有深远的影响，而且为美国行为主义心理学所特别重视。条件反射学说成了行为主义的一个主要部分。“心理学与生理学的联姻”，是巴甫洛夫心理学理论的思想核心。在巴甫洛夫看来，心理学是关于按照高级神经活动规律产生的，并且是作为周围现实现象反映的主观世界的科学。他的条件反射学说、高级神经活动学说、两个信号系统理论和神经类型理论，都有助于揭示心理活动的生理机制。

华生于1913年开创的行为主义心理学，完全排斥意识，主张心理学只研究行为。他认为，心理学研究行为就是要确定刺激和反应之间联结的规律，甚至说人格就是个体一切动作的总和。这种极端的观点因完全无视有机体的内部过程而遭到批评，并由此导致托尔曼、赫尔、斯金纳为代表的新行为主义的出现。新行为主义提出中介变量概念，主张整体行为观，重视操作分析的客观方法。从20世纪20年代至50年代，美国的行为主义心理学风行全球，被称为西方心理学的第一势力。认知心理学迅速崛起以后，又出现了新的新行为主义，强调行为和认知的结合，强调自我调节的作用，以趋向认知、整合吸收和突出社会内涵为主要特征。班杜拉的社会学习理论是其代表。

构造主义不仅在美国受到机能主义的抨击，在德国也为格式塔(完形)心理学所反对。惠特海默、苛勒、考夫卡创建的格式塔学派，认为知觉的整体比它的各个组成部分之和还要多，当感觉元素聚合在一起时，就会形成某种新的东西。它强调经验和行为的整体性，主张从整体动力出发说明心理现象。格式塔学派对知觉和学习问题的研究作出了巨大贡献。后继的代表人物勒温更将格式塔理论拓展到人格和社会心理学领域，用于解决社会问题。格式塔心理学对后来兴起的认知心理学产生了一定的影响。

精神分析心理学，是奥地利精神病学家弗洛伊德于19世纪末20世纪初创立的。他把为传统心理学所忽视的潜意识现象作为心理学的对象，认为无意识过程远比意识过程更为复杂和重要。潜意识和性本能是精神分析的两个基本命题。他的心理学理论包括潜意识论、本能论、梦论、人格论、焦虑与防御机制理论、精神分析方法。精神分析心理学对心理治疗和整个人文科学都产生了广泛影响。经历一个多世纪的演化和发展，精神分析心理学衍生为众多的理论分支，如阿德勒的个体心理学、荣格的分析心理学、对象关系学派、自我心理学、社会文化学派、存在主义精神分析、结构主义精神分析等；这些理论分支都可称为新精神分析。精神分析被称为心理学的第二势力。

社会文化历史学派，又称维列鲁学派，是苏俄心理学界人数最多、影响最大的一个学派。它的创始人是维果茨基，其基本思想是：意识是人类文化历史的产物，人的心理是以言语或词为中介的人类文化历史的产物；认为“中介”和“内化”是高级心理机能产生和发展的极重要机制。列昂节夫根据维果茨基的理论，把“活动”引进来，作为心理学研究的问题，认为大脑的机能同外部的活动发生联系，形成新的机能系统。鲁利亚提出神经心理学，认为任何一种心理活动都是一种机能系统，从而进一步揭示了心理活动的生理机制。

认知心理学是西方现代心理学的一种思潮、范式和研究取向。它是由于行为主义在哲学理论和实验经验上发生严重危机的背景下产生的。认知心理学的理论观点主要有两种。一是结构主义的认知心理学，主要代表是皮亚杰的结构主义的发生认识论，认为认识起源于主客体之间的相互作用，认识结构包括图式、同化、顺应和平衡四个基本要素。二是信息加工心理学，即现代认知心理学。它是用信息加工的观点和术语说明人的认知历程的科学，认为认知历程是指人接受、贮存和加工运用信息的过程，包括知觉、注意、记忆、心象(意象、表象)、思维和语言等。20世纪70年代以后，认知心理学已成为当代心理学的主流，几乎遍及世界各国心理学研究的一切领域。

20世纪50年代逐渐形成的人本主义心理学，强调以人为中心，以价值为中心，是受现象学和存在主义影响的心理学。这一学派自称为心理学的第三势力。人本主义心理学的创始人是马斯洛和罗杰斯。马斯洛从个人心理生活角度，提出人的动机或需要的层次论，认为人的心理生活是一个由低而高逐级实现的过程。罗杰斯进一步提出自我实现论，认为自我概念(个人的独特思想、价值标准、知觉，以及对事物的态度)是在个体与环境的交互过程中形成的。罗洛·梅的心理治疗的存在分析观，也属于人本主义心理学。

超个人心理学是当代西方心理学的一个新学派，是从人本主义心理学中发展起来的，自称为心理学的第四势力。它不仅关注个人及其潜能的充分实现，更关注超越个人的经验和精神生活。它主张将世界精神传统的智慧整合到现代心理学知识系统中，并进而提供一种包含身体、心理和精神的架构来让人们全面地认识自己。许多超个人心理学者相信永生、再生或灵魂不死。这是不符合科学现实的。

人学理论，又称列宁格勒学派。人学学派的奠基人是苏联的安纳耶夫，其代表著作是《人是认识的对象》。人学理论认为对人的科学研究日益分化所形成的关于人的各种学说，需要整合为人学。心理学与人学的关系是："对人的心理活动的规律性认识，可以揭示人的发展的各种基本的自然源泉与社会历史源泉，这些源泉的相互联系便产生人的整体性及其与客观现实的关系的多样性。"[①] 洛莫夫是人学学派的主要倡导者，他提出心理系统观，运用系统理论来认识人的复杂心理现象，同时又把心理看成为这些不同方面构成的统一整体。

最后要简介的是后现代主义心理学思想。它是西方当代心理学哲学的一种新思潮，是在科学主义心理学走向衰落和陷入困境情况下产生的。它凭借后现代文化思潮，对科学主义心理学进行反叛和解构，主张尽量从人文科学的角度真切地、全面地揭示人的心理的实质；看重局部的、边缘的、有用的、本土的心理学专业知识，使心理学更贴近社会文化和应合时代潮流。但它从一个极端排斥实证方法出发，全盘否定科学主义心理学的偏狭观点却是不足取的。

三、同中有异的中外心理学史方法学

研究中外心理学史，都必须坚持辩证唯物论与历史唯物论的指导思想，但在具体研究方法方面则有些不同特点，所以说是同中有异的中外心

① 安纳耶夫：《人学》，35页，北京广播学院出版社，1993。

理学史方法学。

(一)坚持辩证唯物论与历史唯物论指导思想

恩格斯曾经指出："不管自然科学家采取什么态度，他们还是得受哲学的支配。"[①] 作为具有自然科学家和人文社会科学家二重性的心理学家，在心理学研究中更是自觉或不自觉地受到某种哲学思想的影响。一部心理学史，从某种意义上说，也反映出唯物主义心理学思想观点与唯心主义心理学思想观点斗争、交叉的发展，同时包含着两者兼而有之的各种二元论思想。为了保证研究方向的正确性和学科内容的科学性，我们必须以辩证唯物论与历史唯物论为方法论基础，来研究中外心理学史。

怎样贯彻这个根本性指导思想呢?总的说，是运用辩证唯物论与历史唯物论的立场、观点、方法来研究历史上发生的各种心理学思想、理论，还它们以历史的本来面目，给它们以科学的评价，而不是简单地给各种心理学思想、理论贴上唯物或唯心的标签，给心理学思想家和心理学家戴上唯物主义者或者唯心主义者的帽子。更具体地说要贯彻以下几条原则。

1. 掌握第一手史料的客观性原则

心理学史是反映历史上的心理学家或心理学思想家的心理学思想、理论的，因此必须充分地掌握第一手史料。心理学史料是建造心理学历史大厦的基石。治心理学史必须持之有据言之有理，这是以唯物论作指导研究心理学史的基本要求。只有按这一要求编纂的心理学史才是客观的心理学史。据此，研究外国心理学史就必须阅读和钻研外国心理学家的原著，研究中国古代心理学思想史就必须阅读和钻研中国古代思想家的有关论著，而且要忠实于这些原著的思想。对于学习者来说，除了阅读心理学史教材外，也应选读某些有代表性的原著。

2. 全面系统分析的辩证性原则

恩格斯在《反杜林论》中指出："当我们深思熟虑地考察自然界或人类历史或我们自己的精神活动的时候，首先呈现在我们眼前的，是一幅由种种联系和相互作用无穷无尽地交织起来的图画。"[②] 心理学各种思想、理论的发展也是相互影响相互交织的。华生的行为主义完全排斥研究意识，是反对意识心理学的；新行为主义者强调行知与认知的结合，又接纳了意识。所以在心理学史研究中应坚持事物普遍联系的观点，坚持全面系统分析的辩证性原则。在评价人物和流派的是非功过时，也应辩证地进行分析，既要看到他们的学术成就与

① 恩格斯：《自然辩证法》，187页，人民出版社，1971。
② 《马克思恩格斯选集》第3卷，359页，人民出版社，1995。

世界观有联系的一面，又要注意到有区别的一面。

3. 科学地评论问题的历史性原则

恩格斯说："唯物史观是以一定历史时期的物质经济生活条件来说明一切历史事变和观念，一切政治、哲学和宗教的。"① 我们分析评论某一个心理学流派的产生与兴起，不仅要考察学科内部的原因和一般的思想文化背景，还要看到社会物质生活条件的决定性作用。例如，美国机能主义的产生与兴起，不仅与达尔文的进化论中"适者生存"的思想有关，更是由于当时美国资本主义的发展，开发西部疆土非常需要人的适应能力。只有这样科学地进行历史的分析，才能正确理解为什么研究意识适应功能的机能主义会成为当时美国心理学的主流。

(二)外国心理学史的编纂原则

上面论述了心理学史的方法论，这里专门讨论编纂学问题。心理学史的编纂学问题，是指心理学史的编写原则与方法。著名心理学史家高觉敷教授，晚年指导博士生时专门论述了这个问题，作了很好的概括。②

兹将西方心理学家提出的编纂原则简要评述如下。

1. 时代精神说与伟人说

波林于1950年在《实验心理学史》(第二版)中提出了时代精神说与伟人说的区分。他认为，科学的新发现是否被人们所接受，"要受到当时、当地的文化的思想习惯的限制，也就是时代精神的限制"。③ 舒尔茨则把时代精神规定为一定的"文化气氛"或"思想模式"。他们都把时代精神规定为一定的社会文化状况，决定着心理学思想和理论的发展。伟人说则主张科学上的一切进步，是由"伟人"的意志和力量决定的。大多数西方心理学史认为，应将时代精神说和伟人说两者结合起来，去解释和说明心理学历史发展的动因。从辩证唯物史观看来，心理学思想、理论的发展，不仅与社会文化有关，而且最终由社会物质、政治经济起决定作用；杰出的心理学家对心理学的发展有着重要作用，但也不能夸大个人的历史作用。

2. 厚古说与厚今说

在处理古今关系上，存在厚古说与厚今说两种观点。厚古说是"为过去而理解过去"，厚古而薄今，偏重过去而排除现在，或者把古人的研究结果视为顶峰或绝唱，甚至把后人的见解归之古人。厚今说是"为现在而理解过去"，

① 《马克思恩格斯选集》第2卷，537页，人民出版社，1972。
② 高觉敷主编：《西方心理学史论》，83～124页，安徽教育出版社，1995。
③ 波林著，高觉敷译：《实验心理学史》，3页，商务印书馆，1981。

厚今而薄古，强调历史事实离不开当前的兴趣和理论，认为应当寻找那些与现在主题相似的过去现象，以追溯现在主题的历史起源。

一般地说，科学家倾向厚今说，专门的史学家倾向厚古说。波林的《实验心理学史》、布雷特的《心理学史》便都取向于厚今说。其实，历史与现实是互相联系和彼此相区别的。研究和编写心理学史，一定要做到历史与现实统一，古今兼顾，不能厚此薄彼。正如英国著名史学家卡尔所说："根据过去来了解现在，就意味着也要根据现在了解过去。历史的任务就在于，通过两者之间的相互联系，促进对过去以及对现在的更为深刻的理解。"①

3. 内在说与外在说

在探讨心理学发展到底归因于什么的问题上，存在内在说和外在说两种观点。内在说认为，心理学的发展是心理学按其自身内在逻辑而发展，即只看重本门学科的技术与思想的发展，因而只在心理学之内寻找发展动力；外在说则强调，心理学的发展是受社会背景，即经济政治条件、社会文化条件的影响，因而只在心理学之外寻找发展动力。唯物辩证法认为，事物发展的内在因素与外在因素是相互联系、相互影响、相互补充、相互转化的。心理学史的编纂学在探讨心理学发展的动力时，应当将内在说与外在说辩证地统一起来。

4. 量的研究和质的研究

在心理学史中，量的研究是指用数字描述过去的历史。例如利用统计数据描述实验室的设备数字的增长，研究人数的增长，研究系所的数目，刊物、专著的多少等，评价某一个国家或某一个时期的心理学发展状况。但心理学史基本上是质的研究。心理学史要在史料的基础上揭示心理学发展的规律或变化趋势，因此需要在某种逻辑前提指引下的演绎或大量材料基础上的归纳。

马克思主义的观点认为，质与量是事物辩证统一的关系，二者是统一体中不可分割的两个方面。因此，心理学史的研究不要人为地将量的研究与质的研究割裂开来，而应当以质的研究和叙述的方法为主，在叙述的基础上辅以量的分析。

(三)中国心理学史的"一导三维多元"方法学

怎样研究中国心理学史?杨鑫辉教授提出了"一导三维多元"的方法学。②"一导"是指坚持马克思主义的指导，"三维"是指三个维度的研究原则，"多元"是指吸取传统史学和现代科学的各种研究方法。研究中外心理学史都

① 卡尔：《历史是什么》，71页，商务印书馆，1981。
② 参见杨鑫辉主编：《心理学通史》第1卷，14~25页，山东教育出版社，2000。

应坚持马克思主义的指导思想，“三维”与“多元”则是中国心理学史，特别是中国古代心理学思想史，与外国心理学史同中有异的方面。以下着重论述“三维”和“多元”原则，“一导”就不重复论述了。

1. 三维研究原则

(1)对象维度——以心理实质为主线的原则。中国古代心理学思想，既涉及知、情、意心理过程，也涉及性格、才能等心理个性特征，还可以通过整理归入心理学各个分支学科。这些方面的心理学思想，都反映着对心理实质的认识和理解。因此，只有掌握心理的实质这把钥匙，才能挖掘整理好这份历史遗产。

我们曾经提出先秦的人性说、汉晋的形神说、唐代的佛性说、宋明的性理说、清代的脑髓说等五个范畴，并据此来整理各个历史时期的主要心理学思想的基本理论。抓住心理的实质，就能把握中国心理学思想发展过程中形成的特有的范畴体系和基本理论，同时也要求从心理实质入手，去扩展和深化对各种心理学思想专题、分支的研究。

(2)框架维度——以现代心理学概念和体系为参照的原则。中国古代的心理学思想是散见在有关古籍之中的，只有用现代心理学概念和体系为参照系去挖掘和整理，才能找出属于心理学的思想，保证心理学思想史的科学性，也才能更好地贯彻“古为今用”的原则，发挥其中的实用性功能。古今参照，以现代心理学概念与体系为框架，既不是牵强附会地硬套，也不排斥同时使用我国古代仍富科学性的概念。保证概念的科学性和体现我国的特色，在这里是可以统一的。例如，知虑、感悟、才智、性情、禀赋、习染等概念，至今仍富科学性，与现代心理学相对照，它们都有相应的或相近的概念。

(3)评价维度——科学历史主义的原则。历史评价在史学中占有重要位置，在中国心理学史的研究里也是如此。研究工作中的评价维度应坚持科学的历史主义原则，即应将古代的心理学思想放在一定的时空条件下去考察，而不应以今日之要求为准则进行评价；也就是说，对某种心理学思想、理论，既要作纵向的历时性考察，又要进行横向的共时性研究。科学的历史主义原则，要求考察产生某种心理学思想的政治经济基础、哲学思想和科技水平的影响，以及心理学思想自身的历史渊源；还要求不以今天的科学标准苛求古人，而要正确评价某种心理学思想理论在文化科学发展长河中的历史作用与地位。

2. 多种研究方法

研究方法是研究原则的具体体现，是挖掘、整理有关史料文献的直接手段，对研究者和学习者都很重要。现在采用的方法主要有以下几种。

(1)归类排比法。这是指将零散的心理学思想观点或事实材料分类归纳，然后按问题和时间顺序进行排比叙述的方法；既可以按中国心理学思想特有的范畴进行归类，也可以参照现代心理学的体系框架，将按范畴归类的材料，纳入有关的分支、专题，归类编排。

(2)史料考证法。考证又称考据，是史学研究的重要方法之一。它是根据事实的考核和例证的归纳，提供可信的材料，作出一定结论的方法，对古籍和史料的整理有较大的作用。中国心理学思想史的研究，也需要采用史料考证法来研究某些问题，以增强其信度。

(3)义理诠释法。它是整理研究古籍文献的重要传统方法。历史上十三经注疏、四书五经注疏释义等，就是用这种方法。它包括对字句的疏注、解析和对文献义理的解释、阐发。中国心理学思想史，也必须和适合采用义理诠释法，来挖掘和整理古代学者的心理学思想，探索其微言要旨，揭示其所蕴涵心理学思想的本质意义。

(4)纵横比较法。这指的是对古代心理学思想进行历史评价时，采用古今中外纵横交错比较的方法。比较是确定事物异同关系的思维过程和方法。有比较才有鉴别。“心理学思想史的比较研究法，既包括国内外前后心理学思想家的纵的比较，也包括与国内外同时期人物(或问题)的横的比较。这是一种纵横交错的比较方法。”[①] 这种方法有助于比较公允地评判心理学思想家或某种心理学思想理论的历史地位与价值。

(5)实证检验法。或称实验验证法，是采用现代实验、实证来验证古代心理学思想的科学性的方法。古代的心理学思想大都是实践经验与思辨的结果，因而需要实验、实证的检验。例如用动物做实验，检验《黄帝内经》提出的“怒伤肝”、“喜伤心”、“思伤脾”、“忧伤肺”、“恐伤肾”的中医学心理学思想。当然，它只适用于某些心理学思想、理论的验证，而不能滥用。

(6)系统分析法。这是指对中国心理学思想史这个系统内的基本问题，通过逻辑思维推理分析和综合归纳，从而得出正确结论的方法。对中国古代心理学思想的基本理论问题，对古代心理学思想家的评价问题，大都采用系统分析法，进行综合分析、评价。例如，中国古代有很丰富的心理学思想，为什么没有直接发展成为实验心理科学呢?这就必须进行系统分析。

(7)实证诠释转换法。[②] 实证和诠释的含义前面已有论述。转换是指在符合形式逻辑规则的前提下，一个符号或命题可以被另一个符号或命题替换。这种新方法将实证、诠释与转换三者联系起来综合运用，以解决古代心理学思想通过实证检验的科学性、思想性，以及古为今用的价值性问题。较之其中过去

① 杨鑫辉：“研究中国心理学史刍议”，载《心理学报》，1983(3)。
② 这是杨鑫辉教授最近两年提出来的新方法，是对中国古代心理学思想史研究方法的一个新发展。

的某一单独方法，它作了层层推进，并构成一种新的整体的方法，使义理诠释发展为实证诠释，哲学诠释发展为心理学诠释，使古代心理学思想的挖掘、整理，向具有现实价值的现代转换。例如，我们正着手做的关于中国古代养生心理学思想的实证研究与诠释转换课题，就是通过现代生物科学仪器和实证方法来验证古代养生心理思想的科学性，并在此基础上用现代科学知识体系去整合它，使之转换为现代人所接受的养生心理学知识。

此外，还有计量研究法。这是指采用计量、统计手段对某些古代心理学思想进行量的研究的方法。我国中医界就曾采用过此种方法，来了解中医心理学思想的发展概况。

上编

中国心理学史

ZHONGGUO
XINLIXUESHI

上编

第一章

先秦时期心理学思想

第一节　以人性论为主的基本观点

中国古代学者在探讨心理现象时，首先涉及的就是人性问题。人性问题是中国古代心理学思想论述的中心问题，其他问题诸如形神、情欲、知行、性习都是对人性问题的具体展开。中国古代心理学思想始终围绕着人的心理实质这根主线，实际即是以人性问题为中心，先后经历了先秦时期的人性论(说)、汉魏六朝的形神说、隋唐时期的佛性说、宋明时期的性理说，直至明清时期的脑髓说。所谓人性论是指关于人的本质属性的理论观点，具体到心理学上则是指个体的心理结构与心理发展的方向、程度等基本问题的理论观点。

组成先秦时期人性论的主要是儒家学派的人性观点。儒家的人性观点主要有五种：一是以孟子为代表的性善端说；一是以荀子为代表的性伪说；一是以告子为代表的无善无不善说；一是以世硕为代表的有善有不善说；一是以琢子贱、漆雕开等人为代表的可以为善可以为不善说。其中，论述最为完备、具体，且与人的心理发生发展关系最为密切的当属孟子的性善端说和荀子的性伪说，故本文将重点对之进行论述。

一、孟子的性善端说

在先秦诸子的人性说中，孟子的性善端说是第一个具有完整理论体系的学说。孟子认为，人性、心理是生来就有“恻隐”、“羞恶”、“辞让”、“是非”四个“善端”的，亦即人性、心理是先天即具有其道德因素的。他以人们见孺子落井时的心理情况为例，发议论道：“恻隐之心，仁之端也；羞恶之心，义之端也；辞让之心，礼之端也；是非之心，智之端也。人之有是四端也，犹其有四体也。有是四端而自谓不能者，自贼者也；谓其君不能者，贼其君者也。凡有四端于我者，知皆扩而充之矣，若火之始然，泉之始达。苟能充之，足以保四海；苟不充之，不足以事父母。”① 首先，孟子虽然也曾认为有口味、目色、耳声、鼻臭、四肢安逸这种本能、欲望的性，但是只承认仁、义、礼、智这些道德因素的社会本性；其次，孟子认为人先验地具有“恻隐”、“羞恶”、“辞让”、“是非”四端，它们为人性发展为善提供了可能性，就是说人的心理并非客观事物的反映，而是先验的；再次，孟子认为只有将上面所说的四种善端“扩而充之”，才可发展成为仁、义、礼、智这些善性。处于萌芽状态的四个“善端”，既可以发展为“善”，也可能发展为“不善”。因此，他强调教育和环境在人性发展中的作用，也就是环境和教育因素在心理发展中的作用；这是值得肯定的。

孟子认为性是与“人心”和“天命”联系在一起的，他说：“尽其心者，知其性也。知其性则知天矣。存其心，养其性，所以事天也。”② 认为善性存于人的善心之中，心是人的道德性所由出。人心与天心一致，人心合于天命，天心就是人心善性的根源。很显然，这是一种唯心的心理观。

二、荀子的性伪说

荀子的性伪说与孟子的性善端说针锋相对，提出了“人之性恶，其善者伪也”的性伪说。性恶是指人的生性、自然本性是恶的，而作为人的社会性的善性则是人为造成的，是由环境、教育的影响所形成的。很显然，荀子确认作为社会性的人的心理不是先验性的，而是后天形成的；进而，他提出“化性起伪”的理论，强调安排环境、加强教育和主观努力的作用。这是合乎心理发展实际的唯物心理观的。

性伪说把人分为先天的“性”和后天的“伪”。荀子认为性是恶的，批评孟子主张的性善，是“不察乎人之性伪之分者也”。他说：“不可学、不可事而在人者，谓之性；可学而能、可事而成之在人者，谓之伪。是性伪之分也。”③ 性伪不仅可分而且能合，合则可使恶的性变为善的性。指出：“无性则伪之无所加，无伪则性不能自美。性伪合，然后成圣人之名，一天下之功于是就也。故曰天地合而万物生，阴阳接而变化起，性伪合而天下治。”④ 这里

① 《孟子·公孙丑上》。
② 《孟子·尽心上》。
③ 《荀子·性恶》。
④ 《荀子·礼论》。

明确地指出人的心理发展是性伪之合的过程，人性的由恶迁善是来自后天的“伪”，即人的心理的善性是由于后天的环境与教育的影响所造成。这与人的心理是客观现象的反映的观点，与社会生活实践是人的心理的基础的观点相一致，是合乎科学的。

性伪说以性为恶作为前提或出发点。我们前面已经指出人的生性无所谓善或恶，性本恶的观点是不符合事实的。但是“化性起伪”则是非常可贵的思想。从心理学的角度看，“化性起伪”才是性伪说的核心。荀子说：“圣人积思虑、习伪故，以生礼义而起法度，然则礼义法度者，是生于圣人之伪，非故生于人之性也。……故圣人化性而起伪，伪起而生礼义，礼义生而制法度。”①心理发展变化是性伪合的过程，也就是化性起伪的过程，是先天生性基础上的习性的结果。这与现代生理学家和心理学家巴甫洛夫说的人的心理发展是先天和后天的“合金”十分相似。

第二节　先秦普通心理学思想

一、知虑心理学思想

(一)知虑的概念

知虑心理学思想是中国古代关于认识过程的基本观点。知指感知觉，属感性认识阶段；虑指思维，属理性认识阶段。知是虑的基础，虑是知的深化，两者是紧密相联的。先秦思想家早已论及知与虑的问题，即感知与思维的问题。

墨子对知虑概念的解释最明确。《墨经》上指出：“知，接也。”知是对外物接触后的反映。“知，知也者，以其知过物而能貌之。若见。”知是感觉器官接触外物后，就能反映该物的外貌，比如眼睛看东西。“虑，求也。”虑是对事物的思索与探求。“虑，虑也者，以其知有求也而不必得之，若睨。”意思是指人们用知材去思索、探求事物，但不一定能得到结果，比如斜视的人就不一定能看清事物的真相。墨子把人的认识过程分为知与虑两个阶段，前者是感知阶段，后者是思维阶段，两个阶段的概念也是明确的。

老子没有直接使用知虑这两个词。他认为人的认识心理过程由“观”、“明”、“玄览”组成，这三种方法也表示认识由浅入深、由偏至全的过程。

孔子在谈到认识心理过程时用的是“知”与“思”两个术语。他说的

① 《荀子·性恶》。

“知”，其实是包括了知与虑在内的广义的知，即认识过程；他说的“思”，则是虑，即思维过程。

庄子用“知”这个词概括了知虑两方面的含义，如说：“知者，接也；知者，谟也。知者之所不知，犹睨也。”① 第一个“知”指感知觉，它是感官接触外界事物产生的亲知；第二个“知”指思维，说明思维过程是一种谋虑(谟)过程，是间接的知。

《管子》则把人的认识过程分为“知”与“虑”两个方面，如说：“生而目视、耳听、心虑。”目视、耳听是感知过程，心虑则是思维过程。

(二)知虑分类

孔子在谈论“学”与“思”的关系时，除把思维活动独立分为一类外，在《论语》中，又多次提出“见”与“闻”这两类感知认识活动，即明确分出了视感知与听感知。

墨子认为“知”有闻知、说知、亲知三类，又把闻知分为传知、亲知两类，即把闻知、传知、亲知划为感性认识阶段的感知觉活动，而把说知归于理性认识阶段的思维活动。

荀子对“知”的分类就更细，已经分出了视觉、听觉、味觉、嗅觉、痛觉、痒觉、温觉、冷觉、触压觉等。这与现代心理学对感知觉的分类已很接近了。

《尚书》对知虑心理过程的分类，主要反映在这段话中：“五事：一曰貌，二曰言，三曰视，四曰听，五曰思。貌曰恭，言曰从，视曰明，听曰聪，思曰容。恭作肃，从作乂，明作哲，聪作谋，睿作圣。”

(三)知虑器官

知虑器官是指知虑心理产生的生理基础，先秦的思想家在这方面很早就有所论述。当时是以主心说为主，比如荀子就说：“耳、目、鼻、口、形，能各有接而不相能也，夫是之谓天官。心居中虚，以治五官，夫是之谓天君。”② 在这里，荀子指出感知心理的器官是“天官”，即耳、目、鼻、口、形等感官，而思虑的器官则是“天君”，即心脏；并指出感官的感知职能不能互相代替，感觉器官是由心来主宰的。

《管子》说：“目贵明，耳贵聪，心贵智。以天下之目视，则无不见也；以天下之耳听，则无不闻也；以天下之心虑，则无不知也。辐凑(辏)并进，则

① 《庄子·庚桑楚》。
② 《荀子·天论》。

明不塞矣。”“心之在体，君之位也。九窍之有职，官之分也。”明显可见耳目是视听的器官，心是思虑的器官，且“心”对感官处于支配地位，就像君对臣的关系一样。

《墨子》里也谈到知虑的器官问题，如说：“知而不以五路，说在久。”“五路”是指眼、耳、鼻、口、形五种感觉器官。“久”指时间，意思就是说各种感知都是通过眼、耳、鼻、口、形五种感官获得的，只有时间知觉不是单靠某种感官获得的，因为它是一种更复杂的知觉。

(四)知虑与藏、壹、言、意、象

先秦时期的思想家早已认识到感知、思维跟记忆、注意、言语、意义、形象等密切相关，并对知虑与藏、壹、言、意、象的关系作了深刻的阐明。

庄子说：“言者所在意，得意而忘言。”①人的思想是言语的内容，而言语则是表达思想的工具。但二者并非一一对应的关系，有时也会出现不一致的现象。

荀子曾提出“虚壹而静”的思想，认为这是解决思维任务时必备的心理条件。“虚壹而静”也蕴涵了思维与记忆、注意的关系。他说：“人何以知道?曰：心。心何以知?曰：虚壹而静。心未尝不臧也，然而有所谓虚；心未尝不满也，然而有所谓一；心未尝不动也，然而有所谓静。人生而有知，知而有志。志也者，臧也。然而有所谓虚，不以所已臧害所将受谓之虚。心生而有知，知而有异。异也者，同时兼知之。同时兼知之，两也。然而有所谓一，不以夫一害此一，谓之壹。”②

(五)知虑与行为

知虑与行为也就是人的认识与行为的关系，即知与行的关系问题。中国古代思想家对此已有深刻的认识，并形成了各种知与行的理论。

《尚书》是最早明确论述知行关系的先秦著作。其中，对知行关系作出最为简洁明了表述的是：“非知之艰，行之惟艰。”

先秦时期，对知行学说最有建树的学者是荀子。他比较完整、系统地考察了知行问题，在知行关系上继承了重行的传统，扬弃了二元论，明确提出了知行统一的主张。他说：“不闻不若闻之，闻之不若见之，见之不若知之，知之不若行之，学至于行而止矣。行之，明也；明之为圣人。”“知之而不行，虽敦而困。”③

① 《庄子·外物》。
② 《荀子·解蔽》。
③ 《荀子·儒效》。

这些话充分表述了行包括知而又高于知，行为知之终极目的的道理。

二、志意心理学思想

志意心理学思想是指中国古代思想家关于意志问题的理论观点。中国古代思想家在论述志意时，有时“志”与“意”是分述的，有时则是志意合称。无论分述还是合称，志意大体包括了现代心理学中有关意志、志向、动机、目的、效果、行为等方面的问题。

(一)志意概念

先秦时对“志”的理解有这样几种：一是志向、志趣；二是动机；在《墨子》中，“志”就是动机的意思，而“功”作效果讲，墨子主张将动机与效果联系起来；三是趋向；四是意志。《孟子》上说：“夫志，气之帅也；气，体之充也。夫志至焉，气次焉；故曰：持其志，无暴其气。”先秦思想家志、意合称的代表首推荀子，他的“志意”一词大致相当于现代心理学界所说的意志过程。

(二)志意异同

志意共同之处为：第一，志、意都与情感密切相关，荀子就将志意与情感(血气)、认识(知虑)并列①；第二，志、意都与行为不可分割，墨子就认为“志行，为也”②；第三，志、意都是心有主向的表现。

志意差异在于：第一，志重意轻。意志、志向，对人说来是重大的，有时就是指人生的目的与方向。而心意、心思，相比次要些，是指人的一个时期的想法、心思或意料。第二，志公意私。志是“公然主张”的目的，意则是“私地潜行”的动机。

(三)志意理论

先秦思想家还有一些具有特色的志意理论，主要有：

1. 志气观

志是意志，气指情感，是关于情感与意志关系的观点，所以也可称为志情观。孟子认为，思想意志可以统率、支配情感，情感也可以影响思想意志。

---

① 《荀子·君道》。
② 《墨子·经说上》。

2. 志功观

志指动机，功指效果，是关于动机与效果关系的观点。这个观点是墨子首先明确提出来的。孟子是主张志功并重的，认为应该根据人的动机与效果来给予报偿。

3. 志行观

志指意志，行指行动，是关于意志与行动关系的观点。墨子、荀子都认为有志之行，才叫意志行为；反之，无志之行，就不能叫意志行为。

4. 尚志观

尚志指使志意高尚，是关于对待志意的态度的观点。先秦思想家都是非常重视志意的作用的。孔子就提出过“匹夫不可夺志”的看法。

三、情欲心理学思想

情与欲，在现代心理学中分属两个范畴。情指情绪、情感，属于心理过程范畴；欲指欲望、需要、动机等，属于个性心理范畴。但在中国古代心理学思想史上，这两者的联系是相当紧密的，几乎不能将它们分开。在先秦思想家的著作里，已经论及情欲的实质、情欲的分类、对待情欲的态度等问题。

(一)关于情的问题

1. 情的实质

先秦思想家从不同的侧面揭示了情绪、情感的实质。从人性角度考察情问题，在儒家学者中是常见的。比如荀子就从人性的角度来揭示情的实质：“性者，天之就也；情者，性之质也。”[①] 即认为天生的性才是最根本的，情只是在性的基础上表现出来的实际内容。因此，最终是性决定了情。

墨家则从多个角度来论情感。从动力角度来看情感具有动力作用，如《墨子·经上》所言：“为，穷知而悬于欲也。”情欲使人的行为产生了疑虑，不暇审视行为的结果了；从效果来看，情感所产生的益与损要以使用情感是否得宜为转移。因此，《墨子·经下》说：“无欲恶之为损益也。说在宜。”墨家还用利害得失来说明情感的性质及其产生的根源，即所谓“利，所得而喜也”；“害，所得而恶也”。

《黄帝内经》是从人体脏器来探讨人的情感的本质的，是从情感的生理机制来揭示情感的实质的。如说：“人有五脏，化五气，以生喜怒悲忧恐。”又

① 《荀子·正名》。

说："心者，君主之官也，神明出焉……膻中者，臣使之官，喜乐出焉。"认为人体的心肝脾肺肾是产生喜怒悲忧恐情感的生理基础。

2. 情的分类

现代心理学从情感的强度、紧张度、快感度、复杂度四个维度来认识情感体验的性质，把快乐、悲哀、恐惧、愤怒看作是单纯的情绪，或称为基本情绪，或称为原始情绪。

中国古代思想家对于基本情绪的分类，则更偏于快感度这个维度。我国先秦时期的思想家对情的分类大致有四情说、五情说、六情说、七情说、九情说等。但不论哪种分法，喜、怒、哀、乐均是其中最基本的组成部分；这四种基本情绪跟现代心理学把快乐、悲哀、愤怒、恐惧作为最基本的原始情绪是大同小异的。

3. 情二端论

先秦心理学思想家对于情的划分有一个两极相对的共同点，如《左传·昭公二十五年》中说："喜生于好，怒生于恶……好物乐也，恶物哀也。"无论情感如何划分，归根结蒂就是好恶两种最基本的情感。这正好反映了人的情感对有关事物的态度总不外乎有积极的或消极的两个方面。潘菽先生把先秦情欲问题中以"好"、"恶"作为情感根本形式，并由此生发出各种情感的思想称为"情二端论"。"情二端论"与冯特的"情感三维度说"有很多相似之处，①可以互相参照比较。

(二)关于欲的问题

1. 欲的实质

"欲"指人的喜爱、欲望、欲求，相当于现代心理学上的需要、需求。先秦思想家早就对欲有所论述，如老子从自然人性论的观点出发，主张人应保持自然素朴状态，应该"见素抱朴，少私寡欲"。②

孟子从性善论的人性论出发，认为人既有饮食、男女、味、色、声等物质需要和欲望，又有仁、义、礼、智等道德需要和欲望。这些都是天经地义、与生俱来的欲求。

荀子则从性恶论的人性论出发，论述了性、情、欲三者的关系，从而揭示了欲的实质。他指出："性者，天之就也；情者，性之质也；欲者，情之应也。以所欲为可得而求之，情之所必不免也。"③这里，他明确肯定了性是天

① 杨鑫辉：《中国心理学思想史》，161～162页，江西教育出版社，1994。
② 《老子》十九章。
③ 《荀子·正名》。

生成的，而情是性的本质、实际内容，欲则是情的反应。

2. 欲的分类

先秦时期对欲的分类以《管子》一书的论述最具代表性。它将人的欲求分为两大类：一类是生理欲求，一类是社会欲求，并且认为前者是后者的基础，后者是前者的必然发展。如说："仓廪实则知礼节，衣食足则知荣辱。"它还明确指出人有"佚乐"、"富贵"、"存安"、"生育"四种欲求，且它们之间还有一种层序的关系，即生育欲求与灭绝相对，存安欲求与危坠相对，富贵欲求与贫贱相对，佚乐欲求与忧劳相对；两两相对的欲恶关系还能够相互转化。这种辩证的思想，即使在现代心理学的需要理论中也不失为一种精辟的见解。

(三)对待情欲的态度

先秦的一些思想家多从伦理道德、社会政治观点方面来对待情欲的问题。下面分述几种有代表性的观点。

1. 欲而不贪

孔子承认人人皆有"富"的物质欲求和"贵"的精神欲求，但要"得之以其道"。为了使人们做到"欲而不贪"，他主张用仁、义、礼、信等道德观念来规范人们的行为。孔子在谈到从政的五种美德时，就明确提出了"欲而不贪"的要求。他说："君子惠而不费，劳而不怨，欲而不贪，泰而不骄，威而不猛。"①

2. 寡欲

孟子继承和发扬了孔子的思想，认为人皆有欲，并主张"寡欲"。他说："养心莫善于寡欲。其为人也寡欲，虽有不存焉者，寡矣；其为人也多欲，虽有存焉者，寡矣。"②他认为，修养心性的方法最好是减少物质欲望。孟子还主张"舍生取义"，提倡以高级的情欲来战胜低级的情欲，以社会道德的情欲来克制生理的情欲甚至生存的欲望。

3. 无欲

老庄从天道自然无为的观点出发，主张人们应当无欲，而不应当有欲，有了欲则应去掉。老子说："祸莫大于不知足，咎莫大于欲得。故知足之足，常足矣。"③庄子也认为情欲对人都是有害的，伤害人的身体，损害人的道德。因此，他最终追求的是无情无欲的真人境界。

---

① 《论语·尧曰》。
② 《孟子·尽心下》。
③ 《老子》四十六章。

4. 导欲、节欲

荀子认为人的欲望并不要等待得到满足时才产生，它是自然的本性，是不可避免地要出现的。“欲不可去”。而欲又是不可能完全满足的，故“欲不可尽”。对待欲求，荀子提出了引导与节制的主张。他说：“故虽为守门，欲不可去，性之具也。虽为天子，欲不可尽。欲虽不可尽，可以近尽也；欲虽不可去，求可节也。”①

四、智能心理学思想

(一)智能概念

先秦的思想家大都把人的智力与能力分开来考察。孟子是我国最早明确提出智能问题的思想家。他说：“人之所不学而能者，其良能也；所不虑而知者，其良知也。”② 这是一种唯心主义先验论的智能观，即认为人生下来就具有了“良知良能”。

荀子对智能概念有独特的见解，他说：“所以知之在人者谓之知。知有所合谓之智。智所以能之在人者谓之能。能有所合谓之能。”③ 这就是说，人的认识同外界事物相符合叫智(智力)，人生来就有所能的东西叫能(本能)。本能因接触外界事物而有所发展也叫能(能力)，人的认识能力和本能在同外界事物的接触中表现出来，从而形成智力和能力。荀子的论述揭示了智力与能力的本质属性。

(二)智能发展差异

孔子根据自己长期的教育实践经验，对学生心理的个别差异进行了系统、全面的考察与论述。下面仅就孔子有关智能心理发展差异的论述进行一些分析：

1. 智力发展差异

孔子曾说：“惟上知与下愚不移。”④ “中人以上，可以语上也；中人以下，不可以语上也。”⑤ 可见孔子是按智力发展水平把人分为三类的，即上智、中人、下愚三种类型。这与现代心理学按照智力水平把儿童分为超常、正常和低常三类有相似之处，都是两头小、中间大的正态分布。不过，孔子所谓的上智下愚不移，则是形而上学的错误观点。因为智、愚二者并非绝对不移，

① 《荀子·正名》。
② 《孟子·尽心上》。
③ 《荀子·正名》。
④ 《论语·阳货》。
⑤ 《论语·雍也》。

在一定条件下，也是可以改移的。

2. 能力发展差异

孔子对学生能力发展的差异也是很清楚的，比如在从政能力方面，他能具体明白地说出各个学生所适合的职务及能力大小。孔子认为，仲由在有1 000辆兵车的国家可以负责兵役和军政工作；冉求在千户人口的私邑可以当县长，在百辆兵车的大夫封地可以当总管。

在我国和世界第一部教育专著《学记》中，也有关于学生能力发展差异的记载："比年入学，中年考校；一年视离经辨志，三年视敬业乐群，五年视博习亲师，七年视论学取友，谓之小成。九年知类通达，强立而不反，谓之大成。"这就是中国古代学校的目的任务与教育步骤。可见我国古代的教育已很重视学生能力的差异及能力的培养。

(三)智能的测试

先秦时期对个体智能有了较深的认识，对智能的个别差异亦有所关注，因而就出现了对智能的初步测验。其具体方法如下。

1. 情境鉴别法

情境鉴别法是在条件受控的特定情境中，观察、测定被试人心理与行为的方法，即通过心理实验来进行测验的方法。庄子的"九征"，就是通过设定九种情境去观测人之心理与行为的方法。"故君子远使之而观其忠，近使之而观其敬，烦使之而观其能，卒然间焉而观其知，急与之期而观其信，委之以财而观其仁，告之以危而观其节，醉之以酒而观其则，杂之以处而观其色。九征至，不省人得矣。"①

2. 器械测试法

器械测试法，即采用设计的相关器物来测验人的智力、创造力的方法，包括博弈、九连环等。博弈是一种两人对局的智力竞赛活动，可通过对弈取胜分出人智力之高低。九连环是九个金属环连在一起，可分可合生出许多变化。连环测验可用来检测一个人的智能水平，包括思维想像的创造性、灵活性、敏捷性、变通性等品质，以及动作技巧的熟练程度。可见，在我国古代，把心智技能与动作技巧的测验寓于玩具与戏法的操作中，把测试人的智能水平和训练发展人的智能结合起来的这一特色就已为人们所关注。

3. 等级数量法

现代心理测验的实质，就是要对人的心理水平与特质进行量化研究。先秦

① 《庄子·御列寇》。

时期，中国就已有了朴素的智能测验的量化思想，如等级评定法。孔子对人的智能评定分为三种等级：一是上智与下愚二个等级；二是上、中、下三个等级；三是上、其次、又其次、下四个等级。[①] 除等级评定法外，还有所谓数量指标法。例如，孔子对回、赐两个学生理解、接受能力的评价是："回也，闻一以知十；赐也，闻一以知二。"[②]

4. 动作判断法

动作判断法即以动作发展特点或动作技巧作为智能测验的根据。古时的"试射"就是一种动作判断法。《礼记》记载我国周代已采用"试射"这一测验形式。它根据射中次数的多少，以及行动是否合乎礼仪、乐律，来判断其能力的强弱。"按现在的测验学术语来说，它用了参照效标的记分法。"[③] 效标是衡量测验是否有效的外在标准。"试射"中的次数的多少，动作是否合乎礼仪、乐律，就是射箭这种特殊能力测验的效标。

五、释梦心理学思想

对于梦这个哲学、心理学重要问题的科学研究，至今仍是聚讼纷纭，难有定说。而中国早在先秦时期就对梦这一人类特殊精神现象进行了深入探究，并形成了较为独特的探索方式与思路。总的来看，先秦对于梦的探究可包括以下三大内容。

(一)梦的本质

人们普遍认为，作为人类特殊的精神现象，梦既是一种生理活动，又是一种心理活动。先秦思想家对于梦的本质与特征分别从三个方面展开论说：梦和睡眠的关系、睡梦与觉醒的关系、梦的心理特征。

1. 梦和睡眠的关系

由于年代久远，我们很难直接在先秦文献中寻找到大量的、有关梦与睡眠关系的材料。然作为中国古代文化思想的"活化石"——汉字，却可为我们提供一些线索。"梦"在甲骨文中是一会意字。在甲文中，此字的左偏旁是一张有支架的床，右边上方是一只十分夸张的大眼睛，右下方曲折下行的一笔表示抽象的人体，人体右边伸出的部分是带着手指的手臂。整个字合起来的意义为：人睡在床上用手指着眼睛，即表示在睡眠中人会有所见。从此字被突出强

① 《论语》阳货、雍也、季氏篇。
② 《论语·公冶长》。
③ 林传鼎：《智力开发的心理学问题》，3页，知识出版社，1985。

调的部分——用手指着眼睛，可知先秦时人们十分强调梦之为一种精神活动、心理活动，并不单单是纯粹生理上的休息。甲骨文的梦字中那只大眼睛上的长睫毛，都指向同一方向，是用来表示眼睛的转动。这说明，先秦时期人们就已认识到在做梦时眼球会快速活动。

2. 睡梦与醒觉的关系

先秦古人还从睡梦与醒觉的关系这个角度进一步分析梦的本质。庄子首先将两者作了区分。他说："其寐也魂交，其觉也形开。"[①] 庄子将睡梦与醒觉分别看待，意在通过对比突出梦是在形体相对封闭状态下的一种心理活动，它与完全清醒的意识状态明显不同。这就是梦与一般精神活动的区别所在，也即是梦的主要特征之一。弗洛伊德精神分析学认为人的心理活动除了自己能察觉(即清醒状态)的意识部分之外，还存在大量的不为本人所察觉的潜意识，而梦正是潜意识的实现过程。

3. 梦的心理特征

先秦时期对于梦的心理特征的论述不多，但却极为精辟、深刻。墨子说："卧，知无知也"；"梦，卧而以为然也"[②]，即认为梦是人在睡眠中以为发生了什么事情，在此过程中有所见闻。由此可推知，墨子认为梦是一种无意识、潜意识。按照经典精神分析的理论，梦即是人的潜意识活动，梦所表现的是潜意识的愿望。荀子对梦的理解是"心卧则梦，偷则自行，使之则谋"[③]，即认为梦的状态是与杂乱无序的心理状态，谋虑、思考的意识集中状态相并列的。

(二)梦的机制

先秦时期人们主要从生理病理与精神心理两个方面去探寻梦的成因、机制。

1. 梦的生理机制

从生理病理方面去寻求梦的成因、机制，在先秦时期主要集中于医家的有关论述中。这些论述可归纳为以下二说。一为淫邪发梦说。《黄帝内经·灵枢》中的"淫邪发梦"篇称得上是中国第一篇分析梦之生理机制的专论。它对于梦的产生机制给出了一个较清晰完整的过程：外界刺激——人体脏腑——魂魄(精神)不安——梦象产生。可见，淫邪发梦即是外界刺激通过影响脏腑之气来引发梦象。因此，《内经》中还具体讲述了脏气与梦象的关系，认为不同的脏气会导致不同的梦象的产生。如："肝气盛则梦怒，肺气盛则梦恐惧、哭泣、飞扬，心气盛则梦善笑恐畏，脾气盛则梦歌乐、身体重不举，肾气盛则梦

① 《庄子·齐物论》。
② 《墨子·经上》。
③ 《荀子·解蔽》。

腰脊两解不属。”二为阴阳盛衰说。《内经》根据外气(即四时阴阳之气)与内气(即人体阴阳之气)之盛衰来分析梦的成因。《内经》说：“少气之厥，令人妄梦，其极至迷，三阳绝、三阴微，是为少气。”厥，逆也。《内经》认为人体阴阳之气的运行如果出现厥逆，就会出现梦幻。由阴阳盛衰引起的脏气之盛衰导致了各种梦象。具体过程为：阴阳盛衰(外气、体气)——脏气盛衰——梦象产生。

2. 梦的心理机制

战国时的慎到认为：“昼无事者夜不梦。”[①] 白天没有经历的事情、活动，晚上就不会做这类的梦；换句话说，没有相应的心理活动就没有梦的产生。然而，庄子说：“梦为鸟而厉乎天，梦为鱼而没于渊。”[②] 人不可能有为鸟为鱼的体验，何以夜间会梦见自己成鸟成鱼呢?其实这只不过是现实活动在梦境中变换了一种形式，经过加工、修饰，即梦并非是所经历过的事物的表象的简单拼凑，而是一种创造性想像。因而人们白天渴望着自由生活，晚上就会梦见自己变成了翱翔天际、潜游水底的鸟、鱼。

(三)梦的功能

先秦时期的人们一方面通过圆梦活动，发挥着梦的精神分析的功效；另一方面通过梦象来诊断病症。

1. 圆梦与精神分析

占梦是通过分析梦象来推断吉凶，它基本上是一种迷信活动。但占梦作为中国传统民间文化的一部分能一直流传至今，必定有其合理性，有着一定的科学价值。如占梦活动中有一种形式称为圆梦，它是通过将梦象解释得圆通的方式来解除梦者的心理负担，排除其焦虑心理，或是用以迎合满足梦者的心理欲求。从这一点来看，圆梦实质上有些近似于精神分析的作用。《左传·僖公二十八年》记载子犯通过圆梦解除了晋侯的忧虑、恐惧，大大增强了他必胜的信心，结果城濮一战晋国大败楚国。因此，圆梦方式可使梦者获得一种心理满足，改变梦者忧虑、恐惧等不良心理状态，迎合梦者的心理欲求，发挥心理治疗的功效。

2. 梦与病症

中国古代医家十分重视梦这一现象，且将它视为疾病的一种症候。根据中医理论，梦象与脏象具有内在联系，梦象是脏象的组成，又是脏象的一种表现。因此梦象就成为疾病诊断的依据之一。自《内经》始，历代医家凡论及脏

① 《云▮七·养性延命论》引《慎子》佚文。
② 《庄子·大宗师》。

腑症候必关涉到梦象；同样，凡诊断脏腑疾病亦必问及梦象。《内经》记载了由于脏气内“不足”而外“有余”所出现的种种梦象与相关症状：“厥气客于心，则梦丘山烟火；客于肺，则梦飞扬，见金铁之奇物；客于肝，则梦山林树木……”现代生理心理学已证实，人在睡眠中大脑皮层处于休息状态，一些微弱的刺激仍会使大脑活动起来，相应的梦象也就产生，这些梦象确可作为诊断疾病的佐证。

第三节　先秦应用心理学思想

一、社会心理学思想

(一)社会化与个性化理论

1. 社会化理论

社会化是指个体在社会影响下，掌握和再现社会经验、社会联系和社会关系系统，以成为适合社会要求的成员的过程。先秦思想家关于个体心理社会化的思想可以“渐染说”与“习与性成说”为代表。

(1)渐染说。染就是习染，渐染说就是把个体的社会化看成人在社会中“渐染”的过程，认为人的心理、个性不是天生的，而是通过社会环境、师法教化的“渐染”逐步形成的。

最早提出“染”的问题是墨子。他将人性比于素丝易为染料所染，突出地强调了环境与教育对人本性塑造的巨大作用。

最早提出“渐”的问题是荀子，他曾说：“蓬生麻中，不扶而直；白沙在涅，与之俱黑。”[①]“渐”是浸泡、浸渍的意思，这里与“染”的意思有些相近，也是强调了环境与教育的重大作用。

(2)习与性成说。“习与性成”最早见于《尚书·太甲上》，意思是说人的习染或学习所获得的东西就会成为性的一部分。这的确是我国古代个体心理社会化的一个重要理论。

我国著名心理学家潘菽教授对这一理论评价颇高。他说：“这是一句合乎科学心理学而非常光辉夺目的话。它很正确地解答了或说明了性和习的关系的问题。这可以成为科学心理学上一个根本原则。”[②]

① 《荀子·劝学》。
② 潘菽：《心理学简札》(下)，380页，人民教育出版社，1984。

2. 个性化理论

个性化就是指一个人在社会环境制约下形成各种心理现象的过程。先秦时期的个性化理论可归纳为“阴阳五行”差异说和“习与性成”差异说。

(1) “阴阳五行”差异说，指根据人体阴阳二气禀赋的不同及“五行”、“五音”的各种配合，来解释人的心理与行为的差异的个体化理论。它主要是强调人的禀赋即先天因素在人的个性化中的作用。按阴阳五行学说来划分人的气质，可分为五种类型，即太阴之人、少阴之人、太阳之人、少阳之人、阴阳和平之人。《黄帝内经》以阴阳五行为标准将个性也分为五类，即木形之人、火形之人、土形之人、金形之人、水形之人；这样的划分比单按阴阳或五行划分更详细，也更便于解释人的心理个性化的复杂性。当然，这种理论只强调了自然禀赋的差异，忽视了个性与个性化中更为重要的社会因素的影响。

(2) “习与性成”差异说，指人的心理个性化过程中，由于个体习染的差异形成了人们心理与行为的个别差异。这种理论在素质、生性的自然基础上，强调环境、教育、学习在个体化中的决定作用。孔子的“性相近也，习相远也”理论明确表明了后天环境、教育的决定作用，即人是由于后天的习染不同而产生千差万别的个性的。

荀子主张用“化性起伪”的方法来改造人的恶性，积累人的善性。但在现实中，并非所有的人都乐意改恶积善，这就出现了善恶程度不同的个性的差异性。他说：“圣可积而致，然而皆不可积，何也?曰：可以而不可使也。故小人可以为君子而不肯为君子，君子可以为小人而不肯为小人。”①

孟子认为人生来就具有仁、义、礼、智四端，但四端并不是自然而然地发扬光大，如果得不到培养就会丧失泯灭。每个人的习染努力不同，其个性也就千差万别。

3. 社会化的主要途径

在中国传统文化中，个体社会化和个性化的主要途径或方式有以下三种。

(1)家庭与家族。我国最早论及家庭教育重要作用的，是《周易·家人》中的一句卦辞“利女贞”。《象》对它的解释是：做父亲的要像父亲，做儿子的要像儿子……这样家庭就会搞好；家庭搞好了，天下也就安定了。家族则是比家庭更广泛的社会单位，它是由婚姻与血缘关系结成的。我国古代长期存在父系大家族制。个体在一定的家族内，其心理与行为都受到很大影响，所以家族也就成了个体社会化的一个途径。

(2)学校教育。学校教育的内容对个体社会化和个性化的作用是最重要、

① 《荀子·性恶》。

最直接的，对人的心理与行为有决定意义的影响。春秋战国时期，儒家的教育内容是“文、行、忠、信”四教，从而使得个体在心理上崇尚“孝悌”、“中庸”，行为上注重君臣、父子等人事关系。道家的教育内容则是“人法地，地法天，天法道，道法自然”。[①] 受此影响，个体心理是消极“虚静”，其行为则是无为而治。

(3)民族。个体总是属于某一民族的，因此人的心理与行为的社会化必然受到本民族基本特征的影响。《左传·成公四年》记载：“非我族类，其心必异。楚虽大，非吾族也，其肯字我乎?”这说明，由于共同的语言、地域、经济和生活方式，促成了人们共同的风俗、习惯、爱好、文学艺术修养和哲学观点等，从而也就形成了民族共同的心理素质。

(二)人际交往与人际关系

人际交往与人际关系是社会心理学研究的一个中心问题。在个体与社会的相互作用中，核心的问题是人与人的关系，而人际关系是人与人之间通过交往与相互作用而形成的直接的心理关系。先秦时期，在君臣、父子、夫妻、兄弟、朋友等关系中，已包含有人际关系的社会心理学思想。下面就举出几点予以分析。

1. 同人心、贵人和

先秦的思想家在社会实践中，充分认识到“同人心”、“贵人和”的重要性。因此，他们把团结一心看成是各项事业取得成功的保证。这种思想正好与现代社会心理学中十分重视群体凝聚力的观点相吻合。《论语》早就提出“礼之用，和为贵”。墨子主张在人际交往、人际关系中应“兼相爱，交相利”[②]。他认为天下的一切祸乱皆起于不相爱；要消除这种祸乱，那就必须“兼相爱”。

2. 上之所好，民必甚焉

在人际关系中，上与下是一种重要的社会关系。《管子》指出：“凡民从上也，不从口之所言，(而)从情之所好者也。上好勇则民轻死，上好仁则民轻财。故上之所好，民必甚焉。”这说明人际关系中，言行一致的榜样作用是十分重要的。

3. 己所不欲，勿施于人

要处理好人际关系，设身处地地进行心理换位是很重要的原则。因为心理换位能帮助人们相互理解、谅解，易于产生心理相容。孔子说：“夫仁者，己

① 《老子》二十五章。
② 《墨子·兼爱中》。

欲立而立人，己欲达而达人。”[①] 又说：“其恕乎？己所不欲，勿施于人。”[②]

4. 上交不谄，下交不渎

与上位的人交往不谄媚，与下位的人交往不亵渎，这也是人际交往中的一条重要原则。《周易》谓：“君子上交不谄，下交不渎。”可见在春秋时代，我国古代的思想家就已经总结出上下位人们交往的正确原则，用以指导人们的社会交往关系。

（三）管理心理思想

在中国古代，管理心理思想产生较早，内涵也很丰富。它在许多方面与现代管理心理思想不谋而合，又独具中国的特色。下面就从欲求、士气激励和赏罚三个方面来论述先秦的管理心理学思想。

1. 欲求的种类与层次

先秦思想家将人的欲求分为两大类：先天的生理欲求与后天的社会欲求。前者包括饮食男女、味、色、声、嗅、安佚等欲求；后者包括参加各种社会活动的欲求，以及培养仁、义、礼、智、信等社会道德精神的欲求。先秦对欲求层次分得较细的是《管子》，它将欲求分出四个层次：贫贱—富贵（生理欲求）、危坠—存安（安全欲求）、忧劳—佚乐（精神欲求）、灭绝—生育（种族繁衍欲求）。这一划分与现代美国心理学家马斯洛的需要层次理论确有不谋而合之处。

2. 士气的激励

由于一切效率、生产能力以及经济收益等，都是由工作人员的士气水平决定的，因此，激励士气是组织管理工作的关键。中国古代军事家在激励士气方面的思想，就很有启示作用。《孙膑兵法》：“孙子曰：合军聚众，务在激气。复徙合军，务在治兵利气。临境近敌，务在厉气。战日有期，务在断气。今日将战，务在延气。”“激气”、“利气”、“厉气”、“断气”和“延气”五种激励士气的方法如能运用到组织管理方面，必将获得很大效益。

3. 赏罚心理思想

赏罚是社会政治、经济、军事、教育等各种管理活动中的重要手段。运用赏罚手段可以提高社会效益与工作效率。先秦的思想家认为，赏罚之所以有这样大的作用，就在于它是建立在人的趋利避害的本性基础上的。韩非说：“凡治天下，必因人情。人情者，有好恶，故赏罚可用；赏罚可用，则禁令可立，

① 《论语·雍也》。
② 《论语·卫灵公》。

而治道具矣。”[①]

墨子、荀子认为赏罚是治国之本、富国之路。“夫尚贤使能，赏有功，罚有罪，非独一人为之也，彼先王之道也，一人之本也，善善、恶恶之应也。治必由之，古今一也。”[②]

(四)司法心理思想

司法心理思想，就是法制心理学体系中有关人们在司法活动中对其产生的心理活动及其规律的思想。下面仅就犯罪原因及预防、审判心理思想两个方面，谈谈先秦思想家有关司法心理的思想。

1. 犯罪原因及预防

荀子以人性恶的思想来分析产生犯罪的原因。他认为，人生来就有好利、疾恶、耳目之欲、好声色等恶的本性。如果这些本性得不到改造，就会出现争乱，并导致犯罪，即“从人之性，顺人之情，必出于争夺，合于犯分乱理而归于暴”[③]。

孟子则从社会政治经济角度来分析原因，说：“富岁，子弟多赖；凶岁，子弟多暴。”[④] 当然，子弟多赖、多暴并不一定就犯罪，但却潜藏极大的犯罪可能性。

至于预防犯罪的方法，荀子说得很好：“然则从人之性，顺人之情，必出于争夺，合于犯分乱理而归于暴。故必将有师法之化，礼义之道，然后出于辞让，合于文理，而归于治。”[⑤] 可见，他既重视君师与法制的教化，又重视社会的礼义之引导。

2. 审判心理思想

在先秦时期的狱诉中，已经涉及不少审判心理思想。如《周礼》中就记载：“以五声听狱诉，求民情：一曰辞听，二曰色听，三曰气听，四曰耳听，五曰目听。”可见古代审判十分重视观察当事人的言语、表情、气息、神态等方面的变化。这个著名的“五听”之说对后世审判心理思想影响极大。

① 《韩非子·八经》。
② 《荀子·强国》。
③ 《荀子·性恶》。
④ 《孟子·告子上》。
⑤ 《荀子·性恶》。

二、教育心理学思想

教育心理学的研究对象，是教育过程中的心理现象及其规律。我国自古以来就是一个教育较发达的国家，无数的教育实践为我们留下了一笔宝贵的教育心理思想遗产。以下就从学习心理思想、品德心理思想、教师心理思想三个方面来论述先秦的教育心理思想。

（一）学习心理思想

学习心理一般指人类教育活动中知识经验的获得与保持，以及行为方式改变的心理现象与规律。下面我们仅对学习心理的基本观点、过程、原则与方法予以探讨。

1. 基本观点

先秦时期学习心理思想的基本观点可概括为：生知论与学知论、内求说与外铄说。

生知论与学知论，是说人的知识、智能、品德是先天赋予的，还是后天学习获得的。凡主张人的知识、智能、品德是先天赋予的就是生知论，其代表为孟子。他说："人之所不学而能者，其良能也；所不虑而知者，其良知也。"① 良知良能显然是一种唯心主义先验论的生知论。凡主张人的知识、智能、品德是后天学习获得的就是学知论。学知论可以荀子为代表。他认为："不登高山，不知天之高也；不临深溪，不知地之厚也；不闻先王之遗言，不知学问之大也。"② 只有通过实践和向前人学习才能获得知识才能。孔子的观点，介于孟子与荀子之间，即"生而知之者，上也；学而知之者，次也；困而学之，又其次也；困而不学万民斯为下矣。"③

内求说与外铄说，是说人获得知识、发展智能、培养品德是由先天内部因素决定的，还是由后天外部因素决定的。观上所述，很显然孟子是主张内求说，而荀子则是主张外铄说。

2. 学习过程

先秦时期对学习过程的划分很不统一，有分为学与思、学与行两阶段的，有分为学、思、行三阶段的，还有分为学、思、习、行四阶段的。这些大都是

① 《孟子·尽心上》。
② 《荀子·劝学》。
③ 《论语·季氏》。

从孔子的有关言论中引申出来的。

《礼记》则将学习过程划分为五个阶段，即“博学之，审问之，慎思之，明辨之，笃行之。有弗学，学之弗能，弗措也；有弗问，问之弗知，弗措也；有弗思，思之弗得，弗措也；有弗辨，辨之弗明，弗措也；有弗行，行之弗笃，弗措也”。这五个阶段就是：广博地学习，仔细地询问，慎重地思考，明确地辨析，坚定地实践。如果将审问、慎思、明辨合并为慎思，这就成了博学、慎思、笃行三个阶段。再加上孔子经常谈到的“立志”与“时习”，就成了立志、博学、慎思、时习、笃行五个阶段。这与现代教育心理学将学习过程划分为激发动机、闻见感知、思考理解、复习巩固和践行应用五个阶段有着异曲同工之妙。

3. 原则与方法

综合先秦各教育家的思想，学习心理的原则与方法大致可归纳为五条：(1)深造自得。这是关于学习主动性与积极性的原则及方法。孟子就说：“君子深造之以道，欲其自得之也。自得之，则居之安；居之安，则资之深；资之深，则取之左右逢其原，故君子欲其自得之也。”① (2)循序渐进。即指明学习是应该日积月累地进行，决不可操之过急。《礼记》：“大学之教也，时。教必有正业，退息必有居学。不学操缦，不能安弦；不学博依，不能安诗；不学杂服，不能安礼；不兴其艺，不能乐学。”(3)专心致志。孟子认为，“专心致志”是学习取得成效的重要条件，因此也是一条学习心理的重要原则与方法。孟子曾用二人学下围棋的故事生动形象地说明这一原则。(4)温故知新。即在复习旧知识的基础上探求新知识，既巩固了旧知识又掌握了新知识，所以孔子说：“温故而知新，可以为师矣。”② (5)学以致用。即把学到的知识应用于实际。荀子说：“君子之学也，入乎耳，箸乎心，布乎四体，形乎动静。”③

(二)品德心理思想

先秦时期的教育家非常重视德育，且把德育放在首要地位。对于品德心理思想的阐述，一般从知、情、意、行四个方面入手，也即现代教育心理学中论述的道德认识、道德情感、道德意志、道德行为四个阶段。

1. 道德认识阶段

形成道德认识，最根本的就是要掌握道德概念。孔子提出了一套比较完整的道德概念，要求学生去掌握。这一套道德概念的核心就是“仁”。为了使学

① 《孟子·离娄下》。
② 《论语·为政》。
③ 《荀子·劝学》。

生了解各个道德概念的含义，他结合具体情况，从不同的角度对这些概念进行详细的解释，使学生全面地掌握各个概念。如对于“仁”这个概念，他就有这样一些界说：“克己复礼为仁。”[①] “仁者其言也仞。”[②]

2. 道德情感阶段

道德品质是个综合体，既包含认识的因素，也包含情感的因素，两者缺一不可。因此，孔子认为“仁”的品质，既包括懂得“爱人”的道理，又包括怀有“爱人”的情感。只有这两方面都具备了，才能成为真正有仁德的人。所以孔子说：“唯仁者能好人，能恶人。”[③]

3. 道德意志阶段

道德品质不仅包含认识和情感的因素，而且还包含意志的因素。孔子提出的“克己复礼为仁”中的“克己”，就是用坚强的意志力，去克服那些不正当的情感、欲求和行为。因此孔子十分重视立志的作用，要求学生“志于学”、“志于仁”、“志于道”。

4. 道德行为阶段

即道德实践阶段。孔子重视学生道德行为的训练与培养，并要求学生言行一致。他说：“人而无信，不知其可也。”[④] 孔子还要求学生坚持道德实践，长期培养自己的道德行为习惯，做到在任何艰难困苦的环境中都毫不动摇。他说：“君子无终食之间违仁，造次必于是，颠沛必于是。”[⑤]

(三)教师心理思想

先秦的思想家、教育家对教师的基本心理品质与能力提出许多具体要求。

(1)学而不厌，诲人不倦。教师的教与学是分不开的。要教好，就必须学好。这是教师首要的心理品质。所以孔子说：“默而识之，学而不厌，诲人不倦，何有于我哉?”[⑥]

(2)以身作则，公正无私。教师是为人师表的，他以自己的言行来影响学生，他的一举一动都可能为学生所效法。所以孔子说：“其身正，不令而行；其身不正，虽令不从。”[⑦]

(3)知心救失，教学相长。教师通过教学的双边活动，与学生彼此促进、提高。《礼记》对此有论：“是故学然后知不足，教然后知困。知不足，然后

①② 《论语·颜渊》。
③⑤ 《论语·里仁》。
④ 《论语·为政》。
⑥ 《论语·述而》。
⑦ 《论语·子路》。

能自反；知困，然后能自强也。故曰：教学相长也。”

(4)启发诱导，因材施教。孔子很善于调动学生的积极性，他说：“不愤不启，不悱不发。举一隅不以三隅反，则不复也。”[①]至于因材施教，《论语》中也有许多论述，如对于同一个问题，由于子路、冉有个性差异，孔子给出两个截然不同的答案。

(5)关心学生，视徒如己。要教育学生就必须了解学生，否则就会事倍功半。孔子关心学生，做到师生如父子，并且对于每个学生的性格、气质、智力、能力、志趣都了如指掌。

另外，关于教师的心理思想还有有言有德、过则能改；谦虚谨慎，宽以待人等要求。

三、文艺心理学思想

《乐记》是我国古代典籍《礼记》中的篇名，它集中反映了先秦至汉初儒家音乐美学思想及音乐心理学思想。在古代，歌、舞、乐是三位一体的，故下文以《乐记》为代表来论述先秦时期的文艺心理学思想。

(一)文艺活动与情感

《乐记》首先阐明音乐是由人的心理(具体说是情感)产生的。“凡音者，生人心者也。情动于中，故形于声；声成文，谓之音。”这是说，音乐是由外物作用于人之后，人的内心产生了情感变化，再由外显的声音构成乐章而形成的。有什么样的情感，也就有什么样的音乐。即“乐者，音之所由生也，其本在人心之感于物也。是故，其哀心感者，其声噍以杀；其乐心感者，其声啴以缓；其喜心感者，其声发以散；其怒心感者，其声粗以厉；其敬心感者，其声直以廉；其爱心感者，其声和以柔。六者，非性也，感于物而后动”。可见，人在不同的情感支配下，便会发出各种不同的声音，这就阐明了情感对音乐的重大影响。

《乐记》不仅指明了情感对音乐的影响，而且也指出了音乐对情感的影响。“夫民有血气心知之性，而无哀乐喜怒之常，应感起物而动，然后心术形焉。是故，志微、噍杀之音作，而民思忧；啴谐、慢易、繁文、简节之音作，而民康乐；粗厉、猛起、奋末、广贲之音作，而民刚毅；廉直、劲正、庄诚之音作，而民肃敬；宽裕、肉好、顺成、和动之音作，而民慈爱；流辟、邪散、

① 《论语·述而》。

狄成、涤滥之音作，而民淫乱。”

（二）文艺活动与性格

性格一般指人对现实的态度和行为方式中比较稳定的、具有核心意义的个性心理特征。因此，它也可以从人的言行上体现出来；同样，也可从文艺活动中得到体现。《乐记》说：“宽而静，柔而正者，宜歌《颂》；广大而静，疏达而信者，宜歌《大雅》；恭俭而好礼者，宜歌《小雅》；正直而静，廉而谦者，宜歌《风》；肆直而慈爱者，宜歌《商》；温良而能断者，宜歌《齐》。夫歌者，直己而陈德也。动己而天地应焉，四时和焉，星辰理焉，万物育焉。”可见，早在两千多年前，人们就已经认识到性格的差异对于个体从事不同文艺活动有很大的影响。

（三）文艺活动与艺术教育

文艺活动具有极强的教化功能。这主要体现在它通过艺术教育来感染学生，发展他们的美感及鉴赏美、创造美的能力，培养他们高尚的道德情操和文明习惯，促进他们智力和身体的健康发展，最终达到影响其心理发展的目的。比如《乐记》就主张音乐不只是为了欣赏，还应该有它的教育目的。它说：“乐者乐也，君子乐得其道，小人乐得其欲，以道制欲，则乐而不乱；以欲忘道，则惑而不乐。是故君子反情以和其志，广乐以成其教。乐行，而民乡方，可以观德矣。德者，性之端也；乐者，德之华也。”可见，音乐对于个体的道德养成发挥着巨大的作用。

四、医学心理学思想

先秦的医学心理学思想也比较丰富，具体表现在生理心理思想、病理心理思想、诊断心理思想、治疗心理思想等几个方面。

（一）生理心理思想

先秦医学心理学思想在形神观方面，具有一种朴素的唯物主义观点，即认为形与神俱，乃成为人；形与神离，则人死亡。如《黄帝内经》说：“血气已和，荣卫已通，五脏已成，神气舍心，魂魄毕具，乃成为人。”《管子》将人的形成过程描述得更加具体。如说：“人，水也。男女精气合，而水流形。三月如咀。……五月而成，十月而生。生而目视、耳听、心虑。”

《黄帝内经》肯定了“心”的主导地位，认为它支配一切生理活动与心理活动，说：“心者，君主之官也，神明出焉。”对大脑的生理心理功能，它也有所发现，如“诸髓者皆属于脑”；“头者，精明之腑，头倾视深，精神将夺矣”。这些论述为后世医家揭示脑的主导作用奠定了基础。

(二)病理心理思想

病理心理就是要探讨致病的心理原因及其机理。《黄帝内经》是我国古代较早对病理心理进行广泛深入探讨的医学经典著作。它认为人的喜、怒、悲、忧、恐五种情志是相互制约的，情感活动正常则身体健康，如果发生异常变化，则身体就要生病。“天有四时五行，以生长收藏，以生寒、暑、燥、湿、风；人有五脏化五气，以生喜、怒、悲、忧、恐。故喜怒伤气，寒暑伤形，暴怒伤阴，暴喜伤阳。厥气上行，满脉去形。喜怒不节，寒暑过度，生乃不固。”总之，各种情志活动异常，都将引起相应的脏腑及器官的功能障碍，最后导致气色枯夭。

(三)诊断心理思想

诊断心理是要寻找致病的心理原因，这对心理治疗无疑是十分重要的。《黄帝内经》指出：“闭户塞牖，系之病者，数问其情，以从其意，得神者昌，失神者亡。”选择一个安静的环境，与病人取得密切联系，耐心细致地询问病情，务使病人毫无顾虑，尽情倾诉，从而得知其中的真情，并观察病人的神色。中医以望、闻、问、切四种诊断方法来收集有关疾病的信息，进而分析疾病的病因。这里除了未提及切的诊法外，望、闻、问的诊法都提到了。可见古代医家已明确认识到，可以利用望、闻、问的诊断方法了解病人的社会、心理等致病因素。

(四)治疗心理思想

中医理论强调人的形神合一的整体观点。这表现在治病方面，就是既重视治身，也重视治心；既重视针灸药物的治疗，也重视心理方法的治疗。下面就心理治疗的方法进行分述。

1. 开导劝慰法

开导劝慰法，即通过言语开导、劝慰，以调节心理活动的方法。如《黄帝内经》中就有这样的记载：“人之情，莫不恶死而乐生。告之以其败，语之以其善，导之以其所便，开之以其所苦，虽有无道之人，恶有不听者乎？”这种方法就是要转变病人对医治疾病的态度与认识，从而取得最佳的治疗效果。

2. 情志相胜法

中医学将人体分为五个系统，即肝、心、脾、肺、肾，认为它们之间按五行理论存在着相生、相克关系。情志是与脏腑配合的，因此五志之间也存在着相克规律，即悲胜怒、怒胜思、思胜恐、恐胜喜、喜胜悲。这种心理治疗方法，就是运用一种正常的情志去纠正相应的另一种失常的情志。《黄帝内经》首倡这种疗法："怒伤肝，悲胜怒……喜伤心，恐胜喜……思伤脾，怒胜思……忧伤肺，喜胜忧…恐伤肾，思胜恐。"一情胜一情，人的心理也就得到调节，恢复平衡，人的疾病也就得以治疗。

3. 移精变气法

这是一种古代祝由形式的心理疗法。"祝"乃告诉，"由"指病由，就是祝说病由，以解除患者思想的顾虑；也就是通过语言、行为、舞蹈等祝由形式，调动病人的积极因素，转移病人对病情的注意力，形成良好的精神状态，移易精气，变利血气，发挥人体自身的治疗作用。所以《黄帝内经》中谓黄帝曾说道："余闻上古之治病，惟其移精变气，可祝由而已。"

4. 针灸刺疗法

即运用针刺与艾灸以达到疏通经脉气血，并有利于平复心理状态的治疗方法。《黄帝内经》说："神有余，则泻其小络之血，出血，勿之深斥，无中其大经，神气乃平；神不足者，视其虚络，按而致之，刺而利之，无出其血，无泄其气，以通其经，神气乃平。"看来，针灸刺疗法达到的神气平和是使病人心理得以恢复平衡的好方法。

五、运动心理学思想

先秦思想家对运动心理学思想的论述，主要从技能形成心理思想、运动竞赛心理思想、心理训练这三方面进行。

(一)技能形成心理思想

运动技能形成过程中的心理因素是很多的，下面主要介绍三点。

1. 专心致志

注意力的高度集中是任何一种运动技能形成的先决心理条件；如果在学习技能时心不在焉，头脑里老是想着别的事情，那一定是学不好的。孟子说："羿之教人射，必志于彀，学者亦必志于彀。"[①] 孟子以后羿教射的故事，说

① 《孟子·告子上》。

明必须专心致志才能掌握体育运动技能的道理。

2. 掌握方法

运动技能的形成必须掌握一定的技术规律、方法。训练若不掌握规律和方法，也不能形成良好的体育技能。所以孟子说：“大匠不为拙工改废绳墨，羿不为拙射变其彀率。君子引而不发，跃如也。中道而立，能者从之。”①

3. 反复练习

学习体育技能必须反复运用才能熟练掌握。《庄子》记载孔子遇到一位善游者，问：“蹈水有道乎?”回答是“长于水而安于水”②。

(二)运动竞赛心理思想

在运动竞赛中，人的心理活动是复杂的，既有心理素质的问题，又有运动战术的心理问题，还有对运动规则的熟悉与遵守的问题。下面我们从临场心理状态、竞赛战术心理、竞赛品德心理三方面作些简介。

1. 临场心理状态

运动竞赛时的心理状态是非常重要的，可以说是决定运动员胜败的关键。《韩非子》记载：赵襄子临场比赛，心理负担太重，马车跑在后面时，就一心想赶上别人；马车跑在前面时，又害怕别人赶上。因此，注意力太分散，失去了对马的驾驭，因而成了运动竞赛的落伍者。

2. 竞赛战术心理

战术是要用心计的，运动竞赛中计谋高超才能取得胜利。战国时期著名军事家孙膑指导田忌赛马的事例很能说明问题。孙膑为田忌出计：第一场先用下等马与国君的上等马对赛，第二场用上等马与国君的中等马对赛，第三场再用中等马与国君的下等马对赛。田忌按孙膑说的去办，结果，再赛时第一场虽然输了，但第二场和第三场都取得了胜利，终以二比一赢了国君。

3. 竞赛品德心理

运动竞赛是一种有严格规则的竞赛，遵守规则是每个运动员在竞赛中所必须具备的品德。《礼记》中就有这样的记载：“射者，仁之道也。射求正诸己，己正而后发；发而不中，则不怨胜己者，反求诸己而已矣。孔子曰：君子无所争，必也射乎!揖让而升，下而饮，其争也君子。”③参加射箭运动的人要具有“仁”的品德，失败了不埋怨他人而是从自身找原因。

① 《孟子·尽心上》。
② 《庄子·达生》。
③ 《礼记·射义》。

(三)心理训练

心理训练是运动员通过主体意识的作用，使其心理状态稳定，以提高运动成绩的训练。先秦时期在运动心理训练方面也有较丰富的思想与方法。

1. 强调心理意志训练

古人重视培养人的高尚意志。荀子说："相形不如论心，论心不如择术。形不胜心，心不胜术。术正而心顺之，则形相虽恶而心术善，无害为君子也；形相虽善而心术恶，无害为小人也。"[①] 观看一个人的相貌不如研究一个人的心理重要，研究一个人的心理又不如选择一种正确的研究方法重要。由此可见知人知心、练人练心的重要性。

2. 情绪激励运动能量

人的情绪受到激励之后，是可以产生巨大的能量，使人的活动大大超出常态的。被情绪激励起来的身体能量具有爆发性，故宜立即投入战斗或运动，否则身体能量很快就会消退。《左传》就曾说："夫战，勇气也。一鼓作气，再而衰，三而竭。"

3. 气功心理训练

中国气功是一种特有的健身术，它以集中意念、调节呼吸、柔和运动等方式，诱发人体潜力，促进各系统的机能，从而增强体质。气功心理训练的思想早在《黄帝内经》中就已见其端倪。它强调人体的精、气、神、血的自然运行，并以针刺的方法辅助这种运行，以强身祛病。气功心理训练，正是要促使气功练习者全身的气血运行无阻，机体增强能量，注意力高度集中，发挥出更大的潜力，以取得运动的最佳成绩。

六、军事心理学思想

我国先秦时期丰富的军事心理学思想主要集中于几部军事著作中，其中尤以《孙子兵法》最为突出。下面拟从战略心理思想、战术心理思想、治军心理思想、将领心理思想四个方面进行一些分析。

(一)战略心理思想

战略心理思想就是对战争全局谋划和指导中的心理思想，是决定战争胜负的最根本的问题，历来兵家对此都十分重视。孙武说："凡用兵之法，全国为上，破国次之；全军为上，破军次之；全旅为上，破旅次之；全卒为上，破卒次之；

---

① 《荀子·非相》。

全伍为上，破伍次之。是故，百战百胜，非善之善者也；不战而屈人之兵，善之善者也。”[①] 指导战争的法则是：使敌国完整地降服是上策，因此，百战百胜还不算最好的战略思想；不经交战而能使敌人屈服，这才算是最好的战略思想。当然，要达到“全胜战略”，就得具有“知彼知己”的高超本领。《管子》也谈到这一问题，说：“故不明于敌人之政，不能加也；不明于敌人之情，不可约也；不明于敌人之将，不先军也；不明于敌人之士，不先陈也。”

《吴子兵法》的战略心理思想强调对内修明政治，对外加强战略的重要性，也强调仁义道德教育和培养臣民遵礼知耻心理的重要性。“凡制国治军，必教之以礼，励之以义，使有耻也。夫人有耻，在大足以战，在小足以守矣。”

(二)战术心理思想

将战略心理思想贯穿到具体作战中去，就形成了各种战术心理思想。先秦的军事心理思想中大致有这样一些战术心理思想：

1. 兵不厌诈

孙子说：“能而示之不能，用而示之不用，近而示之远，远而示之近；利而诱之，乱而取之，实而备之，强而避之，怒而挠之，卑而骄之，佚而劳之，亲而离之。”[②] 总之，运用一切巧诈的心理战术，分化瓦解敌军，从而夺取胜利。

2. 攻其不备

孙子说：“攻其无备，出奇不意，此兵家之胜，不可先传也。”[③] 在敌人毫无防备之处发动进攻，在敌人意料不到之时采取行动，这是军事家指挥的胜算，是不能预先机械规定的。

3. 出奇制胜

孙子说：“凡战者，以正合，以奇胜。故善出奇者，无穷如天地，不竭如江河。……战势不过奇正，奇正之变，不可胜穷也。奇正相生，如循环之无端，孰能穷之?”[④] 所以善于出奇制胜的将帅，其战术变化就像天地那样不可穷尽，像江河那样永不枯竭。

4. 先发制人

孙子说：“凡先处战地而待敌者佚，后处战地而趋战者劳。故善战者，致人而不致于人。能使敌人自至者，利之也；能使敌人不得至者，害之也。故敌佚能劳之，饱能饥之，安能动之。”[⑤] 这就是说，善于指挥作战的人，要先期

① 《孙子兵法·谋攻篇》。
②③ 《孙子兵法·计篇》。
④ 《孙子兵法·势篇》。
⑤ 《孙子兵法·虚实篇》。

调动敌人而不被敌人调动。作战中要处处抢先一步，争取时间，占领有利地形，牢牢掌握战斗的主动权。

5. 必死则生

孙子说："投之亡地然后存，陷之死地然后生。夫众陷于害，然后能为胜败。"[①] 把士卒投入到危亡的境地才能转危而求得生存；陷士卒于死地然后才能转死为生。军队陷于险境，然后才能奋力夺取胜利。吴起也说："凡兵战之场，立尸之地，必死则生，幸生则死。其善将者，如坐漏船之中，伏烧屋之下。"[②]

(三)治军心理思想

先秦兵家也非常重视对军队的治理与训练，认为这是提高三军战斗力的必由之路。其治军心理思想主要有下面三点：

1. 用兵之法，教戒为先

《吴子兵法》说："夫人常死其所不能，败其所不便。故用兵之法，教戒为先。一人学战，教成十人；十人学战，教成百人……每变皆习，乃授其兵。是谓将事。"用兵的法则，首先要对士兵进行训练教育。一人学会作战的本领，可以教会十人、百人、千人以致全军。熟练各种战斗队形，然后才授予士卒兵器。这就是将领的治军任务。《管子》一书也曾谈到士兵的教育训练问题："为兵之数，存乎聚财，而财无敌……存乎政教，而政教无敌；存乎服习，而服习无敌。"书中还详细指出了军事教育训练的主要内容——"五教"。

2. 赏罚严明，视兵如子

《吴子兵法》说："若法令不明，赏罚不信，金之不止，鼓之不进，虽有百万，何益于用!"孙子则说："视卒如婴儿，故可与之赴深溪；视卒如爱子，故可与之俱死。厚而不能使，爱而不能令，乱而不能治，譬若骄子，不可用也。"[③] 对待士卒如同对待婴儿，士卒就能与之同生共死。

3. 激励士气，鼓舞斗志

《孙膑兵法》中有专篇阐述激励士气、鼓舞斗志问题。如前文中提及的激气、利气、厉气、断气、延气。《吴子兵法》说："凡兵有四机，一曰气机，二曰地机，三曰事机，四曰力机。三军之众，百万之师，张设轻重，在于一人，是谓气机。"带兵打仗有四大关键问题：一是掌握士气，二是利用地形，三是运用谋略，四是增强战斗力。全军上下，百万之众，如何部署才有利于激

① 《孙子兵法·九地篇》。
② 《吴子兵法·治兵第三》。
③ 《孙子兵法·地形篇》。

励士气、鼓舞斗志，在于主将一人，这就是掌握士气的关键。

(四)将领心理思想

在军事活动中，无论是战略的确定，还是军队的训练教育与管理，都离不开将领的组织与领导。下面就具体分析一下将领心理思想的主要内容。

1. 博学深思，文武全才

《六韬兵法》中明确指出，将有五材，即"勇、智、仁、信、忠。勇则不可犯，智则不可乱，仁则爱人，信则不欺，忠则无二心"。《孙子兵法》也说："将者，智、信、仁、勇、严也。"《管子》中也谈到将领应具备广博的知识："故兵也者，审于地图，谋于日官，量蓄积，齐勇士，遍知天下，审御机数，兵主之事也。"审度地理形势，观察天时，计算粮草贮备，戒敕勇士，遍知全国情况，审慎地把握住战机，制定策略。这些都是将领的职分。

2. 明察地形，善于决断

作为一位将领不但要思虑深刻，而且要观察敏锐，最后还得根据敌我情况迅速作出决断。所以《孙子兵法》说："夫地形者，兵之助也。料敌制胜，计险阨远近，上将之道也。知此而用战者必胜，不知此而用战者必败。故战道必胜，主日无战，必战可也；战道不胜，主日必战，无战可也。"就是说，地形，是用兵的重要辅助条件。分析判断敌情、夺取胜利，考察地形的险要，计算距离的远近，这是高明贤能的将领应该掌握的规律。

3. 执法威严，待兵宽厚

《司马兵法》说："居国惠以信，在军广以武，刃上果以敏。居国和，在军法，刃上察。"治理军队既要宽厚大度又要有威严，在战场上要果敢机敏。在宽厚对待士兵方面，《司马兵法》上有这样的论述："凡战之道，既作其气，因发其政，假之以色，道之以辞。因惧而戒，因欲而事。"作战的道理在于，士气既已鼓起，就要凭着允诺来发布政令。要和颜悦色地对待士兵，用诚恳的话语来教导他们，利用他们畏惧的心理来劝诫他们，利用他们的欲念来使用他们。

4. 以身作则，誓死卫国

《孙子兵法》说："故进不求名，退不避罪，唯人是保，而利合于主，国之宝也。"军队将领不贪求名誉，不逃避罪责，只求保全民众，符合国君的根本利益，这才是卫国的人才。《吴子兵法》也说："受命而不辞，敌破而后言返，将之礼也。故师出之日，有死之荣，无生之辱。"将领接受作战命令时，决不推辞，打败了敌军才谈到返回，这是将领行为的规范。所以，从军队出发那天起，将领就应下定决心，以勇于献身为光荣，以贪生怕死为耻辱。

作为中国思想史上之开篇的先秦时期，同样也在中国心理学思想史上竖立了第一块丰碑。这一时期的心理学范畴与专题具有奠基性与原发性。

中国古代学者在探讨心理现象时，首先涉及的就是人性问题。中国古代心理学思想始终围绕人性这一中心问题，并先后经历了先秦时期的人性论(说)、汉魏六朝的形神说、隋唐时期的佛性说、宋明时期的性理说，直至明清时期的脑髓说。组成先秦时期人性论的主要是：儒家学派的人性观点，主要包括孟子的性善端说，荀子的性伪说，告子的无善无不善说，世硕的有善有不善说，琢子贱、漆雕开等人的可以为善可以为不善说。其中，论述最为完备、具体，且与人的心理发生发展关系最为密切的当属孟子的性善端说和荀子的性伪说。

知虑、志意、情欲、智能、释梦等五大范畴，基本上涵盖了先秦普通心理学思想；先秦应用心理学思想则由社会心理、教育心理、文艺心理、医学心理、运动心理、军事心理几大专题构成。

第二章

两汉至唐时期心理学思想

汉唐时期为中国历史上第一次中外文化大融会时期，心理学思想也因之带有这种交融汇合的特色。这一时期中国的心理学思想，主要由三部分构成：(1)人性及身心关系的基本理论，包括人性论、佛性论和形神论等；(2)普通心理学思想，涉及知虑、情欲、智才心理等多个方面；(3)应用心理学思想，涵盖社会、教育、文艺、医学、运动、军事、政治与管理等多个心理学分支领域。

第一节 汉唐时期心理学思想的基本理论观点

一、人性论与佛性论

人性论是中国古代心理学思想的基本母题，先秦时期确立了“善—恶”两极人性论的基调①，汉唐时代的人性论便是在这个基调上建构起来的。汉末佛教传入后，佛性论成为学术思想的主题，表面上看，探讨佛性的“有无”是一个事实性问题，但实质上仍然是一个“善恶”价值性问题，因为有佛性是善，无佛性则为恶。

(一)人性论

1. 汉代人性论

汉代论人性心理问题的学者和著作很多，如董仲舒、《淮南子》、司马迁、刘向、扬雄、《白虎通德论》、王充、王符、郑玄、荀悦等人。董仲舒奠定了汉及其后人性论的基本范式。汉代较之先秦简单的天生人性论更进了一

① 以伦理论心理，或者说心理之论含于伦理之论中，这也是前科学时代心理学或心理学思想的基本特征。美国心理学史家T·黎黑亦如是说。参见李维译：《心理学史》(上)，4页，浙江教育出版社，1998。

步，表现在：(1)用“阴阳”(或“气”)概念来解释人性，充实了人性的内涵。(2)将“性”与“情”两个概念进行区分，并阐述了它们的关系；合两者可将汉代的人性的心理学思想概括为“阴阳性情论”。(3)人性三品论自汉代产生，对后世影响颇大。

下面略分析董仲舒、刘向、王充和荀悦的观点。

董仲舒认为性情两者同时并生于自然之气，但“性生于阳，情生于阴”①。而情属于性的范畴，性以统情。他倾向于认为性善情恶②，但又强调不能仅从起源上，即不能仅根据先天禀赋来片面判别善恶，而要依据后天行为发展来判定，故他这样批评先天善恶论：“曰性善者，是见其阳也；谓恶者，是见其阴也。”③“情亦性也，谓其性善，奈其情何?”④董仲舒主张后天教化论：“王教在性外，二性不得不遂，故曰性有善质而未能为善也。”⑤“天之所为，有所至而止。止之内谓之天性，止之外谓之人事。”⑥“性待渐于教训而后能为善。善，教诲之所然也，非质朴之所能至也，故不谓性。”⑦“性如茧如卵，卵待复而为雏，茧待缫而为丝，性待教而为善。”⑧人性发展有赖于环境作用，而人性向良好方向的发展又反过来会促进社会环境的优化：“天下无患，然后性可善。性可善，然后清廉之化流。清廉之化流，然后王道举、礼乐兴。”⑨可见董仲舒对先秦人性思想既有继承，又有发扬；基本上属于荀子一派，但与荀子又有不同。荀子认为人生具恶性，而董仲舒认为天生人性，但天给予不同的人以不同的性，这就是有名的“性三品说”：“圣人之性，不可名性；斗筲之性，又不可以名性；名性者，中民之性。”⑩在这里，他认识到在具体的社会平面上，“圣人”和“斗筲之人”均占极少数，他们的性不能代表整个人类的性，而“中民”是一个极大的群体，其性具有普遍性，所以用“中民之性”来代表人性。应该说，除去其唯心主义的成分，这个说法还是比较符合实际的，与现代心理学对人的特征的统计描述(正态分布)相吻合。

---

① 见王充：《论衡·本性》。
② 在《春秋繁露·竹林》中，董仲舒将阴阳、性情、善恶和仁贪相对应：“人之有贪有仁。仁贪之气两在于身，身之名取诸天。天两有阴阳之施，身亦两有贪仁之性。”“身有性情也，若天之有阴阳也，言人之质而无其情，犹言天之有阳而无其阴也。”故阳者、善者、仁者是性，而阴者、恶者、贪者是情。
③ 董仲舒：《春秋繁露·竹林》。
④ 董仲舒：《春秋繁露·深察名号》。
⑤ 董仲舒：《春秋繁露·实性》。
⑥ 董仲舒：《春秋繁露·深察名号》。
⑦ 董仲舒：《春秋繁露·实性》。
⑧ 均见董仲舒：《春秋繁露·实性》。
⑨ 董仲舒：《春秋繁露·盟会要》。
⑩ 董仲舒：《春秋繁露·实性》。

刘向的观点与董仲舒在很多方面相反。他认为性情两者，一者内隐一者外显；性为阴而情为阳；性情相应，各有善恶。他说："性，生而然者也，在于身而不发；情，接于物而然者也，出形于外。形外则谓之阳，不发则谓之阴。"[①] 又说："性情相应，性不独善，情不独恶。"[②]

王充著《论衡》，其中的《实性》、《率性》等篇对前代各种人性理论进行耙梳、批判和重新解释，但对前代思想没有多大超越，其贡献主要在于为人性论建立了经验唯物主义的理论基础。他的人性论比较前人不同者有三。(1)性情两者均源于阴阳，但对何者源于阴何者源于阳的看法比较模糊。[③] (2)性与命相关联，"性成命定"[④]；但两者又不相同，性以善恶言，而命以吉凶言[⑤]。(3)人性之可分三品，因其得气多少不同故："人之善恶，共一元气。气有少多，故性有贤愚。"[⑥] 但性可因习染而相互转化："人之性善可变为恶，恶可变为善。……在所渐染，而善恶变矣。"[⑦]不过，王充此说并不坚定，他也曾说过"至于极善极恶，非复在习"[⑧]的话。

比较王充而言，荀悦的观点要坚定得多。荀悦是第一个明确提出人性"三品"概念的人[⑨]。他认为不但中人需要教化，上、下两品的人也都需要教化。教育使善发扬，法治则使恶被抑制。"或曰：数恶皆性也，则法教何施?曰：性虽善，待教而成；性虽恶，待法而消。上智与下愚不移，其次善恶交争，于是教扶其善，法抑其恶。得施之九品：从教者半，畏刑者四分之三，其不移大数九分之一也。一分之中，又有微移者矣。然则法教之于化民，几尽之矣。"[⑩]

2. 魏晋至唐中国本土的人性心理观

汉以后至唐，人性心理观仍不出阴阳性情论和人性三品论的基本框架。三国时，刘劭从自然进化论角度出发，认为性起源于一种原始的气——"元一"，"元一"分化为阴阳，阴阳又分化为五行。元一为"质"，阴阳立于内是为"性"，五行著于外是为"形"，形质合一故有人。[⑪]

---

① 王充：《论衡·本性》。
② 荀悦：《申鉴·杂言下》。
③ 《论衡·本性》曰："夫人情性同生于阴阳。其生于阴阳，有渥有泊；玉生于石，有纯有驳。情性生于阴阳，安能纯善?"
④ 王充：《论衡·无形》。
⑤ 王充：《论衡·命义》："夫性与命异。或性善而命凶，或性恶而命吉。操行善恶者，性也；祸福吉凶者，命也。或行善也得祸，是性善而命凶；或行恶而得福，是性恶而命吉也。"
⑥ 王充：《论衡·率性》。
⑦ 王充：《论衡·率性》。
⑧ 王充：《论衡·本性》。
⑨ 荀悦：《申鉴·杂言下》："或问天命人事，曰：有三品焉。上下不移，其中则人事存焉尔。"
⑩ 荀悦：《申鉴·杂言下》。
⑪ 刘劭：《人物志·九征》："凡有血气者，莫不含元一以为质，禀阴阳以立性，体五行而著形。苟有形质，犹可即而求之。"

魏晋玄学家对人性的看法秉承老庄思想，主张自然人性，认为人是自然的一种体现，人的性也就是自然的性，即所谓“本性”、“正性”。郭象认为人应“止乎本性”，不要“求外”而超越本性的范围。① 与老庄之认为情欲有害于自然之性的观点不同，玄学家主张情欲等与自然本性合一，所以为适合本性甚至可以放情纵欲。六朝有南朝刘宋时何承天撰的《达性论》以及颜延之对此观点的进一步阐发，梁时有皇侃的《论语义疏》涉及对人性的讨论，他们的观点亦不出以阴阳之气解释人性的藩篱，只不过对气有了一些新的认识，认为气有“淳清”、“淳浊”，“清和”、“烦浊”之分，而性之善恶与秉承自然的清浊有关。另外，南朝陈时朱世卿所著《性法自然论》提出“万法万性皆自然之理”的观点，为后世宋明理学将“性”、“理”合并归一启了端肇。

魏晋是道教思想活跃的时代。道教主要强调养生实践训练，但也提出了一些颇有价值的理论观点。东晋葛洪的《抱朴子》是道教思想的代表作。关于人性，它也认为来自于气，但有两主要点应予注意：(1)“欲”与“性”相伴而生，称“有欲之性”，皆“萌于受气之初”；而“情”则是后生的，“著于成形之日”②。这里将性、情、欲三者进行了区分。(2)在人性本质的先验目的论中的人贵论，认为人有性是为了“信道”，而这种信仰才使得人贵为灵智，统役万物并“长生久视”③。人性目的论在道教著作《道教义枢》中有明确的表述。它将人性目的论直接称为“道性”；“道性以清虚自然为体。一切含识畜生果木石者，皆有道性。究竟诸法正性，不有不无，不固不果，不色不心，无得无失，能了此性，即成正道。自然真空，即是道性。”

唐代的心理学思想是儒、道、佛的混合，因而显得比较复杂，但人性的理论却相当贫乏。直接论述人性问题的学者主要有韩愈、李翱师徒。韩愈著《原性》，李翱著《复性书》。韩愈总结前代多种人性观，明确区分性、情两者，认为“性也者，与生俱生也；情也者，接于物而生也”。这是汉刘向等人观点的翻版，没有什么新意。不过，韩愈将性和情的内涵作了更为具体的规定，认为性包含仁、义、礼、智、信五者，而情包含喜、怒、哀、惧、爱、恶、欲七者。相应于性，情亦有三品。性三品在于仁、义、礼、智、信五者的含量多少或悖反情况，而情三品则在于喜、怒、哀、惧、爱、恶、欲七者的中节与否。韩愈的三品说实际上是继承了《中庸》、《荀子》以及董仲舒等的“中和”说④。

① 郭象：《庄子注》之《齐物论》、《人间世》等。
② 葛洪：《抱朴子·外篇·诘鲍》。
③ 葛洪：《抱朴子》之《内篇·黄白》曰：“人之为物，贵性最灵”；《内篇·对俗》曰：“夫陶冶造化，莫贵于人。故达其浅者，则能役用万物；得其深者，则能长生久视。”
④ “中和”说参见张立文：《中国哲学范畴发展史》(人道篇)，146～178页，中国人民大学出版社，1995。

李翱在其师的基础上有所发展，将性情关系阐述得更加深入。他认为情自性而生，为性之动者，但这种“动”乃是“反动”，因为情是性之“惑”、之“溺”、之“昏”。总之，情是性被掩蔽和被外在的利诱引导的表现，犹如一潭澄净的清水被搅浑了。于是，情是害性的东西，是恶，而性是纯粹的天命，是善。可以看得出来，李翱的观点是融合了儒家孟子、道家老庄以及佛家思想而来的。

(二)佛性论

佛教自汉代传入，通过魏晋玄学，找到了稳固而清晰的固着点，才逐渐被国人接纳并植入中国文化之内。与人性比较，佛性所指更加抽象和具有普遍性。但佛性反映的仍然是人性，也可以说，佛性是人性在天国的投影。六朝以迄于唐对佛性问题的讨论，主要有两大方面，即什么是佛性，佛性的存在方式以及现实中人如何成佛的方式。

在汉语佛典中被译为“佛性”的词语，梵语中共有四个：buddha-ta，buddha-tva 和 buddha-dhatu，buddha-gotra，前两者中的 -ta 和 -tva 系抽象名词，故 buddha-ta，buddha-tva 译作“佛性”，有时也译作具体的“佛身”、“佛体”、“佛位”等；后两者中，-dhatu 指“界”，buddha-dhatu 是指佛所居处；-gotra 指印度四种姓之一，故 buddha-gotra 指佛的种姓。[①]

据有的学者概括，佛性意味着四方面的含义：(1)佛性就是佛法，就是佛的本原，佛心；(2)佛性是指佛教的教理；(3)佛性就是佛的种姓，也可以理解为得以成佛的内在因素；(4)佛性就是智慧[②]。由于佛终究是由人而成的，所以佛教围绕这四方面的含义，对于人以及人与佛的关系问题进行了探讨。这些问题包括：佛性存在不存在？是真实的“有”还是虚无的“空”？如果佛性存在，那么谁有佛性，谁没有佛性？人能不能成为佛？如果人能成佛，那么通过什么道路成为佛？对这些问题的解答涉及许多心理学思想。

关于佛性的“有”与“空”。前者主要是印度小乘佛教的主张。中国佛教基本上属于大乘佛教，所以中国佛教认为佛性是“空”，但这个“空”又并非虚无，可以称之为实空，亦即有即是空，空即是有。如《般若多罗密多心经》(玄奘译本，其余译本意思大致相同)中说“色不异空，空不异色；色即是空，空即是色”，也就是色有与空无之间是相互蕴涵和互相沟通的。如果将人身上的佛性视为人的潜能，那么，这个观点实际上是承认人的潜能的无限性。

① 参见李庆：《中国文化中人的观念》，602 页，学林出版社，1996。
② 参见李庆：《中国文化中人的观念》，601 ~ 607 页，学林出版社，1996。

佛教传入中国初期，东晋人竺道生认为“一切有情皆有佛性”，与传统认为不入佛祖种姓之列的如“一阐提”人等没有佛性、永不能成佛的观点不同。由此引发一场争论。后来《大涅槃经》被翻译过来，证实了竺道生的说法，于是一切人都有佛性的观念在中国佛教思想中得以稳固下来。这是与本土文化不同的、佛教特有的一种平等观。

当然，承认人人都有佛性，并不等于说人人就是佛；佛是果位，而佛性是因位，所以佛性只能被解释为潜能。佛教有时把佛性说成是“藏”、是“种子”，就是这个意思。《如来藏经》把如来藏比喻为莲花中的诸佛、蜜蜂包裹着的蜜、包着皮壳的米麦、垃圾中的金子、穷人家地里埋着的宝物、树木的种子、破烂布片包裹着的佛像、贫困女子胎中所怀的轮回王子、铸型中的宝像等等[①]，都说明了佛性的内隐性。这说明，具有佛性还必须经由一个证悟的过程，才能成就真正的佛果。佛教又称为“乘”教，这个“乘”字就是指途径、乘载的工具，如同水上的船。人们在佛寺里尤其是观音殿常会见到有“慈航普渡”字样的锦幅，意思就是说观世音菩萨用慈悲这艘大船救渡世人。以此观之，佛教在承认人的先天因素的必要性的同时，也指出了后天修养与教育的重要性。佛教的唯心主义表现，只在于其对人的先天因素的来源的说法上的一种非物质观。

证佛道路问题实际上与心理学中关于人的发展之量变与质变关系理论相一致。中国佛教中有两种对立的观念，一是以北方教派如禅宗中的神秀等主张的“渐修”观，相当于联想心理学的“尝试——错误”主张；一是以南方佛教如禅宗惠能等主张的“顿悟”观，与格式塔心理学的某些看法相通。神秀和惠能的故事在我国已几至家喻户晓，这里就不多说了。渐修观和顿悟观各执其说，但都只注意心理发展的一个方面。事实上，智慧形成与心理发展是由量变和质变两方面的相互交替和相互渗透之合力作用而达成的。

二、形神论

形神论是人性论范式的一个变式。荀悦对此说得很明确：“或问性命，曰：生之谓性也，形神是也。”[②] 汉晋时是我国形神问题讨论的活跃时期。首肇形神问题讨论的桓谭用烛与火的关系来比喻形与神的关系：“精神居形体，犹火之燃烛矣。”“气索而死，犹火烛之俱尽矣。”[③] 火与烛的关系应该是功

① 参见李庆：《中国文化中人的观念》，610页，学林出版社，1996。

② 荀悦：《申鉴·杂言下》。

③ 桓谭：《新论·形神》。

能与结构的关系，是一体的两面。桓谭仅说了两者的不可分离性，但把火(精神)与烛(形体)当成两个不同类的事物，是二元论的形神论。其次，他指出了精神和形体(火与烛)对一个更高的物质实体(气)的依赖关系，但没有说清楚非物质性的精神如何从物质性的"气"中产生的问题。

王充继承桓谭思想，并进行了唯物论的改造。他说："人之所以生者，精气也；死而精气灭。能为精气者，血脉也；人死血脉竭，竭而精气灭。"又说："人之精神，藏于形体之内，犹粟米在囊橐之中也。死而形体朽，精气散，犹囊橐穿败，粟米弃出也。"[①] 这里，他把精气当作一种寄居于身体血脉之中的物质，与形体属于同一性质；但又说精气可以独立于身体而存在，从而比桓谭还退了一步。

直到南北朝人范缜所著《神灭论》提出了"形质神用"和"形神相即"的观点，桓谭和王充的二元论问题才得以解决。范缜说："形者神之质，神者形之用。是则形称其质，神言其用。""神之于质，犹利之于刃；形之于用，犹刃之于利。利之名非刃也，刃之名非利也。然而舍利无刃，舍刃无利。未闻刃没而利存，岂容形亡而神在?""神即形也，形即神也，是以形存则神存，形谢则神灭也。""形之与神，不得相异也。"范缜以唯物论为基础，解决了前人的问题，即认定：(1)形神一体；(2)形是第一性，神是第二性。心理发生发展必须以生理健全为前提。范缜的思想达到了中国本土论形神问题的最高水平，后世亦罕有超越者。

第二节　汉唐时期普通心理学思想

一、知虑论

我国古代知虑心理学即现代认知心理学的初萌形态。汉唐知虑心理学思想涉及知虑分类，感知规律，知虑与注意、语言、记忆、表象和意义的关系等理论问题。

东汉人许慎《说文解字》："知，(识)词也。"[②]"虑，谋思也。"许慎的解释奠定了汉唐知虑心理学思想的基础：(1)知乃表层认识，而虑则为深层认识，因而知可以通过可见的、可说出的标准来检测，如词；而虑则是隐藏

① 王充：《论衡·论死》。
② 段玉裁注："词"前应有"识"字。

的，难以检测。(2)认知实际上关系着人的整个心理过程，包含辨别与记忆(识)、概念的获得和言语(词)、推断与决策(谋)等。三国人诸葛亮、南北朝人范缜等进一步丰富了许慎的认识。

诸葛亮认为“思近虑远”①，范缜认为“虑思无方”和“知即是虑，浅则为知，深则为虑”②，都从空间方位和结构层次上说明了认知的特点。董仲舒也曾将知虑分为五种，即他所称的“五事”：“一曰貌(态度)、二曰言(语言)、三曰视(视觉)、四曰听(听觉)、五曰思(思维)。”“五事”实际上涉及整个认知过程，与许慎的立论大致相同。

王充说：“夫论不留精澄意，苟以外效立事是非，信闻见于外，不诠订于内，是用耳目论，不以心意议也。夫以耳目论，则以虚象为言；虚象效，则事实为非。是故，是非不徒耳目，必开心意。”③ 这里将认知又分为两个相互补充的方面：“耳目论”和“心意议”。这是颇有见地的。现代认知心理学的研究也证实了认知的两重加工方式：自下而上的加工方式和自上而下的加工方式，两者的结合和补充才能完成认知。这与王充所说的意思是一致的。王充的“耳目论”相当于自下而上的加工方式，而“心意议”则相当于自上而下的加工方式。而“虚象效”之说与美国认知心理学家 Anne Treisman 的“错觉性结合”概念的含义也是颇相接近的。④

---

① 诸葛亮：《诸葛亮集·便宜十六计·思虑第十五》。

② 《弘明集·神灭论》。

③ 王充：《论衡·薄葬》。

④ 在认知发展过程中，由于自下而上和自上而下两条加工路线的矛盾，往往导致认知的错误，形成一种“错觉性结合”，即发生不同客体的特征彼此交换、联系错位的情形(Anne Treisman, 1982)。

在认知心理学中，所谓自下而上的加工，也称“数据驱动加工”，指知觉系统直接接受外部世界输入的信息的影响，如首先对外来客体的特征觉察，特征再结合成较大单位的特征模式，通过一定的编码，从而识别客体。在这种加工方式中，环境状况起决定作用。自上而下的加工，亦称“概念驱动加工”，指知觉者主体利用其先前所形成的经验、一般知识和概念结构等作用于环境，以帮助对知觉对象客体的确定。在认知过程中，这两种加工方式是互相补充的，当人们的知觉更多地依赖于感觉输入的直接作用时，自上而下的加工作用就减弱；反之，如果知觉更多地依赖自上而下的加工，则物体对知觉的直接作用就降低。

Anne Treisman 认为，一个完整的认知过程首先是前注意阶段的自下而上的加工，但在这个阶段，知觉的特征处于自由漂移(free floating)状态，即特征不受其所属客体的约束，知觉系统对各个维量的特征进行独立编码，形成相应的特征地图(feature map)。但是，对客体的知觉还必须对各个特征进行联合，于是进入特征整合阶段。在这个阶段，由先前认知所形成的位置地图(map of locations)或位置总图(master map of locations)即“经验”、“概念”或“知识”，就起重要的中介作用。位置地图将表明全部特征的位置边界，亦即提供哪些位置是空的、哪些位置是实的等信息。在前注意阶段，位置的信息虽然得到一定编码，但不能获取这些位置信息，因为特征加工是不论位置的。但是特征却不能离开位置，因而需要集中注意，集中注意可以在位置地图上进行选择，就像聚光灯的扫描，扫描到哪里，那里的任何特征就通过该位置与其在特征地图中的相应位置联系而被提取并被整合；这就是说，集中注意提供了一种“胶水”(glue)，把先前独立编码的一些特征“粘”起来，结合为客体。特征地图中的位置只有通过与集中注意所选择到的位置地图上的位置相联系和结合才能得到进一步的加工并进入意识。这时，如果注意分散或过载，则特征将不在正确位置上被结合，导致错觉性结合(illusory conjunction)，使一个客体的特征与另外客体的特征结合。参见王甦：“注意的新理论——特征整合论”，见王甦、朱滢等：《当代心理学研究》，3页，北京大学出版社，1993。

汉唐时期学者对认知规律的研究也颇有成果。《淮南子》揭示了认知的几条规律：第一，远近距离的知觉对空气清浊与光度强弱的要求不同；第二，整体知觉优于部分知觉；第三，错觉的产生既有客观方面的原因也有主观情绪和愿望等方面的原因；第四，认知具有一定的阈限，近可知，远则不可知。王充以及葛洪等对《淮南子》有所补充。王充认为：第一距离律，对同一静物，近则可感知之为大，远则不可感知或感知为小；对同一动态物体，近则感知为快，远则感知为慢。第二强度律，同一距离内，对强度大或体积大的物体感知良好，相反则感知不良或无法感知。第三对比律，感知受物体大小、明暗、强弱等方面的对比的影响。另外，第四阈限律和第五情绪律，与《淮南子》所论同。葛洪也论及感知的阈限规律和对比规律。①

汉唐学者论知虑问题时往往不是单纯地从一个方面立论，而是从多个方面互相结合阐述，从而说明知虑规律，如藏(记忆)、壹(注意)、言(言语)、意(思维、意义)、像(图像、表征)等。如陆贾阐述感官知觉与注意和记忆的关系说："目以精明，耳以主听，口以别味，鼻以闻芳，手以之持，足以之行，各受一性，不得两兼，兼则心惑。二路者行穷。正心壹坚，久而不忘。"② 董仲舒则最早发现了注意分配与感知的关系："是以目不能二视，耳不能二听，手不能二事。一手画圆，一手画方，莫能成。"③ 王充也有类似发现和论述④，后《刘子新论》对之有所继承，并更进一步论述感知与注意的关系问题。

对言语、图像和表征、思维意义之间关系的论述最有代表性、趣味性和深入性的探讨的莫过于魏晋玄学家，其中又以王弼的"言不尽意论"与欧阳建的"言尽意论"的论争最为著名。王弼认为言、像、意之间具有一致性，但又呈现为一种层次递进关系：语言的功能是使心理图像明确化，图像是意义的载体，而意义才是要表达的真正内容，言辞是描述心理图像的工具，而语言和图像又都是表达思维意义的工具；语言的目的在于传达意义，则当意义获得后，作为工具的言辞和图像就没有存在的必要了。而欧阳建的观点则相反，认为言语(言)和概念(名)与所要表达的思维内容(志、理)是完全统一的，不可分割为二，犹如物体的形与影一样，形存则影附⑤。欧阳建的观点有机械论的倾向，而王弼的观点则既辩证又符合事实⑥。

① 参见杨鑫辉主编：《心理学通史》第1卷，315～317页，山东教育出版社，2000。
② 陆贾：《新语·怀虑》。
③ 董仲舒：《春秋繁露·天道无二》。
④ 见王充：《论衡·书解》。
⑤ 王弼、欧阳建论述原文分别参见《王弼集校释·周易略例·明象》及《全晋文·言尽意论》。
⑥ 参见刘华："中国古代语言心理学思想初探"，载《漳州师范学院学报》(哲学社会科学版)，2000(1)。

后代佛教禅宗也有许多论及言语、心象和思维之间关系的理论与观点，因为其复杂性，本节不予详细讨论。

二、情欲论

中国文化总的说来是一种道德倾向性文化，所以中国文化一直反对情欲。两汉以降，情欲被加上恶名。董仲舒将性和情加以区别，并认为性善而情恶。后代学者大多继承了这一观念。魏晋玄学家中有人主张情欲与性皆出于自然，适性亦应适情适欲，但他们的思想仅有少数人赞同，流传不广，并没有得到发展；且因为佛教的传入和被广泛接受而被佛教的禁欲主义所湮没。宋明理学综合儒释道三家而成一统，情欲更被贴上了祸害的标签，成为人之“大防”。

汉唐情欲心理学思想主要表现在：(1)情欲的起源及其关系；(2)对待情欲的态度；(3)对情欲的分类和结构的研究；(4)情欲的动力性质。

汉唐思想家的共识是：情在性基础上产生，而欲又产生于情。情“感于物”而主内，欲则“接于物”而处外。如东汉人高诱注《淮南子·原道训》“知与物接而好恶生焉”句说：“接，交也，情欲也。”对于情欲的关系，《淮南子》认为两者是对立的，主张以情胜欲，“不以欲乱情”①：“故情胜欲者昌，欲胜情者亡。”② 《刘子·防欲》的观点是：“人之禀气，必有性情。性之所感者，情也；情之所安者，欲也。情出于性而违性，欲由于情而害情。”这是对《淮南子》的观点所进行的更清晰的表述。

王充对情欲关系的基本观点是：自然之气产生万物，情欲当然也是由气所生，情欲具有自然性。这在一定程度上肯定了情欲的合理性，所以他既反对“恬淡无欲”也反对“纵情施欲”，但并不认为情欲与人的祸福有关联。王充对情欲两者的关系的看法是认为两者一致，情、欲两个概念往往合并连称使用。

王充的观点对魏晋玄学家如嵇康等颇有影响。在嵇康的《养生论》、《答向子期难养生论》、《声无哀乐论》、《难张辽叔自然好学》等著作中，都对情欲关系问题有所论述。《答向子期难养生论》认为欲是性的动态：“夫不虑而欲发，性之动也。”“不虑而欲发”说明“欲”是一种非理性的结果。而欲与性是一致的，所以“从(纵)欲”是为了“全性”。但另一方面，他又反对恣情极欲而主张“节”。在《声无哀乐论》中，他借古人表达了这一观点：“古人知情不可恣，欲不可极。因其所用，每为之节。”

① 《淮南子·原道训》。
② 《淮南子·缪称训》。

唐代继承汉魏自然主义情欲观的有李谿的《广废庄论》[①]、来鹄的《对女乐论》[②]等，在一定程度上对情欲都予以肯定。相反的是，李翱在其原有受汉董仲舒和其师韩愈影响而形成的"性善情恶"论基础上，又受佛教禁欲主义思想影响，主张"灭情复性"："妄情灭息，本性清明，周流六虚，所以谓之复其性也。"[③]

佛教的情欲观的内容比较丰富，但也因此而显得颇为复杂。关于欲望的缘起，佛教界有的认为产生于人的生长过程(生老病死产生人的忧悲苦恼)[④]，有的认为产生于人与环境的互动(色、声、香、味、触"五境"产生相应的"五欲")[⑤]，有的认为是人的"食本能""助发淫欲。于欲界中所有诸苦，皆因饮食淫欲故生"[⑥]。佛教对于情和欲两者没有严格的区分，但从上引观点看，基本上倾向于认为情生于欲后，即先有诸欲后有诸苦。这与中国本土的认识是有所不同的。

在中国，佛教对待情欲的态度前后期稍有变化。前期主张严厉禁止，如梁武帝萧衍认为贪食肉类几乎是世间一切灾难(共120种，包括从出生到死亡，今生以及来世，从自己到他人，个体以及人类的内心恐怖、身体疾病、不幸遭遇等等)的根源，所以以法令形式颁布文告严禁肉食[⑦]。后期，佛教逐渐与中国本土观念融合，产生了中国式的佛教，对情欲的态度有所宽容，如华严宗、禅宗和净土宗等，对情欲已采取了自然主义的态度，如《临济录·示众》就把"屙屎送尿，着衣吃饭，困来即卧"这些符合人的本能的"平常事"当作佛法用功；在戒律方面也予放宽，在家居士也可以参证佛法，吃斋的方式也可以有多种形式，并不要求吃长斋，而可以吃半斋甚至花斋等等。

道教的情欲观在这个时期的发展与佛教正好相反：从放纵到禁止。北周甄鸾所著的《笑道论》是揭露道教之作，其中记载了早期道教的主张，如不禁饮酒，不禁妻妾，甚至主张"采阴补阳"式的男女公开交接等等。后来经过北魏寇谦之等人的改造，道教成为规范化、制度化和礼仪化的宗教，对情欲的态度也发生了极大的转变，如创制于唐而宋明间始流行的《太上感应论》中就对诸如"非礼烹宰；见他美色，起心私之；淫欲过度，耆酒悖乱"等行为提出了高度警戒。

① 见《文苑英华》卷七六〇。
② 见《文苑英华》卷八一一。
③ 李翱：《李文公集·复性书中》。
④ 如《法华经·方便品》。
⑤ 如《法华经·譬喻品》。
⑥《成实论》。
⑦ 参见《广弘明集·断酒肉文》。

汉唐时期关于情欲分类的心理学思想基本上继承先秦。关于情的类型主要有四情说，如董仲舒的天人感应四情说："夫喜怒哀乐之发，与清暖寒暑，其实一贯也。喜气为暖而当春，怒气为清而当秋，乐气为太阳而当夏，哀气为太阴而当冬。"[①] 五情说，如《三国志·魏陈思王植传》在喜怒哀乐基础上增加"怨"或"恐"。六情说，如《白虎通义·性情》："喜怒哀乐爱恶谓六情。"七情说，如唐韩愈《原性》："其所以为情者七，曰喜，曰怒，曰哀，曰惧，曰爱，曰恶，曰欲。"

关于欲的类型，该时期也主要继承先秦《管子》的观点。汉初晁错说："人情莫不欲寿，三王生而不伤也；人情莫不欲富，三王厚而不困也；人情莫不欲安，三王扶而不危也；人情莫不欲逸，三王节其力而不尽也。"这里承认情欲的合理性，把情欲分为"寿"、"富"、"安"、"逸"，是对后天欲望的分类。王充对欲望的分类则涉及两个层次：(1)从人类层次，分为物质之欲(如"仓廪"、"衣食")和精神之欲(如"礼节"、"荣辱")[②]；(2)从个体层次，分为生理之欲(来自天赋，如"号欲食"、"啼欲玩")和社会性欲望(来自习成，如"利色"、"狂心悖行")[③]等。佛教的欲望类型观比较复杂，有三欲观，如贪、嗔、痴；有五欲观，如色、声、香、味、触；也有多欲观，认为整个人类世界就是一个大的欲望之海，等等。

情欲既然是在人性基础上的动态表现，则情欲必定对人具有动力影响作用，所以对情欲的动力性质，汉唐时期的学者也有所认识。

《淮南子》认为良好的情感能引导人的智力发展(如"三月婴儿未知厉害也，而慈母之爱谕焉者，情也")，调节人际关系(如"为人上者，不忘其下，诚能爱而利之；弗爱弗利，亲子叛父")，有助于培养道德品行(如"情系于中，行形于外，凡行戴情，虽过无怨；不戴其情，虽忠来恶")以及与身心健康的关系(如"人大怒破阴，大喜堕阳，大忧内崩，大怖生狂"[④])等等。对于欲，《淮南子》持否定态度，认为其对人性有害："人性欲平，嗜欲害之。"[⑤]《淮南子》的结论比较完整，后来学者又在其基础上，对情欲作用的某些方面进行了深入探讨，如董仲舒从情欲对人际关系的作用进而引申为对行政管理的意义，把情欲当成管理实施的基础："民无所好，君无以权也；民无所恶，君无以畏也。无以权、无以畏，则君无以禁制也。无以禁

① 董仲舒：《春秋繁露·阳尊阴卑》。
② 王充：《论衡·本性》。
③ 王充：《论衡·治期》。
④ 均见《淮南子·缪称训》。
⑤《淮南子·齐俗训》。

制，则比肩齐势而无以为贵矣。故圣人之治国也……务令民有所好。有所好，然后可得而劝也，故设赏以劝之。有所好必有所恶，有所恶然后可得而畏也，故设罚以畏之。既有所好又有所畏，然后可得制之。”董仲舒原来是想利用人的情欲来达到治国的目的。

王充发展了《淮南子》关于情欲与身心关系的观点，认为激情会增长体能，提高应激水平：“人之精乃气也，气乃力也。有水火之难，惶惑恐惧，举徒器物，精诚至矣，素举一石者倍举二石。”[①] 王充也认识到人的内在欲望作为动机之行为导向作用：“口欲食而目欲视，有嗜欲于内，发之于外，口目求之，得以为利，欲之为也。”[②] 总的看来，王充对情欲持肯定态度。

魏王弼也论述了情感与语言之间的关系：“情动于中而外形于言，情正实，而后言之不怍。”[③]

晋代的《刘子新论》也认为情感是人们进行是非利害判断的依据，主张“无情以接物”而反对“有情以接人”[④]。王弼和《刘子新论》也是对《淮南子》论情感与智能发展之间关系的基础上的横向和纵深性讨论。

三、智才论

智才是中国古代关于能力的概念。汉唐时期涉及智才问题的心理学主张的内容也较为丰富，概括起来主要有三个方面：(1)智才的性质；(2)智才类型；(3)智才的鉴定。下面试分别予以介绍。

(一)论智才的性质

智与才本是相互区别又相互联系的两个方面，其区别在于智是内在的心理结构，而才是通过外在行为所表现出来的特征；两者的联系则在于都集中在对人的能力进行描述，因而又可以分别称为智能和才能。

王充继承了先秦的智能心理学思想，认为智与能相互独立又相互统一；认为智能是先天因素与后天练习和学习相结合的产物；才乃智能多样性的表现，所以智能是才的本质。王充认为智能的实质是一种“力”——一种合知识、技能、体力和智慧为一的综合性内在素质之功效性外显[⑤]：“人有知学，则有力

① 王充：《论衡·儒增》。
② 王充：《论衡·自然》。
③ 《王弼集校释·论语释疑·宪问》。
④ 《刘子新论·去情》。
⑤ 参见燕国材主编：《中国心理学史资料选编》第2卷，156~159页，人民教育出版社，1990。

矣。文吏以理事为力，而儒生以学问为力。……夫壮士力多者，扛鼎揭旗；儒生力多者，博达疏通。故博达疏通，儒生之力也；举重拔坚，壮士之力也。”[①] 又，王充虽认识到体力与脑力的差异，但却认为这种差异决定人的尊卑贵贱[②]。这种观点与孟子所谓“劳心者治人，劳力者治于人”的观点一脉相承。

刘劭《人物志》是该时期最集中论述才能问题的著作。关于才能的实质问题，刘劭认为人禀阴阳而立“性”(生性、性格、品性)，才(材)和能都是性的外在表现，性有不同，则才能各异，如人有五种基本的性：木——弘毅、金——勇敢、火——文理、土——贞固、水——通微；在这五种基本的性的基础上又生成十二种具体的性格特征：强毅、柔顺、雄悍、惧慎、凌楷、辩博、宏普、狷介、休动、沉静、朴露和韬谲；与性格相对应的则是各种各样的才(材)和能(见下文)。

魏晋玄学家对才性的认识也揭示了他们关于智才实质的观点。据载(《世说新语·文学篇》刘孝标注引《魏志》)，当时对于才性问题主要有四种看法：才性同、才性异、才性离、才性合。由于该部分内容失传，今天我们无法得见这四种看法的详细论述。袁准有《才性论》，认为才和性是质和用的关系：“性言其质，才名其用。”[③] 嵇康有《明胆论》一篇，认为人的才性取决于赋受“元气”的多少而有昏明的不同，故而有明和胆的区别：“明以见物，胆以决断。专明无胆，则虽见不断；专胆无明，则违理失机。”《刘子新语》把智能的实质看作各种认知特征的反应，因而其论述最具有心理学的意义，如推理的广度：“睹一可以知百，观此可以明彼”(《观量》)；决策的速度：“才能成功，以速为贵；智能决谋，以疾为奇”(《贵速》)；对决策的时间和对任务性质的把握：“智所以为妙者，以其应时而知也”(《贵速》)，“材有大小，则任其轻重，所处之分，未可乖也”(《均任》)。

(二)论智才的类型

王充根据人的职业特点与用“力”方式和方向的不同，把人的才能分为农夫之力(垦草殖谷)、士卒之力(勇猛攻战)、工匠之力(架构斫削)、佐史之力(治书定簿)、贤儒之力(论道议政)。[④] 他又根据人的知识面的广度和文言写作

① 王充：《论衡·效力》。
③ 王充：《论衡·效力》云：“人生莫不有力，所以为力者，或尊或卑。孔子能举北门之关，不以力自章；知夫筋骨之力，不如仁义之力荣也。”
③ 《艺文类聚》卷二一引袁准语。
④ 见王充：《论衡·效力》。

能力，把人分为儒生(能说一经)、通人(博览古今)、文人(采掇传书以上书奏记)、鸿儒(精思著文连接篇章)等，形成一个逐级上升的才能层次结构。

刘劭关于才能的分类比较复杂。归纳起来，他主要是根据性格差异，将人分为三类：兼德(“九征皆至，则纯粹治德”)、兼材(“兼材之人，以德为目”)和偏材(“九征有违，则偏杂之材也”)。[③] 这三类才能具体的又被分为八材(《人物志·才能第五》)和十二材(《人物志·流业》)。所谓八材指清节之材(具自任之能)、法家之材(具立法之能)、术家之材(具计策之能)、智意之材(具人事之能)、遣让之材(具行事之能)、伎俩之材(具权奇之能)、臧否之材(具司察之能)、豪杰之材(具威猛之能)；十二材指清节家、法家、术家、国体、器能、臧否、伎能、智意、文章、儒学、口辩和雄杰。

魏晋时还有张湛依据行为动机分能力为四种：能之而能不为者、能之而不能不为者、不能而强欲为之者和不为而自能者。[⑤]

(三)论智才的鉴定

汉以迄于唐，我国在文化、国力等多方面都曾处于相当高的水平，这与该时期对于人才的合理选拔和任用是分不开的，因而该时期在人才的鉴定方面为我们留下了丰富的、值得我们借鉴的经验。

在人才鉴定的具体方法方面，最有代表性的就有所谓七观法、八观法、五视法和三观法。七观法为诸葛亮所创制。他说：“知人之道有七焉，一曰文之以是非而观其志；二曰穷之以辞辩而观其变；三曰资之以计谋而观其识；四曰告之以祸难而观其勇；五曰醉之以酒而观其性；六曰临之以利而观其廉；七曰期之以事而观其信。”[③] 八观法为刘劭提出。他说：“八观者，一曰观其夺救以明间杂；二曰观其感变以审常度；三曰观其志质以知其名；四曰观其所由以辨依似；五曰观其爱敬以知通塞；六曰观其情机以辨恕惑；七曰观其所短以知其长；八曰观其聪明以知所达。”[④] 五视法亦为刘劭所倡，即通过观察一个人在不同的生存状态的表现来判别人的才能：“故必待居止，然后视之。故：居，视其所安；达，视其所举；富，视其所与；穷，视其所为；贫，视其所

---

① 见刘劭《人物志·九征第一》。这里所谓“九征”指刘劭作为判断人的个性的九种标准，即“性之所尽，九质之征也。然则平陂之质在于神；明暗之实在于精；勇怯之势在于筋；强弱之植在于骨；躁静之决在于气；惨怿之情在于色；衰正之形在于仪；态度之动在于容；缓急之状在于言”。

② 张湛：《列子集释·黄帝篇注》。

③ 诸葛亮：《诸葛亮集·知人性》。

④ 刘劭：《人物志·八观第九》。

取。然后乃能知贤否。”[①]三观法则为唐代李翱提出：“相人之术有三，迫之以利而审其邪正；设之以事而察其厚薄；问之以谋而观其智与不才，贤不肖分矣。”[②]

第三节　汉唐时期应用心理学思想

汉唐时期的应用心理学思想十分丰富，涉及社会心理学、教育心理学、文艺心理学、军事心理学、运动心理学、医学心理学、商业心理学、政治与管理心理学等等。这里只介绍社会心理学和教育心理学中的部分内容。

一、社会心理学思想

（一）人际交往

汉唐时关于人际交往的理论主要涉及人际交往的意义、范围、策略以及人际互动的基本原理等。

先秦时墨子、荀子、《学记》等都有对人际交往的肯定，充分认知人际交往的意义。汉唐时期，三国的诸葛亮和南北朝的颜之推关于人际交往的观点比较具有代表性。诸葛亮在《出师表》等著作中对君臣关系的论述强调人际交往的重要性，认为“亲贤臣，远小人，此先汉所以兴隆也；亲小人，远贤臣，此后汉所以倾颓也”，将人际关系提高到安邦治国高度予以强调。颜之推在《颜氏家训》中发挥墨子的观点：“是以与善人居，如入芝兰之室，久而自芳；与恶人居，如入鲍鱼之肆，久而自臭也。墨子悲于染丝，是之谓也。”这里同时也对交往的范围作出了规定，即交友应取向于那种受到社会主导价值肯定的人。葛洪《抱朴子·外篇·交际》专论交往，主张“先择而后交”，勿因“泛结而后悔”，也是对交往范围的提示。

关于交往成功的策略，该时期的有关著作主要分析了两个方面，一是交往者自身条件，如能力、品德和对待朋友的态度等。刘劭认为要有君子之风，“举不敢越仪准，志不敢凌轨等。内勤己以自济，外谦让以敬惧”[③]；葛洪认为待朋友要“善交狎而不慢，和而不同。见彼有失，则正色而谏之；告我有过，则速改而不惮。不以忤彼心而不言，不以逆我耳而不纳；不以巧辩

① 刘劭：《人物志·效难第十一》。
② 李翱：《李文公集·答朱载言书》。
③ 刘劭：《人物志·释争第十二》。

饰其非，不以华辞文其失；不形同而神乖，不逆情而口合；不面从而背憎，不疾人之胜己”。[①] 二是交往对象的选择，这与交往范围规定有一定的关系，但也有所不同。照葛洪等人的说法，可交的朋友应具备“直谅多闻，拾遗斥谬，生无请言，死无托辞。始终一契，寒暑不渝”[②] 等个性品质。东晋时另有苏浚著《鸡鸣偶记》，其中将朋友分为四类：“畏友”（“道义相砥，过失相规”）、“密友”（“缓急可共，死生可托”）、“昵友”（“甘言如饴，游戏征逐”）、“贼友”（“利则相攘，患则相倾”）。[③] 看来，可交者主要是前两类，与后两类的交往至少应保持相当警惕。王充对劝说艺术的论述涉及人际互助的基本原理，即说、听双方应有共同语言。[④]

（二）关于流言的心理分析

流言是社会心理学研究的一个重要问题。中国古人对此也早有认识，如“三人成虎”的故事等。汉代王充对此也颇有研究，认为流言得以传播的心理基础是好奇，传播流言的主体是“俗人”和“小人”，传播的方式是口耳相传，传播的机制是逐级放大（“闻一增以为十，见百益以为千，使夫纯朴之事十剖百判，审然之语，千反万畔”），传播的范围在“闾巷之间”。而散播流言的主观动机是增益其美或毁益其恶。所以，流言乃“虚妄之文”，听多了反而使人不相信现实。只有少数圣贤之人可以脱俗，明察是非，以理诠疑。[⑤] 六朝时《刘子新语》对王充之说又有所补充：流言还以反向（以非为是，以假为实，转白成黑等）机制进行传播。[⑥]

二、教育心理学思想[⑦]

教育心理学思想是我国应用心理学思想中最丰富和最有生气的部分。汉唐时期的教育心理学思想涉及学习心理、德育心理、教师心理等多个方面。这里主要对学习和教师心理思想进行简单介绍。

① 葛洪：《抱朴子·外篇·交际》。
② 葛洪：《抱朴子·外篇·交际》。
③ 转引自杨鑫辉主编：《心理学通史》第1卷，410页，山东教育出版社，2000。
④ 参见杨鑫辉主编：《心理学通史》第1卷，387～388页，山东教育出版社，2000。
⑤ 王充：《论衡》之《艺增》、《对作》、《定贤》篇。参见杨鑫辉主编：《心理学通史》第1卷，388页，山东教育出版社，2000。
⑥ 《刘子集校·审名》曰：“世人传言，皆以小为大，以非为是。传弥广而理逾乖，各弥假而实逾反，则回犬似人，转白成黑矣。”
⑦ 以下内容均参见杨鑫辉主编：《心理学通史》第1卷，400～413页，山东教育出版社，2000。

(一)学习心理思想

学而致知的思想一直是中国古代学习心理学思想的主流。东汉王充、晋葛洪和唐韩愈都作如是观。具体到学习的意义而言，《淮南子》认为学习可以发展智力和培养能力、改造人性，而且人类文明的“流通”须通过学习来实现①。《刘子新论》主张“因学鉴道”，认为学习可使人把握事物的规律。

学习原则、方法、过程和对待学习的态度等问题，也是汉唐时期教育心理学思想中比较突出的论题。葛洪和颜之推都主张早期学习，因为幼年时期心理发展的特点是“精专”(精力集中)，而成人以后则“神放”② 或“思虑散逸”③。除了及早学习外，葛洪还认为学习应“咫尺以进，往而不缀”④；《刘子新论》也持此论，它比喻学问为“千丈之峭”、“万仞之深”⑤，强调学习必须逐渐积累、持之以恒。《淮南子·秦族训》对此过程有精彩的论述，曰：“以弋猎博弈之日诵诗读书，闻识必博矣。”“不饱食以终日，不弃功于寸阴。鉴逝川之勉志，悼过隙之电速。割游情之不急，损人间之未务。洗忧贫之心，遣广愿之秽。息畋猎博弈之游戏，矫昼寝坐睡之懈怠。”葛洪主张“往而不缀”大概就是受了《淮南子》的影响。唐韩愈《进学解》中也主张勤学不缀。

自孔子“学而时习之”、“饭疏食饮水，曲肱而枕”等思想提出后，中国思想家都继承了勤学守恒的传统，也因而有了中国历史上“握锥投斧”、“照雪举萤”、“锄则带经”、“牧则编简”等流传千古的好学苦学的故事。从心理学角度来说，仅仅主张勤学苦学，未免有失片面，因为学习是与人的认知、情感、性格之全部的心理过程联系在一起的，而且更须通过行为才能将学习过程的意义显示出来。汉唐学者对此似乎深有认识。《淮南子》提倡“乐学”(“以外乐内”和“以内乐外”)，将学习与需要和情感联为一体⑥；董仲舒通过“一手画圆，一手画方”⑦ 的实验证明学习与注意的关系；《刘子新论》提出了类似的观点，强调“精勤专心”、不“游情外务”⑧；颜之推继承先秦墨、荀等观点，极力主张学习与行为实践的结合及学习对现实的效用，提出“涉务”和“有益于物”的主张⑨；韩愈则强调个人学习风格的形成，主张

---

① 《淮南子》之《秦族训》、《主术训》、《修务训》篇。
② 葛洪：《抱朴子·勖学》。
③ 《颜氏家训》。
④ 葛洪：《抱朴子·勖学》。
⑤ 《刘子新论·崇学》。
⑥ 见《淮南子·缪称论》。
⑦ 《春秋繁露·天道无二》。
⑧ 《刘子新论·专学》。
⑨ 《颜氏家训·勉学》。

"抒意立言，自成一家新语"①。

(二)教师心理思想

汉《白虎通义·辟雍》说"是以虽有自然之性，必立师傅焉"，指出教师存在的价值。唐柳宗元则以自己学琴和书法的亲身经历说明个人的努力如果离开了教师的指导将不得而获、远离正道："是二者皆极于学而反弃者，何哉？无所不可传者卒不能得。故虽穷日夜，弊岁纪，愈远而不近也。"②

教师的能力与个性是教师心理学研究的主题，汉唐时期对此也研究较多。董仲舒说："善为师者，既美其道，有慎其行，齐时早晚，任多少，适疾徐，造而勿趋，稽而勿苦，省其所为，而成其所湛，[性之所近]，故力不劳而身大成。此之谓圣化，吾取之。"③ 这里对教师在道德品格、行为举止、知识经验、对学生心理特征的把握、教学注重循序渐进，以及对学生的监督与考核等方面的品质和技能给出了界定。韩愈《师说》所谓"师者，所以传道、授业、解惑也"的观点是对董仲舒的论述的概括和总结。另外，教师也被要求以身作则，为"人之模范"(汉扬雄)；谦虚敬业，能者为师，勿计师徒(南北朝李谧、唐韩愈)等等。

汉至唐代是一个长且复杂的历史时期，该时期文化发展的最大特点是多种思想和文化样式的交汇、渗透与融合，人们从多个角度多种层面对心理现象的审视形成了该时期丰富复杂的心理学思想大观，其在现代心理学所划分的大多数研究领域，都有相当多的论述，许多论述也具有相当的科学性，对现代心理学的理论研究和现代人们的精神生活仍然具有相当程度的指导意义。该时期也有许多的思想成果，如佛教和道教的某些认识，甚至现代心理学还不具备对它进行科学验证的能力，但它对于现代心理学研究的启发意义却是相当明显的，如美国 1950—1970 年代所产生的人本主义心理学及超个人心理学流派就曾受惠于斯，作为中华民族宝贵的思想遗产，我们不能简单地给它贴上一条"唯心主义"或"非科学"的标签，从而一概否定，相反应当认真地发掘整理和研究，以重现其辉煌，充分展示中国特色心理学体系在世界心理学宝库中应有的地位和价值。本章所述仅涉及到其中最为突出最为集中的部分思想观点，拟出了一个纲要，以期达到窥一斑而见全豹的目的。

① 韩愈：《韩昌黎集·进学解》。
② 《柳河东集》卷三二。
③ 董仲舒：《春秋繁露·玉杯》。

第三章

宋元明清时期心理学思想

第一节　脑髓说

综观心理学发展史可以发现，心理学的发展经历了一个由经验性、思辨性的心理学思想演变成一门独立的心理科学的过程。这导致对于心理实质的认识也经历了一个从哲学心理学思想视角发展到生理心理学思想视角的过程。中国的心理学发展史也经历了这样的过程。伴随着科技和医学技术(尤其是解剖学技术)的发展，从生理心理学思想视角来探讨心理实质的“脑髓说”也逐渐发展起来。这主要体现在古人对心理器官的论述上。

关于心理的器官，在中国古代长期存在脏器说(指中国古代学者关于人的五脏——心、肺、肝、脾、肾——是心理器官的说法)与脑髓说(指中国古代学者认为人脑是心理活动的器官；扩而言之，是关于人脑的结构与功能的学说)的争论。

自孟子提出“心之官则思”之后，中国古代学者多继承这一观点，将“心(即心脏)”看作是人的思虑器官，并多赞成荀子的“心居中虚，以治五官”的看法。这种观点简称“主心说”，是属于脏器说的一种观点。在清代王清任提出“脑髓说”之前，“主心说”一直占居主导地位。

宋元至明清时期，医家在继承《黄帝内经》重视脑的探讨的基础上，开始对脑的功能投入较多的关注；并且，较之前人，明代医家对人脑的结构及其功能已有较多的了解。这里试举几例为证。

据金代李东垣的《脾胃论》记载，金代医家张洁古已明确指出了人的视觉、听觉和嗅觉等都是人脑的功能活动。明代李时珍在其《本草纲目》卷三“辛夷条”中提出：“脑为元神之府。”明代的金正希在《尚志堂文稿》里说：“人的记性皆在脑中。”明代李梃的《医学入门》已明确认定脊椎中的髓与脑相通，“故上至脑，下至尾，皆精髓升降之道路”。明末清初的科学家方以智所著《物理小识》一书，对脑与心理的关系作了较系统的探讨，从而提出了五个主要观点：一是主张心、肝、脑三者并贵论；二是以脑髓的清浊作为人聪明与否的生理依据；三是认为脑是心理的器官；四是认为脑对人的感知觉具有支配功能；五是论述了脑的生理结构和功能。清初回族著名学者刘智著《天方性理》一书，对大脑的研究主要见于该书的《图传》部分。从《图传》中可知，他已从脑机能的层次探讨感知心理问题，也就是从脑的心理功能来探讨人的心理的实质，从而突破了哲学思辨层次。① 清代名医汪广庵在《本草备要》卷三"辛夷条"里说："凡人见外物必有一形影留于脑中，昂思今人每记忆往事，必闭目上瞪而思索之，此即凝视于脑之意也。"

上述论述为清代王清任明确提出"脑髓说"打下了一定的基础。王清任以解剖生理知识为基础，正式提出了"脑髓说"，确认人脑是人的心理的器官，从而为中国古代唯物主义心理学思想提供了自然科学的论据。

王清任关于"脑髓说"的主要言论，在《医林改错》②一书的《脑髓说》中有较为详细的记载。现根据其内容，再结合王清任在《医林改错》其他篇章中关于脑的言论，对王清任的"脑髓说"作了详细的探讨。概括地讲，王清任"脑髓说"的主要内容有七。

第一，明确否定了"心"有"贮记性，生灵机"的机能。王清任在《脏腑记叙》中说："夫业医诊病，当先明脏腑。尝阅古人脏腑论及所绘之图，立言处处自相矛盾。……其论心，为君主之官，神明出焉，意藏于心，意是心之机。意之所专曰志，志之动变曰思，以思谋远曰虑，用虑处物曰智，五者，皆藏于心。既藏于心，何得又云脾藏意智，肾主伎巧，肝主谋略，胆主决断。据所论，处处皆有灵机，究竟未说明灵机者何物，藏灵机者何所；若用灵机，外有何神情。其论心如此含混。"在《脑髓说》中，王清任又说："不但医书论病，言灵机发于心，即儒家谈道德、言性理，亦未有不言灵机在心者。因始创之人，不知心在胸中，所办何事。不知咽喉两旁，有气管两根，行至肺管前，归并一根，入心，由心左转出，过肺入脊，名曰卫总管；前通气府、精道，后通脊，上通两肩，中通两肾，下通两腿。此管乃元气与津液之所。气之出入，由心所过。心乃出入气之道路，何能生灵机、贮记性？"

第二，提出"灵机记性在脑"的主张。王清任在《脑髓说》里写道："试看痫症，俗名羊羔风，即是元气一时不能上转入脑髓。抽时正是活人死脑袋。活人者，腹中有气，四肢抽搐；死脑袋者，脑髓无气，耳聋、眼天吊如死。有

① 参见杨鑫辉主编：《心理学通史》第1卷，488～495页，山东教育出版社，2000。
② 以下所引王清任的言论，均出自《医林改错》一书，故只列出篇名。

先喊一声而后抽者，因脑先无气，胸中气不知出入，暴向外出也。正抽时，胸中有漉漉之声音，因津液在气管，脑无灵机之气，使津液吐咽，津液逗留在气管，故有此声。抽后头痛昏睡者，气虽转入于脑，尚未足也。小儿久病后气虚抽风，大人暴得气厥，皆是脑中无气，故病人毫无脑识。以此参考，岂不是灵机在脑之证据乎！”王清任以痫病和气厥病为论据，认为这两种病人发病时不省人事，毫无认识力，其原因“皆是脑中无气，故病人毫无知识”，从而证实了灵机记性在脑的正确性。

第三，论述了脑的生理构成成分和生理解剖结构。在《脑髓说》里，王清任说：“灵机记性在脑者，因饮食生气血、长肌肉。精汁之清者，化而为髓，由脊骨上行入脑，名曰脑髓。盛脑髓者，名曰髓海。其上之骨，名曰天灵盖。”

第四，认为脑对各种感觉器官具有支配作用。王清任在《脑髓说》中写道：“两耳通脑，所听之声归于脑。脑气虚，脑缩小，脑气与耳窍之气不接，故耳虚聋；耳窍通脑之道路中，若有阻滞，故耳实聋。两目即脑汁所生，两目系如线，长于脑，所见之物归于脑。瞳人白色，是脑汁下注，名曰脑汁入目。鼻通于脑，所闻香臭归于脑，脑受风热，脑汁从鼻流出，涕浊气息，名曰脑漏。”将人的听、视和嗅等感觉器官与脑直接联系起来，说明王清任已清楚地认识到了脑对人的视、听和嗅等感觉所具有的重要作用。

第五，认为人脑的发展状况与人的智力发展水平有一定的关系。王清任在《脑髓说》中说：“看小儿初生时，脑未全，囟门软，目不灵动，耳不知听，鼻不知闻，舌不言。至周岁，脑渐生，囟门渐长，耳稍知听，目稍有灵动，鼻微知香臭，舌能言一二字。至三四岁，脑髓渐满，囟门长全，耳能听，目有灵动，鼻知香臭，语言成句。所以小儿无记性者，脑髓未满；高年无记性者，脑髓渐空。”

第六，提出了关于大脑左右两半球具有对称交叉功能的假设。通过对中风病人半身不遂和口眼歪斜症状的细致观察，王清任在《口眼歪斜辨》里提出了一个假设：“人左半身经络，上头面从右行，右半身经络，上头面从左行，有左右之互之义。”王清任的这一观察结果，可与法国解剖学家弗洛伦斯(M.J.P.Flourens)用局部割除法切除野鸽大脑和小脑的实验结果相比。并且，现代生理心理学已证实了王清任的这一假设是个正确的假设，即支配躯体四肢运动的神经系统——锥体束，在延脑下端处左右交叉。

第七，认为人做梦与脑的活动有关。他在《癫狂梦醒汤》里说：“癫狂一症，哭笑不休，詈骂歌唱，不避亲疏，许多恶态，乃气血凝滞脑气，与脏腑气不接，如同作梦一样。”

综上所述，王清任的“脑髓说”尽管较粗糙，有些观点也不正确，但从总体上看，其贡献是巨大的：“脑髓说”的提出，结束了自先秦以来占主导地位的“心脏说”的统治地位，为中国近代生理心理学奠定了初步的基础。梁启超在《中国近代三百年学术史》中曾对王清任进行评价，说：“他务欲实验，以正其失。他先后访验四十二年，乃据所实睹者绘成脏腑全图而为之记，附以脑髓说，谓灵机和记性不在心(而)在脑……诚中国医界之极大胆的革命论。”

在欧洲，古代学者关于心理的器官问题也存在着是“心”还是“脑”的争论；直到19世纪之前，“主心说”一直处于主导地位。关于这点，美国著名心理学史家波林曾说：“亚里士多德……以为生命的位置在于心脏之内。埃及人把思想定位在心脏内，而把判断定位在头颅或肾脏内。但是毕达哥拉斯以脑为心灵及理智的住所，柏拉图也作类似的主张。毕达歌拉斯的学说却流传于世。亚力山大的解剖学家也相信这个学说，甚至主张更特殊的定位。埃拉西斯特拉托以为感觉位于脑膜，运动位于脑实体内。希罗费罗斯以脑室为生活力的储藏室，盖伦证明此说，以为动物精神由脑室流入心脏，复由动脉管而分布于全身……”但“这些都仅是哲学的而非经验的，19世纪以前，还没有一种有力的运动，将脑视为心灵的器官”。[①] 由此可见，在古代的欧洲，到19世纪以前，受当时科技发展水平的限制，“主心说”也一直处于主导地位，“脑髓说”则处于从属位置。由此可见，王清任提出“脑髓说”的主张，也是世界脑科学和心理学发展史上光辉的一页。

第二节　情欲心理学思想

自宋至清，理学昌盛，而理学的核心内容之一就是对理与情、欲之间关系的探讨，导致其情欲心理学思想特别丰富。

一、关于情的问题

(一)情的产生

情是怎样产生的呢?对于这一问题，学者多继承《乐记》的思想，认为情是人受到客观事物的影响后，将性中本有的“情端”表露出来的结果；换句话说，“情端”没有表露出来而存于内心就是“性”，“情端”表露在外而见于行就是

① 波林著，高觉敷译：《实验心理学史》，57~58页，商务印书馆，1981。

"情"。如王安石在《性情》中就说："喜、怒、哀、乐、好、恶、欲未发于外而存于心，性也；喜、怒、哀、乐、好、恶、欲发于外而见于行，情也。"

(二)情的实质

1. 性情说

二程(程颢、程颐)等学者继承前人的思想，继续从性与情的关系角度探讨情的实质，从而形成了性情说。这可说是中国古代探讨情的实质的一种主流观点。不过，学者间对性情关系看法有差异，细分又可分为三种观点。

(1)性情对立说。它认为情会因外界影响而与性相背，产生对立状态。如《二程集》卷八说："天地储精，得五行之秀者为人。其本也真而静，其未发也五性具焉，曰仁、义、礼、智、信。形既生矣，外物触其形而动于中矣。其中动而七情出焉，曰喜、怒、哀、乐、爱、恶、欲。情既炽而益荡，其性凿矣。是故，觉者约其情使合于中，正其心，养其性，故曰性其情；愚者则不知制之，纵其情而至于邪僻，梏其性而亡之，故曰情其性。凡学之道，正其心，养其性而已。中正而诚，则圣矣。"

(2)性情合一说。它主张性与情是相互统一、相互制约的。例如，王安石在《性情》中说："性情一也。世有论者曰'性善情恶'，是徒识性情之名，而不知性情之实也。喜、怒、哀、乐、好、恶、欲未发于外而存于心，性也；喜、怒、哀、乐、好、恶、欲发于外而见于行，情也。性者情之本，情者性之用。故吾曰：性情，一也。"认为那些说性善情恶的人，只是看到了性情的表面现象，而没有看到性情内在的实质性关系。实质上，性在内，情在外，情是性的外在表现；性是本，情是用，情是"生而有之"的自然本性的一种作用。合而言之，性和情的关系是内与外、体与用的关系。这说明王安石是从性情的体用关系角度批判性善情恶论的，认为性与情是一体一用的关系。性善情亦善，性恶情亦恶。

(3)性静情动说。亦称情波说，意即性是静的，情是动的。这是继承和发展南北朝梁代贺玚的观点，从心理状态来阐述情与性的关系。大致成书于五代末宋初的《关尹子》(传为后周人尹喜所撰)在《五鉴篇》中从心、性、情关系出发描述道："情生于心，心生于性。情，波也；心，流水；性，水也。"把心理过程视为动态过程，而情感则是这一过程的波动状态。《朱子语类》卷六十二说："横渠(按：宋代人张载号横渠先生)心统性情之说甚善。性是静，情是动，心则兼动静而言，或指体，或指用，随人所看。"《朱子语类》卷五也说："性是未动，情是已动，心包得已动未动。盖心之未动则为性，已动则为情，所谓心统性情也。……心如水，性犹水之静，情则(犹)水之流。"朱熹吸收了张载“心统性情”的思想，认为性情皆出于心，情与性的联系是情是性的发用，情与性的区别在于心的“已动”与“未动”；同时，又吸收贺玚的思想，以水的动静作喻，认为性是水之静，情是水之流；将情绪情感看成是心理的一种波动状态，以与其他的心理现象相区别。这种观点尽管没有真正揭示出情的实质，但它毕竟让人从一个新的视角考察了情绪情感过程与其他心理过程的差别。它以比喻的形式从一个侧面反映了情感会引起人的生理变化并有其外部表现的思想，是难能可贵的。“西洋心理学家将心理学当作‘意识的科学’研究达2 000年，到19世纪末詹姆斯(James)才说明它像大江的水，昼夜不停地流动(参阅詹姆斯氏著 The Stream of Thought 一文)。将情绪当作心理学上三大问题之一去研究亦千余年(旧日西洋心理学概分知、情、意三大部分)，说明它像水上波浪那样的不平静，只是最近的事。詹姆斯、朗格(Lange)二氏开其端，坎农(Cannon)证以实验，华生(Watson)、武德沃斯(Woodworth)才把它叙述清楚。华说情绪是‘强烈机体变化’，武说是‘一般身体的骚扰’。二氏都承认无情绪时，身体的状态是平静的；平静被扰乱，情绪便发生。这与尹喜的思想完全吻合。”[①]张耀翔教授的这段话，采用中外比较法，将《关尹子》的“情波说”与西方心理学的有关思想进行比较研究，使我们不难看出，中国古代的情波说是具有特色的一种心理学思想。

2. 情欲说

主要是从情与欲的关系出发揭示情的本质。把情欲联系起来以论述情的实质的观点，是中国古代情欲论的一大特色。如《朱子语类》卷五说：“欲是情发出来底。心如水，性犹水之静，情则水之流，欲则水之波澜，但波澜有好底，有不好底。”

(三)情的分类

关于情的分类，这一时期的学者也继承前人的思想，主要从情的两极变式对情进行分类，强调情的两极性。如刘智在《天方性理·图传》卷二《气性显著图说》说：“爱恶二者，浅观之不过七情六欲之总称，扩充之实为出凡作圣之本领。”认为爱恶是两种最基本的情，其他情都是爱恶的变式，这就是“情二端论”。在“情二端论”的基础上，学者也探讨了情的分类问题。

关于情的分类主要观点有三。一是四情说。它是对《中庸》等四情说的一种继承和发展。如朱熹在《中庸章句集注》说：“喜、怒、哀、乐，情也，其未发，性也。”二是七情说。这是继承《礼记·礼运》的思想。如王安石曾

① 张耀翔：《心理学文集》，207～208页，上海人民出版社，1983。

说："喜、怒、哀、乐、好、恶、欲未发于外而存于心，性也；喜、怒、哀、乐、好、恶、欲发于外而见于行，情也。"三是十情说。这是吴澄等学者对情的分类所作的创新。十情说大概是中国古代文献中将情绪种类划分最多的一种观点。吴澄说："约爱、恶、哀、乐、喜、怒、忧、惧、悲、欲十者之情，而归之于礼、义、仁、智四者之性。"①刘智在《天方性理·图传》卷一《大成全品图说》中也说："心七层而其情有十，喜也，怒也，爱也，恶也，哀也，乐也，忧也，欲也，望(希望)也，惧也。"将以上三说稍加归纳，可知各种情感分类说均以"喜、怒、哀、乐"为基本组成部分，与现代心理学把快乐、悲哀、愤怒、恐惧作为基本的原始情绪相近似。

二、欲和人欲问题

(一)欲和人欲的实质

1. 从内涵看欲和人欲的实质

理学家们讲的"欲"和"人欲"，虽只有一字之差，但它们的含义是不同的。

(1) "欲"的内涵。理学家讲的欲，一般指人的欲望或需要。所以，欲在性质上有好坏之分。如《朱子语类》卷五说："欲之好底，如'我欲仁'之类；不好底，则一向奔驰出去。若波涛翻浪，大段不好底欲，则灭却天理，如水之壅决，无所不害。"可见，"好底欲"一般指人的高级精神需要(如我欲仁)和人的合乎"礼"的物质需要(如维持生存的需要)；"不好底欲"一般指人的不合乎"礼"的需要(如追求奢侈物质生活的需要)。在朱熹之前，各学者在探讨欲的性质时，都没有对欲的好坏进行明确区分。朱熹首次将欲分为"好底欲"和"不好底欲"两种，这是他的贡献；当然，朱熹划分欲的标准是不可取的。

(2) "人欲"的内涵。理学家讲的人欲，一般指人的不合乎礼的欲望或需要，相当于上文朱熹讲的"不好底欲"。如《朱子语类》卷四十说："同是事，是者便是天理，非者便是人欲。如视听言动，人所同也。非礼勿视听言动，便是天理；非理而视听言动，便是人欲。"在这里，朱熹划分欲与天理的标准是礼，凡是符合礼的欲就是天理；凡是不符合礼的欲就是人欲。可见，朱熹讲的天理有时与其讲的"好底欲"含义大致相同，而他讲的人欲实际上是指人的不合乎礼的欲望或需要，与其讲的"不好底欲"含义大致相同。王夫之在

① 《宋元学案》卷九十二《草庐学案·草庐精语》。

《读四书大全说》卷六《论语·里仁篇》说："只理便谓之天，只欲便谓之人。饥则食，寒则衣，天也。食则各有所甘，衣则各有所好，人也。"他将人的合乎礼的自然需要看作是一种天理，将人要求好的食物之类的需要看作是一种人欲。

尽管欲和人欲是内涵不同的两个概念，但理学家们有时也混用之。如《陆九渊集》卷三十二说："夫所以害吾心者何也?欲也。"此处的欲实指人欲，故会"害吾心"。吴廷翰在《吉斋漫录》卷上说："人欲，只是人之所欲。"此处的人欲又实指欲。

2. 从表现形态上看欲的实质

从表现形态来揭示欲的实质，理学家多认为欲是"水之波澜"，是比情更为激烈的心理活动。相对于情波说而言，此观点可概括为"欲波澜说"。欲波澜说发端于《乐记》，中经二程等人的发展，至胡宏与朱熹等人才明确提出来。

欲波澜说的渊源可追溯至《礼记·乐记》的"性静情动"思想，此后思想家多赞成《乐记》的这一观点，只是对它认识更深入、细致罢了。而中国古代的思想家又常将欲视作情的一种形式(实则欲是情产生的动力基础，并不是情)，如《二程集》卷八说："形既生矣，外物触其形而动于中矣。其中动而七情出焉，曰喜、怒、哀、乐、爱、恶、欲。"既然性静情动，而欲又是情的一种，很自然地就能从中推导出性静欲动的观点。再加上至南朝梁代，贺玚以水与波的不同状态来指代性与情的关系及情的实质，提出了情波说："性之于情，犹波之于水；静时则水，动则是波；静时是性，动则是情。"[①]

情波说提出后，对后世尤其是宋明理学家产生了深远的影响。宋代的理学家也多用水与波之喻来揭示性与情的关系。如《二程遗书》卷十八说："问：'性之有喜怒，犹水之有波否?'曰：'然。湛然平静如镜者，水之性也。及遇沙石或地势不平，便有湍激；或风行其上，便为波涛汹涌，此岂水之性也哉?人性中只有四端，又岂有许多不善底乎?然无水安得波浪，无性安得情也?'"既然"性之有喜怒，犹水之有波"，而二程又主张欲是七情的一种，可见二程的思想中已较明确地蕴涵有欲波澜说的思想。

胡宏与朱熹等人继承前人的思想，从心、性、情、欲四者的关系出发，将情波说与欲为情之一种的思想相结合，终于明确提出了欲波澜说。胡宏在《知言·往来》中说："性譬诸水乎，则心犹水之下，情犹水之澜(大波浪)，欲犹水之波浪。"以水与波喻性与欲，明确主张："欲犹水之波浪"。《朱子语类

① 孔颖达：《礼记中庸正义》。

辑略》卷一说："心，譬水也；性，水之理也。性所以立乎于水之静，情所以行乎水之动，欲则水之流而至于滥也。"《朱子语类》卷五也说："心如水，性犹水之静，情则水之流，欲则水之波澜，但波澜有好底，有不好底。欲之好底，如'我欲仁'之类；不好底，则一向奔驰出去，若波涛翻浪……"认为欲在本质上和情一样，也是心的表现形式之一，只不过它比情的活动更为激烈罢了。当然，二人观点也有细微区别。胡宏认为"情犹水之澜，欲犹水之波浪"，而朱熹则认为"情则水之流，欲则水之波澜"。

欲波澜说自提出后，对其后的思想家产生了巨大影响。如戴震在《孟子字义疏证》卷上说："性，譬则水也；欲，譬则水之流也。节而不过，则依乎天理，为相生养之道，譬则水由地中行也；穷人欲而至于有悖逆诈伪之心，有淫佚作乱之事，譬则洪水横流，泛滥于中国也。"

美国心理学家詹姆斯(W.James)以提出意识流(the stream of thought)的观点蜚声国际心理学界。可见，中国的理学家将欲看作是"水之波澜"、是比情更为激烈的心理活动的观点，是难能可贵的。因为中国古人提出欲波澜说较之詹姆斯提出意识流说要早了七百年左右；同时，中国古人的这种观点对于今人正确理解欲的实质仍具有一定的启发性，毕竟它提供了一种考察欲的实质的新视角。当然，欲波澜说并未真正揭示出欲的实质。[①]

(二)欲和人欲的功能

理学家认为，欲在性质上有好坏之分，因而不可一概否定，更何况欲中的"好底欲"即是理，于是理学家对欲多持较肯定的态度，认为："有己则有私，有私则有欲，而既行之于事矣。"[②] 进而对欲的功能也多持较肯定的态度，认为欲能起多方面的积极作用。(1)欲是促使人行动的推动力。吴廷翰在《吉斋漫录》卷上里说"五性感动，善恶分，万事出者，以有欲故也，有欲则为动"，明确主张人之所以愿意从事各种活动，是由于人有欲。戴震在《孟子字义疏证》卷下里说得更明白："凡事为皆有于欲，无欲则无为矣。有欲而后有为，有为而归于至当不可易之谓理；无欲无为又焉有理！"(2)欲是情产生的动力基础。罗钦顺在《困知记》卷一里主张："七情之中，欲较重。盖惟天生民有欲，顺之则喜，逆之则怒，得之则乐，失之则哀……欲未可谓之恶，其为善为恶，系于有节与无节尔。"此观点与现代心理学对欲的看法暗合。(3)欲能生百善。陈确在《无欲作圣辨》里说："欲即是人心生意，百善皆从此生，

① 参见汪凤炎："从心理学角度再析理学中的理欲辨"，载《心理学探新》，2001(2)。

② 叶适：《水心别集》卷五《春秋》。

止有过不及之分，更无有无之分。”

另一方面，理学家对人欲的功能一般持较否定的态度，认为人欲多起负面的作用。(1)诱人“为不善”。像《二程遗书》卷二十五就说：“人之为不善，欲(指人欲)诱之也。诱之而弗知，则至于天理灭而不知反。”(2)“害吾心”。陆九渊《养心莫善于寡欲》一文说：“夫所以害吾心者何也？欲(指人欲)也。欲之多，则心之存者必寡；欲之寡，则心之存者必多。”(3)使情变不善。陈淳的《北溪字义情》说：“情之中节，是从本性发来便是善，更无不善。其不中节是感物欲而动，不从本性发来，便有个不善。”(4)嗜欲有害身心健康。因此，王廷相的《雅述下篇》主张养生：“大要不出少思虑，寡嗜欲……”

(三)欲和人欲与理

欲和人欲与理，是宋明学者论述得较多、影响深远的一个问题，也是这一时期在欲的问题上最富特色的一个问题。而“欲和人欲与理”这一论题，实际上包含了欲和人欲的实质、理的实质、欲和人欲与理的关系和对待欲和人欲与理的态度等四个问题；因而要弄清“欲和人欲与天理”这一问题，必须对这四个子问题进行探讨。由于欲和人欲的实质问题在上面已论述过，而对待欲和人欲与理的态度又将在下文探讨，这里只探讨理的实质和理与欲和人欲的关系。

1. 理的实质

理，又称天理。综观理学家对理的论述，不管是唯心论理学家，还是唯物论理学家，他们讲的理，其内涵主要有二。一是指封建伦理纲常。《朱文公文集》卷四十说：“天理，只是仁、义、礼、智之总称。”当理作此含义讲时，它不是一个心理学上的概念。二是指对人的合乎“礼”的诸种需要的总称。当理用作此含义时，其实质相当于朱熹等理学家讲的“好底欲”。《朱子语类》卷十三说：“饮食者，天理也；要求美食，人欲也。”这一思想被其后的理学家继承和发展。如王夫之在《读四书大全说·论语·里仁篇》中说：“只理便谓之天，只欲便谓之人。饥则食，寒则衣，天也。食则各有所甘，衣则各有所好，人也。”“饥则食”之类的欲之所以是天理，是由于它们是维持人的生存所必需的，因而是合礼的；至于“食则各有所甘”之类的欲则并非人生存所必需，所以是人欲。概言之，理学家讲的理，实总指人的合乎礼的诸种需要。作为总称人的合乎礼的诸种需要的理，从内容上看，包括合乎礼的物质需要与精神需要；从层次上讲，既有“饥则食”之类的低级需要，也有“我欲仁”之类的高级需要；从性质上看，则均是合礼的，即均是“好底欲”。当然，如前所述，理学家判断人的某种欲是不是理的主要标准，是维护封建统治的礼。

2. 理与欲和人欲的关系

综观理学家关于理与欲和人欲关系的论述，其观点大致有二。一是天理人欲对立观。如《朱子语类》卷十三说："人之一心，天理存，则人欲亡；人欲胜，则天理灭，未有天理人欲夹杂者。学者须要于此体认省察之。"当理学家持天理人欲对立观时，其理的含义可以是上文讲的两种含义中的任一种，而人欲一般是指人的不合乎"礼"的需要，故而理与人欲之间是一种对立或排斥的关系。但是，朱熹等人也认为，欲与理有统一的一面。如朱熹在《孟子集注》卷二里曾说："盖钟鼓、苑囿、游观之乐，与夫好勇、好货、好色之心，皆天理之所有，而人情之所不能无者。"可见，在理与欲和人欲关系问题上，程朱等人虽持天理人欲对立观，但也承认理与欲之间有统一的一面。二是理欲统一观。陆九渊在《语录上》中说："天理人欲之言，亦自不是至论。若天是理，人是欲，则是天人不同矣。此其原盖出于老氏。"这里讲的人欲，不是指人的私欲，而实指欲，故而陆九渊认为，"天理人欲之言，亦自不是至论"。不过，陆九渊等持理欲统一观的人，实际上也承认理与人欲(人的私欲)之间的对立关系。《陆九渊集》卷三十二说："夫所以害吾心者何也？欲也。欲之多，则心之存者必寡；欲之寡，则心之存者必多。故君子不患夫心之不存，而患夫欲之不寡。"合而言之，在理与欲和人欲关系问题上，理学家其实都认为理与欲的关系是统一关系，而理与人欲的关系是对立的关系，他们之间的观点并无本质的区别。

三、对待情与欲和人欲的态度

论及对待情欲的态度时，尽管观点不一，但学者都主张节制情欲，只是要求节制的程度不同而已。但细分又可分为三种。一是"存天理，灭人欲"。《朱子语类》卷十二说："圣贤千言万语，只是叫人明天理，灭人欲。"不过，朱熹等人只是要求人们摈弃不合理的人欲，至于合理的欲则是应该有的。合而言之，朱熹等人并不是彻头彻尾的"禁欲主义"者，而是把孔子以来的伦理本位节欲观推到高峰，以封建伦理束缚人们。二是存理寡欲。如陆九渊所说："夫所以害吾心者何也?欲也。欲之多，则心之存者必寡；欲之寡，则心之存者必多。故君子不患夫心之不存，而患夫欲之不寡。"可见，陆九渊是提倡"存心寡欲"的。但陆九渊又认为"心"即"理"，故而"存心寡欲"实际上就是"存理寡欲"。三是节情寡欲。王廷相在《慎言·见闻篇》里说："贪欲者，众恶之本；寡欲者，众善之基。"戴震《孟子字义疏注》卷下认为"凡事为皆有于欲，无欲则无为矣"，"欲得遂也，情得达也"。合理节制情感欲望含有解禁伦理本位情欲观的启蒙思想，有其一定的合理性。

从总体上看，宋明理学家对理与欲和人欲问题的观点大致上是相同的，假如理学家按照这样的思路——先界定理与欲和人欲的内涵、再辨析理与欲和人欲的关系，然后论及对待理与欲和人欲的态度——去探讨理与欲和人欲的问题，他们就不会发生争论了。为什么理学家要就理与欲和人欲的问题争得不亦乐乎呢？其关键问题在于概念的含混不清。

中国古代一向重视整体思维而轻视分析思维，导致中国传统思维方式表现出一定程度的模糊性。反映在用词上，就是对多数词的内涵不作明确的界定；就理与欲和人欲三个概念而言，也是如此。理学家在不同场合(甚至在其著作的前后文中)所使用的这三个概念的含义是不同的；含义的不同，必然导致三者之间的关系发生变化，进而导致对待它们的态度也要发生变化。可见，概念的含混不清，是导致理学家对理与欲和人欲问题进行争辩的主要原由之一。同时，相对而言，程朱理学家偏重于讲人欲及人欲与理之间的对立关系，而陆王心学家和唯物论理学家则偏重于讲欲及欲与理之间的统一关系。这导致在对待理与欲和人欲的态度上，程朱理学家较为强调存天理灭人欲，而陆王心学家和唯物论理学家较为强调存理节欲。对待理与欲和人欲的侧重点不同，是导致他们发生争论的又一重要原由。在封建社会，理总是公的；相对于理而言，欲和人欲均是私的。这样，理欲之辩实际上是一种公私之辩。再者，作为人合乎礼诸种需要的总称的理与欲和人欲三者之间没有层次上的区别，只有好坏之分，这样，理学中的理欲之辩不能看作是关于低级需要与高级需要，或物质需要与精神需要之争，其实质也可看作是一种关于合理需要(“好底欲”)与不合理需要(“不好底欲”)的内涵、相互关系及对待二者的态度之争[①]。

理学家关于保存合理需要而去除不合理需要的主张，至今仍有借鉴意义；当然他们划分合理需要与不合理需要的标准不可取。由于时代的局限性，理学家一般都或多或少地赞成要存“理”，因而或多或少地起了维护封建制度之作用。可见，理欲辩中所包含的思想是精华与糟粕互见，我们要批判地吸收。今人也要从理欲辩中吸取教训，即在思维方式上，要做到整体思维与分析思维的协调发展，这样就可减少很多无谓的争论。[②]

① 参见汪凤炎：“从心理学角度再析理学中的理欲辩”，载《心理学探新》，2001(2)。
② 参见汪凤炎：“从心理学角度析理学中的理欲辩”，载《心理科学》，1999(2)。

第三节 教育心理学思想

一、学习心理思想

(一)基本观点

在生知与学知问题上，明代王守仁力主“致良知”说，认为“良知之外更无知，致知之外更无学”[①]。该观点发展了先秦以来的生知说。明清之际的王夫之则反对生知说，力倡学知论。他在《读四书大全说》卷七中说：“聪必历于声而始辨，明必择于色而始晰，心出思而得之，不思则不得也。……今乃曰生而知之者，不待学而能，是羔雏贤于野人，而野人贤于君子矣。”

在内求与外铄问题上，宋代的邵雍、二程和陆九渊等人多赞成内求说，明代王守仁的《紫阳书院集序》更声称：“心即理也，学者学此心也，求者求此心也。”此观点与他的“致良知”说相互关联。南宋的陈亮、叶适和明代的王廷相等人则主张外铄说，并以此反对内求说。如王廷相的《雅述上篇》说：“诸凡万物万事之和，皆因习、因悟、因过、因疑而然。人也，非天也。”

(二)学习过程

《中庸》将学习过程概括为“博学之、审问之、慎思之、明辨之、笃行之”。这一时期思想家对这一观点多有进一步的诠释，尤以朱熹的观点最具代表性。朱熹将学习过程分为七个阶段。一是立志。学习须先立志。《朱子语类》卷一说：“立志不定，如何读书?”二是博学。为学者要多见多闻，“不然，则闻见孤寡，不足以为学矣”[②]。当然，博学不是杂乱无章地学，而必须将博与专结合起来。《朱子语类辑略》说：“博学，谓天地万物之理，修己治人之方，皆当所学。然亦各有次序，当以其大而急者为先，不可杂而无统也。”三是审问。博学之后要审问。他在《四书或问·中庸或问》里说：“问之审，然后有以尽师友之情，故能反复之发其端而可思。”四是慎思。思在学习过程中占有较重要的作用，学习过程中只有“慎思”，才能使所学“脱然贯通”。五是明辨。慎思之后，需要明辨。明辨既是慎思的自然发展，也是慎思的必然结果。六是时习。朱熹强调时常温习的重要性，主张弟子要做到“温故

① 《王文成公全书》卷五《与马子莘》。
② 《朱子语类》卷二十四。

而知新”，而不是机械地死记硬背。七是笃行。《朱子语类》卷六十四认为：“知之愈明，则行之愈笃；行之愈笃，则知之益明。”这是强调“行”的重要性。

(三)学习的原则与方法

朱熹等人多重视探讨学习的原则与方法。《朱文公文集》中的《读书之要》就总结出六种“读书法”：循序渐进、熟读精思、虚心涵泳、切己体察、著紧用力和居敬持志。现将他们的有关内容概括为四点。一是自求自得。此是关于学习的主动性和积极性原则。如王廷相在《慎言·潜心篇》里说：“自得之学可以终身用之，记闻而有得者，衰则亡之矣，不出于心悟故也。故君子之学，贵于深造自养，以致其自得焉。”二是循序渐进。此指在学习中要有系统有步骤地进行的原则。《二程遗书》卷八说：“君子教人有序。先传以小者、近者，而后教以大者、远者，非是先传以近、小，而后不教以远、大也。”朱熹在《读书之要》中更是明确地提出了这一原则，主张读书学习要“循序而渐进，熟读而精思可也”。三是熟读精思。这指学习中强调记忆与思维紧密结合的原则。朱熹的《先正读书诀》说：“大抵读书，先须熟读，使其言皆若出于吾之口；继以精思，使其意皆若出于吾之心，然后可以有得尔。”四是博约结合。此为学习中广博与专精相结合的原则。王夫之《读四书大全说》卷六：“约者博之约，而博者约之博。故将以反说夫约，于是乎博学而详说之。凡其为博而详者，假道谬途而深劳反复，果何为哉?”

二、品德心理思想

(一)道德认识

道德认识指对客观存在的道德关系、处理这种关系的原则和规范及执行它们的意义的认识。这一时期学者虽未对道德认识作如此明确的定义，不过，他们的言论中也有类似的思想。王安石在《仁智》中说：“仁，吾所未有也。吾能知其为仁也，临行而思，临言而择，发之于事而无不当仁也。此智者之事也。”“知其为仁也”，即形成一定的道德认识。既然他们意识到品德形成的前提条件之一是要形成一定的道德认识，也说明他们于有意或无意间认识到品德中含有道德认识的成分。当然，用今天的眼光看，王安石以上的言论有以仁代智的倾向，忽视了自然知识的学习。这是其不足之处。

(二)道德情感

人的道德需要由是否得到满足而引起的内心体验就是道德情感。道德情感对人的道德行为具有一定的调节作用。当道德认识与道德情感成为推动个人产生道德行为的内部动力时，它们就成为道德动机。陆九渊等人初步意识到一个有道德的人必定具有一定的道德情感。陆九渊在《与侄孙浚》(四)里说："人非木石，不能无好恶，然好恶须得其正，乃始无咎。故曰'惟仁者能好人，能恶人'。恶之得其正，则不至于忿嫉。"

(三)道德意志

道德意志是指人在产生道德行为过程中所表现的意志。它主要表现在两个方面：一是道德动机经常能够战胜不道德的动机；另一是排除内外障碍，坚决执行由道德动机引出的行动决定。对于志在道德中的地位与作用，张载等人有着非常清醒的认识，且特别强调志的作用。张载在《正蒙·至当篇》里说："志久则气久、德性久。"认为道德意识保持的时间越长久，道德品质保持的时间也就越长久。《二程遗书》卷二下对人面临两难情境时内心产生道德动机冲突的情景有精彩的描述："有人胸中常若有两人焉，欲为善，如有恶以为之间；欲为不善，又若有羞恶之心者。本无二人，此正交战之验也。持其志，便气不能乱，此大可验。"此处胸中的"二人"，实相当于现在讲的两种道德动机，即一种是想为善的道德动机，另一种是想为恶的道德动机。二程认为，这两种道德动机相冲突时，必须以高尚的道德意志去进行调解，弘扬好的道德动机，抵制不好的道德动机。这表明在二程的心目中，道德意志扮演了"调解人"的重要角色。

(四)道德行为

道德行为指人在一定道德意识支配下表现出来的、对他人与社会有道德意义的活动。这一时期学者对行的认识虽未必达到如此清晰的程度，但是，从他们有关行的言论中，的确又可看出他们有意无意地认识到道德中含有行的成分，且行在道德中占有重要的地位。《朱子语类》卷九说："知、行常相须，如目无足不行，足无目不见。论先后，知为先；论轻重，行为重。……致知、力行，用功不可偏；偏过一边，则一边受病。"

用今天的眼光来反观先哲的言论，可以发现他们对于品德心理的认识，主要价值不在于是否有意或无意地认识到品德中含有道德认识、道德情感、道德意志与道德行为等四种因素，而在于对这四种成分之间相互关系的认识。

1. "知行合一"：道德认识与道德行为相结合

知指道德认识，行指道德行为。朱熹等人继承孔子的思想，多主张道德认识与道德行为必须是统一的，否则根本谈不上有德。《朱子语类》卷十三说："善在那里，自家却去行他。行之久，则与自家为一；为一，则得之在我。未能行，善自善，我自我。"

对于品德各心理成分的作用，西方历来存在唯智派与行为派的分歧。以柯尔伯格为代表的唯智派主张人的品德的形成主要取决于道德知识的掌握，以及信念、智慧与动机等因素的形成与发展，认为人的大部分不道德的言行都是由于愚昧无知所致，因此在德育中必须给予伦理谈话与系统的道德知识(理论)讲解以很高的地位。以班杜拉等人为代表的行为派主张人的品格只是一定动作的总和；一个人只要养成良好的行为习惯，就会出现好品德，所以在德育中应重视行为练习与习惯的养成。唯智论与行为论夸大品德结构中某些成分的作用而抹杀其他成分的作用，是片面的。假若将这种片面的观点带到德育中来，就会造成危害。[①]

中国先哲一贯主张知行要合一，提倡要将道德认知与道德行为统一起来看待；在德育方法上，要将说理教育与行为训练结合起来；但又不是一概论之，而是主张在具体运用这两种育德方法时，应根据个体不同的身心发展水平而有所侧重。这较之西方人基于知行相分思想的重行或重知的观点有更合理之处。所以，在当代我国的德育中，若能正确借鉴中国传统知行合一的思想，对于纠正德育中出现的知而不能行，或只是盲行等知行脱节的毛病是有一定裨益的。

2．"情理融通"：情感与智慧相结合

西方传统文化对人情感的设计自古以来有理性主义与感性主义两种进路。苏格拉底、柏拉图主张个体只有在摈弃一切情欲而对知识的穷追不舍中才可能在自身中显现善的理念；亚里士多德尽管看到了情感的认识作用与动力作用，仍主张根据理性原则使情感控制在合乎中道。理性主义的核心思想，在于主张以理智治理情感。与此相反，普罗泰戈拉倡始的感性主义进路，则将个体感官的快乐视作幸福和善的追求。近代康德的理性主义伦理思想虽试图超越理性与感性的二元对立，但最终仍以理性淹没情感，导致康德身后非理性思潮对人的情欲的过度张扬。结果，西方人现世生活中感性与理性的二元对立冲突带来的情感困扰，主要靠宗教的人神关系得到情感的满足与升华。而西方的感性和理性的二元对立，造成现代西方德育心理中，认知主义流派偏重于培养道德认知能力而忽略培养道德情感，非理性主义流派放纵感性欲望而贬低理性思维。[②]

① 参见潘菽主编：《教育心理学》，160页，人民教育出版社，1980。
② 参见鲁洁、王逢贤主编：《德育新论》，73～74页，江苏教育出版社，1994。

与西方的文化传统相反，中国传统文化对人的理性和情感的看法则自古就持情理融通的观点，主张个体在道德修养过程中要做到将智慧与情感联系起来考虑。这样，中国传统文化对人的情感设计没有明显的理性与感性的对立；尽管用今天的眼光看，先哲没有将知、情之间的界限作严格的区分，有知情不分、以情代知的倾向。《朱子语类》卷五十三说的“恻隐、羞恶、辞让、是非，情也”，将“是非之心”也看作是一种“情”，就是明显地以情代知的例证。但是，朱熹主张通过情育的方式来培养个体品德的思想，至今仍有重要的借鉴意义。遗憾的是，今天我国的德育教育却似乎忘记了这一传统，过于重视道德知识的传授，忽视道德情感的培养，以致德育缺少情育(情感教育)的辅助。这不能不说是道德教育实效性不大的原由之一。

3. “必仁且智”：高尚品德与才质俊美相结合

大家知道，西方文明向有真善二分的传统。对“真理”(true)与“善”(good)的区别有深入的探讨，强调在对“是什么”的研究中要坚持价值中立的原则。此观点反映到西方德育心理学思想领域，导致真与善的关系问题成为一个既令西方学者头痛又不能不试图予以解决的问题。不过，西方学者大都认为从“是”中是推导不出“应该”的。假若有人从“是什么”延伸出“应该怎样做”或干脆将二者等同起来，他(或她)就犯了自然主义错误。同时，由于西方学者多持真善二分的观点，导致他们多将智慧看作是“道德中立”(morally neutral)或“没有特定价值”(value free)的，强调要将道德与智慧分开。只是到了现代，才有学者，如美国的H. 加德纳(Howard Gardner)，开始探讨“道德智慧”(moral intelligence)的问题。不过，尽管加德纳力倡多元智慧观，但对是否存在道德智慧的态度仍是谨慎的、矛盾的。①

在中国思想史上，将道德与智慧分开的思想几乎无迹可寻。中国先哲一贯主张真善合一论，提倡人在修养自身时，要做到将高尚品德(简称仁或德)与才质俊美(简称智或才)相结合，如孟子在《公孙丑上》中就主张“仁且智”。这种重视德慧(仁智合一而以仁为统帅)的思想也为两宋到明清时期的学者所承继，并有所发展。司马光在《资治通鉴》卷一《周纪一》中有一段“名言”：“夫才与德异，而世俗莫之能辨，通谓之贤，此其所以失人也。夫聪明强毅之谓才，正直中和之谓德。才者，德之资也；德者，才之帅也。……是故才德全尽谓之‘圣人’，才德兼亡谓之‘愚人’；德胜才谓之‘君子’，才胜德谓之‘小人’。凡取人之术，苟不得圣人、君子而与之，与其得小人，不若得愚人。”在中国传统文化中，这可说是一种主流观点。这种思想若发展至极处，

① 参见Howard Gardner著，李心莹译：《再建多元智慧——21世纪的发展前景与实际应用》，103~114页，(台北)远流出版事业股份有限公司，2000。

就有可能产生德与才完全对立的观点，导致“知识越多越反动”或“宁要社会主义的草，不要资本主义的苗”等极“左”思想的滋生。这也是今人在研究中国传统德育思想时不能不引以为戒的。因此，我们应做到德育与智育并重：在育德的过程中要善于培养个体的智力；同时，在育智的过程中也要善于培育个体的良好道德品质，使二者相互促进，不要偏于一端。

4.“文质彬彬”：素养美与自然美相结合

先哲以文与质对举。“质”指人直接得之于自然的先天素质(简称自然美)，“文”指人后天习得的素质(简称素养美)。这一时期学者多继承孔子在《论语·雍也》里所提出的“文质彬彬”的观点，主张有德之人既应文雅又要朴实。如程颐主张一个人若是“君子”，其“文”与“质”就要相互平衡，而不能“文过质”。《二程遗书》卷二十五说：“君子不欲才过德，不欲名过实，不欲文过质。才过德者不祥，名过实者有殃，文过质者莫之与长。”“文质彬彬”是中国传统文化所推崇的一种修身境界。此观点与今天讲的内在美与外在美要相结合的思想有相通之处。当然，综观整个中国传统文化，相对而言，儒家似乎更注重“文”，而道家又好像更在乎“质”。不过，“文质彬彬”的观点对今天的德育有一定的启发意义。它告诉我们，在对个体的品行进行塑造时，要将内在美与外在美结合起来，不能厚此薄彼。

第四节　释梦心理学思想

一、梦的实质

(一)“梦者形闭而气专乎内也”

这是宋代张载对梦的实质的一种看法。他在《正蒙·动物篇》中说：“寤，形开而志交诸外也；梦，形闭而气专乎内也(王夫之注：开者，伸也；闭者，屈也。志交诸外而气舒，气专乎内而志隐，则神亦藏而不灵。神随志而动止者也)。寤所以知新于耳目，梦所以缘旧于习心。”这里，“志”、“志隐”分别相当于现代心理学讲的“意识”、“潜意识”。张载认为“寤”是一种觉醒的意识状态，“梦”是一种潜意识状态；寤与梦的交替转化，也就是意识与潜意识的交替转化。从内容上看，寤是凭借耳目等感知器官反映外界事物，故而其内容会不断翻新；而梦只是内心对过去生活经验的一种反映，故而其内容只能限于旧有的资料。

（二）“梦者心中旧事感而发也”

这是宋代二程和《关尹子》对梦的实质所持的观点。《二程遗书》卷十八说：“问：日中所不欲为之事，夜多见于梦，此何故也？曰：只是心不定。今人所梦见事，岂特一日之间所有之事？亦有数十年前之事。梦见之者只为心中旧有此事，平日忽有事与此事相感，或气相感然后发出来。故虽白日所憎恶者，亦有时见于梦也。譬如水为风激而成浪，风既息，浪犹汹涌未已也。”认为梦是人对过去经历过的事物的一种“延迟反应”，犹如风停息以后，水浪的汹涌澎湃仍未停止一样。梦的内容来源于过去经历的事物；梦是“心中旧有此事，平日忽有事与此事相感，或气相感然后发出来”。

《关尹子》尽管未明确提出梦是心中旧事感而发的观点，但从其对梦的特性的论述中，可以看出，它也是主张类似观点的。《关尹子·五鉴篇》说：“夜之所梦，或长于夜，心无时。生于齐者，心之所见，皆齐国也。既而之宋、之楚、之晋、之梁，心之所存各异，心无方。”梦是人在睡眠中产生的一种无意想像，其特点是不受时间和空间的限制的；并且，其内容与人的已有经验关系密切。《关尹子·六匕篇》还说：“好仁者多梦松柏桃李，好义者多梦刀兵金铁，好礼者多梦簠簋笾豆，好智者多梦江湖川泽，好信者多梦山岳原野。”这说明人的梦境完全源于旧有经验，这在梦学上是很重要的一个观点；同时，由好仁和好义等描述人的性格之语看，《关尹子》已初步认识到梦境与人的性格有一定的关系。

（三）“梦者思也”

这是明代王廷相对梦的实质所持的一种观点。他在《雅述下篇》里说：“在未寐之前则为思，既寐之后即为梦。是梦即思也，思即梦也。”认为梦的实质是人睡眠中产生的一种思虑或思念。梦与思虑或思念在本质上是一致的，二者的区别只在于发生的时间不同而已：梦是在睡眠中产生的一种心理现象；思虑和思念是在未睡前(觉醒时)产生的一种心理现象。王廷相还在《慎言·见闻篇》中说：“梦，思也，缘也，感心之迹也。”也是主张梦是一种思虑或思念。

综上所述，这一时期的学者继承了前人对梦的实质看法之优点，即在探讨梦的实质时，第一，看到了梦与睡眠的关系，多认为梦出现在人的睡眠中；第二，对梦的来源认识较为正确，多把梦看成是人在睡眠时感受内外刺激的结果，认为个体过去的生活经验是梦的重要来源之一；第三，初步揭示了梦的特性，即梦不受时空限制和梦的虚幻性等。

二、梦的类型

这一时期的学者对梦的类型划分，在继承前人的观点的基础上，也有了一定的发展。《关尹子·二柱篇》说："天下之人，盖不可以亿兆计。人人梦各异，夜夜梦各异。"认为每个人所做的梦是不同的；就是对同一个人而言，其每晚做的梦也是不同的；而天下之人不可以计数。可见，梦的类型是非常多的。《关尹子》指出了梦的多样性，但可惜未进一步对梦进行归类。

这一时期对梦的类型进行划分的，主要是明代的陈士元。他对梦的类型划分有两种观点：一是六梦说，这主要是继承《周礼》等的观点；另一是九梦说，这是他在综合前代医家和思想家的观点以后提出的，也是陈士元对中国古代释梦心理学思想的一大贡献。

(一)六梦说

六梦说是将梦划分为六种类型的观点。这是中国古代历史上最早出现的一种关于梦的类型划分的观点；因郑玄、许慎和《列子》等的继承和发展，这一观点在秦汉时期就已成为关于梦的类型划分中影响最大的观点之一。这一时期学者也继承了六梦说，这主要体现在明代陈士元的《梦占逸旨·六梦篇第七》一文中。该文说："六梦神所交，八觉形所接。六梦：一曰正梦，二曰噩梦，三曰觉梦(觉梦者，觉时所思念之而梦也)，四曰寤梦，五曰喜梦，六曰惧梦。此六者，梦之候也。"这与《周礼》的观点是一脉相承的，即将梦划分为：正梦、噩梦、觉梦、寤梦、喜梦和惧梦六种。可见，六梦说，"是在中国古代历史上最早出现的一种关于梦的类型划分的观点，影响也最大"。[①]

(二)九梦说

九梦说是指将梦划分为九种类型的观点，这是明代陈士元的见解。他在《梦占逸旨》卷二《感变篇第十》中说：

> 感变九端，畴(谁)识其由然哉？一曰气盛，二曰气虚，三曰邪寓，四曰体滞，五曰情溢，六曰直叶，七曰比象，八曰反极，九曰厉妖。
>
> 何谓气盛？阴气盛则梦涉大水而恐惧，阳气盛则梦大火而燔焫，阴阳俱盛则梦相杀。上盛则梦飞，下盛则梦堕。甚饥则梦取，甚饱则梦予。肝气盛则梦怒，肺气盛则

① 参见汪凤炎："论中国古代释梦心理学思想"，载《南京师大学报》(社科版)，1997(3)。

梦恐惧、哭泣、飞扬，心气盛则梦善笑恐畏，脾气盛则梦歌乐、身体重不举，肾气盛则梦腰脊两解不属。短虫多，则梦聚众；长虫多，则梦相击毁伤。此气盛之梦，其类可推也。

何谓气虚？肺气虚，则使人梦见白物，见人斩血籍籍，得其时则梦见兵战。肾气虚，则使人梦见舟船溺人，得其时则梦伏水中，若有畏恐。肝气虚，则梦见菌香生草，得其时则梦伏树下，不敢起。心气虚，则梦救火阳物，得其时则梦燔灼。脾气虚，则梦饮食不足，得其时则梦筑垣盖屋。此气虚之梦，其类可推也。

何谓邪寓？厥气客于心，则梦见丘山烟火。客于肺，则梦飞扬，见金铁之奇物。……此淫邪之梦，其类可推也。

何谓体滞？口有含，则梦强言而喑；足有绊，则梦强行而辟；首堕枕，则梦跻高而堕；卧藉徽绳，则梦蛇虺；卧藉彩衣，则梦虎豹；发挂树枝，则梦倒悬。此体滞之梦，其类可推也。

何谓情溢？过喜则梦开，过怒则梦闭，过恐则梦匿，过忧则梦嗔，过哀则梦救，过忿则梦詈，过惊则梦狂。此情溢之梦，其类可推也。

何谓直叶？梦君则见君，梦甲则见甲，梦鹿则得鹿，梦粟则得粟，梦刺客则得刺客，梦受秋驾则受秋驾。此直叶之梦，其类可推也。

何谓比象？将莅官则梦棺，将得钱则梦秽(晋书曰："或问殷浩，将莅官而梦棺，将得财而梦粪，何也?"浩曰："官本臭腐，故得官而梦尸。钱本粪土，故得钱而梦秽。"时人以为名言)，将贵则梦登高，将雨则梦鱼，将食则梦呼犬，将遭丧则梦白衣，将沐恩宠则梦衣锦，谋为不遂则梦荆棘泥途。此比象之梦，其类可推也。

何谓反极？有亲姻燕会，则梦哭泣；有哭泣、口舌、争讼则梦歌舞；寒则梦暖，饥则梦饱，病则梦医；忧孝则梦赤衣绛袍，庆贺则梦麻苴凶服。此反极之梦，其类可推也。

何谓厉妖？强死之鬼，依人为殃；聚怨之人，鬼将有报。其见之于梦寐者，则由己之志虑疑猜，神气昏乱，然后鬼厉乘其类暇，肆其怪孽，故祸灾立著，福祉难祈也。乃若晋侯受縶于秦伯，燕王贬涉于房州，则又其次矣。此之谓厉妖之梦，其类可推也。

气盛之梦，即是《灵枢·淫邪发梦篇》讲的阳盛、阴盛等的梦象。气虚之梦，即是《素问·方盛衰论》讲的五脏虚而产生的五梦及各"得其时"的五梦。邪寓之梦，即是《灵枢·淫邪发梦篇》讲的邪气客于五脏和六腑等的十五种梦象。体滞之梦，即是《列子·周穆王篇》和王廷相的有关思想的继承(详见后文"感于魄识生梦说")。情溢之梦，则是对《周礼》和《列子》等论因情生梦思想的发展。直叶之梦即相当于王充讲的直梦。比象之梦则是陈士元的一种新概括。《说文解字》："比，密也(段玉裁注：……其本义相亲也，余义备也、及也、次也、校也、例也、类也、频也、择善而从之也……)"。可见，比象之梦，其意是"缘象比类"而梦。反极之梦即是《庄子》所讲的反梦。厉妖之梦，意指厉鬼和妖怪作祟而梦，是一种迷信说法。由此可知，陈士元的九梦，是对历代梦说的一种继承和发展。从中也可看出，随着时代的发展，中国古代释梦的思想逐渐走向融合。

综上所述，这一时期学者对梦的类型划分也和前人一样，既有缺点，也有优点。其优点是对梦的类型划分颇为细致。其缺点仍是对梦的划分标准不够准确，论梦带有某些神秘、乃至迷信色彩；陈士元的厉妖之梦，就有此嫌。

三、梦的成因

这一时期的学者也很重视探讨梦的成因，并形成了多种观点。归纳起来，主要有以下五种。

(一)因情生梦说

因情生梦说认为，梦是由于人的情绪、情感所引起的。陈士元在继承前人有关思想的基础上，对因情生梦说的思想有所发展。他不仅论述了各种由情所产生的梦，而且作了理论概括，认为"此情溢之梦，其类可推也"。他在《梦占逸旨》卷二《六梦篇第七》里说："何谓情溢，喜则梦开，怒则梦闭；过恐则梦匿，过忧则梦嗔，过哀则梦救，过忿则梦詈，过惊则梦狂。此情溢之梦，其类可推也。"由于《周礼》、郑玄、《列子》和陈士元等人都持因情生梦说，故而此说在中国古代思想家中的影响最大。①

(二)感于思念生梦说

此说认为梦是由于人的思念或思虑而引起的。如王廷相在《雅述下篇》里说："梦之说有二：有感于魄识者，有感于思念者。……何谓思念之感?道非圣人思扰莫能绝也，故首尾一事，在未寐之前则为思，既寐之后为梦。是梦即思也，思即梦也。凡旧之所履，昼之所为，入梦也为缘习之感。凡未尝所见，未尝所闻，入梦也则为因衍之感。……人心思念之感著矣。"意即梦是由于人在睡眠时有感于过去对事物的思念或思虑而产生的。

(三)感于魄识生梦说

这是认为梦是人在睡眠时有感于身体的知觉运动而产生的一种观点。这种观点是明代王廷相明确提出来的。他在《雅述下篇》里说："梦之说有二：有

① 参见汪凤炎："论中国古代释梦心理学思想"，载《南京师大学报》(社科版)，1997(3)。

感于魄识者，有感于思念者。何谓魄识之感?五脏百骸皆具知觉，故气清而畅则天游，肥滞而浊则身飞扬也而复堕；心豁净则游广漠之野，心烦迫则冥窦而迷；蛇之扰我以带系，雷之震于耳也以鼓入；饥则取，饱则与；热则火，寒则水。推此类也，五脏魄识之感著也。”王廷相认为，人的整个身躯都具有感知能力，能感知来自体外的物理刺激、来自体内的生理刺激和情绪刺激。人在睡眠时有感于身体的这些知觉运动，就能产生相应的梦境。

(四)血气有余生梦说

这是用血气有余、血气之余灵来解释梦的成因的一种观点。明末清初的王夫之持此说。他在《尚书引义》卷三《说命上》中说：“盛而梦，衰而不复梦；或梦或不梦，而动不以时；血气与之俱衰，而积之也非其富有。然则梦者，生于血气之有余，而非原于性情之大足者矣。”“形者，血气之所成也。梦者，血气之余灵也。”认为梦是由于血气有余而产生的。很显然，这是从生理学角度论述梦的成因的。

(五)脑气阻滞生梦说

脑气阻滞生梦说，是把脑气阻滞作为梦的成因的一种观点，它是由清代王清任提出来的。他在《医林改错·癫狂梦醒汤》里说：“癫狂一症，哭笑不休，詈骂歌唱，不避亲疏，许多恶态，乃气血凝滞脑气，与脏腑气不接，如作梦一样。”这段话说明，做梦与发癫狂症的生理机制是类似的，都是由于气血阻滞脑气所造成的。

合而言之，这一时期学者论梦的成因的优点像其前人一样也有三。一是在释梦时强调因果法则，即大都认为梦是有其成因的。二是视野较为开阔，从不同角度(生理学、心理学和医学)探讨成梦问题。三是初步揭示了梦的生理机制，把梦看作是人脑活动的产物，打破了统治中国几千年“心卧则梦”(荀子)的传统观念，初步正确地揭示了梦的生理机制，并使医家从主张淫邪发梦说转到脑气阻滞生梦说。

四、梦的功能

(一)医家论梦的功能

医家论梦功能，主要集中在梦能否反映人的健康状况这一问题上。自《黄帝内经》开始，中国古代医家都认为，在一定程度上，梦能反映人的健康状况，故而他们在论述病症，尤其是脏腑症候时，一般都会讲到梦象；而要诊断病症，尤其是脏腑疾病时，也多问到梦象，并根据梦象施医。这一时期的医家也不例外。明末清初著名医学家李中梓在《内经知要》一书中，就继承了《内经》寻梦治病的思想。《内经知要》卷下《病能》说：

《灵枢·淫邪发梦》篇曰：阴气盛则梦涉大水而恐惧，阳气盛则梦大火而燔焫，阴阳俱盛则梦相杀(俱盛则争)。上盛则梦飞，下盛则梦堕(本乎天者亲上，本乎地者亲下)。甚饥则梦取，甚饱则梦予。肝气盛则梦怒，肺气盛则梦恐惧、哭泣、飞扬(肺主气，故梦飞扬)，心气盛则梦善笑恐畏，脾气盛则梦歌乐、身体重不举，肾气盛则梦腰脊两不属。

厥气客于心，则梦见丘山烟火。客于肺，则梦飞扬，见金铁之奇物。客于肝，则梦见山林树木。客于脾，则梦见丘陵大泽，坏屋风雨。客于肾，则梦临渊，没于水中。客于膀胱，则梦游行。客于胃，则梦饮食。客于大肠，则梦田野(大肠曲折纳污，类田野也)。客于小肠，则梦聚邑冲衢(小肠为受盛之官，类冲衢也)。客于胆，则梦斗讼自刳(胆性刚猛。自刳者，自剖其腹也)。客于阴器，则梦接内。客于项，则梦斩首。客于胫，则梦行走而不能前……

上引文中，括号内的注是李中梓作的。从其选注《黄帝内经》关于梦的这几段话可知，李中梓也是赞成寻梦治病的。他认为梦的功能也有四：第一，能反映人的本能欲望，如“客于阴器，则梦接内”；第二，能反映人的生理机能状况，如“甚饥则梦取，甚饱则梦予”；第三，能反映脏器的盛衰，如“脾气盛，则梦歌乐、身体重不举”；第四，能反映病变的位置，如“客于肺，则梦飞扬，见金铁之奇物”。正因为李中梓认为，梦有如此重要的功能，故而他也主张寻梦治病。可见，在梦的功能上，这一时期的医家主要是继承了前代医家寻梦治病的思想。

(二)思想家论梦的功能

思想家论梦的功能，主要集中在梦是否具有预兆吉凶祸福这一问题的探讨上，并出现了两种不同观点。一是认为梦不具有预兆吉凶祸福的功能。唯物主义思想家多持这种观点。但是，这一时期思想家主要是用偶然性巧合来解释梦所产生的吉凶祸福的后果。如王廷相在《雅述下篇》里说：“夫梦中事，即世中之事也。缘象比类，岂无偶合!要之涣漫无据，靡兆我者多矣。”熊伯龙在《无何集·人事类·梦辨》里说：“(梦)有验，有不验者。验者，偶与梦合，愚人不知，遂以为验，其实偶然适合，非兆之先见也。”另一是认为梦具有预兆吉凶祸福的功能。唯心主义思想家多持此观点。如《二程粹言》卷下《圣贤篇》说：“故精神既至则兆见于梦。”

第五节　心理卫生思想

一、心理卫生观

（一）形神共养观

形神共养观的含义是：主张人们要做到形（身体）神（精神）共养，既要保养身体又要保养精神，二者缺一不可。王安石《礼乐论》说："养生在于保形，充形在于育气；养气在于宁心，宁心在于致诚；养诚在于尽性，不尽性不足以养生。"全真教认为性命是修行之根本，这正如王重阳在《重阳立教十五论·第十一论混性命》里说："性者，神也；命者，气也……性命是修行之根，本谨紧锻炼矣。"于是提倡性命双修。《丹阳真人语录》说："夫道以无心为体，忘言为用，以柔弱为本，以清净为基。若施于人，必节饮食，绝思虑，静坐以调息，安寝以养气。心不驰则性定，形不劳则精全，神不扰则丹结。然后灭情于虚，定神于极，可谓不出户庭而妙道得矣。"性命双修中的修性指清静养神，修命指运用气功来养形，这是性命双修的主旨。可见，性命双修实为形神双修。

在心理养生观上，五代至明清时期医家的最大发展是张景岳提出了"治形论"。他在《治形论》中说："老子曰：'吾所以有大患者，为吾有身；及吾无身，吾有何患？'余则曰：'吾所以有大乐者，为吾有形；使吾无形，吾有何乐……无形则无吾矣，是非人之首务哉……奈人昧养形之道，不以情志伤其府舍之形，则以劳役伤其筋骨之形。内形伤则神气为之消靡，外形伤则肢体为之偏废，甚则肌肉尽削，其形可知。其形既败，其命可知。然则善养生者，可不先养此形以为神明之宅？善治病者，可不先治此形以为兴复之基乎？'"针对老子论养生有过于重养神而忽视养形的倾向，张景岳旗帜鲜明地提出治形论。他所讲的养形，其内涵包括养护内、外之形。实际上，养内形也就是养神，养外形即是保养形体。由于内、外形戚戚相关（也即形体与精神戚戚相关），因此，保养外形对内形同样也有养护之效。张景岳的这一养形观主要是针对过去忽视养形之道而讲的。同时，张景岳从唯物主义的身心一元论出发，主张将保养心身融于保养内、外之"形"这一体之中，这一见解是颇有新意的。综观过去的养生思想家，除了早期道家外，多数人均重养神。张景岳主张"治形论"，应该说有可取之处。该理论在重视养神的同时，又突出了养形在养生中的重要性。这一观点既与早期道家重形轻神的形神双修论有差异，与老、庄重神轻形的形神共养观更有点“势不两立”，可以称之为形神并重的形神共养观。

(二)清静养心观

这一时期人们在继承先秦以来道、儒、医家以静养心传统的基础上，对清静养心观也有所发展，主要体现在：

第一，突出了清净养心的重要作用。如全真教主张修行要以清静养心为主。这正如《丹阳真人语录》所说：“三十六道引，二十四还丹，此乃入道之渐门，不可便为大道。若穷于炉灶，取象于龟蛇，乃无事生事，于性上添伪也。此皆误人之甚矣！故道家留丹经子书、千经万论，可一言以蔽之曰：清净。”

第二，简洁明了地提出了“仁者寿，以静而寿”[①]的观点。

第三，对“静”的解释更合乎心理学原理，且具辩证色彩。这正如吴廷翰在《吉斋漫录》卷上所说：“‘主静’之‘静’，只以‘无欲’言之为当。盖‘五性感动而善恶分，万事出’者，以有欲故也。有欲则为动。‘圣人定之以中正仁义而主静’，无欲故也。无欲则为静。盖有欲则虽静亦动，无欲则虽动亦静。”认为清静养心的关键是要做到无欲，这是抓住了问题的关键；其“盖有欲则虽静亦动，无欲则虽动亦静”的观点含有辩证色彩。

第四，试图从身心医学思想的视角来阐明清静养心的原由所在。如陈献章《白沙子全集》卷一《忍字赞》就说：“今人惟知形体之为害，而不知归罪其心，多矣。心之害大而急者，莫如忿争。夫有所不平然后争，争至于忿，斯不平之至而气为之逆，逆则病生矣。”认为人们多知道生理病因对身体的危害，而不知道心理病因对身体的危害。事实上，心理病因对人的健康状况同样有巨大的影响，而“忿争”是最大的心理病因，所以养生要做到“忍”，即保持心情的平静状态。

第五，试图打通儒、道、医诸家清静养心的思想。如朱震亨认为，儒家的“正心、收心、养心”之法与医家的“恬淡虚无，精神内守”同样具有清静养心之功效，即也是一种静功养生法。这就打通了儒、医之间隔，使两者之间有了相互融通的根基。朱震亨在《格致余论·房中补益论》中说：“人之有生，心为火居上，肾为水居下。水能升而火能降，一升一降，无有穷已，故生意存焉。水之体静，火之体动，动易而静难，圣人于此未尝忘言也。儒者立教曰：正心、收心、养心，皆所以防此火之动于妄也。医者立教曰：恬淡虚无，精神内守，亦所以遏此火之动于妄也。盖相火藏于肝，肾阴分，君火不妄动，相火

① 《二程遗书》卷二十二上。

惟有禀命守位而已，焉有燔灼之虚焰、飞走之狂势也哉?”

二、心理卫生原则

(一)首重养心

这一时期人们虽主张形神共养，但他们又认为，主张形神共养并不意味着把养形和养神放在同等重要的位置上，而是有一个轻与重的问题，即形轻神重。如陈确在《与吴仲木书》中大胆提出了“养身之法，以养心为第一义”的口号。

(二)养德为要

吕坤等人在总结前人养生经验尤其是魏晋名士嵇康被杀的惨痛教训的基础上，更是突出了养德的重要性，明确提出了“养德尤养生第一要也”的主张。吕坤的《呻吟语·养生》说：“今之养生者，饵药、服气、避险、辞难、慎时、寡欲，诚要法也。嵇康善养生，而其死也，却在所虑之外，乃知养德尤养生第一要也。”

(三)动静得其中

王重阳等人也赞成养生要坚持“动静得其中”的原则。王重阳主张炼形要做到“动静得其中”。《重阳立教十五论·第一住庵》说：“凡有动作，不可过劳，过劳则损气；不可不动，不动则气血凝滞。须要动静得其中，然后可以守常安分。”从这里也可看出，王重阳是提倡以动炼形的。同时，他又认为炼性(心)也要做到“得中”。《重阳立教十五论·第九论炼性》说：“理性如调琴，弦紧则有断，慢则不应，紧慢得中，琴可调矣。则又如铸剑，钢多则折，锡多则卷，钢锡得中，则剑可矣。调炼性者，体此二法，则自妙也。”合言之，在王重阳看来，无论是以动炼形还是以静炼性，都必须坚持“动静得其中”的原则。

龚廷贤的《寿世保元·延年良箴》也说：“行住量力，勿为形劳，可以延年；悲哀喜乐，勿令过情，可以延年；寒暖适体，勿侈华艳，可以延年；动止有常，言谈有节，可以延年。”

(四)未病先治

与《黄帝内经》一样，朱震亨等医家在养生方面也主张坚持未病先治的原则。元代的朱震亨还专门写了一篇题为《不治已病治未病》的医论，强调该原则的重要性。该论开宗明义地说：“与其救疗于有疾之后，不若摄养于无疾之先。盖疾成而后药者，徒劳而已。是故已病而不治，所以为医家之法；未病而先治，所以明摄生之理。夫如是，则思患而预防之者，何患之有哉?此圣人不治已病治未病之意也。”

三、心理卫生方法

(一)清静养心法

这一时期人们对清静养心法的一大贡献是：在达到心静的途径上，总结出了三种主要方法。

一是沿着孔孟以来的老传统，主张“养心莫善于寡欲”，即通过节制情欲来达到静心的目的。《二程外书》卷三说：“养心莫善于寡欲。”陈确力主“养身之法，以养心为第一义”，而养心的关键是“不宜过烦”，以使“心气安和”。他在《与吴仲木书》里说：“吾兄道体既未全旺，则目下用功，便当以养身为第一义。养身之法，以养心为第一义。虽读书体道工夫，亦不宜过烦。盖心气安和，则百病自退。”

二是通过提高道德修养来达到静心的目的。如王廷相在《慎言·潜心篇》里说：“是故君子主敬以养心，精义以体道。”他主张以敬养心。

三是通过收心——用理智调制心——的途径来达到静心的目的。如王守仁在《传习录·答周纯仁》里说：“……又如多服燥热药，亦使人血气偏胜，不得和平，不但非所以卫生，亦非所以养心。窃恐更须深自思省，收拾身心，渐令向里，令宁静闲退之意胜，而飞扬燥扰之气消，则治心养气，处世接物，自然安稳。”

这个时期的思想家总结出三种主要的静心途径或方法，表明他们在清静养心问题的看法上较之前人有所深化和系统化。直至今日，人们仍主要以之达到静心的目的。当然，这三种静心的途径或方法之间并无本质区别，因为节制情欲与修养道德和收心之间是相辅相成的：节制情欲有利于修养道德和收心，修养道德和收心也有利于节制情欲。事实上，中国古代养生思想家向来将此三者视为静心或静神的一个整体方法。

(二)精神陶冶法

欧阳修等儒家在继承荀子“凡治气养心之术……莫神一好”思想的基础上，也明确主张要运用精神陶冶法来养生，并在论述该方法时采取了“现身说法”的方式，以增强说服力。如欧阳修通过学琴来陶冶性情，并最终治好了自己的心理忧郁症。欧阳修说：“予尝有幽忧之疾，退而闲居不能治也。既而学琴于友人孙道滋，受宫声数引，久而乐之，不知疾之在体也。”欧阳修既对精神陶冶养生法的妙处有切身体会，当其好友杨置因屡试不中而心情压抑时（“予友杨君，好学有文，累以进士举，不得志……是其心故有不平者”），欧阳修便主张他通过学琴来消除心情不快的状态，并将亲身经验告诉杨置：即在学琴时，要“听之以耳，应之以手，取其和者，道其湮郁，写其忧思，则感人之际，亦有至者矣”。用现代心理学的术语讲，即通过学琴，在脑中形成了一个新的兴奋灶，从而减弱或消除前一个兴奋灶的作用，从而达到减弱或消除烦愁的效果。由于欧阳修主张“欲平其心以养其疾，于琴亦将有得焉”，因此劝说杨置要以琴寄怀，消除烦恼。当杨置辞别时，欧阳修还“作琴说以赠其行，且邀道滋酌酒进琴以为别”[①]。

不但儒家如此，医家也提倡用精神陶冶法以调神养生。如龚廷贤在《寿世保元·延年良箴》里说：“诗书悦心，山林逸兴，可以延年。”

（三）修养道德法

这一时期，人们在论心理卫生之道时也推崇修德，以致像全真教这样的道教徒也主张修炼者修仁蕴德。如陈致虚说：“夫金丹之道，先明三纲五常，次则因定生慧。纲常既明，则道自纲常而出，非出纲常之外别求道也。”[②]

（四）节制情欲养心法

苏轼等人也赞同节制情欲养生法。苏轼说：“出舆入辇，命曰‘厥痿之机’；洞房清宫，命曰‘寒热之媒’；皓齿蛾眉，命曰‘伐性之斧’；甘脆肥浓，命曰‘腐肠之药’。此三十二字，吾当书之门窗、几席、缙绅、盘盂，使坐起见之，寝食念之。”[③]将苏轼的这四戒内容与《吕氏春秋》节情止欲养生法的相关内容相比较，可知苏轼的“四戒”主要是对《吕氏春秋》思想的继承，这表明先秦杂家的心理养生之道直至宋代仍有一定的影响。苏轼又说：“软蒸饭，烂煮肉。温美汤，厚毡褥。少饮酒，惺惺宿。缓缓行，双拳曲。虚其心，实其腹。丧其耳，忘其目。久久行，金丹熟。”[④]他针对老年人的生理、心理特点所提出的养生措施中，像“少饮酒”和“虚其心”等举措也是为了节制情欲。明代医家胡文焕在《类修要诀·养心要法》里用通俗的语言表达养生要节制情欲的思想：“笑一笑，少一少；恼一恼，老一老；斗一斗，瘦一

---

① 以上引文均见《文忠集》卷四十二《居士集四十二·送杨置序》。
② 《上阳子金丹大要·道德经序》。
③ 《苏轼文集》卷六十六《题跋·书四戒》。
④ 《苏轼文集·苏轼佚文汇编》卷一《墓志铭·颂》。

瘦；让一让，胖一胖。”

(五)气功养形调神法

苏轼等人对气功的描述，既非常具体，又吸收了先秦儒家、魏晋玄学家、道家和佛家的思想，体现了他们和会道佛的特色。如苏轼说：

> 每夜以子后披衣起(只床上拥被坐亦可)，面东或南，盘足，叩齿三十六通，握固(以两母指握第三指，或第四指握母指，两手拄腰腹间也)，闭息(闭息，最是道家要妙。先须闭目净虑，扫灭妄想，使心源湛然，诸念不起，自觉出入息调匀，即闭定口鼻)，内观五脏，肺白、肝青、脾黄、心赤、肾黑(当更求五脏图，常挂壁上，使心中熟识五脏六腑之形状)。次想心为炎火，光明洞彻，入下丹田中。待腹满气极，即徐出气(不得令耳闭)。候出入息匀调，即以舌接唇齿，内外漱炼津液(若有鼻涕，亦须漱炼，不嫌其咸，漱炼良久，自然甘美，此是真气，不可弃之)，未得咽下。复前法。闭息内观，纳心丹田，调息漱津，皆依前法。如此者三，津液满口，即低头咽下，以气送入丹田。须用意精猛，令津与气谷谷然有声，径入丹田。又依前法为之。凡九闭息，三咽津而止。然后以左右手热摩两脚心(此涌泉穴上彻顶门，气诀之妙)。及脐下腰脊间，皆令热彻(徐徐摩之，微汗出，不妨，不可喘足)。次以两手摩熨眼、面、耳、项，皆令极热。仍按捏鼻梁左右五七下，梳头百余梳而卧，熟寝至明。右其法至简近，唯在常久不废，即有深功。且试行一二十日，精神自已不同，觉脐下实热，腰脚轻快，面目有光，久之不已，去仙不远。①

难能可贵的是，二程虽对道教的养生以成仙的做法持否定态度，但对运用气功养形调神法养生还是持肯定态度的。二程的这一观点从下面的一段对话中可知晓：“问：‘神仙之说有诸?’曰：‘不知如何。若说白日飞升之类则无，若言居山林间，保形炼气以延年益寿则有之。譬如炉火，置之风中则易过，置之密室则难过，有此理也。’又问：‘扬子言，圣人不师仙，厥术义也。圣人能为此等事否?’曰：‘此是天地间一贼，若非窃造化之机，安能延年?使圣人昔为，周、孔为之久矣。’”②

(六)运动养形怡神法

苏轼等人也提倡通过适度运动来达到养形怡神的目的，以促进身心健康。如苏轼的具体做法主要有二。一是散步。主张养生要做到“安步以当车”③。

---

① 《苏轼文集》卷七十三《杂记·养生诀》。
② 《二程遗书》卷十八《伊川先生语录四》。
③ 《苏轼文集》卷六十六《题跋·书四适赠张鹗》。

另一是导引。对于导引家之语苏轼颇为欣赏。他说："道引家云：'心不离田，手不离宅。'此语极有理。又云：'真人之心，如珠在渊。众人之心，如瓢在水。'此善喻者。"[①]

（七）顺时调神观

朱震亨等医家也继承和发展了《内经》"四气调神"的思想，提倡养生要做到顺应四时的特点，且在论述上显得更加具体而全面。如《丹溪先生心法·不治已病治未病》说："故宜夜卧早起于发陈之春，早起夜卧于蕃莠之夏，以之缓形无怒而遂其志，以之食凉食寒而养其阳，圣人春夏治未病者如此；与鸡俱兴于容平之秋，必待日光于闭藏之冬，以之敛神匿志而私其意，以之食温食热而养其阴，圣人秋冬治未病者如此……"[②]

宋元明清时期心理学思想的最大特点是朝着科学化、精细化的方向迈出了坚实的一步。这主要体现在五个方面。一是王清任以解剖生理知识为依据，正式提出了脑髓说，结束了主心说的统治地位。二是将欲分为"好底欲"与"不好底欲"，要求人们要区别对待；并提出了"欲波澜说"，为后人考察欲的实质提供了一个新的研究视面。三是朱熹总结出的六种"读书法"，至今仍有很强的现实意义。四是对梦的实质与梦的成因等问题都提出了合乎科学的见解。五是提出了治形论、着重养心与养德等主张，将中国古代的心理卫生思想向前推进了一大步。假若没有封建专制统治对思想界的残酷控制（清代大兴文字狱就是一个明证），假若中国的思想家能善于吸纳医学等学科的研究成果……或许中国古代的心理学思想还会继续发展下去，甚至可能走上科学心理学的道路。不过，历史是不能假设的。事实是，中国古代心理学思想在宋元明清时期虽获得一定发展，但仍未跳出哲学心理学的框架，中国在科学意义上的心理学主要是从西方转入的。

① 《苏轼文集》卷六十六《题跋·记导引家语》。
② 参见汪凤炎：《中国传统心理养生之道》，230～281页，南京师范大学出版社，2000。

第四章

中国近现代心理学

第一节 概论

一、中国近现代心理学史的研究对象

要明确中国近现代心理学史的研究对象，先要弄清什么是中国近现代心理学史，这是不言而喻的。中国近现代心理学史是一门研究中国近代心理学思想的形成与发展，以及中国现代心理科学形成与发展的中国心理学史分支学科。据此，中国近现代心理学史的研究对象是：中国近代心理学思想形成与发展史及中国现代心理学形成与发展史。

二、研究的范围

在中国史学上，一般将1840年的鸦片战争视作中国近代史的开端，而将1919年的五四运动作为中国现代史的开端。不过，鉴于中国心理学历史发展的特殊性，中国近现代心理学史的年限就不完全以中国历史分期为标准来划定。在本书中，将中国近代心理学思想的启蒙时期追溯至西方心理学思想早期传入中国的16、17世纪。那时，我国虽仍处于“古代社会”，但由西方传教士传入中国的却已是西方近代的心理学思想（史学界一般将1640年英国资产阶级革命作为世界近代史的开端），这些心理学思想对中国近代心理学思想的发展起了一定的影响。

中国现代心理学史的历史时期，则与中国现代史的历史时期划分基本上是一致的。[①]

① 参见杨鑫辉主编：《心理学通史》第2卷，5~6页，山东教育出版社，2000。

三、古代心理学思想未自然而然地演变成心理科学的原因

如前面各章所述，古代中国有着丰富的心理学思想。不过，遗憾的是，这些古代心理学思想未能在近现代自然而然地演变成一门独立的心理学科；换句话说，我国的近现代心理学并不是在我国古代思想文化传统的基础上自然而然地演变而来的，而主要是从西方传入的。为什么心理学没有从中国的文化传统中诞生出来，而是首先诞生于西方?这一问题实际上就是所谓的“李约瑟问题”：中国古代科技一直处于世界领先水平，为什么近现代意义上的“科学”没有在中国产生?对于这个问题，有很多学者提出了自己的见解。冯友兰先生就曾撰专文探讨这个问题[①]；现代新儒学的主要工作之一也是探讨为什么在中国传统文化中没有产生出“科学”，以及如何将近现代意义的“科学”与中国传统文化“嫁接”起来。限于本书的旨趣，这里对此不多讲，只从心理学角度简单阐述一下中国古代心理学思想为什么未在近现代自然而然地转变成一门独立的心理学问题。

一是受到思维方式的限制。中国传统思维方式的主要特点是强调主体与客体、人与自然的和谐统一；就其基本模式及其方法而言，是经验综合型的整体思维和辩证思维；就其基本程序和定势而言，则是意向性直觉、意象思维和主体内向思维；提倡对感性经验作抽象的整体把握，而不是对经验事实作具体概念分析；提倡一种有机循环论的整体思维等等。中国这种天人合一式的传统思维方式，尽管对偏重于社会科学倾向的心理学思想的发展是有利的，但容易将人(主体)与人(主体)的关系类推到人(主体)与物(客体)的关系上，从而不利于心理学研究的精确化和科学化，导致中国古代的生理心理学思想和实验心理学思想的相对贫乏。相比较而言，西方传统思维方式的主要特点是强调主客体相分离、相对立，提倡理性分析思维和喜用机械决定论的整体思维等等。西方这种主客二分式的思维方式，尽管易将人(主体)与人(主体)的关系降为人(主体)与物(客体)的关系，易导致在心理学研究中“人性”的丧失。在曾风靡西方心理学界长达半个世纪之久的行为主义的研究中，一直将人等同于小白鼠或机器，不能不说与这种思维方式有一定的关系。不过，它对西方偏向自然科学的心理学思想的发展、心理学的独立、心理学研究的精确化及科学化均起了一定的促进作用。[②]

---

① 参见冯友兰：*Why China has no Science etc.*, The International Journal of Ethics, Vol. 32, No. 3.
② 参阅汪凤炎：“新论研究中国古代心理学思想的现实意义”，载中国人大复印报刊资料《心理学》，1999(7)。

二是中国以“孝”为核心的封建礼教束缚了人体生理解剖学的发展。《孝经·开宗明义章第一》就说：“身体发肤，受之父母，不敢毁伤，孝之始也。”在此思想的影响下，随意毁伤自己或他人的肉体(哪怕是尸体)，在中国传统文化看来，简直是大逆不道的。这导致古代中国没有取得像19世纪欧洲所取得的生理心理学实验的科学成果。

三是中国古代哲学家的心性之学，不大受医学界的生理研究的启发与影响。①

第二节　中国近代心理学

一、中国近代心理学启蒙时期

(一)西方心理学思想的早期传入

从欧洲绕过非洲或南美洲到达亚洲的新航线于16世纪被发现后，在与西欧国家进行海外殖民扩张的同时，欧洲各国的传教士也纷纷来华。许多传教士相信，所传教理若想获得中国人的认同，“最善之法，莫若渐以学术收揽人心；人心既附，信仰必定随之”②。于是，这些传教士在传播教理的同时，也传播了西方的科学思想，其中就有心理学思想。当然，这种“科学思想”只是中世纪的传统科学思想，这种“心理学思想”也仅是西方古代和中世纪的心理学思想，它们都不是当时欧洲文艺复兴以来资本主义上升时期的新兴的近代科学。在这些传教士当中，最著名的有利玛窦、艾儒略和毕方济等人。由他们介绍给中国的西方心理学思想曾对中国人产生了一定的影响。《西国记法》等三部著作都肯定了记忆作用在于脑，即是一例。这对一向相信孟子的“心之官则思”的当时的中国人而言，无疑是一个“新”观点，这种“主脑说”的思想开始动摇了中国“主心说”的传统。

1. 利玛窦的《西国记法》

耶稣会传教士、意大利人利玛窦(Matteo Ricci，1552—1610)是耶稣会在中国传教的第一人。他曾于1595年到江西南昌，应当时的江西巡抚陆万垓的邀请，教陆的子女学习记忆方法。为此，利玛窦撰写了《西国记法》一书，这可说是西方心理学思想传入中国的开端，并且是将西方心理学与中国心理学思想结合的第一部著作，因为利玛窦在书中将西方的“记忆术”与中国古代“六

① 杨鑫辉：《中国心理学史研究》，91页，江西高教出版社，1990。
② 冯承钧译：《利玛窦传》，见《入华耶稣会士列传》，42页，商务印书馆，1938。

书”的识字特点结合了起来。

《西国记法》的内容是论述人的记忆功能，介绍增强记忆的方法，全书70页，分六篇：(1)原本篇，主要阐述识记及其与脑的关系；(2)明用篇，主要论述运用事物图像与地点提示进行识记的方法(相当于现代心理学讲的形象记忆与地点记忆)；(3)设位篇，探讨在想像中建立事物图像的处所或地方的方法；(4)立象篇，论述以中国文字“六书”的特点对汉字构造成像的方法与利用各种联想方法来提高记忆的效果；(5)定识篇，论述运用不同识记方法来识记不同对象的问题；(6)广资篇，挑选一些汉字作为例证，加以分析讲解，以期起举一反三的作用，让学习者能熟悉这种记忆方法。①

2. 艾儒略的《性学粗述》

1623年，耶稣会传教士、意大利艾儒略(Julio Aleni, 1582—1649)以中文写成《性学粗述》一书。这是一本问答体的心理学综合读物。全书分八卷，各卷目录是：

卷之一：生觉灵三魂总论，魂怀诸称异同，灵性必有，灵性非气，人惟一魂，人物不共一性，人性非造物主之分体，灵性非由天地非由父母所赋，灵性非由外来非由内出，灵性为造物主化生赋田。

卷之二：灵魂为神与形躯判然为二，灵性身后永在不灭，灵魂不灭善恶同然，灵魂离身自有明觉以受苦乐，灵魂身后不轮回人世。

卷之三：约论生长，论四液。

卷之四：总论知觉外官，目之官，耳之官，鼻之官，口之官，触之官。

卷之五：总论知觉内职，论总知之职，论受相之职，论分别之职，论涉记之职。

卷之六：辨觉性灵性，论嗜欲与爱欲，论运动。

卷之七：记心法，记心辨，论寤寐，论梦，破梦。

卷之八：论嘘吸，论寿夭，论老稚，论生死附诸情论。②

由目录可知，《性学粗述》完全出自西方中世纪神学与封建主义经院哲学体系，具有浓厚的宗教色彩。不过，在剥除其神学的说教与唯心主义理论之后，其中也含有一些心理学思想，如关于知觉的看法，对耳、目、鼻、口、触等感官的认识，对梦和情的认识等。

3. 毕方济的《灵言蠡勺》

1624年，意大利传教士毕方济(Francesco Sambiaso, 1582—1649)口授、徐光

① 利玛窦：《西国记法》，见《天主教东传文献》，(中国)台湾学生书局，1965。

② 参见杨鑫辉主编：《心理学通史》第2卷，39~40页，山东教育出版社，2000。本章有一些材料均得益于此书。

启笔录的《灵言蠡勺》论述了人的灵魂问题，其目的在于宣传宗教思想。不过，与《性学粗述》类似，在剥除其神学的说教与唯心主义思想之后，其中也含有一些心理学思想，如关于记忆（“记含”）和理智（即“明悟”）的认识，等等。《灵言蠡勺》的目录如下：

卷上

第一篇　论亚尼玛之体

第二篇　论亚尼玛之能

一论亚尼玛之生能觉能

二论亚尼玛之灵能

甲　论记含者

乙　论明悟者

丙　论爱欲者

卷下

第三篇　论亚尼玛之尊与天主相似

一论性相似

二论模相似

三论行相似

第四篇　论亚尼玛所向至美好之情[①]

（二）中国近代心理学思想

相对中国古代心理学思想而言，中国近代心理学思想有两大特点：一方面，继承和发展了中国古代心理学思想，并保留了运用经验的描述和思辨的方法建构心理学思想的传统；另一方面，也吸收和借鉴西方近代心理学的某些观点。对中国近现代心理学思想的形成与发展有一定影响的学者，主要有龚自珍和梁启超等人。

1. 龚自珍的心理学思想

龚自珍的心理学思想的要点有三。一是支持告子的性“无善无不善”的观点，反对孟子的性善论与荀子的性恶论。《龚自珍全集·阐告子》说：“龚氏之言性也，则宗无善无不善而已矣，善恶皆后起者。”这使得一直不受重视的告子的人性论思想再一次为人们所认识，也说明龚自珍的心理学思想继承了中国先秦时期的心理学思想。

二是对“知”与“觉”作了区别。《龚自珍全集·辨知觉》说：“知，就

① 参见杨鑫辉主编：《心理学通史》第2卷，55~56页，山东教育出版社，2000。

事而言也；觉，就心而言也。知有形者也，觉无形者也。知者，人事也；觉，兼天事言矣。知者，圣人可与凡民共之；觉，则先圣必俟后圣矣。”认识到“知”(类似于今人讲的感知觉)与“觉”(类似今人讲的觉悟)之间的差异并将之作了区分。这是可贵的。不过，他认为一般人只具有“知”的能力，而将“觉”视作是“圣人”的“专利”，则是缺乏科学依据的。

三是在情意心理学思想方面提出了“宥情”说，具有朴素的唯物主义的因素。《龚自珍全集·宥情》说：“情之为物也，亦尝有意乎锄之矣；锄之不能，而反宥之；宥之不已，而反尊之。”主张对情采取宽宥的态度，显示其对程朱理学里蕴涵的禁欲思想的反叛。

2. 梁启超的心理学思想

梁启超对心理学的贡献主要有四。

一是明确提出要区别心理学与哲学的译名，将Psychology译为心理学，将Philosophy译为哲学。他说：“日人译英文Psychology为心理学，译英文Philosophy为哲学。两者范围截然不同，虽我辈译名不必盲从日人，然日人之译此，实颇经意匠，适西方之语源相吻合。”[①]

二是在教育心理方面，主张按照青少年的生理心理特点划分教育期。他说：“今中国不欲兴学则已，苟欲兴学，则必自以政府干涉之力强行小学制度始，今试取日本人所论教育次第，撮为一表以明之。”[②]在这个“教育期区分表”里，划分了四个教育期：(1)5岁以下家庭教育期，幼稚园期；(2)6~13岁小学校期；(3)14~21岁中学校期；(4)22~25岁大学校期。同时，他主张教学必须重视开悟学生。他在《变法通议·论幼学》里说：

> 教童子者，导之以悟性甚易，强之以记性甚难。何以故?悟性主往(以锐入为主)，其事顺，其道通，通故灵。记性主回(如返照然)，其事逆，其道塞，塞故钝。是故生而二性备者上也，若不得兼，则与其强记，不如其善悟。何以故?人之所以异于物者，为其有大脑也，故能悟为人道之极。凡有记忆也，亦求悟也，为其无所记，则无以为悟也。悟赢而记拙者，其所记恒足以佐其所悟之用(吾之所谓善悟者指此，非尽弃记性也，然其所记者实多从求悟得来耳，不可误会)。记赢而悟拙者，蓄积虽多，皆为弃才。惟其顺也，通也，灵也，故专以悟性导入者，其记性亦必随之而增。惟其逆也，塞也，钝也，故专以记性强人者，其悟性亦必随之而减。[③]

---

① 《新民丛报》第18号，1902年，第3页。
② 梁启超：“教育政策私议·教育次第第一”(1902)，见《饮冰室合集·文集之九》第四册，33~36页。
③ 梁启超：“变法通议·论幼学”(1896)，见《饮冰室合集·文集之一》第一册，46~47页。

三是在社会心理方面，他主张用心理去解释政治和历史。为此，在其史学著作里常常用“心理”、“社会心理”、“国民心理”、“群众心理”、“个性”和“人格”等词，并用以说明和解释史实或作为对史料的研究分析方法。

四是在佛教心理方面，1923年，他撰写的《佛教心理学浅测》一文中，从学理上解释了“五蕴皆空”，并声称：“我确信：研究佛学，应该从经典中所说的心理学入手；我确信：研究心理学应该以佛教教理为主要研究品。”① 将佛教与心理学联系起来，为研究佛学与心理学开辟了新路径。

二、中国近代心理学发端时期

(一)西方心理学思想的初步传播

西方心理学思想在中国的初步传播，主要有两种途径：一是通过早期的教会学校传播；一是通过翻译西方心理学论著传播。

1. 早期教会学校与心理学的传播

鸦片战争以后，通过与腐朽的清政府签订一系列不平等条约，西方列强获得在中国传教与建学校等特权。随着教会活动在中国的开展，中国的教会学校也逐渐多了起来。西方传教士开设教会学校的本来目的是推行其宗教教义，进行文化渗透；不过，一些教会学校曾开设过心理学课程，在客观上，使得在其中学习的中国学生受到一些心理学教育，并在一定程度上推动心理学在中国的传播。在这些开设心理学课程的早期教会学校中，著名的有位于山东登州(今山东蓬莱市)、由美国长老会传教士狄考文创办的登州文会馆(Teng Chao College)和由美国圣公会上海主教施若瑟开设的上海圣约翰书院。

这里值得强调的有两点。一是容闳、黄胜、黄宽三人当年就是在美国传教士布朗及其美国朋友的帮助下，于1847年进入美国马萨诸塞州芒松学校读书的。他们在该校学习了心理学课程，成为中国最早学习心理学课程的人。另一是我国第一部汉译心理学著作是由在上海圣约翰书院主持教务的中国牧师颜永京(时任圣公会会长)翻译的。他在上海圣约翰书院一边讲授心理学课，一边翻译美国学者约瑟·海文(J·Haven)的著作《心理哲学：包括智、情、意》(*Mental Philosophy: Including the Intellect, Sensibilities and Will*)一书，将之定名为《心灵学》，于1889年出版，这是我国最早的一种心理学译著。不过，这本心理学译著就其内容而言，还不是真正意义上的科学心理学著作，而是一部哲学心理学著作，因为海文的这部著作是1857年出版的，时隔22年后(即

① 梁启超：“佛教心理学浅测”，见《心理杂志选存》，586~601页，中华书局，1932。

1879年)心理学才首先在德国从哲学中独立出来。颜永京为何将Mental Philosophy译为《心灵学》?原由可能有三:(1)当时他不知道有“心理学”这个名词,他译作心灵学乃遵循希腊文“心理学”原意,即“灵魂学”之意;(2)他译的《心灵学》,开头即讲“人为万物之灵”和“人有心灵”,所以译称“心灵学”;(3)他按照我国古籍把“心”、“性”等精神的东西统称“心灵”,于是译作“心灵学”。①

2. 翻译西方心理学论著

如上所述,在教会学校里也还有人如颜永京翻译西方心理学著作;与此同时,也有非教会人士致力于翻译西方心理学著作。其中最有名的是王国维先生。他于1907年重译了丹麦海甫定原著、英国龙特原译的《心理学概论》(*Outlines of Psychology*)。这是我国从西方心理学直接译过来的第一部科学心理学著作(当时我国还有从日本心理学间接转译过来的西方科学心理学著作,且就时间而言,比诸王的译作更早)。1910年,王国维又从日文重译了美国禄尔克所写的《教育心理学》一书。

(二)在中国传播西方心理学思想中日本起了桥梁的作用

清朝末期与民国初期的学制主要是仿照日本的教育制度而制定的。于是,当时学校所选用的教科书(包括心理学教科书)也多译自日本,其中最早的一本是久保田贞则所著的《心理教育学》,于1902年由上海广智书局出版;同时,从日本所聘请的一些日籍教师,像服部宇之吉就是最早在京师大学堂师范馆教心理学的“正教习”;并且,当时中国人自编的心理学教材也多出自留日学者之手笔,其内容也主要是参考日本心理学教材的内容,如我国最早自编的名为《心理易解》的心理学著作,就是留日学者陈榥撰写、1905年在日本东京印行的。

还需要指出的是,中国现在所用的“心理学”一词,也是来自日本。大家知道,直到现在为止,还未发现中国古籍里有“心理学”一词②。“心理学”一词的创译者是日本近代著名哲学家西周(1829—1897)。西周译的奚般氏《心理学》于1875年出版;该书的书名就译作《心理学》,书内使用了“哲学”和“心理学”(但有时仍用性理学)两词。所以,日本心理学界公认“心理学”这一名称是西周从“性理学”改译而来,“心理学”一词是由他首创的。在中国开始刊用“心理学”名称约在1896或1897年。这时期正值清光绪维新

① 参见杨鑫辉主编:《心理学通史》第2卷,110~111页,山东教育出版社,2000。

② 汪凤炎、郑红:“中国古代有心理学思想吗?”,载中国人大复印报刊资料《心理学》,2001(8)。

变法和改革旧教育，中国开始派遣留日学生去日本，同时聘请日本老师来中国，并且积极主张翻译日书。在这个过程中，“心理学”一词也随之传入我国。1902年，日本久保田贞则著的《心理教育学》在我国出版；1903年，我国又出版了日本大濑甚太郎和立柄教俊著的《心理学教科书》。此后，心理学一词在我国通行起来。因此，心理学一词是由日本引入的。[①] 当然，日本的心理学一词即采自汉字，属于音读，且意思也同汉语一样，其“心理学”一词也是在中国传统文化的影响下形成的。这样，即使我国近代用以翻译“Psychology”的“心理学”一词来自日本，也只能说是“出口转内销”，而不像某些人或某些书说的是“外来语”[②]。

简言之，在西方心理学传入中国的过程中，日本起了桥梁或媒介的作用。

第三节　中国现代心理学[③]

一、中国现代心理学的建立

(一)中国现代心理学的建立

19世纪末至20世纪40年代，是中国现代心理学的建立时期。中国现代心理学是以中国古代和近代心理学思想为渊源，在融合西方心理学思想的基础上建立和发展起来的。在中国现代心理学建立过程中，以下几件事具有重要意义。

一是蔡元培在任北京大学校长期间，支持陈大齐于1917年在北京大学哲学系创办全国第一个心理学实验室。这里需要说明的是，蔡元培这样做的缘由可能有多种，不过，与他在德国留学期间听过心理学课程也不无关系。作为中国现代心理学的主要先驱之一，蔡元培曾于1907—1913年间两次到德国留学，其中有三年是在莱比锡大学，先后选修了哲学、文学、心理学和美学等课程，并亲聆现代心理学创始人冯特讲授的心理学、实验心理学和民族心理学三门心理学课程，是现代实验心理学创始人冯特惟一的中国学生。蔡元培的这一经历，对其后来采取两项重大措施以推动中国现代心理学的建立，肯定有一定的影响。这两项重大措施，一项是支持陈大齐在北京大学哲学系创办全国第一

① 参见杨鑫辉主编：《心理学通史》第2卷，138~142页，山东教育出版社，2000。
② 参见燕国材：“‘心理’正名”，载《心理科学》，1998(2)。
③ 本节内容主要参考杨鑫辉主编：《心理学通史》第2卷，145~483页，山东教育出版社，2000。

个心理学实验室；另一项是下文要讲的，是他在任中央研究院院长期间，于1929年倡导创建我国第一个心理研究所。

二是陈大齐于1918年出版了我国学者第一本自编大学心理学教本——《心理学大纲》。该书是陈大齐利用多年自编的讲义修订而成的，由商务印书馆出版，于10年内共出了12版。它以浅近通俗的文言文和新式标点符号，较准确而全面地概括介绍了当时西方科学心理学的丰富内容与最新成就。

三是1920年南京高师(后改名为东南大学)在其教育科中建立了中国第一个心理学系。陈鹤琴和廖世承在此首次开设测验课程并以心理测验试验学生。此后，1926年，北京大学也建立了心理学系。

四是1921年在南京成立了中华心理学会，首任会长是张耀翔教授，使得中国的心理学研究者首次有了自己专门的学会组织。

五是1922年在上海创办了中华心理学会会刊《心理》杂志，使得中国的心理学研究界首次有了自己专门的学术刊物。

六是蔡元培于1928年创建中央研究院并担任中央研究院院长后，于1929年倡导创建我国第一个心理研究所。这样，我国既有培养心理学人才的教学机构，也有了研究心理学的专门机构。

(二)中国现代心理学建立时期的主要成就[①]

这一时期，我国心理学家在基础心理学与应用心理学两方面都做了大量的研究，并取得了一些成果。这里以几位有代表性的心理学家为例来说明(其中潘菽等人的学术成就留在下文论述)。

1. 郭任远

郭任远(1898—1970)，广东汕头市人，中国现代心理学家。他于1921年(当时还是大学四年级学生)发表《取消心理学上的本能说》，将批评锋芒直指当时心理学权威哈佛大学心理学系主任麦独孤和美国行为主义心理学的创始人华生。此文震惊了美国心理学界。接着，郭任远于1922年发表了《我们的本能是怎样获得的》，1923年发表《反对本能运动的经过和我最近的主张》，1926年发表《一个心理学革命者的口供》、《心理学的真正意义》，1927年发表《心理学里面的鬼》，1928年发表《一个无遗传的心理》。上述论文全部收进1928年出版的《郭任远心理学论丛》(开明书店出版)。黄维荣在该书序言中阐明郭任远的学术观点时说："无论是提倡行为派的心理，反对本能，反对心理学上的遗传，或攻击各种心理学上的神秘概念：总而言之，是在排斥

① 本目内容参考了高觉敷主编：《中国心理学史》，369～384页，人民教育出版社，1985。

反科学的心理学，不使非科学的谣言重污心理学之名；是在努力做一种清道的功夫，把心理学抬进自然科学——生物科学——之门，完全用严格的科学方法来研究它。”

郭任远关于鸟类胚胎发育和训练猫不吃老鼠的实验研究，也得到国际心理学界的好评与重视。

2. 张耀翔

张耀翔(1893—1964)，湖北汉口人，中国现代心理学家。1921年中华心理学会成立时，被推举为首任会长。1922年创办了中国第一本心理学刊物《心理》，并任主编。他对中国心理学发展的一大贡献是：于1940年在《中国心理学的发展史略》一文中，对于中国心理学的发展途径提出了九条至今看来仍有启发意义的建议。“(1)发扬中国固有心理学，尤指处世心理学，期对世界斯学有所贡献；(2)恢复各大学原有心理学或教育心理学，并酌设心理学院及心理研究所，使斯学日益推广；(3)编纂中国心理学辞典，使学者便于自修；(4)奖励实验，并设心理仪器制作所，使各校易于备置；(5)每年公费留学招考中，应设心理学名额，使专治斯学者有深造机会；(6)多介绍西洋心理学名著，使国内研究者常有新的参考资料；(7)多从事创作及专题研究，使斯学日益进步；(8)创办分科心理学杂志，例如《社会心理学》杂志、《变态心理学》杂志等等，使各种研究结果随时得到有系统的发表；(9)竭力提倡应用心理学，尤指工业心理、商业心理、医药心理、法律心理及艺术心理，以应各方之急需。”

3. 汪敬熙

汪敬熙(1893—1968)，山东济南人，中国现代生理心理学家，是将电子仪器引入中国用于脑功能研究的第一人。其主要成果，一是证明皮肤电反射是由于汗腺的分泌，与意识无关；二是发现了瞳孔收缩与扩张的皮层代表区域；三是利用麦修斯示波器记录到光影通过猫的视野运动时，外膝体内产生的诱发电位。

4. 艾伟

艾伟(1890—1955)，湖北江陵人，中国现代心理学家。他对汉字的研究始于1923年，积25年研究成果，于1948年写成的《汉字问题》一书，对提高学习效能，推动汉字简化和汉字由竖排改为横排等，都作出了重要贡献。

二、中国现代心理学的发展时期

(一)中国现代心理学的发展阶段

中国现代心理学的发展时期从时间上讲，指的是1949年10月1日中华人民共和国成立之后；从中国心理学发展上讲，指的是在中国现代心理学建立的基础上，中国心理学于 1949 年 10 月之后 50 余年的心理学发展状况。这一时期可以分为五个阶段。

1. 学习改造阶段(1950 —1956 年)

中国现代心理学发展时期的最初阶段的首要任务，是进行心理学的学习与改造。在这一阶段，主要做了以下几件事情。

首先，成立中国科学院心理研究所。1950 年 3 月，由中国科学院计划局主持召开了一次心理学座谈会，与会者一致希望早日成立中国科学院心理研究所。1951 年 3 月，政务院批准成立中国科学院心理研究所，任命曹日昌为所长；同年 12 月，心理研究所正式成立。1953 年 1 月，心理研究所改名为心理研究室，曹日昌为室主任。1955 年 12 月，在中国科学院第 53 次院务常务会议上提出 1956 年将南京大学心理学力量并入科学院心理研究室，并将心理研究室扩建为心理研究所。1956 年 3 月，院常务会议通过上述决议；8 月，国务院批准成立心理研究所；12 月，中国科学院心理研究所在北京正式成立，潘菽任所长，曹日昌和丁瓒任副所长。这标志着心理所学习改造阶段的结束，转向正式研究的开始。当时，心理研究所是全国惟一的心理学专门研究机构，代表了中国心理学界(包括以后各个时期)的心理学研究最高水平和心理学发展的趋向，成为中国心理学界的核心，对中国心理学事业的发展起着带头与推动的作用。

其次，建立中国心理学会。1955 年 8 月，中国心理学会在北京正式成立并召开第一次会员代表大会，有 70 余人出席了会议；会议选举潘菽为新中国心理学会第一任理事长，曹日昌为副理事长。这次会议把新中国的心理学工作者进一步团结起来，将心理学建立在马列主义哲学与巴甫洛夫学说基础上，为中国的社会主义建设服务。

第三，调整心理学教学机构。1952 年，全国高等院校进行较大规模的院系调整，原清华大学与燕京大学的心理学系部分并入北京大学哲学系，成立了国内惟一的一个心理专业。南京大学(原中央大学)心理系保留，但后来于 1956 年并入中国科学院心理研究所。其他高等院校心理系则分别并入一些高等院校和部分医学院、体育学院，成立心理学教研室或教研组。

第四，出版心理学刊物。中国心理学会会刊《心理学报》于 1956 年正式出版发行。由曹日昌任主编，编辑部设在中国科学院心理研究所编译室。

第五，制定心理学科学规划。1956 年上半年，国务院科学规划委员会召开有众多科学家参加的科学规划会议，制定了各门科学的 12 年(1956—1967)发展规划。其中，心理学 12 年发展规划的主要内容是：(1)心理的发生与发展研究；(2)基本心理过程的研究，以视觉、听觉、语言和思维、记忆为重点；(3)个性心理的研究；(4)心理学基本理论与心理学史的研究，其中心理学史以中国心理学史的研究为重点；(5)专业心理学的研究，包括教育心理学、劳动心理学、医学心理学、国防心理学、文艺心理学和体育心理学等，其中以教育心理学、医学心理学、劳动心理学和国防心理学中的航空心理学为重点。规划中确定将南京大学心理系并入中国科学院心理研究室，并将中国科学院心理研究室扩建成中国科学院心理研究所。这个规划当时对我国心理学界起了指导与鼓舞作用，让我国心理学工作者明确了心理科学事业对中国社会主义建设的意义，明确了心理学在中国整个科学事业中的地位与在中国积极发展心理学研究的必要性。心理学12年发展规划后来因客观情况变化，制定不久后就没有再采用。

第六，心理学的学习与改造工作。当时，全国心理学工作者形成了学习辩证唯物主义哲学、巴甫洛夫学说和苏联心理学的热潮，认为学习苏联心理学后就能建立起唯物主义的心理学。于是，中国的心理学工作者提出了在马克思列宁主义思想指导下，在巴甫洛夫学说基础上改造心理学的口号。

2. 初步繁荣阶段(1957—1965年)

1957年，中国心理学工作者对心理学教学与科研工作中脱离实际的倾向展开了讨论，探讨心理学怎样联系实际、为经济建设服务的问题。通过讨论，使心理学工作者充分认识到科研工作密切联系实际的必要性，并到各实际部门做工作，促进了应用心理学的发展。遗憾的是，正当中国的心理学工作者鼓足干劲准备大显身手的时候，受到极"左"思潮影响的北京师大部分师生于1958年8月发动了一场波及全国的"批判心理学资产阶级方向"的运动，将学术问题与政治问题相混淆，采取将科学与科学工作者一棍子打死的极端做法，给我国心理学的发展带来了直接的严重的损害，这是新中国成立后中国心理学界受到的第一次大挫折。幸运的是，这次错误的批判运动为时不久便被纠正过来了。在1960年1月召开的第二次中国心理学会全国会员大会上，初步澄清了1958年心理学批判运动造成的混乱思想，总结了1959年以来我国心理学界开展的关于心理学对象、任务、学科性质与方法等问题争论所取得的研究成果。同时，会议制定了心理学科三年发展规划，选举了新一届中国心理学会领导班子，其中，潘菽为理事长，曹日昌为副理事长。自此次会议后，中国现代心理学的初步繁荣景象已开始出现。

3. 停滞不前阶段(1966—1976年)

在中国心理学初显繁荣景象不久，姚文元(当时化名葛铭人)于1965年10月28日在《光明日报》上发表了一篇题为《这是研究心理学的科学方法和正确方向吗?》的文章，诬陷心理学的研究是所谓“形而上学”、“唯心主义”、“反科学的”，毫无“理论意义和科学价值”，将心理学污蔑为资产阶级伪学。这是1958年“心理学批判”运动的延续与翻版，更是中国心理学事业遭遇致命伤害的前奏。1966年，“文化大革命”开始，姚文元的这篇恶意攻击心理学的文章竟被当作打击心理学的“宝典”，稍有不同观点的人一律被排斥与打击，心理学工作者过去取得的成绩被全盘否定，中国的心理学被牢牢套上了“伪科学”的“紧箍咒”，中国心理学事业遭受了新中国成立以来第二次、也是最大的挫折，以致心理学研究中断10年之久，使中国的心理学事业进入了一个停滞不前的阶段。

4. 重新恢复阶段(1977—1980年)

自1976年10月起，中国进入了一个新的历史时期；中国的心理学也由此获得了新生，进入了一个重新恢复阶段。这主要体现在以下几个方面：

(1)中国科学院心理研究所和我国心理学各种有关教学与科研组织的恢复。1977年，国务院指示：“恢复心理研究所是很有必要的。”从此，中国科学院心理研究所正式恢复，潘菽恢复所长职务。此后，教育系统的心理学科研与教学组织也陆续得到恢复与发展，北京大学、华东师范大学、北京师范大学与杭州大学相继成立了心理学系，为中国尽快培养心理学后备力量创造了有利条件。在人才培养上，中国科学院心理研究所与有关高等院校率先于1978年开始招收“文革”后的第一批心理学硕士研究生。

(2)调整心理学学科规划。为了把中国心理学的发展恢复到最佳状态，由中国科学院心理研究所组织于1977年在北京召开全国心理学学科座谈会，会上拟定了《规划》草案。它除前言外，共有四部分：一是外国心理学概况；二是奋斗目标；三是研究项目；四是实现规划的措施。用今天的眼光看，这是一个较详细较全面的心理学学科发展规划。它促进了中国心理学事业的恢复与发展。

(3)恢复中国心理学会的活动。根据中共中央关于全国科学大会的通知中指出的“科学技术协会和各种专门学会要积极开展工作”的精神，中国心理学会恢复了自己的活动，召开了一些重要会议。例如，中国心理学会于1977年11月在京召开了常务理事扩大会，此次会议主要讨论总会恢复工作与各地分会恢复活动的问题；1978年12月，中国心理学会第二届学术年会在河北保定市召开，来自全国28个省、市、自治区的230余名代表参加了会议。这次年会距上届年会(1963年)15年，是中国心理学工作者“文革”后的一次盛大集会。

(4)出版发行心理学刊物。1966年停刊的中国心理学会会刊《心理学报》

在 1979 年 8 月复刊，编辑部仍设在中国科学院心理研究所，主编是潘菽。《心理科学通讯》(1991 年改名为《心理科学》)也于 1980 年复刊，编辑部设在上海师大心理系(上海师大后改名为华东师大)。

(5)积极开展与国际心理学界的学术交流。例如，1979 年 7 月，经国务院批准，中国心理学会提出加入国际心理科学联合会组织的申请；1980 年 7 月，陈立和荆其诚代表中国心理学会出席国际心理科学联合会代表会议，国际心联执委会讨论并一致同意接受中国心理学会加入国际心联组织，成为其第 44 个成员国。这标志着中国心理学走向世界。

5. 稳定发展阶段(1981 年至现在)

自 20 世纪 80 年代以来，伴随改革开放的不断深入，中国的心理学事业进入一个稳定发展阶段。这主要体现在以下几个方面：一是心理研究机构和教学机构不断发展壮大，如中国科学院心理研究所现已发展成为包括 6 个研究室含有 14 个研究方向的心理学研究机构。二是人才培养上了一个新台阶。现在已有中国科学院心理研究所、中国社会科学院社会学研究所、北京大学、北京师范大学、吉林大学、天津师范大学、华东师范大学、南京师范大学、西南师范大学、浙江大学和华南师范大学等研究机构、高等院校招收心理学专业的博士生，在中国科学院心理研究所和北京师范大学等单位还设有心理学博士后科研流动站。三是与国外心理学同行开展的学术交流活动日益增多。1992 年 7 月在比利时布鲁塞尔举行的第 25 届国际心理学大会上，中国心理学家荆其诚当选为国际心联副主席，为中国心理学界赢得了国际荣誉。四是建立了中国心理学的其他学术组织。除中国心理学会外，中国心理学界还在 1982 年成立了中国社会心理学会，其下设若干专业委员会，并于 1990 年创刊出版学术专业刊物《社会心理研究》；1985 年，心理学界与医学界等共同建立了中国心理卫生协会，并于 1987 年创刊出版专业学术刊物《中国心理卫生》杂志、1993 年创刊出版专业学术刊物《中国临床心理学》杂志；1985 年，心理学界与企业界共同建立了中国行为科学学会，并于 1987 年创刊出版专业学术刊物《行为科学》，等等。

(二)中国现代心理学发展时期的主要成就[①]

这一时期，我国心理学家在基础心理学与应用心理学两方面都做了大量研究，取得了一些重要成果。这里以几位有代表性的心理学家为例来说明。

① 本目内容还参阅了高觉敷主编：《中国心理学史》，411～420 页，人民教育出版社，1985。

1. 潘菽

潘菽(1897—1988)，中国现代心理学家。作为中国现代心理学的奠基者之一，他对中国现代心理学的贡献是多方面的。一是对实验心理学的贡献。潘菽早年较重视实验心理学的研究，发表过关于记忆、审美判断、错觉和汉字知觉的实验研究论文多篇。二是对理论心理学的贡献。如将心理活动分为认识活动与意向活动两大范畴，力图突破传统的知、情、意“三分法”；在心身问题上主张心身问题是一个体用问题，身是心的体，心是身的用，等等。三是对教育心理学的贡献，他所主编的《教育心理学》于1980年出版，它的出版促进了当时我国教育心理学的发展。四是对中国心理学史的贡献。他不但倡导和组织人员开展中国心理学史的研究，还从中国心理学思想史中总结出人贵论、形神论、性习论和知行论等观点①。五是对学术组织工作的贡献。他长期担任中国科学院心理研究所所长或名誉所长职务，对中国心理学事业的发展起了领导作用。

纵观潘菽教授一生对心理学发表的诸多言论，不难看出，其中有一条“红线”贯穿始终。这条“红线”就是潘菽教授心理学思想的核心“建立有中国特色的心理学”思想。这是因为，从时间上看，该思想一直贯穿潘菽教授心理学思想发展的始终；从内容上看，该思想包含了潘菽心理学思想的所有精髓；从重要程度上看，该思想在潘菽心理学思想中占据中心位置。从某种程度上讲，潘菽教授一生从事心理学研究的目的，归根到底都是为了“建立有中国特色的心理学”。潘菽在中国心理学发展史上的最大贡献就在于，他倡导“建立有中国特色的心理学”的研究，为中国心理学指明了正确的发展方向(详见下文)。

2. 高觉敷

高觉敷(1896 —1993)，中国现代心理学家。在心理学的基本理论上，他既反对二元论，也反对还原论，主张唯物主义一元论。在心理学史问题上，他主张要以辩证唯物主义和历史唯物主义为指导，既要看到社会历史条件的影响，也要看到心理学发展的内在逻辑，二者不能偏废。他根据外因通过内因起作用的原理，主张将内部逻辑视作心理学思想发展的根本原因，将外部社会历史条件视作第二位的原因。

3. 陈立

陈立(1902—)，中国现代心理学家。是我国最早从事工业心理研究的心理学家，新中国成立前，他曾在北京、上海和江苏等地调查过许多工厂，并在清华大学筹建疲劳研究实验室，着手调查劳动环境对生产的影响，试图改善工

① 潘菽：《心理学简札》(下)，374~399页，人民教育出版社，1984。

人劳动条件。新中国成立后，他在杭州开展事故分析、细纱工培训、操作分析、工艺流程、视觉疲劳、管理决策研究，以及组织心理研究等方面的研究。在心理学的研究方法上，陈立极力主张实验法，但也认为实验法有其一定的局限性。

4. 曹日昌

曹日昌(1911—1969)，中国现代心理学家。曹日昌的主要实验研究工作涉及知觉、学习、记忆和有关提高生产劳动效率等问题。在基本理论方面，他是中国辩证唯物主义心理学的倡导者之一。他在《心理学研究什么》(载《心理学报》1959 年第 4 期)一文里指出："辩证唯物主义为认识人的心理奠定了基础，唯物主义辩证法就是自然、社会和思维(意识、认识)的运动、发展的规律。心理学研究意识、认识活动的规律，认识了这些规律，也就认识了心理，而达到认识的最高峰。"

第四节　为建立有中国特色的心理学而努力

通过几十年的实践，中国心理学界克服了片面向苏联或西方心理学学习的倾向，开始自觉而积极地探索心理学中国化的问题，为建立有中国特色的心理学体系而努力奋斗。

不过，在如何才能建立有中国特色的心理学体系问题上，中国心理学界却出现了两种研究取向：一是潘菽倡导开展"建立有中国特色的心理学"研究；一是杨国枢倡导开展"中国人的本土心理学"研究。为了使人们能清楚地了解这两种研究取向的异同，从而更好地推动中国心理学事业向前发展，这里就这两种研究取向作一比较。考虑到两种研究取向的主要代表分别是潘菽教授、杨国枢教授，下面的比较就以这两人的言论为主要依据，有时也适当兼顾其他人的观点。

一、两种研究取向的相同之处

这两种研究取向的相同之处，归纳起来，主要有以下几点。

(一)建立符合中国国情的心理学体系

潘菽认为，西方传统心理学不适合中国国情。因为："传统心理学是在资本主义社会中建立和发展起来的，它一开始就深受资产阶级世界观的影响，从指导思想、方法到内容，都夹杂着许多的唯心论和形而上学观点。”[①] 同时，传统心理学自身还存在很多缺陷。“在100多年前，心理学脱离了哲学而宣告为一门独立的科学以后，却一直停留在一种不稳定和不成熟的状态，连对一些最基本的问题的理解也还表现大幅度的摇摆而没有定论。”[②] 这样的心理学不能胜任为我们的社会主义现代化建设各有关方面需要服务的职责。

为了使现有的心理学能适合中国的国情，并为中国宏伟的社会主义现代化建设服务，就必须对它进行一番较大的深刻的改造。潘菽说：“我们要着重提出改造心理学的口号。我们要通过切实的改造来达到崭新的创造。我们要大力进行批判旧心理学的工作，以此来建立我国的社会主义建设的崇高事业所需要的走我国自己的道路的新心理学，以服务于我国社会主义现代化的新局面的全面开创。”[③] 可见，潘菽提出“建立有中国特色的心理学”的主张，其最主要的目的就是想使现有的心理学符合中国国情；换句话讲，就是想建立符合中国国情的心理学体系。

中国人的本土心理学研究者尽管未明确提出要建立符合中国国情的心理学体系，但实际上也是将建立符合中国国情的心理学体系作为其研究目标之一的。杨国枢说：“中国人的本土心理学实在是一种‘将中国人当中国人来研究’的心理学，或是一种‘将华人当华人来研究’的心理学，而不是一种‘将华人当美国人或西方人来研究’的心理学。中国人的本土心理学是一种植基于中国人之社会、文化、历史及学术传统中的心理学，而不是一种建构在美国人或西方人之社会、文化、历史及学术传统中的心理学。”[④] “中国人的社会、文化、历史及学术传统”其实就是中国国情的具体化；“植基于中国人之社会、文化、历史及学术传统中的心理学”，就是一种植根于中国国情的心理学。可见，“中国人的本土心理学”研究者也是想建立一种符合中国国情的心理学，只是在提法上有些差异。

（二）批判吸收外国心理学的研究成果

为了使现有心理学能适合中国国情，潘菽主张要批判吸收外国心理学的研究成果。他说：“我们要建立我国自己的符合社会主义现代化建设要求的心理学，首先就必须对传统心理学有扬有弃进行较大的改革，清除其所有唯心论和

① 潘菽：《潘菽心理学文选》，190~191页，江苏教育出版社，1987。
② 潘菽：《潘菽心理学文选》，417~423页，江苏教育出版社，1987。
③ 潘菽：《潘菽心理学文选》，417~423页，江苏教育出版社，1987。
④ 杨国枢：“我们为什么要建立中国人的本土心理学？”，载《本土心理学研究》，1993(1)，中国台湾桂冠图书公司印制发行。

形而上学的糟粕。”[①] 而且，从下文可知，潘菽“建立有中国特色的心理学”的实现途径之一，就是要贯彻“洋为中用”的原则，积极地通过批判分析，学习吸收外国心理学的一切有价值的东西。

杨国枢在开展“中国人的本土心理学”的研究时，也主张对外国心理学的研究成果批判地吸收。他认为：“西方心理学中所研究的问题，所建立的理论，以及所设计的方法，都有其特殊的社会文化条件。在不具备这些条件的中国从事同样的研究，套用同样的理论，采用同样的方法，往往会事倍而功半。从事同样的研究而品质不及人家，则尤其可悲。更可悲的是，中国心理学者在研究的问题、理论及方法上如不能有异于西方心理学者，则对整个心理学将无提供独特贡献的可能。”为此，杨国枢提出心理学研究中国化的层次与方向有四：“重新验证国外的研究发现”、“研究国人的重要与特有现象”、“修改或创立概念理论”和“改良旧方法与设计新方法”。[②] 关于这四个层次与方向，其弟子朱瑞玲说：“除了研究中国人的主要与特有现象，其余均为西方学术如何移植的问题，包括重新验证已有发现、修改或创新理论以及改良或设计研究方法。”[③]

杨国枢还主张：“在研究过程中，如确有采用西方概念、理论或方法的必要，则要以敏感、机智及批判的态度，仔细分析所探讨之心理与行为本身的内容及特征，深切体认其背后的社会文化机制，认真判断所拟采用的西方概念、理论或方法中哪些部分应该保存，哪些部分应该修改，哪些部分应该扬弃，并完成修订后的整合，务使贴合所研究的现象。”[④] 可见，杨国枢在研究中国人的本土心理学时，也是主张对外国心理学的研究成果进行批判吸收的。

(三)重视研究中国古代心理学思想

潘菽在开展“建立有中国特色的心理学”研究中，非常重视对中国古代心理学思想的研究。他说：“为了改造现有的心理学，以建立适合我国社会主义现代化建设要求的心理学，必须好好挖掘我国古代心理学思想这个宝藏。这个宝藏有丰富而可贵的蕴藏。其中有些蕴藏，从初步的考察来看，是十分宝贵的，是世界上其他地方所没有的，可以用来构成我国自己所需要的科学心理学

① 潘菽：《潘菽心理学文选》，190 ~ 191 页，江苏教育出版社，1987。
② 均见杨国枢：“心理学研究的中国化：层次与方向”，见杨国枢、文崇一主编：《社会及行为科学研究的中国化》，158 ~ 176 页，中国台北“中央研究院民族学研究所”，1982。
③ 朱瑞玲：“台湾心理学研究之本土化的问题与展望”，载《本土心理学研究》，1993(1)，中国台湾桂冠图书公司印制发行。
④ 杨国枢：“我们为什么要建立中国人的本土心理学？”，载《本土心理学研究》，1993(1)，中国台湾桂冠图书公司印制发行。

的体系的重要骨架部分……毫无疑问，这些从我国古代的心理学思想中挖掘而来的材料，将构成我国将要建成的心理学中很重要的一部分，也将构成我国将要建立起来的自己的心理学体系中最有特色的一部分。”① 贯彻“古为今用”的原则，认真挖掘中国古代心理学思想，是潘菽“建立有中国特色的心理学”的实现途径之一。

杨国枢在开展“中国人的本土心理学”研究时，也非常重视对中国古代心理学思想的研究。杨国枢说：“在建立中国人的本土心理学的过程中，要兼顾当代中国人的心理与行为的研究及古代中国人之心理与行为的研究。古代中国人的心理与行为本身既值得从事学术探讨，而且也是从纵贯的历史观点来了解当代中国人之心理与行为的来源之所必需。古代各代中国人之心理与行为的系统性研究，可使吾人综观各个历史阶段中国人之心理与行为的形成与当时之社会文化特征间的具体关系。以这种作法所建立的心理学理论与知识，自较只研究今人所建立者更为广阔而可靠。”“借助古代中国学者的心理思想，较易创造能够适当反映华人社会文化因素的概念、理论及方法。”②

总之，由于这两种研究取向有上述共同之处，导致在中国心理学界，有些心理学研究者将“中国人的本土心理学”研究看作是“建立有中国特色的心理学”研究，于是也就采纳了“中国人的本土心理学”这一提法。不过，细分起来，这两种研究取向还是有区别的。

二、两种研究取向的不同之处

细分起来，这两种研究取向的不同之处，主要体现在以下四个方面。

(一)内涵不同

关于“有中国特色心理学”的内涵，潘菽下面几段话最具代表性：“照我个人的看法，走我们自己的道路，有自己的特点，就是要用马克思主义的理论指导心理学的研究，要以此来提高心理学的科学性，把心理科学推向前进，以服务于我国的社会主义现代化建设。现在的心理学，科学性不够。如果能把它的科学性在马克思主义理论基础上提高一点，就是一种大的贡献。”③ “我们要建立我国自己的符合社会主义现代化建设要求的心理学，首先就必须对传

① 潘菽：《潘菽心理学文选》，417～423页，江苏教育出版社，1987。
② 均见杨国枢：“我们为什么要建立中国人的本土心理学”，载《本土心理学研究》1993(1)，中国台湾桂冠图书公司印制发行。
③ 潘菽：《潘菽心理学文选》，219～220页，江苏教育出版社，1987。

统心理学有扬有弃进行较大的改革，清除其所有唯心论和形而上学的糟粕。我们要研究建立的心理学，必须以马列主义毛泽东的哲学理论为指导，必须贯彻辩证唯物论原则。”[①]“我国的心理学必须有我国自己的这个特点。这就是贯彻辩证唯物论的理论指导，为我国的社会主义现代化建设服务。”[②]“为了改造现有的心理学，以建立适合我国社会主义现代化建设要求的心理学，必须好好挖掘我国古代心理学思想这个宝藏。这个宝藏有丰富而可贵的蕴藏。……毫无疑问，这些从我国古代的心理学思想中挖掘而来的材料，将构成我国将要建成的心理学中很重要的一部分，也将构成我国将要建立起来的自己的心理学体系中最有特色的一部分。”[③]

由此可见，在潘菽看来，“有中国特色的心理学”除了要有较高的科学性和实践性外，至少还应具备三个特点：第一，从指导思想上看，应以马列主义、毛泽东思想为指导，必须贯彻辩证唯物论原则；第二，从内容上看，要有自己的心理学体系：既要批判地继承我国古代已有的心理学思想，又要批判地吸收外国心理学的研究成果，还要吸收中国现有的心理学研究成果；第三，从作用上看，要为我国的社会主义现代化建设服务。

关于“中国人的本土心理学”的内涵，杨国枢下了一个较为明确的定义。他说：“‘中国人的本土心理学’，则是一种在本土性契合条件下以三个华人社会的中国人为主要对象所建立的心理学知识体系。在建立此种体系的过程中，研究者根据当地华人社会中之社会的、文化的、哲学的及历史的观点，并自然反映当地华人种族进化及遗传因素的影响，从而提出妥切的问题，建构合适的理论，设计有效的方法，以便在当地的社会、文化及历史脉络中，尽量确实而充分地描述、分析、理解及预测当地中国人之心理与行为。”

（二）指导思想不同

“建立有中国特色的心理学”研究者强调在心理学研究中要以马列主义、毛泽东思想为指导，主张必须贯彻辩证唯物论原则。关于这点，潘菽曾多次强调。并且，潘菽认为“建立有中国特色的心理学”的基本途径之一，就是要以马列主义、毛泽东思想作为心理学工作的指导思想。

关于“中国人的本土心理学”的指导思想问题，杨国枢的下面几段话颇具代表性。“本土性契合是本土心理学研究的判准”（他认为，“当地之研究者的思想观念与当地之被研究者的心理行为之间的密切配合、贴合、接合或契

① 潘菽：《潘菽心理学文选》，190～191页，江苏教育出版社，1987。
② 潘菽：《潘菽心理学文选》，304～305页，江苏教育出版社，1987。
③ 潘菽：《潘菽心理学文选》，417～423页，江苏教育出版社，1987。

合，可以称为'本土性契合'")。"我们所说的'本土心理学'，就是一种能达到本土性契合境界的心理学。心理学的本土化，重点即在使心理学研究能够达到本土性契合的标准。不过本土性契合并非全有全无，而是有程度上的差异。本土心理学所追求的是一种高程度的本土性契合。此处亦应指出：一项实征性的心理学研究是否具有相当程度的本土性契合，只能靠研究者与内行人作主观的判准。如果研究者与内行人大都认为此项研究具有相当程度的本土性契合，便可以说它是一项本土性的研究。""至于研究的方法，至少在可以预见的未来，应采多元化原则。到目前为止，我们还无法确定哪一种方法论或研究方法是惟一有效的做法，而其他方法论或研究方法则可扬弃不用。不管是黑猫或白猫，能捉到老鼠的就是好猫。不同的猫所捉到的老鼠可能有大有小，但却都是有用的猫。不管是实证论的方法也好，现象论的方法也好，诠释学的方法也好，等等种种，只要能增进对中国人之心理与行为的了解，都可加以采用。""在本土心理学研究中，不论是方法论或研究方法，都应采取多元化的原则。"[①]

可见，对于"中国人的本土心理学"研究者而言，只要其研究能符合"本土性契合"这一标准即可，至于其研究是采用何种方法论作指导，则无关紧要。换句话说，"中国人的本土心理学"研究采取多元化的指导思想，然后再用"本土性契合"作为衡量某一项研究是否为"中国人的本土心理学"研究的标准。

(三)实现途径不同

1. "建立有中国特色的心理学"的实现途径

潘菽曾多次论述关于"建立有中国特色的心理学"的途径问题。在潘菽看来，"建立有中国特色的心理学"有四个主要的途径[②]。

第一，要以马列主义、毛泽东思想作为心理学工作的指导思想。因为"我们整个社会主义建设都必须建立在马克思主义思想基础上。必须成为我国社会主义现代化建设事业的一部分的我国心理学能属于例外吗?也决然不可能"。所以，我们要"建立有中国特色的心理学"，也必须以马列主义、毛泽东思想为指导。

第二，要坚决贯彻理论联系实际的原则，使一切心理学工作都最密切地结合我国的社会主义现代化建设的实际而为之有效地服务。为了很好地贯彻这一

① 均见杨国枢："我们为什么要建立中国人的本土心理学?"，载《本土心理学研究》，1993(1)，中国台湾桂冠图书公司印制发行。

② 潘菽："建立有中国特色的心理学"，载《文汇报》1983年1月10日。

原则，潘菽要求我国心理学研究者，不但要了解理论与实际二者之间的内在相互关系，而且必须明确，“这里的理论主要是指辩证唯物论怎样来看某一心理问题的理论，和我国社会主义现代化建设怎样和心理学有关的理论。这里的实际主要就是我国社会主义现代化建设的实际，以及当代心理学上有待解决或明确的种种实际问题”。

第三，要贯彻“洋为中用”的原则，积极地通过批判分析，学习吸收国外心理学的一切有价值的东西。因为“对外国心理学的充分研究和了解，不仅可以使我们能清楚知道有哪些有科学价值的东西可以吸收，并且也可以知道外国心理学已走过的道路上曾遇到哪些坑坑洼洼应该避免。就西方心理学论，它也是世界上现有心理学的一个主要部分。由于历史比较悠久，开始成为一门学科较早，它有较丰富的内容。开始成为一门学科以来，它的研究的具体成果也积累得十分可观了。虽然流派迭起，众说纷纭，但它仍是有前进有成果的。我们应该在科学的道路上进行独立的探索中，也把西方心理学所有有价值的东西都吸收过来”，为我国“建立有中国特色的心理学”服务。

第四，要贯彻“古为今用”的原则，好好挖掘我国古代心理学思想这个宝藏。因为：“近几年来，对我国古代心理学思想作了初步的研究，已发现我国古代有些思想家的思想中是有不少很值得珍视，并具有科学性的心理学思想的。其中还有一些是非常可贵，科学意义深刻，光辉夺目而为西方心理学史中以及现代的传统心理学所没有的心理学原则性见解。这是我们的心理学家珍。对于这些家珍，我们急需进一步加深加广挖掘，取其精华，去其糟粕，把所得到的精华吸收到我国所要研究建立的心理学中来，构成我国心理学自己的另一种重要特色，使我国心理学增添独特的光彩。”①

2.“中国人的本土心理学”的实现途径

如前所述，关于“中国人的本土心理学”的实现途径，早在20世纪80年代初期，杨国枢就已提出心理学研究中国化的层次与方向有四：“重新验证国外的研究发现”、“研究国人的重要与特有现象”、“修改或创立概念理论”和“改良旧方法与设计新方法”。一眼可看出，这四个层次是由浅入深、由低级到高级的。事过十余年后，在20世纪90年代初期，杨国枢的观点又有了一些发展。杨国枢说：“本土心理学的性质要靠妥善的研究方法才能凸显，本土心理学的目的要靠适当的研究策略才可达成。”为此，杨国枢认为：“在包容各类方法与策略的大原则下，为了有效从事本土心理学的研究，以达到建立中国人的本土心理学的目的，我们想在此提出一套做法上的建议。这些建议中，

① 以上引文均见潘菽：《潘菽心理学文选》，548～553页，江苏教育出版社，1987。

有些是消极性的原则，有些是积极性的原则。前者所强调的是不要去做那些有碍本土化的事项，后者所强调的是努力去做那些有利于本土化的事项。”①在杨国枢看来，消极的做法原则有七：(1)“不套用他国理论与方法”；(2)“不忽略他国理论与方法”；(3)“不排斥他人所用之方法”；(4)“不采用跨文化研究策略”；(5)“不采抽象性过高的项目”；(6)“不要采用外语进行思考”；(7)“不将学术研究泛政治化”。积极的做法原则有十：(1)“要忍受悬疑未决的状态”；(2)“要充分反映中国人思想”；(3)“要批判地运用西方理论”；(4)“要强调社会文化的脉络”；(5)“要研究特有心理与行为”；(6)“要详细描述研究之现象”；(7)“要同样重视内容与机制”；(8)“要与华人学术传统衔接”；(9)“要兼顾传统面与现代面”；(10)“要兼研今人与古人心理”。②可见，“中国人的本土心理学”的实现途径包括四个层次与方向和一套操作性较强的原则。

（四）主要研究领域不同

潘菽非常重视挖掘中国古代心理学思想在“建立有中国特色的心理学”研究中的作用；同时，在潘菽看来，“我们要走自己的道路，建立自己的心理学体系，就是要在那些基本理论方面有自己的看法。这没有什么不可以，而且还是十分应该的”。③于是，他把一生的主要精力都用在研究理论心理学和挖掘与整理中国古代心理学思想上，使得“建立有中国特色的心理学”的主要研究领域侧重在理论心理学和中国古代心理学思想方面。

杨国枢认为，本土心理学研究，“在选择研究课题方面，要多自中国人之特有心理与行为现象(如孝道、关系、缘分、面子、人情等)入手，因为此等特有现象最能反映中国社会与文化因素的特点及影响，也最易避免习惯性套用西方概念、理论及方法，因而较有创造新概念、新理论及新方法的可能”。④这就使得“中国人的本土心理学”的研究领域侧重在对“中国人的重要与特有现象”的研究上。综观过去十几年“中国人的本土心理学”的主要研究成果，多集中在对“中国人的重要与特有现象”的研究上，如朱瑞玲关于“面子”的研

① 均见杨国枢：“我们为什么要建立中国人的本土心理学？”，载《本土心理学研究》，1993(1)，中国台湾桂冠图书公司印制发行。

② 杨国枢：“我们为什么要建立中国人的本土心理学？”，载《本土心理学研究》，1993(1)，中国台湾桂冠图书公司印制发行。

③ 潘菽：《潘菽心理学文选》，219～220页，江苏教育出版社，1987。

④ 杨国枢：“我们为什么要建立中国人的本土心理学？”，载《本土心理学研究》，1993(1)，中国台湾桂冠图书公司印制发行。

究[①]、黄光国关于"人情"的研究[②]、余安邦关于"成就动机"的研究[③]，等等，皆是如此。

综上所述，至少可得出以下几点结论：

第一，"建立有中国特色的心理学"研究与"中国人的本土心理学"研究，二者之间的最大相同点是都主张建立符合中国国情的心理学体系；二者之间的最大差别是指导思想不同。

第二，相对而言，"建立有中国特色的心理学"研究取向是从宏观入手，探讨如何使心理学适合中国国情之问题，其主要研究领域偏重于理论心理学与中国古代心理学思想方面，其实现途径也是从宏观上阐述的；"中国人的本土心理学"研究取向是从微观入手，探讨如何使心理学适合中国国情的问题，其主要研究领域偏重于"中国人的重要与特有现象"方面，其实现途径较为具体，操作性较强。

第三，二者都取得了一定的成绩，也都存在一些不足之处。

"建立有中国特色的心理学"研究取向的成绩至少有三：一是确立了一个正确的指导思想，即以马列主义、毛泽东思想为指导，贯彻辩证唯物论原则；二是对理论心理学研究取得了一定的成果，如认为心理学是一门中间学科，将心理活动范畴划分为知、意两大部分和提出唯物论的身心一元论，等等；三是对中国古代心理学思想的挖掘与整理，也取得了一定的成果，如整理出了"人贵论"、"形神论"、"性习论"、"知行论"和"情欲论"等哲学心理学思想。其不足之处是实证研究显得单薄，实证资料也较少。

"中国人的本土心理学"研究取向的成绩有二：一是与现实联系紧密、应用性较强；二是对中国人的心理与行为研究取得了一些初步的成果，如提出了"个我取向成就动机"与"社会取向成就动机"等概念。其不足之处也有二：一是缺乏好的哲学指导思想；二是基本理论研究显得较为薄弱，如对于"中国人的本土心理学"的定义、判标等问题，在"中国人的本土心理学"研究者中仍未取得一致意见。

第四，总的说来，"中国人的本土心理学"研究者在指导思想上仍停留在潘菽曾予以批判的传统心理学所采用的立场上："采取不管是唯心唯物，只要

① 朱瑞玲："中国人的社会互动：论面子的问题"，见杨国枢主编：《中国人的心理》，中国台北桂冠图书公司，1988。

② 黄光国："人情与面子：中国人的权力游戏"，见李亦圆、杨国枢、文崇一主编：《现代化与中国化论集》，中国台北桂冠图书公司，1985。

③ 余安邦、杨国枢："社会取向成就动机与个我取向成就动机：概念分析与实征研究"，载中国台湾《中央研究院民族学研究所集刊》64期(1987)。

显得‘有价值’或‘有用’，就兼收并蓄的一种折衷主义或实用主义的立场。但他们在实质上都一致地是穿着各式各样服装的唯心论或二元论者。”[①]而“传统心理学……严重地陷于众说纷纭，体系支离，夹杂着不少唯心论和形而上学的污泥浊水，这都是由于基本的指导思想有缺陷所产生的结果”。因而，“我国的心理学要争取出现一处新的面貌，取得一个较大的新进展，更紧密适合于我国社会主义建设的需要”[②]，就不宜再像“中国人的本土心理学”研究者那样继续沿袭传统心理学的指导思想，而必须坚持“用马克思主义的理论指导心理学研究”，以开展“建立有中国特色的心理学”的研究，为建立有中国特色的心理学而奋斗。

① 潘菽：《心理学简札》（下），82页，人民教育出版社，1984。
② 均见潘菽：《心理学简札》（下），136页，人民教育出版社，1984。

下编

外国心理学史

WAIGUO XINLIXUESHI

下编

第五章

联想主义心理学

本章首先概述联想主义心理学的先驱英国的霍布斯和洛克、贝克莱和休谟的心理学思想(霍布斯和洛克是唯物主义经验论者，贝克莱和休谟则是主观唯心主义经验论者)，在这个基础上，概述受他们影响的英格兰和苏格兰的联想主义者的心理学思想。

联想主义心理学是用观念和精神要素的联想来说明人的心理现象的一种心理学思潮，属于哲学心理学思想的范畴。它的产生和发展主要是在英国。早在17世纪后期，联想问题已经成为英国经验主义者霍布斯和洛克等人思考的中心问题，而联想主义作为一种心理学思潮，则一般认为它产生于18世纪中叶英国产业革命后的资本主义工业化时期，以英格兰和苏格兰的联想主义者为代表。

联想主义心理学产生的历史文化背景主要是：在政治上，英国通过17世纪的革命建立了资产阶级政权；在科学上，资本主义发展的需要和反对宗教神学的斗争，促进了自然科学的长足进步。例如，生理学、解剖学和医学等开始形成独立的科学分支，力学、数学和天文学获得了巨大的成就。这些科学的成果促进了人的思想解放，为近代唯物主义批判封建神学和经院哲学提供了科学依据。另外，英国自13世纪出现惟名论以来，一直注重经验的研究，近代自然科学的发展也偏重于经验科学方面，因此英国一直保持着经验论的传统。

联想主义心理学的哲学基础可能是唯物论，也可能是唯心论。由于牛顿力学的影响，总的来说，机械论的色彩比较浓厚，它是由哲学心理学通向实验心理学的桥梁。

第一节 霍布斯和洛克的心理学思想

一、霍布斯

霍布斯(Thomas Hobbes, 1588—1679)是英国资产阶级革命时期的思想家，近代机械唯物主义的奠基人和资产阶级著名的社会政治理论家。他出身于一位乡村牧师家庭，在牛津大学攻读古希腊罗马哲学和经院哲学，大学毕业后曾任过新贵族的家庭教师和旅游导师，游历过欧洲大陆许多国家，与伽利略、笛卡儿相识，还做过培根的秘书。英国内战爆发前夕，他逃到法国避难，克伦威尔执政时期回国。斯图亚特王朝复辟之后，由于他的思想倾向于资产阶级而受到了王党的迫害，同时由于主张无神论而遭到教会的攻击。他的主要著作有《论公民》(1642)、《利维坦》(1651)、《论物体》(1655)、《论人性》(1658)和《生理学研究》(1678)等。

霍布斯的理论活动主要是在英国资产阶级革命战争前后。他的政治思想反映了大资产阶级和新贵族的需要。为反对封建神学和神权政治论，他提出了“自然状态”和“社会契约”的理论。在哲学上，他继承了培根的唯物主义原则，以物体为中心，把培根的唯物主义系统化、彻底化。他还继承了培根的唯物主义认识学说，坚持唯物主义反映论的原则。总之，他不仅根据资产阶级革命的需要和利用力学、数学的科研成果，克服了培根的双重真理论和“神学不彻底性”，把唯物主义和无神论思想结合起来，建立了近代第一个完整的机械唯物论体系，而且也是近代资产阶级社会国家理论的创立者之一。他的哲学思想不仅直接影响了斯宾诺莎和洛克，而且构成了18世纪启蒙思想家和唯物主义者的思想来源之一。霍布斯的心理学思想是机械唯物主义的。下面概述他在心理学上的主要贡献。

首先是对人的心理本质作了机械唯物主义的分析。霍布斯认为，所有的心理事件都是与身体相关的，即与作为心理事件的中心和来源的、作为国家的物体的人相关的。他的心理学思想可概括为：心理是身体的运动和影像。他在新教的基础上，坚持对人的二元论的假设，因而其无神论是不彻底的。他认为，心理事件是人的活动，人有空间的身体和超空间的思想或灵魂，活动是身体和灵魂的活动，身体的活动与其他占据空间的物体的活动相似，而思想或心理的活动则具有超越的性质。在他看来，外部的物体只会产生运动或压力，所以尽管他总是断言内部感觉的性质是运动，但内部的思想和心理的超越性质却不能用外部物体和身体的运动来解释，所以他仍是个惟灵论者。伽利略把物体的特性区分为两类，一类是物体本身所固有的，即机械力学的和数量的特性，如大小、形状、运动或静止、物体相互之间的接触或分离，以及物体的单个、少数或多数等；一类是依赖于人及其感官的，如声、色、味等。霍布斯据此区分了外部现实和内部现实。他认为内部现实即精神，它是外部现实通过感官在内部的一种影像。他用“影像”来代替亚里士多德的幽灵、灵魂等概念。这种“心理是身体的运动和影像”的观点基本上是唯物主义的，但却是机械论的。他把心脏比作发条，神经比作油丝，关节比作齿轮，甚至“人的一切情欲都是既有开始也有结束的机械运动”[①] 实际上，在他看来，人完全是一架按照力学性质运动的机器。

其次，他对联想的本质和种类作了论述。霍布斯对人的思想系列作过很好的观察，并以此来解释人的想像和思维。在他看来，思想或观念的前后相连，是受过去经验制约的。所谓思想系列，就是过去一些观念连续运动的结果。他说：“那些在感觉中相互密切连续的运动，在感觉之后也会继续保留在一起，以致当前者再次发生并占有优势的时候，后者就接着发生。”显然，这就是相继性联想。他还把人的思想系列分为两种：一种是无计划的、无指导的和变化无常的思想系列，如在梦中那样；另一种是有某种欲望和计划节制而较为恒定的思想系列。实际上，这正是后人所说的自由联想和控制联想。霍布斯虽然没有使用过“联想”这个名词，但是他所说的“思想系列”就是联想；他显然是联想主义心理学的先驱者之一。

二、洛克

洛克(John Locke，1632—1704)是近代英国资产阶级著名的唯物主义哲学家、政治家和教育家。他出生于一个乡村律师家庭，曾在牛津大学学习神学，后改学医学。他曾担任过希腊文、修辞学和哲学家庭教师，并做过执业医生。他曾做过英国工商业资产阶级政党“辉格党”领袖的家庭教师、医生和顾问，后来因受到牵连而被迫逃亡荷兰。1688年“光荣革命”后回国，并在政府中任职。其主要著作有《人类理解论》(1690)和《关于教育的某些观点》(1693)等。

① 《马克思恩格斯选集》第3卷，384页，人民出版社，1956。

在政治上，洛克反对封建君主专制和君权神授说；在哲学上，继承和发扬了培根、霍布斯的观点，创立了英国近代唯物主义经验论；在宗教上，是一个自然神论者，也反对无神论者，因而其唯物主义哲学表现出很大的不彻底性。洛克的经验主义心理学思想主要有以下内容。

首先，洛克提出"白板说"（theory of tabula rasa）。这种观点认为，人的心灵就像"白板"一样，上面没有任何字迹，一切认识都是从后天的经验中得到的。他说："让我们假定心好比没有任何文字和观念的白纸——但是它是怎样被赋予了文字和观念的?铭印在它上面的人的无限复杂的、变化多端的幻想到底是怎样来的?它具有的一切推理和知识的材料又是从哪儿来的?对此我用一句话来回答：来自经验。我们的一切知识都建立于经验之上；从经验最后得到了知识。"[①] 显然，这一观点是与笛卡儿的"天赋观念说"相对的，是机械唯物主义的观点。

其次，洛克提出了观念说。这种观点认为，人的经验可以分成外部经验和内部经验两种类型。前者直接来源于感觉，是人的心灵直接观察外界事物而产生的观念；后者来源于反省，是人的心灵转向考察自己的心理活动时产生的观念，而两者的最终基础都是感觉经验。因为，反省仍要以感觉为必要条件。他还区分了简单观念和复杂观念。前者是心灵被动接受的最基本的观念，后者是心灵由简单观念主动创造的。他举例说："假如把一定的暗白色这个简单观念以及一定程度的重量、硬度、延展性、熔度等结合于实体，我们就有了铅的观念。"[②] 这种观念的结合与分析的观点对后来的心理学产生了很大的影响，标志着联想主义心理学和心理化学说的开端，并成为元素主义心理学的一种思想来源。

最后，洛克提出了联想论。"联想"一词在欧洲心理学史上最早是由他提出来的。在《人类理解论》一书的第四版中，他提出观念的联想有"自然的联合"和"习得的联合"两种。他说："我们一些观念相互之间有一种自然的联合……除了这些联合以外，还有另一种联合，完全是由于机会和习惯来的。"[③] 他对于因习惯而形成的联想尤为重视，这是后来联想律中多次律的开端。他除了用联想的原则说明观念的结合而外，还用它解释情绪的形成，并说明这对儿童的教育工作具有重要意义。例如，父母的不适当的教育会使儿童形成不好的联想经验。他还扩大了联想概念，认为一切简单观念都可以通过联想活动而组成复杂观念。

① 《马克思恩格斯选集》第3卷，384页，人民出版社，1956。
② 墨菲、柯瓦奇：《近代心理学历史导引》，51页，商务印书馆，1982。
③ 洛克：《人类理解论》，376页，商务印书馆，1959。

综上所述，霍布斯是近代英国唯物主义经验论和联想主义心理学的先驱，洛克是近代唯物主义经验论心理学思想的典型代表和联想主义心理学的倡导者。洛克对后来的英国和法国的影响更大。正如列宁所指出的："贝克莱和狄德罗都渊源于洛克。"①

第二节　贝克莱和休谟的心理学思想

一、贝克莱

贝克莱(George Berkeley, 1685—1753)是近代西方主观唯心主义哲学的创始人，英国唯心主义经验论心理学思想的主要代表。他生于爱尔兰，曾在英国三一学院学习和教书，后任该院研究员。他还在北美洲等地进行过传教活动。他的主要著作有《视觉新论》(1709)、《人类知识原理》(1710)、《希勒斯和裴洛诺斯的三篇对话》(1713)。

贝克莱的活动主要是在18世纪上半叶英国资产阶级和贵族极力巩固资本主义统治的时期。在政治上，他主张除了依靠政治权力以外，还要利用宗教；只有使民众敬畏上帝，才能使他们容易服从统治阶级的统治；在哲学上，主张把哲学与宗教信仰结合起来，提出了"存在就是被感知"的主观唯心主义的世界观和认识论。贝克莱的心理学思想主要有以下内容。

首先，贝克莱提出了对心理本质的唯心主义经验论的看法。他针对洛克思想中的不彻底性，特别是关于"第一性的质"和"第二性的质"的区别，认为，不仅"第二性的质"，如颜色、声音、气味等是主观的，就是"第一性的质"，如体积、广延、形状、运动和静止等也是主观的。因为，两者统一而不可分，都只存在于人的心中。在他看来，物就是一堆观念或感觉的集合。例如，一个苹果就是圆形、红色、香味、某种触觉和甜味等等这些观念的集合体。如果抽掉所有这些感觉的性质，苹果也就没有了。

其次，贝克莱提出了联想说。在否认客观世界而把经验说成是惟一存在的时候，他常常用联想的原理来说明各种心理现象的形成过程。他指出，观念有三种类型：由感觉直接得到的；由内心的情感和自我反省而感知的；由记忆和想像而形成的。它们都是和联想分不开的。许多心理现象都不过是观念的结合而已。

① 《列宁选集》第2卷，125页，人民出版社，1972。

最后，贝克莱对空间知觉提出了一些有价值的看法。在《视觉新论》这部经典之作中，他从经验和联想的原则出发，着重论证了空间知觉是视觉、触觉和动觉之间的经验联合的结果。例如，他详细分析了距离知觉的三个构成因素。第一，眼的运动的感觉。眼睛看近物时，两眼相隔较小，看远物时，相隔较大。两眼转动所产生的运动觉和物像的远近造成了习惯性的联系；第二，物像距离眼睛太近时会视物不清，于是物像的模糊和视物不清发生联系；第三，物像距眼太近时，为了看清那个物像，两眼有紧张的感觉，而这种观念又可与物像的远近造成联系。总之，贝克莱认为，人们根据以上三个因素，就可以判断物像的远近距离了。不过，基于唯心主义的观点，贝克莱根本否认距离、大小、位置等空间关系的客观存在，认为空间知觉只是各种主观观念的组合。例如，他说："距离本身是不能为人所知觉的"，只能"凭借于别的直接可知觉的观念才能被人所知觉"①。

二、休谟

休谟(David Hume，1711—1776)是近代英国不可知论的著名代表，唯心主义经验论心理学思想家。他出生于一个没落的贵族地主家庭，曾在爱丁堡大学学习，后从事哲学著述，做过外交工作和副国务大臣。他的主要著作有《人性论》(1739—1740)、《人类理智研究》(1749)以及死后出版的《论灵魂不死》等。

休谟主要活动在18世纪中叶英国社会政治动荡时期。在哲学上，他继承了贝克莱的主观唯心论，调和宗教信仰和科学的矛盾，走向怀疑主义和不可知论。也就是说，他认为，对于客观世界是否存在这一问题是无法回答的，因为，我除了知道我自己的感受以外，其他的便什么也没有了，或只好存而不论了。他的唯心主义心理学思想的主要内容有两方面。

首先，休谟提出对心理本质的主观经验主义的看法。他从唯心主义的经验论观点出发，把一切都归结为主观经验，并且强调知觉是心理学思想研究的惟一对象。他排除了心理现象来源于外部世界或神，而只是用心理现象来说明心理现象。列宁指出，不可知论的本质"就是他不超出感觉，他停留在现象的此岸，不承认在感觉的界限之外有任何'确定可靠的'东西"②。他根据强度和生动性的标准，把知觉分为两类，即印象和观念。印象是指当前一切生动而有

① 贝克莱：《视觉新论》，5页，商务印书馆，1957。
② 《列宁全集》第14卷，104页，人民出版社，1957。

力的感觉和知觉，也包括激情和情绪。感觉是指最初呈现于人心中的意识，是人的一切思想或观念的材料和来源。观念是指原始印象的暗淡的摹本或映象。他还根据结构的繁简，把知觉分成简单知觉和复杂知觉。前者是指不能再区分的简单印象或观念；后者是指由前者直接组合或加工制造而形成的，包括复杂印象和观念。休谟从心理功能的角度来区分知觉和观念，有其合理之处，但是，他根本否认心理现象的客观来源和生理基础，则只能是一种唯心主义的经验论思想。

其次，休谟对联想的形成和原则提出了看法。他在洛克的联想就是观念的联合这种主张的基础上，进一步把联想的形成归结为两种情况：一是简单观念联结成复杂观念，如桔子是由红色、桔香、甜酸、圆形等简单观念联合而成的；二是观念之间的吸引力会使它们联结成复杂观念。他说："我们只可以把这种联系看作经常占优势的一种温和的力量，这种力量也是——除了使其他事物联系之外——使各种语言极为密切地相应的原因。"[①] 这是一种心理力学的思想。

具体来说，他提出相似律、时空接近律和因果律三条联想法则。例如，看到某人的照片想到本人(相似律)，看到蓝天想起白云(接近律)，看到下雨想到地面一定湿了(因果律)。但他所说的因果律不是指客观事物所固有的联系，而只是人们思想中的一种"习惯性的联想"或"经验推论"。

综上所述，贝克莱和休谟的心理学思想属于主观唯心主义的范畴。这种思想在很大程度上影响了马赫主义和西方一些心理学流派的发展。他们又都是近代联想主义心理学的先驱，对心理学的问题，如空间知觉的形成、印象与观念的区分，联想的本质、种类和规律的分析等都发表了一些有价值的看法，促进了联想主义心理学的进一步发展。

第三节　英格兰和苏格兰联想主义者的心理学思想

从心理学发展史来看，"联想"这个词并非始于18世纪的英国。它起源于17世纪英国经验主义心理学，甚至还可以追溯到古希腊时期的亚里士多德。但是，使联想成为一种"主义"而流行开来，并对现代西方心理学的学习理论产生重大影响的，则是这一时期英格兰和苏格兰的一些心理学思想家。其主要代表人物有哈特莱、布朗、穆勒父子和培因。可以说，这一时期英国的心

① 《十六至十八世纪西欧各国哲学》，583页，商务印书馆，1975。

理学思想虽然仍具有经验主义色彩，但其研究趋向已转向经验的联想，并且与当时的自然科学(如生理学、机械力学和化学等)相结合，表现出一些新的时代特点，在使心理学由哲学心理学向科学心理学转变过程中起了重要的桥梁作用。在培因之后，经过斯宾塞、艾宾浩斯、缪勒及桑代克等人的努力，联想主义被 20 世纪美国的机能主义和行为主义心理学所吸收，成为现代心理学的重要组成部分。本节着重评述从哈特莱到培因的联想主义心理学思想。

联想主义心理学虽然是在英国经验主义心理学基础上发展起来的，但由于时代的不同及自然科学的迅速发展，使联想主义心理学表现出某些不同于经验主义心理学的特点。第一，联想主义与自然科学密切结合，使经验的联想获得了科学的证据和支持；第二，联想主义致力于学习心理的研究，孕育了动物心理学和学习心理学；第三，联想主义是英国经验主义的继承和发展，其基调主要是经验论和机械论[①]。

一、哈特莱

哈特莱(David Hartley, 1705—1757)是英国第一位生理心理学思想家，英国联想主义心理学的建立者，近代英国唯物主义经验论思想的代表。他出生于英国牛津一个牧师的家庭，最初曾想做个牧师，从事宗教事业，但后因对某些传统教规的不满而终生行医。他深受霍布斯、洛克和牛顿的思想影响，喜欢自然科学，对哲学和心理学也有很大兴趣。他的主要著作是三卷本巨著《对人的观察：他的结构、责任和期望》(1749)。

哈特莱的联想主义心理学思想主要内容包括如下三个方面。

首先，哈特莱提出了唯物主义的心物关系的思想。他反对洛克的反省说，只承认感觉是认识的源泉。他认为，儿童一开始只有接受感觉经验的能力，随着年龄的增长，感觉经验相互联系，构成复杂的联想和哲学、宗教、道德之类的思想体系。因此，他和 18 世纪法国的机械唯物论者一样，摒弃了洛克向唯心主义让步而提出的观念的第二个来源(反省)，坚持了唯物主义反映论的原则。

其次，哈特莱提出了带有唯物主义倾向的身心平行论的思想。他把牛顿的振动说应用于神经系统方面，认为神经是固体，不是空心的管，所以神经的传导不是“动物精气”的流动，而是极其细微的分子的振动。他认为，感觉就是外物作用于感官并引起神经和脑的振动时所发生的；观念是外物停止作用于感

① 杨鑫辉主编：《心理学通史》第 3 卷，313～316 页，山东教育出版社，2000。

官后，脑内所发生的持续的微振的结果。他还用神经的振动解释其他心理现象，如后象被解释为余振，回忆被解释为微振，梦中的观念被解释为微振转化为强振等。但是，他在心理学上是个二元论者，不是把生理看成是心理的物质基础，而是把它看成为心理的对应物；也就是说，心理过程和脑的生理过程是相互平行的对应关系，人的身体结构内有灵魂独立存在的位置。

最后，哈特莱被称为联想主义心理学的正式建立者。他坚持用联系来解释各种心理现象，他对联想主义加以组织，成为一种系统的原则。他提出联想有两种：同时性联想和相继性联想，并指出这两种联想对于观念的融合非常重要。通过联想作用，不仅可得到复合观念，还可得到具有新的性质的复杂观念。这是心理化学说的先声。他力图用神经振动来解释联想的生理基础。如果外物刺激在脑内形成的振动对应相互联系的感觉 A、B、C、D，那么，微振所对应的观念 a、b、c、d 也自然是相互联系的。这样，这些感觉中的任何一种感觉，例如感觉 A，即使单独发生，一定会在心灵内引起 b、c、d 等其他观念。从观念上看，观念 a 也会自然引起观念 b、c、d。也就是说，可以用观念的生理基础的联系来解释观念的联系。他把传统的三大联想律归结为一个接近律。因为在他看来，无论是相似还是对比的观念必然有共同成分，因此它们都是接近联想的衍生物，接近律也因此是联想的根本规律。此外，他还提出了三条次要的联想律。第一，复杂观念不是简单观念的简单相加，而是具有新的性质，例如多种药味合成的味；第二，多次重复可使本来有意识的活动变成无意识的活动，例如说话时的发音；第三，观念的强度和生动性有时可以感染与其相联系的其他观念，例如同情心、怜悯心以及高尚品质的形成都和这种联想有关。他还认为，除了感觉和观念会相互联结外，感觉与运动、观念与运动、运动与运动都会相互联结。运动的联合形成技能，运动和观念的联合形成随意动作，感觉、快乐或痛苦和观念的联合形成情绪。总之，一切心理活动都是联想作用的结果。

综上所述，哈特莱虽然是一个身心平行论的二元论者，但是，唯物主义在他的思想中占优势。特别是他强调了心理对生理的依存性，开创了生理心理学，对联想的本质、机制、种类、作用和规律等一系列问题的论述形成了一套完整的理论体系。因此，他是近代联想主义心理学的创始人，对 19 世纪的英国联想主义和德国冯特的心理学都有不少影响。

二、布朗

布朗(Thomas Brown,1778—1820)是苏格兰学派的著名代表，联想主义心理学的主要发展者，英格兰、苏格兰和法国心理学思想的中介者。他主要生活在苏格兰的爱丁堡，从小就具有批判精神，获得医学博士学位，曾从事过医学和法律工作，后来还做过斯图亚特的学生和助手，在爱丁堡大学讲授道德哲学，直到去世为止。他的主要心理学著作是三卷本的《人的心灵哲学》(1820)。

苏格兰学派站在维护正统宗教信仰的立场上，主张灵魂是一个统一的精神实体，反对休谟的怀疑主义、霍布斯的唯物主义和联想主义，宣扬官能主义心理学。但由于主观唯心主义经验论的联想主义和宗教教条并无根本矛盾，因此，布朗也吸取了很多联想主义心理学的观点，用以说明人的心理活动，并发展了联想主义心理学。他的心理学思想主要内容如下。

首先，布朗用“提示”(suggestion)代替“联想”的概念。他认为，联想应是指观念的合为一体，而这是不符合事实的，事实上应该是观念的前后相继。他用提示一词代替联想。提示就是由此及彼，互相引起。这是心的主动作用，而不是观念之间有什么粘合力。他的这一观点表明了他是在苏格兰学派的基础上接受英国学派的遗产的。

他把提示分成两种：简单提示和关系提示。简单提示是一般所谓的联想，如听到某人的声音而想到其面容。关系提示是当知觉或设想两个对象时，立即觉察到它们之间的相互关系，如看到两个东西时，立即觉察出大小的关系。这种关系提示显然不是简单的感觉，而是新的经验、判断、推理和抽象等。他强调关系提示是直接觉察到的、没有任何中介的心理过程。

其次，布朗提出了九条联想副律以说明为什么一个观念会引起另一个观念，而排斥其他观念。他从心灵统一性的观点出发，提出了传统的三大联想律以外的九条联想副律。

(1)原来感觉所经历的相对时间。观察客体的时间越久，记住它们的把握就越大。

(2)原来感觉的相对活跃性。原来的感觉越生动，则联想也越巩固。

(3)相对的频率。经验被重复的次数越多，以后被引起的机会也越大。

(4)相对的新近性。越新近的经验越容易回忆。

(5)常相伴随，很少例外的事情，容易回忆。

(6)个人之间的天性差异。例如有人视觉记忆强，有人听觉记忆强。

(7)个人情绪的暂时变异。联想会随着人们情绪状态而变化，例如高兴时容易想到高兴的事。

(8)暂时性的身体异常状态。例如酒醉、精神错乱、健康不良等状态，都会有不同的联想。

(9)以往的生活和思想习惯。例如职业的影响等。

布朗是从观察中提出这些副律的，其中(2)、(3)、(4)条副律，至今仍在西方心理学中占有重要地位。

再次，布朗提出了“心理化学”的见解。他认为，由提示引起的复杂心理状态与构成它的成分的性质不同。他说：“正如在化学内所常发生的那种情况，我们不可能从一种复合体本身所表现的各种不同的性质来再认这种复合体的个别成分的性质……同样，在心理的自发化学内，由以前的各种情感的联系所产生的复合情操，在很多的情况下与这些组成的成分……罕有相似之处。”①他的这一心理化学说的观点，后被约翰·穆勒加以发挥，被冯特改名为创造性的综合。

最后，布朗还提出了关于空间知觉的学说。这一学说强调知觉不只在于联结感觉材料，而且具有掌握关系的潜能；指出肌肉感觉在空间知觉中的重要性。肌肉感觉是空间知觉的客观参照点，任何空间知觉都不能离开肌肉感觉。他的这一学说成为后来陆宰和冯特关于空间经验说的直接来源。

综上所述，布朗虽然是把宗教信仰和联想主义调和起来的一个唯心主义者，但是从他开始，苏格兰学派却继承了英国经验主义的传统。布朗除了指出肌肉感觉在空间知觉中的特殊作用外，还指出了实现联想的一些具体条件，补充了九条联想副律。因此，他在联想主义心理学派中占有重要的地位。

三、詹姆斯·穆勒

詹姆斯·穆勒(James Mill，1773—1836)是英国政治经济学家、历史学家，也是机械论联想主义的典型代表，联想主义的主要传播者。他出生于苏格兰，就学于爱丁堡大学，最初研究神学，后来又研究历史和政治学。从地缘上讲，他是在苏格兰学派的影响下成长起来的，但在思想上却倾向于英国联想主义，并继布朗之后对联想主义心理学作了极端机械论的表述。他的心理学名著是二卷本的《人的心理现象的分析》(1829)。穆勒的联想主义心理学的主要内容如下。

首先，穆勒对意识元素进行了心理学分析。他以力学的机械原理为基础，把感觉视为最简单的意识元素，认为观念是由感觉“拷贝”而成的，感觉和观念通过联想而形成复杂的心理现象。因此，对心理现象的研究首先要从感觉元素的分析开始。在这一点上，他深受洛克和哈特莱的经验主义影响，认为一切心理现象都起源于感觉。除了赞成传统的视、听、嗅、味、触这五种基本感觉

① 转引自高觉敷：《西方近代心理学史》，43页，人民教育出版社，1982。

之外，他又增补了三种感觉：一种是由于消化不良所体验到的“消化道感觉”（即现代心理学的器官感觉、内脏感觉或内部感觉）；一种是伴随肌肉活动而引起的“肌肉感觉”（即现代心理学的运动感觉）；另一种是“混乱感觉”，即在体验到灼痛、疾病、划破、割伤等痛苦感时的心理感受，现代心理学称之为“伤害感”（nociceptive sensations）。在对感觉元素作了分类和简要的论述之后，他区分了感觉和观念。他认为，感觉通常比观念更原始，观念比感觉发生较后。他指出，感觉和观念通过联想作用形成了各种复杂的心理现象，因此它们就是意识元素，意识就是这些心理状态的总称。因此，他是近代欧洲心理学史上的元素主义的先驱。

其次，穆勒对联想作了极端机械论的解释。他用联想原则来说明几乎一切心理现象，因而涉及很多心理学问题，其中既有一些值得吸取的观点，也表现了极端的机械论倾向。概括地说，他对联想有如下几种主要论点。

1. 区分两类联想

受哈特莱影响，穆勒也把联想分为同时性联想和继时性联想两类。所谓同时性联想是指人同时知觉到外物时所产生的联想，它常常表现为一种空间上的形式。例如，看到一块石头，便把它的硬度、颜色、形状、大小和重量等联合为一体。继时性联想则是指由语言文字呈现的先后顺序而引起的联想，它常常表现为一种时间上的形式。例如，回忆一首歌曲的内容就是继时性联想。根据他的观点，联想仅限于组成任何特定经验的项目在空间和时间上的排列顺序。在这两种情况下，联想项目的排列顺序是这些项目被拷贝时其感觉排列的结果。因此，观念是从感觉中派生出来的，而不是从对象中派生出来的。显然，穆勒承认观念起源于感觉，这是继承了英国经验主义传统；但他同时又否认观念与外界事物的联系，使观念的联想成了无源之水。

2. 阐释联想的规律

穆勒把“接近律”视为联想的主要规律，在这一点上他和哈特莱一样，但哈特莱把联想视为主动的，而他则把联想视为被动的。他也没有追随布朗，把联想分为主律和副律，而是把布朗提出的某些联想副律都归入接近律。例如，他认为布朗所谓的因果关系只是指事件之间的先后顺序，完全可以归并到接近律之中。他还把布朗称为联想副律的频率、新近性和生动性视为联想的差异。频率是指联想重复的次数，重复次数越多，联想的强度就越大。新近性则是生动性的一种特例，指新近的联想比久远的联想生动，实际的经验比这些经验的“观念”生动，情绪的经验比非情绪的经验生动。由此可见，穆勒实际上已经把新近性归并到生动性之中了。

另外，他把相似律归并到频因律之中，认为这是频因律的一种特例。他说："相似的东西，我们常常是一起看见的。"他举例说："当我们看见一棵树时，我们通常看到不止一棵；当我们看见一头牛时，我们看见的也不止一头牛；看见一只羊，不仅是一只羊；看见一个人，也不止是一个人。从这种观察中，我认为，我们可以把相似性当作频因律，它似乎只能形成频因律的一种特殊情况。"①

最后，他把对比律视为相似律和频因律的一种特例。例如，判断一个人个子的高矮，要把他与某一确定的标准相比，因此对比律是相似律的一种特例。由于相似律又是频因律的特例，因此对比律最终可归并为频因律。

这样，穆勒便把联想最终归并为一条，即接近律，而生动性和频因律只是说明强弱的一些条件。至于因果关系、相似律和对比律则分别是接近律和频因律的一些特例。

3. 提出心理力学说

从前面的论述我们已经发现，穆勒所倡导的是一种极端机械论的联想主义。他说："假如观念屡屡一起出现于心上，碰到一个观念发生，其余也随之出现，那么，这些观念就合并起来，变成一个观念了；这个观念虽然实际是复杂的，但好像同构成它的那些观念之中的任何一个一样简单。"②这就是说，即使是复杂观念，也只不过是简单观念的机械结合，其间没有任何质的差异。例如，房子的观念就是由砖、灰泥、数量、位置、墙、地板、门窗等观念结合而成的，这些观念本身又是由许多不同的观念结合而成的。总之，世界万物的观念都是由许多复杂的多层次的观念结合而成的。显然，这种心理力学说把联想主义的机械论推到了极端，完全陷入了形而上学的境地。

综上所述，穆勒在贝克莱路线的指引下抛弃了哈特莱的生理说，建立了唯心主义和形而上学的联想心理学体系。但是，他对观念形成过程的分析、联想副律的补充等等还是有价值的。

四、约翰·穆勒

穆勒(John Stuart Mill, 1806—1873)是詹姆斯·穆勒的儿子，是一个哲学家、经济学家和联想主义心理学家。他接受的完全是他父亲的教育，从未进过学校。他的父亲对他施加严格系统的理智训练，不允许他和同年龄的其他儿童交往。他的心理学思想主要散见于六卷本的《逻辑》(1836)、《汉密尔敦的哲

① 转引自杨鑫辉主编：《心理学通史》第3卷，343页，山东教育出版社，2000。
② 杨清：《现代西方心理学主要派别》，27页，辽宁人民出版社，1982。

学的考察》(1865)及对其父的《人的心理现象的分析》的注释(1969)中。

小穆勒和他父亲一样也是个联想主义者，但他与其父亲的区别起码有两点。一是他反对忽视联想的主动性，把联想看成是主动的联结。他吸收了心的统一性、主动性的思想，认为心有主动联合的要素，所以才会把前后的经验联为一体。二是他主张心理化学说，反对心理力学说。他认为有两种分析：一种是对自然现象秩序的分析，如牛顿的地心引力规律就是对天体运动的分析的结果；另一种是对这些现象本身的分析，如对水是由氢和氧组成的化学分析。由此而组成的化合物具有与其组成元素不同的新性质。他认为，心理现象就是这样一种化合物，因此应该用“心理化学”的方法来分析心理现象。他说：“心理现象的法则有时类似于力学的法则，而有时则类似于化学的法则。当许多印象或观念在心灵内共同发生时，往往会表现出近似于化学组合的那种历程……在我看来，由若干简单观念混合而成的复杂观念，如果的确看起来是单纯的(换句话说，其中的各个成分是无法有意识地加以辨别的)，那就应该说它是发生于或产生于这些简单的观念，而不是组合于这些简单的观念……这些就是心理化学的事例：在这些事例中我们可以说，各种简单的观念产生复杂的观念，而并不是由它们拼成复杂的观念。”[①] 心理化学说显然比心理力学说更符合心理事实。

其次，小穆勒对联想律也提出了看法。他虽然提出了几个法则，但仍着眼于联想历程的共同基础。也就是说，各个联想律不能单独发生作用，而必须在联想的总原则下起作用。到 1865 年，他提出了四条联想律：类似律、接近律、多次律和不可分律，删去了 1843 年提出的强度律。多次律虽然是由洛克和贝克莱提出的，但是经过小穆勒的明确规定后，才为人所接受。不可分律是次数的极限，即如果接近性没有例外，而次数又很多，那么其联合就成为不可分的。

最后，小穆勒对心理学的独立性问题也发表了看法。他主张心理学独立，为此要注意从心理现象本身出发来研究各种心理状态间的规律，并注意区分心理学和生理学的界限。那时，由于联想规律、各种感觉已被发现，因此他的观点正确地反映了心理学向独立学科发展的趋向。但是，他反对对心理的生理基础的研究是错误的。

综上所述，小穆勒虽然和他的父亲都属于唯心论的联想主义心理学家，但是他反对心理力学，主张心理化学，强调联想的主动性和联想律的共同基础，倡导心理学的独立性等，无疑具有积极的意义。

① 杨清：《现代西方心理学主要派别》，30 页，辽宁人民出版社，1982。

五、培因

培因(Alexander Bain,1818—1903)是苏格兰哲学家和心理学家，是联想主义心理学晚期的最重要代表，是心理学从哲学思辨转向科学实证时期的一位承前启后的心理学家。他出生于一个贫穷的工人家庭，只受过很短时间的学校教育。但他始终具有理智的好奇，通过多年艰苦的自学，他考取了大学，并以优异的成绩毕业。大学毕业后，他靠撰稿维持生活，并和约翰·穆勒结为密友，先后做过亚伯丁大学、伦敦大学等校的教授。他的心理学名著有《感觉与理智》(1855)、《情绪与意志》(1859)和《心与体》(1827)等。他还于1876年创办了《心理》杂志，这是世界上最早的心理学杂志。

首先，培因是一个身心平行论者，对建立生理心理学起了很大作用。他依据当时自然科学的成就，主要是能量守恒定律的发现，阐发了他的身心平行论。他认为身体是一个封闭的物质系统，按照能量守恒定律，身体现象和心理现象是平行的；就是说，每一种心理过程都必然伴随着一种神经生理过程。在“精神病”(psychosis)和“神经症”(neurosis)这两个词尚未获得现代精神病学意义之前，人们常用的“没有神经症就没有精神病”这种词句来表述两者之间的关系，这句话所强调的正是培因所主张的这种身心平行论。培因说过，我们可以说，没有流(指神经流)就没有心。他的这一思想显然源于笛卡儿和哈特莱。后两者都想从生理学入手研究心理学问题，但是由于科学发展水平的限制，笛卡儿停留在“动物精气”的水平上，哈特莱则采用了牛顿的振动说。培因吸取了19世纪上半叶生理学的研究成果，对神经系统、感觉器官、脑和肌肉等都进行了详细探讨，认为反射弧是行为的单元；对各种感觉和较高的机能也有所探讨。

其次，培因对联想律和联想的种类提出了新的见解。他的联想学说是实验心理学诞生之前英国联想主义发展的顶点。在他的有关著作中，他用了很大篇幅，比他的前驱者们更加细致地讨论了两个主要原则：接近律和相似律。他的接近律是指，若某一动作或感觉以前曾同时发生过，那么，以后它们之中有一个发生，另一个也会随即发生。这是心灵的一种组合功能。在他看来，所有的心理发展或学习都包含着接近律，因为它反映了记忆的保持。他列举了日常生活中的大量实例来说明接近律的存在，但他却没有对此作出相应的神经生理学描述，只是对重复和注意在接近律中的作用作了说明。他还提到个别差异。这些思想在20世纪的心理学中仍被认为是重要的。他认为，相似律也是一条重要的联想原则，这条原则可以用来说明人的“创造的联想”。许多发明和创造、丰富的想像和记忆的新组合都和相似律有关。他也列举了大量实例来解释相似的事物可以引起创造性的想像。他还详细讨论了复合联想(compound association)和构造联想(constructive association)。在他看来，有时一个事物力量太弱了，不能引起对过去经验的联想，但若将几种线索联合在一起，就能引起复合联想。这实际上是探讨了联想的强度问题。他把构造联想视为对以前习得的经验的一种新的创造或组合。

最后，培因提出了自己关于意志的学说。他在《情绪与意志》一书中重点探讨了意志的心理学问题。他以詹姆士·穆勒的联想主义心理学为理论基础，但抛弃了他的心理机械观，而强调心的主动性。这种主动性表现为人的"自发动作"；意思是说，即使没有来自感官的刺激，人也能自发地做出某些动作，例如反射动作和本能动作；有时自发动作会逐渐发展成为有意志的动作；有时自发的动作强度不够，只能引起要动作的冲动，这也是一种明确的意志经验。这种经验若发生在联想活动中，也会作为运动情境中某一部分的一个重要成分而发挥作用。他说："在当前的回忆所能达到的限度之内，若没有足够的形式，理智的恢复过程就必须不停地发挥作用以引起其他形式，直至达到所需要的结合。一种自发的努力完全等同于削减和补偿、选择和拒绝、分类和再分类这种任务；所要达到的目的感就是据以判断的标准，而且当这一点获得满足时，意志也就停止了，刺激也就不再存在。"① 显然，培因所谓"自发的动作"就是人的意志作用。这也是培因把享乐主义的观点("满意感")和联想主义("所需要的结合")联结起来所作的一种独特的描述。这为后来美国心理学家桑代克的效果律提供了理论准备。

综上所述，培因用联想原则解释各种心理现象，对联想的规律、种类和动力等一系列问题都作了阐述，从而形成了一个完整的联想心理学体系，把联想主义推到了最高峰，同时还引出了生理心理学和学习心理学的问题，为心理学开辟了新的研究领域。他采取惟乐主义原则解释人们联想的动力，是资产阶级利己主义思想的一种表现。

联想主义心理学探讨联想的心理学规律，试图用联想来解释一切心理现象。霍布斯、洛克、休谟和贝克莱等联想主义的先驱继承了古希腊哲人关于联想的观点，用近代的唯物主义和唯心主义哲学思想对联想的现象和规律加以解释和说明；而英格兰和苏格兰的一些心理学思想家则更多地借鉴当时的自然科学，如生理学、机械力学和化学等来建立他们的经验心理学思想体系，他们不

① 转引自杨鑫辉主编：《心理学通史》第3卷，367页，山东教育出版社，2000。

仅深化和发展了关于联想的心理学思想和观点，而且对心理学从哲学心理学向实验心理学的转变起了促进作用。

第六章

意识与构造心理学

如前所述，人类从古代开始，无论是东方还是西方均历经对人类心理问题的孜孜探索和研究，但是都是处于无明确的研究目的与目标、无明确的研究思想与方法的混沌状态下自发地或不自觉地进行的，附着于对哲学和神学的研究中。心理学的内容融会或包含在哲学和神学的内容体系中，心理学家是由哲学家、神学家、医学家或其他科学家兼任，心理学思想研究的方法也主要是思辨的方法。无论是东方孔子的《论语》，还是西方亚里士多德的《论灵魂》，可以说都是从哲学角度对心理学问题进行探索的。心理科学自身的真正历史，是1879年冯特在德国莱比锡大学建立世界上第一个心理实验室才开始的。

冯特，是公认的使心理学成为一门正式独立学科的真正创立者，也是心理学史上第一位真正的心理学家。他的《生理心理学原理》一书被视为新心理学进展的记录，可以说是心理学史上第一部真正的心理科学专著；他所建立的心理实验室是心理学史上一个划时代的里程碑，标志着科学心理学的诞生。正是他使心理学从哲学的襁褓中独立地站起来了。

自1879年以来，整个心理学界出现了过去从未有过的热烈的学术研讨的繁荣局面。在冯特的意识心理学以后，又接二连三地相继出现了或反对或继承冯特的理论，或另辟蹊径、独树一帜的心理学流派。一时之间，各种各样、大大小小的心理学派上百个，而且分布广泛，遍及世界各地。这些学派从各自不同的视角研究人的心理，有从内在的意识去研究的，有从外显的行为去研究的；有从意识的表层研究的，有从意识的深层研究的；有静态研究的，有动态研究的；还有从生物学、数理学、几何学、物理学、拓扑学、民族学、文化学等等其他不同角度去研究的。所有的学派、包括相互继承的学派，在心理研究对象、范围、性质、内容，以及方法上都既有联系，又各不相同。这百余年心理学发展的速度以及研究成果，远远超过人类历史上对心理研究成果的总和，对心理现象探索研究的深度和广度，也都达到了前所未有的高度。

意识与构造主义学派堪称科学心理学的第一学派。这个学派的奠基人是冯特，著名的代表人物和集大成者为铁钦纳。这个学派认为心理学是一门经验的科学，主张心理学应研究意识经验的内容或构造，心理学的任务在于把意识内容分析为各个元素。人的意识经验包含感觉、意象、情感三种状态。感觉是知觉的元素，意象是观念的元素，而情感是情绪的元素。所有复杂的心理现象都是由这些元素构成的。在研究方法上，意识与构造主义学派大力倡导心理学的实验研究方法，强调实验内省法。在他们看来，心理学研究的意识经验是与间接经验相对立的直接经验，要了解它，只有依靠实验者对自己经验的观察和描述，因而该学派又被称为"元素内省主义"。

我们将在本章对这一学派进行系统而简明的概述。

第一节　意识与构造心理学产生的背景

一、哲学背景

心理学与哲学有着密切的联系。现代心理学本身就是从哲学分离出来的一门新兴学科。一方面，它的发展为哲学揭示心理、意识这种精神现象的本质，阐明认识过程提供了科学的依据；另一方面，哲学不仅对心理学的发展提供了重要的指导原则和哲学依据，而且决定了现代心理学的发展路线、具体研究方法和操作技术。黎黑(Leahey)曾指出："重要的心理学问题原来是哲学问题，所以，如不理解哲学，特别是认识论，就不可能历史地理解心理学。"[①]

任何心理学派都以一定的哲学为其方法论的基础。欲理解一个心理学学派的理论，首先要理解其依托的哲学基础；对意识与构造心理学的理解更是如此，因为它是心理学从哲学脱胎出来成为独立学科的第一步，是哲学与心理学的分水岭。

总体而言，意识与构造心理学的哲学背景是自17世纪以来的欧洲机械主义和经验主义哲学，具体分析其渊源则有三个，即法国笛卡儿（Descartes, 1596—1650)的机械主义，英国洛克、贝克莱和休谟的经验主义，以及法国孔德(Auguste Comte, 1798—1857)的实证主义。

自19世纪开始，以机械主义、经验主义和实证主义为发展线索的、被人们称为"科学主义"的哲学思潮，成为一股影响各个学科发展的强大力量。对

① 黎黑著，刘恩久等译：《心理学史》，36页，上海译文出版社，1990。

此，舒尔茨作了具体的描述。他认为，通过笛卡儿，“机械主义哲学传播得如此广泛，从而，迟早要把人的心只是归结为一架机器。而且对人的心理作这样的解释，这是一件影响深远的事情”[①]。而“在影响新的科学心理学方面，经验主义所起的主要作用是明显的，因为我们将看到经验主义所强调的这些领域形成了心理学研究对象的基础”[②]。随后，伴随着实证主义哲学路径的观察、实验在科学领域的广泛运用，使心理学研究开始追随自然科学中的实验、观察、统计、归纳等方法，为其成为像自然科学那样的科学奠定了基础。于是，生活在19世纪具有德国古典哲学传统的国度的冯特强调一切知识必须建立在观察和实验的经验事实基础上，应当抛弃关于经验以外的物质与精神何者为第一性的玄学争论，创立了科学心理学的方法和理论，也就符合哲学和历史逻辑的必然了。

然而，尽管冯特企图举起真正科学的大旗，超越唯物主义与唯心主义之上，但实际上最终却是把各种哲学加以混合。在他的理论体系中，既有英国贝克莱和休谟的唯心主义经验论，又有德国叔本华(Arthur Schopenhauer,1788—1860)和尼采(Friedrich Wilhelm Nietzsche,1844—1900)的唯意志论；既有奥地利马赫(Ernst Mach,1838—1916)和德国阿分那留斯(R.Avenarius,1843—1896)的经验批判论，又有荷兰斯宾诺莎(Benedictus Spinoza,1632—1677)和德国莱布尼兹(Gottfried Wilhelm Leibniz,1646—1716)的身心平行论；既有罗马奥古斯丁(Aurelius Augustinus,354—430)的内省法，又有法国孔德的实证论；既有德国康德(Immanuel Kant,1724—1804)和赫尔巴特(Johann Friedrich Herbart,1776—1841)的统觉理论，又有苏格兰布朗和约翰·穆勒的心理化学理论[③]。正如列宁指出，冯特是个“抱着混乱的唯心主义观点”、经常在唯物主义与唯心主义之间跳来跳去的“老麻雀”[④]。

二、科学背景

19世纪生理心理学、心理物理学和生物学的研究成果，为实验心理学的建立及意识与构造心理学派的出现奠定了必要的科学基础。“实验心理学的创立主要得益于实验生理学和心理物理学的帮助。”[⑤]

---

① 舒尔茨：《现代心理学史》，25页，人民教育出版社，1981。
② 舒尔茨：《现代心理学史》，37页，人民教育出版社，1981。
③ 车文博：《西方心理学史》，208页，浙江教育出版社，1998。
④ 转引自叶浩生：《西方心理学的历史与体系》，91页，人民教育出版社，1998。
⑤ 杨鑫辉主编：《心理学通史》第4卷，18页，山东教育出版社，2000。

自然科学对心理学形成和发展的影响是明显而深刻的。从1879年冯特建立莱比锡实验室算起，到1982年国际科学联合会接收国际心理科学联合会为其正式会员，再到21世纪越来越显现的繁荣景象，现代心理学已走过一百多年历程。推动心理学迅速发展的重要力量，一方面是如前所述的时代哲学思潮的影响，另一方面则来自现代自然科学和技术的进步。

自然科学与心理学在中世纪以前都属于哲学的范畴，然而心理学从哲学的框架中摆脱出来要比自然科学晚得多，并且自然科学的每一次重大发展总会带来心理学的进步。近代科学在19世纪的最大成就是恩格斯指出的三大发现，即能量转换与守恒定律、细胞学说和生物进化论。这些伟大的发现不仅彻底改变了人们对世界的总体看法，而且对心理学最终从哲学的附属变为一门具有独立体系的学科起了决定性的推动作用，影响着心理学的发展。能量守恒定律与细胞学说说明，从复杂的动物机体到最简单的生命细胞，它们受到刺激和作出反应的实质都完全可以由机体本身的物理化学过程来解释，从而为科学地研究和说明心理现象提供了一个坚实的基础。自然科技所包含着的不仅仅是一门具体的知识、技术，它所蕴寓的还有一种思想。达尔文强调"生存竞争"和"自然选择"的进化论，一开始就在西方心理学界掀起了进化论热潮，使进化思想越来越深入地渗透到心理学体系中去，深刻地影响了近现代心理学的发展。

心理学自从诞生后，就不断地从自然科学和技术中吸取精髓，为其所用，自然科学和技术也不断为心理学提供自然科学知识和技术手段，并改变着心理学的研究方法。德国的赫尔姆霍茨(H.Helmholtz,1821—1894)、缪勒(J.Müller,1801—1858)、韦伯(E.H.Weber,1795—1878)和费希纳(G.T.Fechner,1801—1887)等人首先将生理学的实验方法、物理学的测量方法和数量原则引入心理学实验，为冯特建立第一个实验室打下了基础。19世纪末，科学的标志就意味着理论必须建立在观察和实验的基础上。为此，冯特把分析和测验作为心理学的首要任务，从一开始就明确地以自然科学为范例来建立心理学体系。

现代心理学实验是仿效生理学和物理学的实验建立的，科学心理学起始标志的说法也是仿效物理学起始标志的说法。科学物理学起始标志是伽利略引入实验，使用实验证明建立力学理论；生理学同样是诞生早而由严谨的实验支撑的科学。冯特关于物理学的实验理论和生理学的实验经验，是他将实验引入心理学的重要科学背景。1858年，冯特受聘担任赫尔姆霍茨的助手，在生理学实验室接受了系统的训练，对肌肉的痉挛和神经冲动的传导作了标准化的实验。在从事生理学研究的同时，冯特关于心理学应该是独立的实验科学的概念开始形成。

从更为广阔的背景看，18世纪末欧洲先进国家的工业革命有力地推动了天文学、物理学、化学、生物学等自然科学的发展，同时也促进了生理心理的研究。到了19世纪，一些著名生理学家对神经系统、脑和感觉器官进行实验研究，取得了巨大的成就(如赫尔姆霍茨的色觉说和听觉说、缪勒的神经特殊能力说等)，为心理学提供了科学的事实和实验技术，也为心理学脱离哲学而独立创造了必要的条件。此后出现的心理物理学的许多科学成果(如韦伯—费希纳定律)进一步为实验心理学奠定了基础。曾有人比喻，科学心理学的产生，哲学是父亲，生理学是母亲，而生物学是媒人。以生物学(进化论)为媒，哲学(英、法两国的经验主义和德国的理性主义)与生理学(缪勒、赫尔姆霍茨和费希纳)结合生育的新生儿，就是从哲学中分化出来的心理学[①]。

可见，19世纪自然科学的迅猛发展，科学实验方法的长足进步，为实验心理学的创立及意识与构造心理学派的出现，奠定了十分重要的科学基础。

三、文化背景

为什么意识与构造心理学没有产生于诞生机械主义、经验主义和实证主义的英国、法国这两个更老的资本主义国家，却发轫于较为年轻的德国呢?是历史的偶然，还是有深层的文化差异?为此，人们关注除哲学、科学以外的文化因素。

德国的文化提供了用实验方法研究心理学的土壤。

首先，从文化气质上来分析。“一百年来，德国的文化史为实验心理学铺平了道路……德国人的气质比英国人和法国人更爱好细心的和精确的分类和描述工作。英国人和法国人喜欢用演绎和数学的方法来研究科学，而德国人则重视对视察到的事实进行认真的、彻底的和谨慎的搜集，他们爱好分类或归纳的方法。”[②] 舒尔茨的解释是令人信服的。

其次，由于气质上的差异，加上生理学和生物学事实的归纳统计还不足以推断出类似于牛顿万有引力定律那样具有高度数学化和演绎潜力的规律，因此，英法两国很迟才把这些作为实验心理学基础的生理学、生物学纳入他们的科学领域，而德国人相信和爱好分类、归纳和描述，对生理学、生物学的研究颇为深入。

第三，德国人不像其他国家的人那样对用科学方法来研究人的心理这样复杂的东西持有怀疑态度，而是愿意在此领域内先走一步，不受偏见的约束，致

① 车文博：《西方心理学史》，209页，浙江教育出版社，1998。
② 舒尔茨：《现代心理学史》，43页，人民教育出版社，1981。

力于大胆的创新。

正是德国这样的文化传统和气质，才滋养了这样一些对实验心理学的产生有杰出贡献的生理学和生物学家，如赫尔姆霍茨、韦伯、费希纳、冯特，也正是这样的文化背景才使实验心理学在德国这块土地上萌芽、结果，才孕育了对后来心理学影响深远的意识与构造心理学学派。

第二节　冯特与意识心理学

一、冯特的生平与主要著作

威廉·冯特(Wilhelm Wundt，1832—1920)，德国心理学家、哲学家，意识与构造心理学创始人。他于1855年获医学博士学位。1857—1874年一直在海德堡大学工作，先后任生理学讲师、副教授。从1875年起任莱比锡大学哲学教授，从事心理学教学和科研工作，直到去世。

冯特于1832年8月16日出生在德国巴登的内卡劳。1851年起先后求学于杜平根大学和海德堡大学，主修医学，后终因自己的兴趣与志向改而研究生理学。1855年，获海德堡大学医学博士学位，其博士论文题为《炎症引起的变性器官之神经变化》。1857—1874年，冯特一直在海德堡大学从事教学和研究工作。1858年，他受聘担任当时著名的生理学家赫尔姆霍茨的助手，协助他对所有那些想在巴登地区接受国家医学考试的学生进行生理学方面的训练，对肌肉的痉挛和神经冲动的传导作标准化的实验。1864年，冯特升任副教授，开设讲座，1867年改授《生理心理学》课程。在从事实验生理学研究的同时，冯特关于心理学是独立的实验科学的概念开始形成。1874年，冯特到苏黎世大学担任哲学教授，此时他的学术兴趣已由生理学转向心理学。1875年，冯特应聘出任莱比锡大学哲学教授，开始了其漫长但也是最重要的心理学的教学和学术历程，时间长达45年。1879年，冯特在莱比锡大学建立了世界上第一个心理学实验室。该实验室的出现，可以说是心理学史上的一个里程碑，标志着心理学正式走向独立。为了发表实验报告，他于1881年创办了《哲学研究》杂志，这是新心理学的第一份专门刊物。心理学实验室的建立使莱比锡大学成为国际心理学教学和研究中心，吸引了许多来自世界各地的青年学者，其中不少后来成为世界著名的心理学家，如美国的霍尔、卡特尔、安吉尔、闵斯腾伯格、贾德，英国的铁钦纳，德国的屈尔佩、克勒佩林，俄国的别赫切列夫等，大大促进了日后欧美心理学的迅速发展。冯特的声誉越来越高，影响也越来越大。1889年，他被任命为莱比锡大学校长。在其自传性著作《经历与认识》出版后不久，冯特于1920年8月31日在莱比锡去世，享年88岁。

冯特治学严谨，学识渊博，一生笔耕不辍，著述甚丰。在六十多年的学术生涯中，他撰写的著作，林林总总将近500种，涉及心理学、生理学、物理学、哲学、逻辑学、语言学、伦理学、宗教学等诸多领域，冯特总共写了53 735页的文章，从1853年到1920年，即在他逝世以前的67年里，他每天写2.2页；若以每天读60页的速度，大约二年半才能读完他的著作。正如舒尔茨所评论的那样，人们不能不惊异其在六十多年中以充沛的精力与耐力进行的杰出的创造性的工作。冯特的主要心理学著作有《对感官知觉学说的贡献》(1856—1862)、《关于人类和动物心理的讲演录》(1863)、《生理心理学原理》(1873—1874)、《心理学大纲》(1863)、《心理学引论》(1911)、《民族心理学》(共十卷，1900—1920)等。

冯特对新心理学的最早建议见于《对感官知觉学说的贡献》一书。在这本书里，冯特除了报道他最初的实验外，还对新心理学的方法表明了自己的看法，并第一次提到“实验心理学”这一概念。这本著作与费希纳的《心理物理学纲要》(1860)一起，常被看作新心理学著作诞生的标志。

《关于人类与动物心理的讲演录》是冯特在施佩耶尔博物学会的天文学组内讲演人差方程律的心理物理学，以及在海德堡讲演自然科学的心理学的基础上写成的一部极其重要的心理学著作。它记录了冯特心理学思想形成，以及从哲学向心理学转折的历程。史称该书为“生理学家的朴素心理学”。该书涉及的是实验心理学多年来重点讨论的问题，例如，人差方程式和反应实验、知觉的地位、当时面世不久的心理学物理法等，其中还有许多系统的材料成了冯特后来著述《生理心理学原理》的基础。

1873—1874年，冯特出版其重要的心理学著作《生理心理学原理》。该书一经刊行，嗣后便不断再版，每次再版均有修订，前后历经六次再版；在1911年最后一版时成为三大卷，长达2 353页，而且直到1920年冯特去世后还见重印发行。1912年，冯特的得意弟子、构造主义心理学的真正创立者铁钦纳等人以第三版为蓝本，将其译成英文予以出版。《生理心理学原理》一书被视作新心理学进展的记录，也是冯特实验心理学思想成熟的表现。无疑，冯特的这部杰作把心理学牢固地确立为一门有自己的实验问题和实验方法的实验科学。在序言里，冯特明确地说明其目标是想“勾画出一门新的科学领域”。该书被以后的心理学界推崇为科学心理学史上第一部有系统、成体系的心理学著作，被誉为科学心理学的独立宣言书。

在1896年出版的《心理学大纲》一书中，冯特对他的心理学体系作了最明确的说明。该书可以说是冯特心理学体系完全确立的标志。他的著名的情感三度说，就是在这本书里第一次提出来的。

《民族心理学》是冯特用其生命中最后20年的心血写成的一本心理学巨著，全书共十卷。这是他用历史的方法从语言、艺术、神话、宗教、风俗、法律、道德等多方面研究人类心理发展的各个阶段的社会心理学专著。舒尔茨指出："这个研究工作的意义远比民族心理学中所写的内容重要，因为它把新心理科学分成了实验的和社会的两部分。"

冯特的其他著作还有《人体生理学教科书》(1865)、《物理学公理及其因果原理的关系》(1866)、《医学物理学手册》(1867)、《逻辑学》(2卷，1880—1883)、《伦理学》(3卷，1886)、《论朴素实在论和批判实在论》(1887—1889)、《哲学体系》(1889)、《哲学引论》(1901)，以及《经验与认识》(自传，1920)等。

二、冯特心理学的理论体系

冯特的心理学体系包括个体心理学(individual psychology)和民族心理学(folk psychology)两大部分。正如他在去世前出版的自传性著作《经验与认识》中指出的那样，在他发表第一部心理学著作《对感官知觉理论的贡献》之初，他就构想把心理学分成实验的心理学和社会的心理学。个体心理学，即实验心理学，主要研究个体的意识过程。由于冯特强调意识的内容、结构、要素及其组合规律，因而在不同的情况下人们常常又称其心理学为内容心理学、意识心理学、元素心理学等。民族心理学，即社会心理学，主要研究人类共同生活方面的复杂精神过程。

冯特认为，人类的躯体和人类的心理基础属于物质世界和自然科学，而对人类心灵更高水平的探索，也即对高级心理过程的探索，则属于精神科学。这样，"心理学便形成了从自然到精神的过渡"。生理心理学的方法与物理科学的方法有关。可是，由于出现了高级的心理过程，便需要其他的科学分析，也即需要特殊的精神科学方法[①]。综观冯特的一生，他的确是通过不同的方法毕生致力于这两方面的研究的。首先，冯特用了大约40年的时间，依循自然科学的传统，运用实验内省法投身于个体心理学的构建。然后以近70岁的高龄花了约20年的时间，依循人文科学的传统，采用心理产品分析法专门研究民族心理学。虽然在冯特本人看来，以人文科学定向的民族心理学是一个与个体

① 参见冯特：《关于人类与动物心理的讲演录》，中文版译序(李维)。

心理学同等重要的研究领域，但是就冯特的心理学体系及其对以后心理学史发展的影响而言，他的以自然科学定向的个体心理学显然更为重要。实际上，冯特心理学体系的这两大部分一直是彼此孤立的，在其有生之年也未能把它们整合到一个统一的体系之中。

三、冯特意识心理学的主要内容

(一)心理学的性质

冯特之前的西方心理学是思辨的或形而上学的，属精神哲学的一个分支。赫尔巴特于 1825 年出版了《科学心理学》一书，首次宣称心理学是一门科学，但他反对实验法，认为那是物理学的方法。费希纳对心理现象所做的心理物理学测量，虽然使实验心理学有了一个开端，但却保留了其形而上学的哲学观点。赫尔姆霍茨和韦伯用实验法对生理心理学作出了重大贡献，但他们缺乏心理学的全局观点。

冯特在弘扬费希纳和赫尔姆霍茨的心理物理学和生理心理学的同时，抛弃了形而上学，并反对把心理现象还原为生理现象，使心理学成为独立发展的实验科学。所以，冯特认为心理学应该是一门自然科学。为此，他仿效约翰·穆勒的观点，认为心理能够通过实验的方法而被带入自然科学的领域：“惟有实验才能在自然科学中有所发展；让我们把实验用于心理的自然。”

值得指出的是，冯特在力图使心理学成为独立的实验科学的同时，并不主张心理学与哲学的彻底分离，因为他认为所有学科都源于哲学，可以说哲学是元科学。

在论及心理学与生理学的关系方面，冯特认为，心理学作为一门自然科学，与生理学的关系最为密切。生理学的研究给了心理学许多启示，其研究方法和实验精神可为心理学所用，但他坚持心理学并非生理学的一个分支。心理现象有其自身的特性，我们不可能从生理生活中发现对心理现象的解释。众所周知，冯特早期是一个生理学家，早在海德堡大学时期他就把自己的心理学称为“生理心理学”。他曾指出：“‘生理心理学’这个名称暗示两个问题：(1)方法问题，即利用实验；(2)心物学的补充问题，含有对于心理生活的身体基础的知识。”[①] 可见，冯特非常重视生理学的实验方法在心理学中的应用，但他并未陷入生理学的深渊，因为他持有心身平行论的观点。他认为人的心理不是大脑生理过程产生的结果，心理过程与生理过程是两个独立的、平行的系

① 冯特：《生理心理学原理》(英文版)，2 页，1904。

列。虽然心理过程总是有生理过程相伴随，但心理过程并不依赖生理过程；心理过程有自己的规律性，不受生理过程支配。冯特的这一观点显然受到莱布尼茨的影响，是一种唯心主义二元论的观点。

冯特还把自己的实验心理学看成是一种纯科学，他不主张进行应用研究。虽然冯特间或提到儿童心理学、动物心理学等应用学科，但他从没有对这些学科给予足够的重视。他所要研究的是正常人的一般心理，即现在的普通心理学。尽管他并不反对把心理学的研究成果付诸实际应用，例如，他赞成把语词联想技术应用于精神病诊断，但却认为那不是心理学家的工作。作为一名真正的心理学家，他只应该研究意识经验本身，而不考虑意识经验的功用与意义。把心理学视为纯科学自然限制了冯特的心理学的研究范围，使冯特只是局限于感知、联想、反应时等课题的研究。这种研究思路使心理学从独立时起便脱离了社会生活，从而大大削弱了其生命力。

（二）心理学的对象

冯特认为科学心理学应是一门经验的科学，它的研究对象是直接经验。所谓直接经验是“人直接体验到的经验”。他把人的经验区分为两种：一是直接经验（immediate experience），二是间接经验（mediate experience）。间接经验是依赖于外界物体并排除了其中的一切主观因素，这是自然科学研究的对象。直接经验则不同，它包含了人的主观因素，取决于心理状态，这正是心理学要解决的真正问题。冯特具体指出，物理学以间接法研究经验，它的资料是概念的；正因为它的资料是概念的，所以它的方法是间接的，它的要素是推知的，并不直接呈现为经验内的现象。而心理学则是研究直接的经验，它的资料是现象的；正因为它的资料是现象的，所以它的方法是直接的，它的要素是可供实验观察的，并直接呈现为经验内的现象。

间接经验提供给我们的是关于某种东西的情况或知识，而不是经验本身。例如，我们看到一朵花时说：“这花是红的。”这句话意味着，我们关心的主要是花，而不是正体验着红这一事实。在冯特看来，看花时的直接经验不在于这一现象本身，而在于对红的体验。因此，直接经验是经验本身。正是这种直接经验形成了意识的基本状态或心理要素。他在《关于人类与动物心理的讲演录》的开篇即指出：“心理学必须对我们称之为内部经验（internal experience）的东西加以研究——也就是对我们自己的感觉（sensation）和情感（feelings），我们的思维（thought）和意志（volition）进行研究……人类自身，不像其他外部表现的那样，而是像他用自己的直接经验表现的那样，是心理学要解决的真正问题。”① 理解这一点很重要，这是冯特理论的基石。冯特对心理学研究对象的界定，是对传统的哲学心理学把灵魂作为研究对象的否定，也是使心理学从哲学中独立出来的重要理论前提，从此开辟了“科学的一个新领域”。

然而，冯特把一切科学的研究对象都视为经验，既用经验代替了心理，又用经验偷换了客观事物，把两者弄成非心非物的东西，抹杀了心物之间的界限，违背了心理是客观事物的反映这一唯物主义原则，陷入了主观唯心主义的泥潭。

(三)心理学的方法

如前所述，在冯特眼里，心理学与物理学和其他自然科学一样都是研究经验的，因此，心理学就可以借鉴自然科学的研究方法，把心理学和自然科学在方法上统一起来，以使心理学真正成为自然科学的一个独立分支。在冯特看来，“意识的科学只能根据可以复制和系统变化的标准条件建立在客观的允许重复的基础之上”。所以，冯特认为心理学必须借鉴自然科学的实验方法，因为传统的哲学心理学的内省法不科学，它所得来的材料不可靠。然而心理学又不能完全抛弃内省法。由于冯特将心理学的研究对象规定为人的直接经验，而直接经验又存在于经验者的主观之中，只能为个体自己所觉察，只有通过个体对自己的心理活动的自我观察才能接近直接经验。基于以上分析，冯特主张心理学研究的最理想的方法应该是把实验法和内省法结合起来，以实验条件控制内省，成为实验的内省。为此，冯特区分了心理观察的两种方法：(1)内部知觉，涉及前科学的空想、主观、内省等方法。这种内省是由任意的、无控制的方法来实现的，不能指望它对科学心理学产生有用的结果。(2)实验的自我观察，一种科学的内省形式。在这种内省形式里，被试者被置于标准的、可以重复的情境之中，并要求用简单的、确定的回答来作出反应。

冯特进一步为实验室里正确使用内省法制定了几条十分明确的规则：第一，观察者必须能确定内省过程是在什么时候引起的；第二，观察者必须处于准备状态或“紧张的注意”状态，避免各种无关刺激的影响；第三，必须控制实验条件，使自我观察的过程能重复进行以便于验证；第四，必须不断变化刺激情境的条件，以观察被试经验中所引起的变化。

冯特把生理学和心理物理学的一套实验方法引入心理学中来，把传统的经验内省改造为现代的实验内省，即在实验控制的条件下观察自我的心理过程，无疑增强了心理学研究的科学性，促使心理学成为一门独立的实验科学。这是

① 转引自周宁：“心理主体的回归——重新评价冯特”，《心理学探新》，2000(1)。

冯特在心理学史上建立的不可磨灭的功绩。但是，实验内省法也有局限性。首先，冯特把实验内省限制在简单心理现象的研究，如感觉、知觉、注意、联想和反应时等课题方面，而反对把它用于复杂的心理过程如记忆、思维等课题方面。其次，冯特的实验内省实际上是一种技术，他只要求被试分析和描述心理元素的强度、性质之类而抛开所观察心理的客观刺激和实际意义，因而这种内省令人感到枯燥、不习惯和难以做到，必须经过专门的训练。波林就曾提到，在冯特的反应时的实验中，观察者必须进行近一万次的内省观察，才被认为他的技术足以提供可靠的数据。

当然，除了实验的内省外，冯特认为还有一些心理学研究方法也可以用来揭示直接的经验。例如，比较心理学方法和历史心理学方法。这两种方法都涉及有关心理差异的研究：比较的方法用于研究动物、人类、正常心理和变态心理的意识；历史的方法用于那些由种族或民族决定的心理差异。在冯特早期的心理学研究计划中，历史的方法只是实验内省的附属物。然而，在其后期的心理学研究计划中，历史的方法上升到与实验的内省同等的地位。

（四）心理学的任务和目标

在冯特看来，心理学作为一门研究心理、意识事实的经验科学，其任务和目标就在于研究和分析经验或意识的元素，以及心理复合体的结合原理和规律。为了完成这一任务，必须解决三个课题：一是心理有哪些元素？二是心理复合体的结构如何？三是心理元素的结合有哪些规律？

1. 心理元素的分析

冯特认为，心理学研究的是直接经验，而任何直接经验的内容都以复合的形式产生，因此，心理学的首要任务就是把经验内容分析为最终不可再分的、绝对简单的心理结构的单位，即心理元素（mental element）。心理元素是构成一切复合观念、复杂心理的独立要素。

冯特通过研究认为，最基本的心理元素包括感觉和情感。感觉是直接经验的客观方面，是由外部刺激作用于感官所产生的客观元素；情感则是直接经验的主观方面，它伴随感觉这一客观元素而产生，是客观元素的主观补充。感觉和情感都具有性质和强度的特性，并根据这两种特性对感觉和情感进行分析和分类。按照性质特性，我们可以把感觉分为视觉、听觉、嗅觉、味觉、触觉和肌觉等，把情感区分为严肃、愉快、悲哀、忧郁、阴沉等。按照强度特性，每种心理元素都可以用相应的大小观念来表示，如微弱、强烈、相当强烈、非常强烈等。换言之，每种心理元素的不同强度构成一种维度上的连续体，连续体上的两个极端，我们称之为最小感觉和最大感觉，或最小情感和最大情感。

冯特认为感觉与情感是相互联系的，他用节拍器的响声通过内省来分析情感的性质，结果他发现情感有愉快与不愉快、兴奋与压抑、紧张与松弛三对不同的性质，这便是冯特著名的、曾引起诸多争论的情感三度说(tri-dimensional theory of feeling)。冯特宣称，每一种基本情感都可以在图 6－1 所表现的三维空间的某一地方定出位置。

冯特指出，情绪是这些基本情感的复杂的复合体，而对于每一情感都可以根据它在三维的每一维度上的定位生动地描述出来。他的情感三度说所引发的大量研究和争论，对情绪的生理机制的探究起了推动作用。

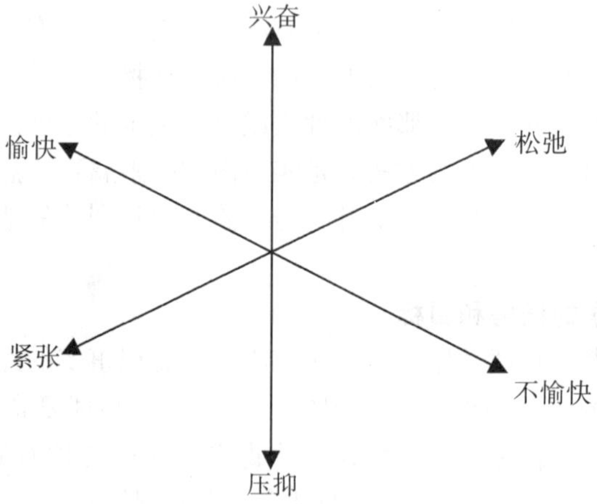

图 6－1　冯特的情感三度说

2. 心理复合体的结构

如前所述，冯特认为一切复杂的心理现象都是由心理元素结合而成的，这些心理元素的结合就是心理复合体。他明确指出："所谓的心理复合体是指我们的直接经验的每一种复合性的成分。这些成分按照其自身的特性区别于这种经验的其他内容。在这种意义上说，心理复合体被理解为相对独立的单元。"①冯特把由感觉组成的心理复合体称为观念，如记忆表象和知觉等；把由情感组成的心理复合体称为感动，如情绪和意志等。他进一步指出，尽管心理复合体是由纯粹的感觉、简单的情感或感觉与情感的联合所组成的，但是心理复合体的特性并不局限于组成它们的心理元素的属性。换句话说，心理复合体的特性不是各种心理元素的属性的简单相加，而是具有其自身新的特性。

① 冯特：《心理学大纲》(英文版)，100 页，1902。

既然各种心理复合体是由心理元素所组成的，那么它们又是怎样形成的呢?冯特认为，心理复合体是通过联想和统觉这两种形式的综合来达到的。

(1)联想。冯特继承英国联想主义思想，用联想来说明心理元素的结合。他认为联想包括融合(fusion)、同化(assimilation)、复合(complication)、相继联想(successive association)四种基本形式。融合就是把若干个心理元素融为一体；同化是指两个差异很小的物体处于彼此熟悉的关系中往往会产生等同性的观念；复合是不同感觉之间的联想；相继联想则是记忆过程的联想。

冯特认为联想是一种被动的过程，不受意志的影响。他指出，无论是哪一种联想，我们都认为是被动的经验，因为除了在已经完成的联想过程，由一种对于联合成了的一定内容的统觉作用加入活动情感以外，在联想过程内，从来不发生活动情感；而活动情感正是一切意志过程和注意过程的特性。所以联想是能够引起意志的过程，但它自身并不受意志的直接影响。可见，与意志无关这个性质，正是被动的过程的标记。

(2)统觉。如前所述，冯特认为联想的组合是一种波动的、机械的和低级的形式。通过联想，儿童可以流利地背诵诗文，对内容却毫不理解。只有通过一个更为积极的、内在的和高级的心理过程，使进入意识的内容受到清晰的注意，才有可能理解这一内容和意义；冯特称这一过程为统觉。

统觉是德国理性心理学中的一个重要概念，冯特利用它来说明心理元素的主动的、积极的结合方式。他指出，统觉是个人使用或把握经验元素的过程，是把各种元素联系成一个统一体的过程，是一种创造性的综合；统觉是在集中注意的条件下产生的，受意志影响的一种主动过程。统觉的组合包括许多心理过程，这些过程涉及思维、反省、想像和悟性，它们都被认为是比感官知觉或纯粹记忆过程更高的一类心理过程。

为了更好地说明统觉组合的主要性质，冯特又把统觉分为简单的统觉和复杂的统觉。简单的统觉功能是关联和比较。关联是确定两个心理内容的相互关系，比较是两个元素之间的相同点与相异点的比照。复杂的统觉功能是综合和分析。当关联和比较这两个简单过程重复并配合多次之后，就会发生综合和分析这两个复杂的心理作用。综合首先是关联的统觉作用的产物，分析首先是比较的统觉作用的产物。

冯特特别强调统觉的主动性与综合性，指出各种心理元素就是通过统觉的创造性综合而组成与原来成分不同的、具有新质特点的心理复合体，人的理性认识活动主要是通过统觉的创造性综合来实现的。因此，在冯特的意识心理学体系中，统觉占有重要的地位。

3. 心理元素结合的规律

冯特通过对心理复合体的分析研究，认为心理复合体的形成遵循三条基本的规律或原则。

(1)心理生成物原则(principal of psychic resultants)。又称创造性综合原则，指心理复合体具有新的特性，而并非原有元素的简单相加。如一个声音复合体，就其观念特性和感觉特性来说，总是多于个别声音的简单总和。从表面上看，这一原则体现了约翰·穆勒“心理化学”的思想，但冯特并不是心理化学主义者，在创造性综合的过程中他强调了统觉的作用，从而超越了心理化学主义者。

(2)心理关系原则(principal of psychic relations)。这一原则是指心理复合体内各种成分具有内在的关系。他指出，每一个别的心理内容都通过它与其他的心理内容所处的关系而获得它的意义。例如，按照韦伯—费希纳定律，对于两种感觉的差异量值的判断与这些感觉的大小成一定的比例，即感觉的差异依存于其绝对大小的关系。由此看来，冯特非常重视意识整体的内在关系而不是元素自身。

(3)心理对比原则(principal of psychic contrasts)。这一原则是指心理内容中一些对立的成分存在由于对比而加强的趋势。这一原则在情绪方面表现最为明显，对立的情绪情感最具有相互加强的趋势。

像任何开创性的思想和发现一样，冯特的意识心理学体系和他的实验内省的研究方法，遭到各方面的批评。以他的心理学方法验证他的研究结果的确存在问题，因为不同的人的内省提供不同的结果，我们难以保证被试之间的一致性，而且难以判断谁是谁非。但是，冯特的杰出贡献和历史地位是举世公认的，正如G·墨菲(G.Murphy)所评述的那样：“在冯特创立他的实验室之前，心理学像个流浪儿，一会儿敲敲生理学的门，一会儿敲敲伦理学的门，一会儿敲敲认识论的门。1879年，它才成为一门实验科学，有了一个安身之处和一个名字。”①

① 转引自舒尔茨：《现代心理学史》，70页，人民教育出版社，1981。

第三节　铁钦纳与构造心理学

一、铁钦纳的生平与主要著作

铁钦纳(E.B.Titchener,1867—1927)，是冯特的学生、构造主义心理学派的创立者和主要代表人，1867年出生于英国南部的奇切斯特。他先在莫尔文学院求学，1885年获得奖学金升入牛津大学，在那里学习了四年哲学和古典文学，受到英国经验主义和联想主义哲学传统的良好熏陶。到了第五年，他成了生理学的研究生。哲学与生理学的有利背景和两种专业的结合，促使铁钦纳对新兴的心理学产生兴趣。尽管当时牛津的学者对心理学之类的新科学不屑一顾，但铁钦纳还是将冯特的《生理心理学原则》第3版译成英文。由于在英国攻读心理学投师无门，1890年，他带着译稿去莱比锡求教于冯特。跟随冯特学习两年后，他于1892年以《单眼刺激对双眼的影响》的论文获得博士学位。

完成学业后，雄心勃勃的铁钦纳欲将实验心理学在英国发扬光大。但是英国人怀疑是否可用科学实验的方法研究他们认为属于哲学的心理学科。于是，在牛津大学做了几个月生物学讲师之后，铁钦纳决心到美国发展他的事业，康乃尔大学接纳了他，他也因创立构造心理学的成就为康乃尔大学带来了荣誉。

铁钦纳的成就奠定了他在心理学发展史上的地位。他对意识与构造心理学的发展、完善与弘扬，发挥了巨大的作用，推动了心理学的普及化、科学化运动；他担任《美国心理学杂志》主编达30年之久，并且出任英国心理学专业杂志《心灵》的美国编委，推动了美国的心理学研究和普及工作。

铁钦纳一生发表216篇论文、评论，以及176种由他指导的康乃尔大学实验室所发表的研究报告，翻译了7部冯特和屈尔佩等人的著作，出版了27种心理学著作——主要有《心理学大纲》(1896—1923)、《心理学入门》(1898—1927)、《实验心理学》(4卷本，1901—1905)、《情感与注意的初级心理学讲稿》(1908)、《思维过程的初级心理学讲稿》(1909)、《心理学教科书》(1909—1910)等；他在康乃尔大学主持心理学教学与研究35年，共培养了54名心理学博士，其中不少成为美国心理学界的知名人士；他使康乃尔大学成为构造主义心理学派的中心，促进了心理学的独立与发展。他是世界上第一个心理学派——构造主义学派的实际建立者。

二、构造心理学的理论体系

构造心理学(structural psychology)可以说是由于与机能主义的对抗而产生的，是铁钦纳于1898年在其所著的《构造主义心理学的基本公设》一文中利用詹姆士的用语而提出的。有人说构造心理学是冯特的意识心理学的极端化。

构造心理学的主要理论观点和体系主要有以下几个方面①。

(一)心理学的科学观

铁钦纳认为，一般科学观包括三个方面的内容，即态度、方法和问题。科学的态度是一种无偏见的态度，因为科学要结识的是那些不加掩饰的事实。科学的方法是观察，包括无助的(unaided)观察和通过事业与测量的观察。所有的科学事实都是通过没有偏见的观察获得的。

铁钦纳继承了其老师冯特的观点，坚持心理学是一门科学。他的目标就是建立一门真正独立的科学心理学，而科学心理学的核心是实验室研究。铁钦纳在其著作中所使用的“心理学”一词的意义，大多是指科学或实验心理学。铁钦纳强调科学心理学是一种基础科学(fundamental sciences)。心理学和物理学、生物学一样，都属于自然科学范畴，以实验室研究作为主要的资料来源。这样，心理学就变成了一门“纯”科学。

为了确保科学或实验心理学成为一种纯科学或基础科学，铁钦纳竭力反对应用心理学。铁钦纳主张心理学应该研究心理或意识内容本身，不应该研究其意义或功用。他坚持心理学是一门纯科学。他反对机能主义的理由之一，就是认为机能心理学只是心理学的应用，是心理学技术，不是心理学本身。他认为机能心理学虽然有用，但是它必须建立在构造心理学的基础之上，好比生物科学中的生理学要建立在形态学的基础之上一样。铁钦纳这种把意识的构造或内容与它的机能或作用截然分开的观点，含有明显的形而上学的因素，因为，心理的构造事实上是不能离开它的机能而加以理解的。

(二)心理学的研究对象

铁钦纳和冯特一样，也从唯心主义经验论的观点出发，认为世界都是由经验构成的，一切科学包括物理学、生物学和心理学都是以实存的经验

① 参考杨鑫辉主编：《心理学通史》第4卷第四章有关内容，山东教育出版社，2000。

(existential experience)，作为自己的研究对象的。各门科学的区别不在于研究对象不同，而在于它们看待经验的观点不同。所以，他认为心理学的对象是经验，但他又不赞同冯特对直接经验与间接经验的划分。他认为间接经验在意义上是矛盾的，因为凡是科学都应该是可以观察的；假使自然科学的资料是存在的，那又如何可以观察呢?既说是资料，又如何是疆界的呢?所以，他宁愿接受经验实证论者阿芬那留斯的独立经验(independent experience)和从属经验(dependent experience)的学说，认为心理学和物理学都直接地研究经验，但是从不同的观点来考察人类经验的。物理学是研究不依赖经验者的经验，而心理学是研究依赖于经验者的经验。铁钦纳对此曾明确表述过自己的观点："物理学世界内的经验都被看作是独立于经验的个体之外的，物理的世界既不温也不冷，既不暗也不亮，既不雅静也不喧闹。只有当这些经验被看作是从属于一定的人时，我们才会有温和冷、黑和白、彩色和无色、乐音和嘶嘶声以及砰砰声。这些东西正是心理学研究的对象。物理学和心理学都在处理同一的东西，同一的材料；这两类科学仅仅是——而且充分地是——被它们的观点所分割开来的。"[①] 事实上，铁钦纳对经验的这种区分与冯特的直接经验、间接经验的划分仅仅是词句上的差别，其基本思想却是一样的，都忽略了心理世界与客观世界的区别，把客观世界融合在人的经验之中。这无疑是一种主观唯心主义的观点。

铁钦纳还进一步把心理定义为人类经验的总和，认为人类经验依赖经验着的人，明确指出了经验、心理、心理过程和意识之间的区别与联系。在他看来，这四个概念都是心理学研究对象的表现形式，但它们还是有区别的，其内涵是递增的，而外延是递减的。所以他指出："虽然心理学的对象是心理，但心理学研究的直接对象却往往是意识。"[②] 可见，与冯特一样，只有把心理学的对象最终落实到意识上，才便于他对意识元素进行分析。

(三)心理学的研究方法

铁钦纳不仅继承了冯特的一切科学研究的对象都是经验的看法，而且继承了冯特关于心理学研究方法的基本观点，认为一切科学的方法都是观察，科学工作的惟一方法就是观察那些构成科学研究对象的现象，包括对现象的注意和记录。他指出，既然物理学与心理学的研究对象相同，都是经验，那么它们的研究方法也相同，都是观察。只是由于观察的态度和观点不同，才导致物理学

① 铁钦纳：《心理学教科书》(英文版)，6~8页，1921。
② 铁钦纳：《心理学教科书》(英文版)，9~10页，1921。

的观察与心理学的观察有所区别。前者是观察不依赖经验者的经验，因而是一种外部观察或外观(a looking-at)即检查(inspection)；后者是观察依赖于经验者的经验，因而是一种内部观察或内观(a looking-within)即内省(introspection)。

铁钦纳强调心理学的观察不同于物理学的观察之处在于，在内省过程中，必须保持心理学的态度或观点，必须把注意完全集中于心理的经验，必须用心理学的语言来报告心理的经验。他进一步指出，实验是一种可以被重复、分离和变化的观察，心理学为了得到清晰的经验和准确的报告，就必须把观察和实验结合起来。他把这种内省和观察相结合的方法命名为“实验内省法”。

运用实验内省法研究心理，这在铁钦纳和冯特是相似的，但铁钦纳对冯特的内省法作了进一步的发展。一方面，在应用范围上，冯特只用内省法研究简单的心理过程，如感觉、知觉、注意等，而铁钦纳则打破冯特的限制，将之推广运用到高级的心理过程，如思维、想像等。另一方面，在应用的过程上，铁钦纳比冯特的要求更加严格；他为内省法规定了种种限制。第一，铁钦纳坚持只有训练有素的观察者才能进行内省，坚持反对使用未受过训练的观察执行者。第二，对于初学者来说，最好是根据记忆来进行内省描述，这样内省就变成了回忆，内省考察变成了事后考察。而老练的观察者则会养成内省态度，因而他在观察进程中不仅可以在心里默记时不干扰他的意识，甚至还可以做笔记，犹如组织学家眼睛看着显微镜同时还能做笔记一样。第三，自我观察包括注意和记录两部分。注意必须保持最高度的集中，记录必须像照相一样地精确。第四，内省者必须在情绪良好、精神饱满和身体健康时，在周围环境安适、摆脱外界干扰时，才能进行观察。第五，内省必须是公正而无私地描述意识状态自身，而不是描述刺激本身，否则就会把心理过程与被观察的对象即感觉与刺激相混淆，从而犯下“刺激错误”(the stimulus error)。最后，铁钦纳赞同冯特把内省与实验结合起来的原则，他认为心理学的观察实质上不仅是内省的，也必然是实验的。

(四)心理与生理的关系：心身平行论

在心理和脑的关系问题上，铁钦纳和冯特一样，坚持心身平行论(psychophysical parallelism)的观点，认为神经过程和心理过程是两种平行、相互对应的活动。心理过程和生理过程完全对应或对当(correlate)，但两者互不干涉。在铁钦纳看来，心理不是脑的机能，神经过程不是心理过程产生的原因，而是心理发生的条件。显然，这种把发生条件和产生原因对立起来的观点，不能不使铁钦纳陷入自相矛盾的境地。

在铁钦纳看来，用心身平行论的观点可以解释一些原来解释不了的现象。

例如，人在每天晚上睡着时，心理活动消失；在每天早上醒来时，心理活动又重新形成；有时一个观念记不起来，直到数年之后又忽然想起来。这是因为在这段时间里，生理过程都照样一贯地进行着，才保证了心理过程没有完全中断而又重新恢复。如果我们拒绝用身体解释心理，我们要么满足于对心理经验的简单描述，要么发明一种无意识的心理意识得以前后一贯和连续不断。采用前一种方法，我们永远达不到一种科学的心理学；采用后一种方法，我们便自动地离开了事实的领域而走向虚构的境界。

总之，铁钦纳的心身平行论把神经过程与心理过程割裂开来，否定了心理是大脑的机能，最终未能对心理过程做出科学的解释，犯了形而上学的错误。但是，它在心理学研究对象上把心理与生理区别开来，却使心理学脱离了生理学，对促进心理学的独立发展还是有积极意义的。

(五)心理学的任务

在心理学的任务问题上，铁钦纳与冯特的观点基本相同，只是在一些细节上有所不同。他认为，心理学的任务，就是分析和说明心理过程构成的元素，以及它们相互结合的方式和规律。在他看来，与其他自然科学的任务一样，心理学必须研究和解决以下三个问题：(1)解释“是什么”的问题，即把意识经验分析为最简单、最基本的元素；(2)解决“怎么样”的问题，即确定这些元素如何结合的规律；(3)解决“为什么”的问题，即把这些元素跟它们的生理条件(神经过程)联系起来。这三个问题是密切联系的，对任何一个问题的回答都有助于对其他两个问题的回答。在铁钦纳看来，我们在心理科学上的进步程度要由我们对这三个问题做出回答的能力如何而定。

像冯特一样，铁钦纳也把意识经验分析成基本元素，但在心理元素的数量上与冯特有所区别。冯特主张有感觉和情感两种元素，而铁钦纳则增添了一种新的意识元素即意象(image)，认为人的一切意识经验或系列过程都是由感觉、意象和情感三种基本元素构成的。感觉是知觉的特有元素，意象是观念的特有元素，情感是情绪的特有元素。在这三种意识元素中，铁钦纳研究最多的是感觉，其次是情感，最少的是意象。他认为感觉包括声音、光线、味道等经验，它们是由当时环境的物理对象引起的。铁钦纳还根据内省的相似性，依照其发生的感官的不同以及由所制约的刺激类型等标准把感觉分为视、听、机体等七种形态。

三、对构造心理学的基本评价

构造主义对心理学作出了非常重要的贡献。如海德布来德所说，“这是一个简单的历史事实，正是铁钦纳所叫的这种心理学，正是这种以德国实验室为中心的事业，使心理学第一次被承认为一门科学。”[①] 心理学第一次明确地脱离了哲学和生理学，有了正式的学术身份和结构。

构造主义关于心理学的研究对象——意识经验——有极明确的规定。他们的研究方法无疑可归到最好的科学传统的范围之内，这种科学研究方法实际上包括观察、实验和测量。既然意识能为有意识的人最好地觉知到，那么研究这种对象的最好方法就是自我观察法。

构造主义心理学的对象和目的是个没有争论的问题。对于内省法，如果我们仅仅把它定义为以经验为基础的言语报告，那么心理学的许多领域里内省法仍然被使用着。例如，心理物理学家现在还常常问一个被试第二个乐音比第一个高些还是低些，也可以让处于非常规的实验环境中的人(如处于一间使人不能产生任何感觉的小室内)用言语报告他的体验。来自病人的临床报告和对人格测验，或态度量表的反应实质上也是内省的。这些以及其他更多的例子都是基于经验的言语报告，而且是收集资料的可接受和合法的形式。这些方法在我们今天所看到的许多心理学实验中仍被广泛应用，仅仅是实验条件更加严格、实验手段更加先进而已。

如果用简要的提纲式的语言评价构造心理学的话，那么它的贡献在于：(1)铁钦纳继承和发展了冯特创立的实验心理学的主要思想，坚持心理学的实验研究方向，为推动心理科学的发展作出了不懈的努力；(2)铁钦纳创建了第一个从哲学中分化出来的心理学派，同时明确地划定了构造主义与其他心理学派，尤其是美国机能主义之间的界限，导致心理学史上的第一次心理学派别在对立与争论中发展；(3)构造主义提供一个相当强有力的正统体系，充当了批评的靶子，它的得失和成败使后人得到有益的启发；(4)在具体研究成果方面，铁钦纳在感觉心理学领域的成就最大。

构造主义的局限表现在：首先，在心理学对象上，铁钦纳只主张研究意识的内容或结构，反对研究意识的机能或功用，具有鲜明的元素主义的倾向；其次，在对意识经验的分析上，铁钦纳比其老师冯特走得更远，研究过于狭隘；再次，在内省方法上，铁钦纳也比冯特更加极端，对内省附加许多限制；最

① 舒尔茨：《现代心理学史》，111页，人民教育出版社，1981。

后，在身心关系上，铁钦纳坚持心身平行论，只承认神经过程是心理过程的条件，而否认前者是后者的原因；只承认两者是平行的对应关系，而否认两者的因果关系，因此限制了其用生理来解释心理的可能性。

冯特不仅是科学心理学的开创者，同时也是意识与构造心理学的奠基人。铁钦纳继承和发展了冯特的主要思想，坚持心理学的实验研究方向，并把正统的冯特实验心理学引进美国，在与机能主义的争论中鲜明地表达了自己的观点，创立了构造主义学派。尽管无论是冯特的意识心理学还是铁钦纳的构造主义都存在局限和问题，如心身平行论、单纯主张研究意识的内容和结构等，尽管后来的心理学家更多地选择了机能主义，但是意识与构造心理学作为科学心理学以来的第一个大的流派，且其在心理学发展史上是一个重要阶段，因而具有不容忽略的价值和贡献。毋庸置疑，冯特和铁钦纳的努力和杰出成就大大促进了心理科学的发展。可以说，随后涌现的心理学流派，包括在众多领域影响深刻的精神分析和在心理学史上占统治地位长达半个世纪的行为主义，都是在对意识与构造心理学的批评与改造的基础上得以存在和发展壮大的。

第七章

意动心理学

本章要介绍的是源于德国的意动心理学，具体而言，是主要介绍布伦塔诺的意动心理学思想、斯顿夫的机能心理学、形质学派的观点和二重心理学。意动心理学是和以冯特为代表的所谓意识与构造心理学相对立的一个心理学派别，这两个心理学派别的争论在心理学史上具有重要的意义。

冯特虽然建立了心理学，但未能统一心理学。在冯特所处时代的德国，出现了关于心理学是研究意识经验的内容还是研究意识经验活动，是用实验的内省法进行元素的分析研究还是用改造了的实验法或经验方法对心理活动进行描述研究的争论。

第一节　布伦塔诺的意动心理学

一、布伦塔诺的生平与主要著作

布伦塔诺(Franz Brentano,1838—1917)是德国著名的哲学家和心理学家，也是意动心理学的创始人和意向论哲学的代表者。他生于莱茵河畔的马利恩堡的一个知识分子家庭，年幼时曾立志做一名牧师。他先后在柏林、慕尼黑、杜平根等大学学习哲学。1864年，在杜平根大学获哲学博士学位，毕业后任格拉茨的地方牧师。1866年，他离开了格拉茨的寺院，到符茨堡大学任讲师，讲授哲学，并撰文讨论亚里士多德的哲学和教会内的科学史。在这期间，斯顿夫成了他的学生。也就是在这期间，天主教教会内部对“教皇无过说”发生了争论。布伦塔诺于1869年发表了一篇文章反对此说，为此他成了教会内自由党的学术领袖。1872年，布伦塔诺升任哲学副教授，但这时“教皇无过说”为教会所接受，教会内的自由党失败了，布伦塔诺处境艰难。于是，他在1873年辞去符茨堡大学的教职。稍后，辞去了牧师职务，专门从事著述。1874年，在哲学家陆宰的帮助下，他来到维也纳大学任哲学教授，在那里工作达20年之久，并形成了一个可以与冯特的内容心理学相抗衡的意动心理学派(或称奥国学派)。在这期间，弗洛伊德听了布伦塔诺的课，还为布伦塔诺承担了将约翰·穆勒的著作翻译成德文的任务。1894年，布伦塔诺辞去大学的教职，到瑞士和意大利从事研究和著述。1917年去世，享年79岁。

布伦塔诺一生的大部分时间都在研究哲学问题。《从经验的观点看心理学》(1874)是他最重要的心理学著作。他将这本书的书名定义为"经验的"，是因为他倾向于经验，而背弃武断的态度。他说："只有经验影响着我，好像老师一样。"[①] 此外，他还著有《论心理现象的分类》(1911)和《感觉心理学》(1907)等重要著作。前者是他的《从经验的观点看心理学》的附录，也可以看作是它的第二卷的代用本。

二、布伦塔诺的心理学思想

布伦塔诺的意动心理学思想来源于亚里士多德的把心理看作是灵魂的功能或机能的观点。此外，意动心理学还与中世纪的经验哲学和近代德国莱布尼茨以来的传统思想有关。

布伦塔诺意动心理学的基本观点具体体现在他对心理学的对象和方法的看法上。

(一)心理学的研究对象

布伦塔诺认为，心理学的对象不是冯特所主张的感觉、判断等内容。冯特认为心理学研究对象应该是感觉、情感等直接经验，并把心理学的任务规定为分析心理元素和确定由心理元素构成心理复合体的原理与规律，因而冯特的心理学又被称为内容心理学。布伦塔诺认为心理学应以意动作为自己的研究对象，因而他的心理学就称为意动心理学。

布伦塔诺指出，意动与内容是有区别的。例如，我看见一种颜色，颜色就是内容，看见则为意动；我听见一支歌，歌就是内容，听见则为意动。由此可见，布伦塔诺的意动指的是各种心理的活动或动作，内容则为意动所涉及的各种对象。当然，意动与内容又是联系在一起的。看必有所见，听总要有所闻，任何意动总是涉及一定的内容，指向一定的客体。但这个客体不是一般心理学

① 波林著，高觉敷译：《实验心理学史》，402页，商务印书馆，1981。

家所称的客体，因为它不存在于外在世界而存在于内在世界，所以叫做“内在的对象性”。心理活动就是以这种内在的对象性为其特征并区别于物理现象的。物理现象就没有这种特征，它是自己包含着自己，是自足的；颜色就是颜色，它决不包含别的事物。布伦塔诺认为，心理学是研究心理现象的，内在的对象或内容不是心理本身，因此是物理学研究的对象，只有意动才是心理现象，心理学便以意动作为研究对象；也就是说，冯特的内容心理学的根本错误就在于它误将物理学的研究对象当成心理学的研究对象。

布伦塔诺把意动区分为三种：(1)表象的意动，包括感觉、想像活动等，如我见、我听、我想像；(2)判断的意动，包括知觉、认识、回忆等，如我承认、我知觉、我回忆；(3)爱憎的意动，包括情感、决心、意志、欲望活动等，如我决定、我意欲、我请求。在这三类意动中，表象的意动是最根本的，其他两类都是在这一类意动的基础上形成的。

(二)心理学的研究方法

布伦塔诺主张心理学的研究方法应是经验的方法。在这一点上他与冯特的主张是一致的。但冯特心理学的对象是心理内容，内容是可以用实验法来分析的，所以冯特的“经验”是一种实验的经验，重在实验。布伦塔诺主张心理学的研究对象为意动，意动是难以置于实验条件下分析研究的经验，所以布伦塔诺的“经验”乃是一种经验的经验，侧重于观察而不是实验。布伦塔诺从未建立过他自己的心理学实验室，尽管他并不反对实验。他强调指出，科学心理学不应局限于一些细节的实验上，而应着眼于对心理现象作大的解释，这样才不至于使心理学迷失于实验法之中。在人们正热衷于实验之时，布伦塔诺的这一主张无异于是一记警钟。

具体说来，布伦塔诺认为心理学的研究方法主要有两种。一种是内部知觉(inner perception)或反省(retrospection)，即对刚刚过去的在记忆中仍呈鲜活状态的心理活动及其变化的观察。它与直接以正在进行着的心理过程为对象的内部观察(inner observation)即内省(introspection)有着根本的区别。布伦塔诺认为，内省会干扰正在进行的心理活动，例如，发怒之下观察其内部的气愤心理；如果他知道自己正在发怒，他的愤怒就会消失，这时他什么也观察不到了。因此，内省法不能作为心理学的研究方法。而内部知觉则是完全有可能的，是心理学知识的主要来源。布伦塔诺认为，内部知觉要发挥记忆的作用，但这并不是一个缺陷，因为任何科学在其工作的历程中都离不开记忆的作用。

另一种研究方法是观察别人的言语、动作以及其他表现[①]，并对儿童、动物、变态的人以及不同的文化进行研究。这种方法类似我们今天所说的客观观察法或自然观察法。对于实验方法，布伦塔诺并不反对。他也尊重实验的结果，甚至还认为当我们将注意力集中于刚刚过去的在记忆中仍呈鲜活状态的心理活动时，实验方法也是完全可能的。布伦塔诺也曾亲自使用过“决验法”(the experimentum crucis)。“譬如布伦塔诺讨论视觉的错觉，也很愿画出旧的错觉说明的新图形，以就正于读者的经验：这是具体的经验法，或决验法。”[②]但布伦塔诺的决验法不同于冯特的系统实验，它并不运用心理物理法，并且“决验法依附于辩论，因此每易降为经验法的一部分”[③]。实验方法在布伦塔诺的心理学中并不占有重要地位。

三、对布伦塔诺的评价

布伦塔没有像冯特那样建立一个完整庞大的心理学体系，对心理学的具体问题也未作较深入的研究。即使是意动问题，他也只作了一些分类，并未对各种意动的特性、关系及其形成、发展的规律作细致的研究。其观点的缺陷也较明显，尤其是他把心理活动的内容与作为心理的源泉的客观现实混为一谈，由排除心理内容进而排除客观现实，更使心理活动成了无源之水，无本之木。

布伦塔诺心理学的影响主要在于他的总的主张。他提出的意动与内容相对立的观点，对后来心理学的影响很大，主要体现在以下三方面：一是他培育了奥国学派，推动了关于形质的研究。二是他的理论被引进实验室，成为格式塔心理学的实验指南。三是他的心理学观点成了后来不满于冯特心理学的各种心理学的推动力。例如后来欧美的机能心理学、弗洛伊德的精神分析等，或多或少都受到意动心理学的影响。

第二节　形质学派

一、形质学派概述

形质学派是由布伦塔诺的弟子厄棱费尔和麦农在 1890—1900 年间创立

① 波林著，高觉敷译：《实验心理学史》，402 页，商务印书馆，1981。
② 转引自杨鑫辉主编：《心理学通史》第 4 卷，87 页，山东教育出版社，2000。
③ 波林著，高觉敷译：《实验心理学史》，404～405 页，商务印书馆，1981。

的。他们接受了布伦塔诺的思想，将布伦塔诺的意动心理学具体运用到形、形质问题的研究上，认为形、形质的形成有赖于意动。到了 1910 年，这一学派的思想又通过威塔塞克一直传递给格式塔心理学派。由于这一学派的主要成就或课题在于形质的形成，故称形质学派。同时又由于这一学派是以奥国的格拉茨大学为中心，故形质学派又称格拉茨学派。

意动心理学与内容心理学争论的焦点在于对形、形质问题的不同看法，形质学派也正是在批判内容心理学的知觉理论的基础上形成和发展起来的。如前所述，在冯特看来，基本的心理元素是感觉与感情，其他心理现象都是这些元素的集合。感觉是知觉的元素，它只有强度和性质两种属性；知觉则是感觉的集合。这一看法表面看来似乎有些道理，但在说明具体的知觉问题时却常常带来麻烦。例如，如果说看见一个红斑点在一个黑斑点之旁，得到的是两个感觉，那么，看见两个距离很近的黑斑点得到的究竟是一个感觉还是两个感觉呢?我们好像不应该说两个黑斑点是一个感觉，而白色的背景又是一个感觉。但如果我们称两个黑斑点为不同的感觉，那么我们对元素的辨别显然是以空间的隔离为根据，而不是以属性为根据了。这便与元素主义的假定发生了矛盾。又如，用一条黑线连接两个黑斑点，结果得到的是什么呢?究竟是一个感觉还是两个感觉?或者是感觉的一个系列?如果是一系列的感觉，那么那里又有多少感觉呢?一个元素在空间上究竟以什么作为它的界限?很显然，元素主义不能圆满地回答这些问题。

1885 年，马赫的《感觉的分析》出版。在该书中，他把一切经验都看成感觉，例如一个圆周是“空间形式的感觉”，一首乐曲的连续过程是“时间形式的感觉”。这样，马赫扩大了感觉的概念，把属性和形式(空间、时间)都包含在感觉之内，而且形式可以独立于属性而存在。例如，我们可以改变一个圆周的颜色和面积，而不改变其圆周性或其空间的形式；我们也可以更换乐曲的实际音符符号，而不更换其曲调或其时间的形式。形式是独立地为我们所经验的，因为经验就是感觉，所以我们乃有形式的感觉。

在形、形质的形成问题上，形质学派既反对元素主义的知觉说，也不同意马赫的形式的感觉说。他们认为，形、形质的形成既不是感觉的复合，也不是如马赫所说形式是一种独立的存在，而是由于意动，才使形、形质呈现出来。这样就形成了形质学派关于形和形质的特有见解。

二、形质学派的主要代表人物

(一)厄棱费尔

厄棱费尔(Christian Von Ehrenfels, 1859 —1932)是奥地利的心理学家和哲学家，生于维也纳附近的罗道恩。他既是布伦塔诺的学生，又是麦农的学生。先后担任过维也纳大学的讲师、布拉格大学的哲学教授等。他的一生学术兴趣十分广泛，涉及戏剧、性的伦理学、价值论和宇宙的起源等各个方面。1890年，他发表了论文《论形质》。在这篇论文里，他系统地提出了对于形、形质问题的见解，从而使他成为形质学派的创立者。这是他在心理学史上留名的主要原因。

厄棱费尔认为，时间或空间的形式并不是感觉的集合，而是新的属性。例如，一个四边形由四条直线所组成，直线是四边形的感觉，可称为基素，四条线合起来，便可以说是组成一个基体。但形并不附着于这些元素的任何基素之内，因为直线本身只具有基数的性质，而不含四边形的性质。只有当基数(直线)构成基体以后，四边形才可呈现出来。而形式显然是直接经验的，所以应该是一个新的元素，即一个形质。

厄棱费尔区分出两种不同的形质，即时间的形质和非时间的形质。时间的形质包括音调、色调及感觉的任何时间上的变化，例如变红或者变冷。非时间的形质大部分是空间的，但也包括音的混合、乐曲的铿锵、香味及运动的知觉。

可见，厄棱费尔的上述观点是对知觉的一种逻辑分析，是根据经验而不是根据实验得出来的。这种方法正是意动心理学常用的一种方法。意动与形质之间本没有多少必然的联系，厄棱费尔却使形质和意动联系起来了。他所持的理由是，比较或集合的心理的意动可把形质从基体中抽出来。也就是说，一个人在心理上把四点看成一个四边形，再通过经验的集合作用，便知这种意动是实在的。这样，厄棱费尔就成了布伦诺塔立场上的意动心理学家了。

(二)麦农

在形质学派中，厄棱费尔提出了关于形、形质的基本见解。麦农则将厄棱费尔的体系加以整理。

麦农(Alexins Meinong，1853—1920)是奥国哲学和心理学家，当过布伦塔诺的学生，又是厄棱费尔的老师。他曾任维也纳和格拉茨大学副教授、教授等职。在格拉茨大学，他建立了奥国第一个心理学实验室，因而在奥国学派中影响很大。可以说，凡是奥国学派所及之处，他都有很大的势力。例如，英国的沃德和斯托特都受他的影响。他主要研究理论心理学和认识论，大部分是研究心理学，但也有很多人认为他是一个哲学家而非一个实验心理学家。

麦农在《复型和关系的心理学》(1891)和《论较高级对象与其对于内部知觉的关系》(1899)两篇论文中，对于形质理论进行了探讨。在形质的知觉理论方面，他与厄棱费尔差异不大，只是所用的术语有所不同。他把厄棱费尔的基素称为创造的内容，把形质称为被创造的内容。麦农认为，这两种内容的关系是相对的、有等级的，创造的内容可称为下级，被创造的内容则称为上级。

麦农认为，创造的和被创造的内容合起来可造成一个复型(a complexion)。复型即是创造的意动。知觉是实在的复型，概念是思想的复型。但是，实在的复型(知觉)的形成除了要依靠创造的行动之外，还要依赖被认识的事物所固有的关系。而思想的复型只依赖于创造的意动。因此，麦农与厄棱费尔的不同，在于他公开地承认知觉的原有分子之间的关系的重要性，而厄棱费尔并不这样认为。

在心理等级的问题上，麦农指出了心理等级的相对性。他以为在创造上级的时候，下级复型的上级可变为上级复型的下级，因此才会有更上级复型的形成。

(三)威塔塞克

形质学派起源于1890—1900年间，它的广泛流传则是由于麦农的弟子威塔塞克的努力。

威塔塞克(Stephan Witasek，1870—1915)是奥地利心理学家和美学家。关于他的著作与生平，至今已很难查考。人们只知道他在格拉茨大学度过其学术生涯。在那里，他曾经任过讲师、教授等。他研究的主要领域是心理学，但也涉及教育心理学、美学和伦理学等。他最主要的论文和著作有《复型心理学》(1897)、《心理学大纲》(1908)和《视觉的空间知觉心理学》(1910)。

威塔塞克的知觉心理学主要是受布伦塔诺的影响。威塔塞克认为，复型的形成主要依赖于心理的创造意动。并且，复型可以是简单的，例如简单的乐曲，在这时，创造几乎是自动的；复型也可以是复杂的，例如复调乐曲，在这时，复型取决于客体刺激物的外在因素，也决定于内在的创造的意动。可见，威塔塞克在知觉心理学上与厄棱费尔、麦农的见解基本一致。他在形质学派中的主要贡献在于，当厄棱费尔、麦农的形质学说遭到批驳而处于低谷时，由于他的努力，形质学说仍能继续流传于世。

综上所述，形质学派的初衷是要对元素主义进行批驳。他们自认为发现了一种新元素，并由注重形质而研究复型，后又由复型的分析而倾向于意动的探讨。但是，由于他们仍囿于元素主义的思想，仅想提供一种新元素，而不想提供一种全新的观点，因而他们的观点一方面受到元素主义的反对，另一方面又遭到了格式塔心理学家的批驳，最终不得不归于失败。但是，形质学派毕竟发展了马赫的感觉理论，又为格式塔心理学派提供了一套完整的形质的概念与理论根据；在知觉理论上，形质学派乃是由元素主义向格式塔心理学过渡的桥梁，这正是这个学派的贡献。

第三节　二重心理学

意动心理学主张心理学的研究对象是意动，内容心理学主张心理学的研究对象是心理的内容。它们相互对峙，造成了心理学发展中的僵局。于是，主张心理学的研究对象应是意动和内容的二重心理学便应运而生。符茨堡学派的领袖屈尔佩推动这一运动的产生，麦塞尔则是提出二重心理学主张的第一人。符茨堡学派关于无意象思维的实验研究则是促进以上两人提出二重心理学主张的重要动因。

一、符茨堡学派的无意象思维研究

(一)屈尔佩

屈尔佩(Oswald Külpe，1862—1915)是德国心理学家、哲学家和美学家，出生于距东普鲁士很近的拉脱维亚的格尔兰。他于1881年考入莱比锡大学学习历史，由于遇见冯特，他开始转向哲学和实验心理学。1883年赴哥廷根大学跟随格奥尔格·缪勒学习心理学，1886年重又回到莱比锡大学以冯特为师。1887年，他以论文《情欲学说》取得博士学位，次年升任莱比锡大学讲师，在心理学实验室做冯特的助手。1893年出版《心理学大纲》，并把此书献给冯特。受阿芬那留斯的影响，他在书中把心理学的研究对象规定为研究依存于经验着的个体的经验事实，以区别于物理学研究的不依存于经验着的个体的经验。此外，屈尔佩还曾任教于符茨堡大学、波恩大学和慕尼黑大学。1915年去世后，他的最后一部心理学著作《心理学讲演录》(1920)由彪勒帮助整理出版。

1894年，屈尔佩到符茨堡大学任教授。此前，艾宾浩斯已成功地将实验法运用到高级心理过程的研究上。受此影响，屈尔佩坚信思维也可以运用实验法进行研究。在符茨堡大学工作的十多年里，屈尔佩个人的主要精力虽然花在哲学和美学上，但是他仍指导、鼓励其实验室的学生和同事进行大量的关于思维的实验研究。通过实验，他们发现了无意象思维的事实，从而建立了著名的关于无意象思维的符茨堡学派。围绕着这个学派的有很多著名的学者，如迈尔、奥尔特、马尔比、瓦特、阿赫、彪勒、麦塞尔、泰勒、赛尔兹和考夫卡等。在发现无意象思维的实验面前，屈尔佩的心理学立场逐步由内容心理学向意动心理学转变。

总之，运用实验法研究思维乃是屈尔佩的功绩，在他的领导下，符茨堡学派对思维开展了各项实验研究，开创了心理学史上的新局面。

（二）马尔比

马尔比(K.Marbe，1869—1953)是符茨堡大学的教授。他于1901年做了大量关于重量比较判断的实验。他让被试先后举起两个重物，要求被试判断孰重孰轻，并报告在重量比较时的意识过程，但是不能根据内省来发现“判断产生的心理条件”。结果发现，被试作出了正确的判断，却不知道判断是如何作出的。被试在判断时并未出现判断所依据的明确的意象，只有那么一种模糊的、无法描述的状态。马尔比把这种既非感觉又非观念的新的非意象的元素称为“意识的态度”。这一实验结果与传统的观念发生了冲突。传统观念认为，被试作出正确判断的心理条件是将两个重量的意象进行比较，思维的过程应该像逻辑学上的三段论的过程那么清晰明确。

（三）瓦特

瓦特(H.J.Watt，1879—1925)是英国人，跟随屈尔佩研究心理学。他首创分段内省法，并把希普计时器引入联想实验。1904年，他做了控制联想实验，如种—属联想(植物—树)或整体—部分联想(房屋—门)。他把联想分为四个阶段：预备期、刺激词呈现期、寻求反应词时期、反应词的出现时期。他要求被试分期及时反省，说出当时的心理活动。一般认为，对前三个时期的内省可以揭示反应词出现的心理条件。结果发现从刺激词呈现到反应词发出，这中间并没出现什么意象。被试在实验的预备期已经得到了指令，对反应已有了“定势”，所以刺激词一呈现，他就立即按照指令说出反应词。因此，瓦特认为联想的主要阶段不是第三阶段的寻求反应词的探索期，而是第一阶段的预备期；也就是说，“定势”起了预先的选择作用。

(四)阿赫

阿赫(A.Ach，1871—1949)是屈尔佩的学生。他于1905年首创系统的实验内省法对动作和思维进行研究。他把瓦特的预备期所发现的那种特殊的期待态度称为“决定倾向”(determining tendency)，认为刺激词的思想反应(即说出反应词)和动作反应(即按压反应)基本上是一样的，都是受这种非意向的“决定倾向”所指引的。例如，纸上印有5在上而2在下，人们常作的联想会是7、3或10。但假使被试听说要加，有一联想便增加了势力，结果7常被引起；反之，假使听说为减，则另一联想的势力得到加强，结果3常被引起。由于阿赫的研究完成于瓦特的论文发表前，因此虽然表面看来阿赫的研究是对瓦特的见解的总结，但是事实上阿赫的研究也是一个独特的发现。

(五)彪勒

彪勒(K.Buhler，1879—1963)在1907年采用一些需经过思考才能解答的问题作为实验材料，并用问答法，要被试报告在解答问题时的意识过程，结果和瓦特等所发现的相同。他更明确地指出，思维不能归结为感觉和意象。在思维者的意识中存在一种非感觉、非意象的元素，即思维元素，也就是“无意象思维”。

符茨堡学派关于无意象思维的实验和主张，与冯特和铁钦纳的内容心理学的体系显然是正相反对的，他们的研究在心理学界引起了很大的兴趣和争论。正是在发现无意象思维的实验基础上，麦塞尔、屈尔佩才逐步向意动心理学靠拢，进而提出了他们的二重心理学理论的。当然，无意象思维的研究仍停留在心理元素的范畴内，没有揭露思维过程的规律，但他们毕竟将实验方法运用于思维的研究，并把冯特的实验内省法改造为系统的实验内省法；在此基础上，他们提出了“意识的态度”、“定势”和“决定倾向”等概念，也发展了心理学的研究方法，丰富了心理学研究的内容，促进了思维心理学研究向纵深发展，从而开创了心理学研究的新局面。

二、麦塞尔的二重心理学

麦塞尔(August Messer, 1867—1937)是德国心理学家，生于德国莱茵河畔的美茵茨。他毕业于吉森大学，受哲学家、美学家、诗人和剧作家席勒的影响。1910年升任吉森大学教授。1904年，他听了屈尔佩宣读《试论抽象》论文后，深为屈尔佩的哲学和心理学观点所打动，决定在屈尔佩的指导下从事研究工作。所以，尽管他工作的地点不在符茨堡，他的研究仍可看成是符茨堡学派研究的重要内容。其主要著作有《思想的实验心理学研究》(1905)、《感觉与思想》(1908)、《心理学》(1914)等。

麦塞尔是第一个明确提出二重心理学主张的心理学家。这一主张一方面受符茨堡学派无意象思维的研究的启发，另一方面得益于胡塞尔现象学的影响。胡塞尔接受了布伦塔诺意向活动总是指向一个对象、涉及一种内容的观点，并对之进行发挥。胡塞尔认为，意向性指的是意识对于某对象的内部倾向性，是一种特有的"有所感觉"。它包含有三种要素：意向性活动的主体(自我)、意向性活动和意向性的对象(客体)。因此，胡塞尔的意向性概念就把内容和意动同时包含在内了。麦塞尔接受了胡塞尔的观点，并首先把它引入心理学，从而把冯特的内容心理学和布伦塔诺的意动心理学结合起来。

麦塞尔认为，心理学应该研究一切有意的经验，即广义的意动。其中既包含着不易理解的意动(狭义的意动)，也包含着易于理解的意动内容。这样，麦塞尔把意动与内容同时都包含在心理学的对象之中。他区分出三种有意的经验，并指出每种有意的经验中都既包含着意动的元素，也包含着内容的元素。他所区分的三种有意的经验，一是认知的经验，指的是对于客体的意识。其中的元素是知觉、记忆、想像和思考。知觉、记忆、想像都有一种内容，而现有的物体、过去的物体及构成物的思考，则没有内容。二是情感的经验，指的是对于状态的意识。其中，感觉是内容，好恶和价值的感情是意动。简单感情位于内容和意动之间，它有时是内容，有时则是不易理解的意动。三是意志的经验，指的是对于原因的意识。其中感觉是内容，嗜好、欲望、意志是意动。至于意向，则好像类似于感情，也可看作一半是感觉一半是意动。

麦塞尔还指出，意动与内容不仅有难于理解与易于理解的差异，而且就特殊的事例而言，它们还可以互相分离。例如，假使你要知道没有意动的内容究竟为何物，你只需设想意识的边缘，其中就有赤裸裸的、无意义的内容。假如你要知道没有内容的意动，你便只需考查无意象思维。麦塞尔的心理学之所以叫二重心理学，有相当的原因就是基于他这种认为意动与内容有差别且可分离的观点。

三、屈尔佩的二重心理学

屈尔佩当冯特的学生和助手前后达八年之久，所以他的心理学观点深受冯特的影响，是一位冯特式的内容心理学家。但到了符茨堡大学以后，由了受到符茨堡学派的无意象思维的研究的影响，他的心理学立场逐渐向布伦塔诺的意动心理学靠拢。屈尔佩并没有完全倒向布伦塔诺，而是把意动改称为机能。并认为内容和机能都是心理事实，都应该成为心理学的研究对象，从而提出了他的二重心理学主张。

屈尔佩二重心理学最引人注目的地方是他想在内容与机能之间树立起区别的标准。内容和机能虽同属于心理现象，但它们存在着明显的差别。这些差别主要在五个方面。(1)内容和机能在经验中可以分离。如梦和纯粹感觉就只有内容而无机能，而毫无目的的注意或没有具体对象的期望则有机能而无内容。(2)内容和机能可以各自独立变化。例如，当人从知觉一个客体转向知觉另一个客体时，是内容变而机能不变；而在对同一对象先感知后判断的情况下，则是机能变而内容不变。(3)内容和机能在性质上各不相同。内容稳定，易于实验分析；机能变动不居，不易作实验分析，只能用经验的反省进行研究。(4)内容和机能都有强度和性质，但彼此各不相关。比如，一个强烈的音和一个强烈的欲望，它们既不相关，也不能比较。(5)内容和机能各有自己的规律。内容的规律为联合、混合、对比等，而机能的规律则为定势、决定倾向、意识的态度等。

总之，屈尔佩和麦塞尔的二重心理学的目的在于调和冯特的内容心理学与布伦塔诺的意动心理学之争。他们把内容与意动同时包容于心理学的研究对象之内，力图使实验心理学与意动心理学相互为用。这在心理学发展史上不能不说是一种进步。遗憾的是，由于屈尔佩 53 岁就去世了，未能建成其心理学体系，获取更大的成就。

屈尔佩和麦塞尔的二重心理学是不彻底的，诚如波林所说："为了解决心理学是否研究内容或意动的问题而仅仅说我们可以兼收并蓄，这是极端的折中主义的懒汉办法。"[①] 更重要的是，二重心理学并未能正确地看待内容和意动的辩证关系。他们强调了内容和意动在经验中可以互相分离，为此也提出了证据，而事实上，他们提出的证据却没有一点能说明意动与内容是可以互相分离而不是一种对立统一的关系。因此，二重心理学出现以后，意动与内容之争并未完全结束，后来心理学史上发生的构造主义与机能主义之争正是这场争论的继续。

与冯特同时代的布伦塔诺开创了意动心理学，主张心理学的研究对象是经验活动，而不是经验活动的内容；主张对经验活动进行经验的描述，这种经验的方法比实验的方法更重要等，从而造成了实验心理学诞生以来的第一次重大的争论。形质学派坚决站在意动心理学的立场上，而二重心理学企图调和内容

① 转引自叶浩生：《西方心理学的历史与体系》，124 页，人民教育出版社，1998。

心理学与意动心理学对立的矛盾。总之，意动心理学流派对后来的许多心理学流派(主要是人文心理学)产生了重要的影响，并开西方心理学史上的构造主义与机能主义之争的先河。

第八章

机能心理学

如前所述，在机能心理学与铁钦纳所倡导的构造心理学相对立的过程中，一个新的学派——机能心理学的芝加哥学派在美国逐渐形成。这种对立可被视为以冯特为代表的内容心理学和与以布伦塔诺为代表的意动心理学之争在新的社会历史条件下的延续。

机能心理学有广义与狭义之分。在最广泛的意义上，机能心理学可指称任何以心理机能为研究对象的心理学思想，因而包括欧洲早期的机能心理学及代表美国心理学一般特征及总体倾向的机能主义。前者主要包括德国的意动心理学、英法等国的机能心理学思想，后者则以美国的哥伦比亚学派为代表。欧美机能心理学的差别，主要体现在对意识的适应机能及由此表现出的个体差异的重视程度不同；美国机能心理学因十分注重意识对环境的适应作用及其个体差异，而明显有别于欧洲机能心理学。狭义的机能心理学是指在与构造心理学相对立过程中产生的芝加哥学派。

本章将简要述及诞生于美国的机能心理学思想。

第一节 美国机能心理学产生的背景及其前驱

一、美国机能心理学产生的背景

机能心理学是在美国本土诞生的第一个科学心理学流派，是当时美国社会历史条件及科学思想发展状况的必然产物。

(一)社会历史条件

机能心理学的产生首先是对当时美国社会历史发展趋势的反映。19世纪后期的美国可谓百业待兴，整个国家仍处于开拓之中，此时国家经济发展在客观上需求大批讲求实效、能不断适应新环境需求的开拓者。这样的社会需求无可避免地影响了这一时期包括心理学在内的各门学科的发展。为此，曾远赴德国跟随冯特学习的美国心理学家在回国后逐渐放弃了传统的意识内容研究，转而以意识的机能、特别是其适应机能为研究对象，并注重个体的心理差异研究，自发地将实验心理学的精神与美国社会的客观需求相结合而表现出机能心理学的倾向。

美国经济的发展在对学科发展提出客观需求的同时，也为心理学学科在本国的发展提供了较好的物质条件。国家经济在历经一个多世纪的开拓后的飞速发展，为美国心理学在较短时期内赶超德国及其他欧洲国家提供了坚实的物质基础。

(二)自然科学背景

达尔文的生物进化论构成了机能心理学的自然科学基础。生物进化论所倡导的自然选择、适者生存等观点，因与当时美国社会强调社会适应及个人竞争的思想一致，“天然地投合美国人的气质”[①]，因而对机能心理学的产生起了直接的促进作用，并使后者表现出明显的生物学化倾向。

进化论对机能心理学的影响具体表现在以下几个方面。首先，进化论揭示了动物心理与人类心理发展在机能方面的连续性，从而引发心理及生物学家研究动物心理机能以类比人类心理机能的研究热潮，并由此导致心理学研究范围的扩大并使之表现出机能主义倾向。其次，进化论对适者生存等思想的强调，改变了美国人的思维方式，反映到心理学中就导致对生物适应机能及其价值的探求成为心理科学研究的核心领域。因而，意识机能、特别是其适应机能就自然被凸现为心理学最合乎科学逻辑的研究对象。与之相对应，比较法及心理测量法等任何有助于揭示心理在引导有机体适应环境过程中的作用及状况的方法，都势必取代传统的观察及实验法而成为心理学研究的重要方法。再次，进化论揭示了生物在适应环境过程中表现出的巨大差异性，使得美国心理学家不再以对一般心理规律的揭示为学科研究的惟一的目的，转而开始注重对适应环境过程中个体表现的心理能力差异问题的研究。

(三)哲学背景

实用主义哲学构成了机能心理学的哲学基础。两者具有内在统一性。这表

① 波林著，高觉敷译：《实验心理学史》，579页，商务印书馆，1981。

现在两个方面。第一，就其代表人物而言，许多实用主义哲学的杰出代表人物如詹姆士、杜威等人同时也作为机能心理学的先驱或创始者而享誉学界，因而他们的哲学思想也无可避免地对其心理学思想产生直接影响。第二，两者有共同的自然科学基础——生物进化论。进化论揭示了心理及意识在引导有机体适应环境中的机能和作用，而实用主义哲学又以实际价值、功用及效果作为衡量一切事物的标准。将上述哲学观点应用于心理学研究，必然导致人们只注重心理的实际功用及机能，即适应环境以求生存的适应机能而忽略心理的其他机能，从而导致美国机能心理学的实用主义及机能主义倾向。

(四)心理学背景

任何学科的产生及发展都离不开学科内在逻辑线索的演进。机能心理学的产生也不例外。美国心理学虽然接受了德国实验心理学的科学形式及其理论前提，但以意识内容分析为研究对象却难以符合本国社会的客观需求，而德国理性思辨的学术传统也与美国人的务实精神格格不入，这都注定了美国心理学的发展道路必然不同于德国心理学。同时，在进化论思想的启发下，美国心理学家找到一种更适合自己学术兴趣的研究对象，即意识的机能。这样，美国心理学仍以意识为研究对象，但对意识的研究不重其结构内容而重在探讨意识对于有机体适应环境中的作用，从而表现出机能主义倾向，并与铁钦纳倡导的构造心理学严重对立。

在与构造心理学对立及争论过程中，美国机能心理学逐渐形成和发展起来。先是詹姆士的实用主义心理学为美国机能心理学奠定了理论基础，随后由于杜威、安吉尔等人的积极活动而创立了芝加哥心理学派并经卡尔而发展至顶峰；与此同时或稍后，以卡特尔、桑代克及吴伟士等为代表的哥伦比亚心理学派也形成了。在上述背景下，美国机能心理学经19世纪末詹姆士、霍尔、卡特尔及鲍德温等为代表的一代心理学家共同努力而逐渐形成。

下文将着重从对美国机能心理学提供思想准备的角度，对上述美国心理学前驱的学术思想作一简要回顾。

二、美国机能心理学的前驱

(一)詹姆士

詹姆士(William James，1842—1910)，美国著名心理学家及实用主义哲学家，生于纽约。詹姆士学识广博，对生理学、心理学及哲学均有研究。其心理学代表著作为《心理学原理》(1890)。该书因文笔优美而广为传诵，并被后人评价为“可能是美国(人)曾经写过的最重要的心理学著作”①。

实用主义倾向贯穿詹姆士学术思想的始终，詹姆士也正是通过实用主义哲学及实用主义心理学这两条线索，对美国机能心理学的产生提供了思想准备。鉴于前文对实用主义哲学的影响已有述及，以下仅对詹姆士的实用主义心理学体系中蕴涵的机能主义和实用主义性质、思想倾向，以及它们对于后来美国机能心理学的作用进行述评。

首先，詹姆士的意识观是对机能主义性质及思想倾向的典型表述。他认为心理学应以对意识状态的描述及解释为研究对象。他对意识状态所作的描述及规定，构成了著名的意识流学说。受意动说影响，詹姆士认为意识是由一种整体的经验及状态构成的意识流或思想流，是心物总体的一种机能，并由此反对元素主义，称后者分析意识的方法为“心理学家的谬误”。同时，他还概括了意识的五点基本特性：(1)具有私属性；(2)具有常变性；(3)具有连续性，这种连续性是由实体状态及过渡状态(分别指称思想流中相对固定及稍纵即逝相对不固定的意识状态)的交替呈现而构成；(4)具有对象性，但这种对象又不一定是客观存在；(5)具有选择性。

詹姆士对意识状态的解释同样表现出明显的机能主义及实用主义性质。对于意识状态的原因，他主张思想自身就是思想者，其实质是把意识状态的原因归之于思想本身，进而归之于思想的各种官能。对于意识作用的条件，詹姆士一方面试图以生理学作为心理学的科学依据，而把意识状态的直接条件归结为大脑的某种活动；另一方面又表现出实用主义观点，认为上述提法仅是为方便而作的实用性工作假设，而否认意识状态对于大脑的依存性。针对意识的直接后果，詹姆士主张从脑动作的功用角度来理解心理动作，强调须从与现实环境的相互作用中研究心理意识的作用及其特性，并认为这种作用有助于引导生物达致其生存目的并据此反对副现象论。

其次，机能主义性质及思想倾向也表现在詹姆士对心理学研究方法的态度上。他把有助于了解心理的适应机能及由此表现出的差异的比较法作为心理学的主要方法，并认为它可以弥补内省法及实验法之不足。詹姆士对比较法的认同对机能主义心理学有重要影响，也正是在机能心理学的倡导及影响下，比较心理学、发展心理学及变态心理学研究在美国颇为盛行。

再次，机能主义性质及思想倾向还表现在詹姆士的具体理论中。如在习惯论中，他将习惯视为神经物质受外力作用而产生的适应性变化过程，并借助神经系统的机能来解释习惯的产生机制。他还将人的习惯加以区分，并十分强调

① 波林著，高觉敷译：《实验心理学史》，581页，商务印书馆，1981。

习惯对个人及社会伦理具有的实用效果。

总之，詹姆士及其学术思想对美国机能心理学的发展起了重要的作用，他不仅“确定了1890—1913年间美国心理学的基调”[①]，而且预示了它的发展道路。正如波林所指出的“他所提倡的学说隐含新的美国心理学的可能于其内，而这个心理学后即成为机能心理学及其从弟——心理测验和儿子—行为主义”[②]，因而詹姆士曾被誉为美国心理学之父。

(二)霍尔

霍尔(Granvilie Stanley Hall，1844—1924)，美国机能心理学先驱及奠基者。他对美国机能心理学的贡献，主要体现在如下三个方面。

首先，霍尔为机能心理学在美国的发展提供了必要的外部环境及组织准备。他于1883年在霍布金斯大学创立了全美第一个冯特式的专供研究之用的心理学实验室；他先后于1887及1891年创办了美国头两种心理学刊物——《美国心理学杂志》及《教育评论》；他还是美国心理学会的创建者，于1915年倡导并成立了该学会，并任第一届主席，从而为学术交流及发展提供了良好的组织准备。

其次，体现在霍尔的具体学术研究方面。他是第一个将进化论引入心理学的学者，从而为心理学界接受进化论开辟了道路。他还由此提出了复演说，以生物种系复演观点解释个体心理发展过程，并将两者的发展阶段及特点一一对应；认为儿童期、少年期及青年期分别复演人类远古、中世纪及近代之特征。以此为基础，霍尔还用复演规律解释人类活动，如将儿童的追逐活动视为人类早期狩猎本能的复演，他也因此被誉为“心理学的达尔文”。在研究方法方面，霍尔对问卷法的推广及广泛应用有重大贡献。他和同事曾制定出194种问卷，用以获取儿童及青少年心理发展状况的资料，并为科学使用问卷法作了规定；而问卷法作为心理测量的常用方法之一，有助于大规模获取心理发展状况，以及个体心理能力差异的研究资料，从而为机能心理学的发展提供了方法准备。

再次，霍尔对美国机能心理学的贡献还表现为培养了包括卡特尔、杜威等在内的众多杰出心理学家，为机能心理学在美国的发展培育了力量。

(三)鲍德温

鲍德温(James Mark Baldwin，1861—1934)，美国机能心理学先驱。生于美国

① 黎黑著，刘恩久等译：《心理学史》，345页，上海译文出版社，1990。
② 波林著，高觉敷译：《实验心理学史》，583页，商务印书馆，1981。

南卡罗来纳州。曾师从冯特学习新的心理学。其主要心理学著作有《心理学手册》(2卷本，1889，1891)、《儿童与种族的心理发展》(1895)及《心理发展的社会与伦理阐释》(1897)。上述著作由于把进化论的原则引用到心理学研究中来，从而加强了美国心理学的机能主义倾向。他对机能心理学的贡献主要表现在其发展心理观方面。

鲍德温首先将发展区分为个体发展及种系发展两种过程。在两者的关系上，他深受进化论影响而赞同霍尔的观点，认为个体发生借助循环反应复演种系发生的阶段顺序；同时，他还认为个体发生中的变化也可预示或引起种系发生的变化，并强调在个体发展过程中表现出的个体反应类型差异。随后，鲍德温又进一步将个体发展区分为认知及人格两种发展过程，并认为这两种发展过程的实质是有机体对环境长期适应的结果。针对认知发展，他探讨了发展阶段及其基本机制，认为个体认知的发展始于生物过程，并经由感觉及意念运动等较低阶段最终达致表象及观念转换阶段。对于发展机制，鲍德温认为儿童是通过“对比”、“同化”或循环动作等机制来达到顺应环境的目的的。而人格发展则表现为始于自我中心，经主观自我再至移情的社会性自我的渐成的发展过程。人格内在包括自我及他人关系两部分，并借助于“循环反应”及“模仿”机制，逐步达致自我与他人及社会和谐一致的发展目标。

总之，在鲍德温的发展心理观中多处体现着机能主义的精神及倾向，从而为美国机能心理学的发展提供了思想准备。

第二节　机能心理学的芝加哥学派

虽然美国早期心理学就已表现出机能主义性质及倾向，并在理论观点及学术倾向等方面与构造主义相对立，但由于机能心理学早期代表人物学术兴趣广泛而无意建立一个正式的心理学派别以抗衡构造心理学。在两者对立加剧的过程中，直至19世纪90年代，机能心理学才在杜威、安吉尔及卡尔等人的领导下于美国新兴大学——芝加哥大学形成为一个自觉的心理学派别，即芝加哥学派。他们系统地阐述其机能主义主张，旗帜鲜明地与铁钦纳所领导的构造主义相对立，从而构成了狭义的机能心理学，并最终战胜构造心理学而成为一个公认的合格的理论体系。

一、杜威的心理学思想

杜威(John Dewey,1859—1952),美国著名实用主义哲学家和机能主义心理学家,生于佛蒙特州。杜威曾于1894—1904年在芝加哥大学任哲学教授;在他的领导及影响下,狭义的机能心理学逐渐在该校形成。杜威对狭义机能心理学的主要贡献如下。

首先,杜威于1896年发表的"心理学中的反射弧概念"一文,标志着机能心理学的芝加哥学派正式崭露头角。这篇文章也是杜威对心理学最为重大的贡献。文章集中表述了杜威的机能主义思想,并对构造心理学的元素主义分析方法严加驳斥。杜威从其实用主义及机能主义立场出发,指出心理活动是个连续的整体,其实质是有机体对环境的整体性适应活动。心理动作由一系列彼此相连的前后反射构成,其机能表现为对环境的协调,因而不能把整个动作孤立分析为单独的反射弧,并把反射弧进一步分析为若干刺激和反应。杜威指出,由于反射是彼此相连的,所以反射弧不能被理解为单独的研究对象,且在反射弧中的刺激与反应间、感觉与运动间并不存在一条鸿沟,二者没有单独存在的意义。他由此强调,心理学的真正研究对象应是这种在环境中发生作用的整个有机体的适应活动,并多次重申必须对环境与心理活动作整体性理解。

其次,杜威的机能主义意识观为机能心理学的形成提供了理论基础。杜威从其实用主义哲学观点出发,对意识作用并未一概否定,而是对之作出工具主义的解释:认为意识是有机体适应环境的工具,并具有指引个体达到生存目的之功用。由此,他反对认为意识对实际生活不起任何作用的心物平行论及副现象论。杜威对意识的上述理解,为机能心理学的意识观奠定了理论基础。

如前所述,杜威那深受生物进化论及实用主义哲学影响而形成的心理适应观或机能主义意识观仅为美国狭义的机能心理学提供了基本概念和理论基础,而对机能心理学理论观点的系统阐述则由安吉尔及卡尔来完成。

二、安吉尔的心理学思想

安吉尔(James Rowland Angell,1869—1949),美国机能主义心理学家,生于佛蒙特州。

安吉尔的心理学思想是对其导师杜威及詹姆士的心理适应观或机能观的进一步阐发。1894年,安吉尔来到芝加哥大学,与杜威一起宣传机能心理学,成为该学派主要领导人。正是由于他的努力,使得该学派的机能主义倾向更趋典型化而直接与构造主义对立。安吉尔的思想代表着机能心理学派成熟的理论体系。

安吉尔对芝加哥学派的独特贡献在于他 1906 年就任美国心理学会主席时作了题为“机能心理学的领域”的讲演。该演讲全文于次年发表在《心理学评论》上。该文因详述了机能心理学的基本概念、原则、任务及特征，是对机能心理学思想的第一个明确表述，因而被称为该派的成立宣言。在演讲中，他在承认构造心理学是关于“是什么”的研究的前提下，认为机能心理学是研究关于“如何”和“为什么”的问题。机能心理学以心理活动为研究对象，并考察实际生活条件下意识的典型作用。安吉尔认为，意识的作用就在于其适应性，并从意识起源的角度论证了上述适应性。他指出意识是为适应新情境而生的；在处理熟识的环境时，意识则因动作趋向自动化而消失。在安吉尔看来，既然意识在本质上是有机体适应环境的工具，因而环境的任何改变必然引起意识的不同适应性活动，所以心理学必须联系各种生活现象考察意识的发生及其作用，由此他反对构造主义那种脱离现实生活的意识元素分析。

其实，早在 1904 年发表《心理学》教科书时，安吉尔就已形成了系统的机能心理学观点。他在书中宣扬机能主义意识观，认为意识的基本机能在于改善有机体的适应活动，因而以意识为研究对象的心理学就必须研究心理是如何帮助有机体适应其环境的。为此，他不仅要在整体而笼统的意义上说明意识对有机体的适应功能，还要结合各种环境考察意识的产生及其适应机能的具体发挥。

安吉尔主张从方法论角度理解身心关系，即只考虑决定机体的身体与心理两部分间的关系。由此，他认为机能心理学是研究包括一切身心机能的“心理物理学”，研究整个有机体对环境的适应。其中包含一切心理过程、其生理基础及外部行为；外部行为又可细分为意识到的与意识不到的行为，从而将对行为问题的研究引入心理学。虽然仍以意识为研究对象并以内省为主要研究方法，但安吉尔只重意识的适应机能而不涉及其他，并将行为纳入心理学研究对象的范围，从而为后来行为主义的兴起提供了思想准备。

安吉尔还通过具体研究对芝加哥学派理论体系的形成作出贡献。例如，他和穆尔于 1896 共同发表的关于反应时的研究在心理学史上曾产生重要影响。这一研究被波林赋予具有解决由铁钦纳和鲍德温的反应时之争而引发的构造主义与机能派争论的历史意义。

对于学科性质，安吉尔主张心理学属于自然科学，是生物学的一个分支，并认为心理学的研究领域应包括涉及儿童、动物、变态心理，以及教学、工业和医学心理等方面的研究。

总之，安吉尔的上述主张无不体现着机能主义的精神，并标志着机能心理学的芝加哥学派理论体系的形成。

三、卡尔的心理学思想

卡尔(Harvey A. Carr, 1873—1954)，生于印第安纳州。卡尔是安吉尔的学生及其学术思想的继承者、芝加哥学派的晚期代表。在卡尔领导下，该学派已成为一个公认合格的体系而停止与构造主义的论战，并使该学派发展到顶峰。

1925 年，卡尔最重要的著作《心理学》一书出版。该书系统表述了他的机能主义观点，也集中体现了卡尔对机能心理学的重要贡献。其主要观点如下。

卡尔认为心理学以心理活动为研究对象，其中包含着意识过程，其机能在于获取及组织经验以确定行为。卡尔把以心理活动为指导的行为定义为适应性行为，并分析了其构成：动机性刺激、感觉刺激及反应，分别对应机体需要、刺激情境及行为反应。有必要指出，外显行为研究不是卡尔心理学研究的目的，而是旨在了解心理活动在指引有机体适应环境中的实际作用过程。但卡尔在刺激与反应间引入动机因素并注重动机的驱动作用，以及将外显行为包含在心理学研究范围之内的思想，却预示心理学由机能主义向动力心理学的发展及向行为主义心理学的过渡。

卡尔主张观察及实验法都是心理学的直接研究方法，并将观察法区分为主观观察(即内省)及客观观察法，认为它们可彼此补充；而实验法则可弥补主观观察和客观观察两者之不足。但仅有直接方法是不够的，因为人类心理的一切方面并非皆可加以控制，所以还需要借助活动产品研究等间接方法来了解人们的心理活动，如通过对人的发明、文学、艺术、宗教信仰、道德传统、政治制度等研究以了解其心理。

对于身心关系，卡尔从心理活动具有心理—物理双重性质的立场出发反对二元论，并试图借助“心理物理的”一词消除心物差异。他激烈反对构造主义那种将心、物活动视为分属意识及物质两种平行过程，而两者又分别构成心理学及生理学研究对象的二元平行论观点。

卡尔的上述观点代表着芝加哥学派的晚期倾向或完成形式。

第三节　机能心理学的哥伦比亚学派

机能心理学的芝加哥学派以其明确的主张、系统的理论而对立于构造心理学。它代表美国机能心理学的典型形式，但美国机能心理学的发展却不局限于芝加哥学派。如前所述，美国心理学的一般特征及总体倾向表现为机能主义性质。与芝加哥学派同时或稍晚，在哥伦比亚大学聚集着一批心理学家；这些心理学家，早期以卡特尔为代表，后期则以其著名弟子桑代克及吴伟士为代表。他们虽未明确以机能主义命名其理论，甚至吴伟士还自称为折衷主义者而否认自己属于任何学派，但因为他们的心理学思想及研究体现着美国机能心理学的一些共同特征，而被视为美国机能心理学的代表。这一学派的共有特征如下：

首先，在研究倾向上，个别差异研究已取代传统的对人类心理共性规律的揭示而成为他们学术兴趣的核心，并着重对个体表现出的心理能力差异进行研究。

其次，研究对象取决于其研究主题，因而意识及活动皆可成为心理学的合法对象。对待意识，他们多持实用主义及机能主义观点：虽未排斥意识研究但却只重对其功用的研究，并进而认为意识似乎没有什么功用。

再次，在研究方法上，与研究对象相对应，主、客观方法并存以适应不同性质研究对象的需求。其中，诸如实验法、心理测验法、统计法等客观方法逐渐取代内省法，成为更受研究者重视的主要方法。

最后，在研究范围上，他们以心理机能研究取代意识内容分析，还致力于心理学在各分支领域的应用研究。他们将芝加哥学派提出的个体适应环境的原理加以具体化，并应用于实际生活，从而扩大了心理学的研究范围，也促进了心理学在美国的繁荣发展。

一、卡特尔

卡特尔(James Mckeen Cattell，1860—1944)，生于宾夕法尼亚州，是美国个别差异及心理测量的先锋。他是继詹姆士及霍尔之后又一位对美国早期心理学的发展发挥过重要作用的杰出心理学家。他不仅从个别差异及心理测量两方面塑造了美国心理学的机能主义性质，还为它的发展提供了必要的组织准备。卡特尔对美国心理学发展的具体贡献如下。

首先，卡特尔通过创办学术期刊及建立学会组织等方式，为美国心理学的发展提供了必要的组织准备。他曾先后创办《心理学评论》及《通俗科学月刊》，并积极从事编辑及出版工作，曾任《科学》、《美国自然科学家》、《学校与社会》及《科学月刊》的编辑；1921年，卡特尔创立了应用心理学，并组织了为工业和社会事业服务的心理学社团，对于促进心理学在工商及教育等领域的应用产生深远影响。

其次，卡特尔推动了美国心理学向个别差异及心理测验的方向发展。个别差异始终是卡特尔学术兴趣的核心，他在早年跟随冯特研究反应时间问题时，就曾对这一主题表现出浓厚兴趣，而对个别差异的考察需借助心理测验法，因而在结识英国学者高尔顿之后，高尔顿关于心理测量及统计方法等思想对卡特尔产生了深刻影响。卡特尔以个别差异及心理测验为其终生的学术兴趣，因此虽然他一生研究范围广泛，涉及心理学的多个领域，但都以个别差异为题，并最终归结为这一主题；当然，这都得益于心理测验这一工具。

卡特尔没有个人专著，他较为重要的心理学研究，据其弟子整理涉及如下几个方面：(1)关于反应时的研究。他借助统计方法进行实验设计，以获得精确的研究结果。他曾研究过辨别、认识及选择“意志”的反应时间；他还通过测定不同复杂程度感知过程的速度，得出刺激强度与反应时成正比的结论。(2)关于联想的研究。他设计实验比较控制联想及自由联想的反应时间，并由此编制正常联想表，为继后精神病临床之联想测验奠定了基础，促进了心理学在应用领域的发展。(3)关于知觉和阅读过程的研究。他借助速示器研究被试观察物体、字母及词句并说出其名称所需的反应时间，并发现对不同文字的阅读速度与对文字的熟悉程度呈正相关。(4)有关心理物理学的研究。卡特尔运用统计方法改造了传统的心理物理学方法，并与富顿勒一道用观察误差代替感觉，从而改写了韦伯—费希纳定律。他主张用反应时间测量感觉的差异量。此外，他还发明并改良了心理物理学仪器而对心理物理学作出较大贡献。(5)关于等级排列法的研究。卡特尔于1902年创造了此法，并曾运用这种方法评定美国科学家的杰出程度。

如上所述，卡特尔欲确定人们在反应时间方面表现出的个别差异就必须借助心理测验这一工具。为此，卡特尔也曾专门致力于心理测验的研究。心理测验一词就是他在1890年的一篇论文中首创的。他先后编制了多达50种的心理测验程序、讨论了其设计方法，并运用之对包括大学生在内的社会团体进行大规模实测。可以说，心理测验运动的发展(特别是其在美国的蓬勃发展)是与卡特尔的努力分不开的。在上述测验中，卡特尔只注重测定能力及其表现出的个别差异，而不探究差异所涉及的意识内容或生理原因，从而既表现出机能主义倾向，同时也为机能主义向行为主义的过渡创造了条件。

总之，卡特尔是通过创办、主编刊物和建立心理学组织及其对个别差异及心理测验的具体研究，从组织及应用两方面推进了美国机能心理学的发展。

二、桑代克

桑代克(Edward Lee Thorndike，1874—1949)，美国教育心理学家、学习理论家、心理测验运动的领袖。生于马萨诸塞州。他曾入哈佛大学受教于詹姆士，后得到卡特尔的帮助而转赴哥伦比亚大学，以从事动物心理实验研究而闻名。桑代克一生著述达500余种，主要有《动物的智慧》(1911)、《教育心理学》(1903，1913年第二版扩展为三卷本)、《智力测验》(1927)、《人类的学习》(1931)、《比较心理学》(1934)、《需要、兴趣和态度的心理学》(1935)及《联结主义心理学文选》(1949)等。

动物心理的实验研究成为桑代克学术兴趣的核心主题，并构成其心理学思想的基础。他不满比较心理学的传统理论及方法，第一个将实验法引入动物心理研究领域，用以取代传统的拟人法或自然观察法，从而促使动物心理学研究走上客观及科学的发展道路。他进行大量动物实验，其中尤以猫逃出迷笼的实验最为著名。他设计了开门装置各不相同的多种迷笼，实验时将饿猫关在笼中，外面放着鱼。猫最初会做出许多无效动作，最后偶然触动了开门装置而逃出迷笼并吃到食物。经多次尝试，猫的无效动作逐渐减少；同时，导致开门的成功动作则被保留且开门所需的时间越来越短。桑代克由此得出结论：动物的学习是一种渐进的尝试与错误(即选择与联结)的过程。该过程的起点基于一套本能活动，因猫的不舒服之感而被引发，它企图借助本能动作逃离该情境，其中能导致开门的有效动作被选择出来，逐渐与情境形成稳固联结，并具有面临同样情境而再次使用的倾向。

桑代克认为上述动物学习所得结论同样适用于人类学习，并由此形成了联结主义学习观，认为学习的本质在于联结的形成。桑代克改造了传统联想主义的联结观，以刺激情境和反应间的联结取代传统的观念联合，并以之解释人类及动物学习的本质。同时，他还否认联结形成中观念的作用，认为刺激和反应的联结是直接的而无需意识中介。由于否认意识作用而对学习作机械主义理解，使他在探讨限制意识作用的道路上走出了一大步，并为行为主义者最终否认意识作用提供了依据；他本人也因此被视为行为主义前驱。但桑代克毕竟还承认人的心理存在，因而不同于根本否认心理及意识存在的行为主义者。

桑代克在其动物心理实验的基础上阐述了三大学习定律。(1)准备律，指有机体在学习开始时的预备定势，包含三种状态：当某一传导单位准备好传导且传导得以实现时就会产生满意感；当某一传导单位做好传导准备而不让传导时就会引起烦恼；当某一传导单位未做好准备而强行传导时同样引起烦恼。(2)练习律，指联结的形成有赖于多次重复。包含两条附律：应用及失用律。前者指情境与反应联结的强度正比于两者间联结的次数；后者指若情境与反应长期不相联结，则其联结会趋于减弱。(3)效果律，指能引起满意感的动作倾向与该情境相联结，因而当该情境再次出现时，该反应也更易于再现；反之，在情境中引起不满意感的动作则倾向于同该情境相分离，使得当该情境出现时这一动作更难再现。桑代克对行为效果的强调使他先于行为主义者提出其基本学习原则，并由此开创了强化论的先河。

1930年后，桑代克在结合人类学习实验研究的基础上修改了其早期的学习定律，将准备律及练习律视为效果律的副律，强调学习效果的作用，并在效果律中更强调奖赏而非惩罚的作用。此外，桑代克还提出几条从属原则以说明学习过程的不同方面，其中某些原则已背离其早期的机械主义学习观，尽管他本人对此并未有所意识。

三、吴伟士

吴伟士(Robert Sessions Woodworth, 1869—1962)，生于马萨诸塞州，美国心理学家。先后师从詹姆士及卡特尔，并成为卡特尔的接班人。吴伟士一生著述颇丰，活跃在心理学界长达七十余年，并影响了几代学生。其主要著作有《动力心理学》(1917)、《心理学》(1921年初版，1947年第五版)、《现代心理流派》(1938、1948，1964年与舍汉合著再版)、《实验心理学》(1938、1959)及《行为动力学》(1958)等。此外，他还著有许多涉及心理研究的诸多应用领域的论文。鉴于他对心理学所作的重要贡献，1956年，他被美国心理学基金会授予该会的第一枚金质奖章。

吴伟士认为心理学应以作为整体的人的全部活动为研究对象，包括意识及行为两个层面；并认为在具体心理研究中，除应研究客观的外界事物，即刺激及反应的性质外，还应对介于两者之间并对反应有重要影响的有机体变量详加研究。由此，吴伟士提出了 $S—O—R$ 模式。其中 O 代表对行为有重要影响的活的有机体及其能量、经验、动机等意识因素和过程。后来，吴伟士又在上述过程的两端加入环境变量，就将上述模式扩展为 $W—S—O_W—R—W$，认为所有的刺激都来自环境，反应也是针对环境起效应，且个体有对环境反应的定势，并将其解释为“周围世界——刺激——有对一定情境和目的定势的有机体

——反应——改变了的世界”[①]。由此，在吴伟士的心理学体系中就通过有机体变量而把心理活动与行为紧密联系起来。他也因此对后来的新行为主义产生重要影响。新行为主义由此发展出“中介变量”说。

与上述研究对象的性质相对应，吴伟士对研究方法持开放及多元的态度，主张采用不同方法以适合不同对象。具体而言，既运用客观观察及实验法了解外部的刺激及反应，也借助主观内省法了解机体内部所发生的意识活动。

吴伟士还研究了心理活动的因果机制，由此将动力观引入心理学研究。他认为心理活动因果机制包括内驱力和机制两种心理成分。其中内驱力引发行为，即通常所谓的动机，是回答行为“为什么”的机能性问题：机制是行为得以实现的内在条件或途径，亦称行为能力，是回答行为“怎么样”的问题。对于心理活动的实现，这两者缺一不可，其关系表现为内在机制有赖于既定内驱力的发动方才得以活动，而内驱力也只有通过既定机制的作用才能实现。此外，机制在内驱力多次发动后亦可转化为内驱力。

对于身心关系问题，吴伟士不赞同二元平行论。他认为心理过程和生理过程仅仅是从心理及生理两种不同学科层次描述的同一过程。心理只研究该过程的大的方面，而生理则只描述其细节。两者既然分属不同的学科层次，因而两类描述也不可相互替代。

总之，吴伟士的心理学观点是折衷的，并力图建立一个能得到所有人赞同的体系。其心理学思想在很多方面明显地表现出美国心理学机能主义的总倾向。所以他曾表示，如果一定要给他的心理学一个系统的名称，则可以把它叫做“机能主义的”。

本章通过对机能心理学前驱及代表人物观点的简介而述及狭义和广义的机能心理学思想及其产生、发展过程。

随着机能主义作为美国心理学的总体特征及倾向而日益为人所接受及构造主义的衰落，在与构造主义的对立中形成并代表美国狭义机能心理学典型形式的芝加哥学派，也就因失去存在的意义而退出学术舞台，但不可由此否定它对心理学发展的贡献。至于一般倾向的广义的机能心理学，非但没有消失反而随着心理学的发展而发展。世界上许多心理学家都可被视为广义的机能心理学家。

美国机能心理学的贡献主要表现在三个方面。首先，作为美国本土诞生的第一个心理学派别，它一改冯特式的将心理学局限于孤立、封闭的意识内容研

① 转引自叶浩生主编：《西方心理学的历史与体系》，178页，人民教育出版社，1998。

究并将心理学视为一门纯科学的思想传统，而以一种全新的学术精神阐述了心理学体系，并将心理学引向对意识机能的开放研究。正是这种新的意识观及心理科学观导致现今心理学在世界范围内的蓬勃发展。其次，机能主义从应用的心理科学观出发探讨心理在有机体与环境关系中的适应价值，由此将一切有助于适应环境的问题都划为心理学的研究对象，而一切有助于理解适应问题的方法亦可不受限制地加以运用。由此拓展了心理学的研究领域，其结果是使儿童心理、动物心理、变态心理及个别差异等都成为心理学的合法研究领域，同时机能主义对应用的强调也促进了教育心理、工业心理、医学心理等应用心理的相应发展。再次，机能心理学将人的活动理解为包括意识及行为两方面内容，从而为心理学走向客观化奠定了思想的逻辑基础。

美国机能心理学的局限性则表现为：机能心理学在接受德国心理学的科学形式的同时也接受了其传统的哲学心理学的意识观，即将心灵视为某种抽象的、自足的、神秘的实体性存在。同时，对机能心理学具有重大思想影响的进化论思想必然导致机能心理学在理论上推导出意识或心理是物质身体机能的表现形式，从而与传统意识观有所冲突。而机能心理学无力解决这种研究对象蕴涵的深刻矛盾，并因此不能科学地理解身心关系问题及在现实环境中心理是如何实现其适应机能的问题，从而导致对心理的适应机能作外在目的论及神秘主义的解释，并最终导致行为主义的产生。此外，机能心理学的发展始终渗透着进化论的精神，导致机能心理学将心理学视为生物学的一个分支或领域，并几乎无可避免地导致其在心理学研究中表现出明显的生物学化的倾向。

第九章

策动心理学

在已了解作为一门独立的心理学在德国和美国的建立过程之后，我们再把目光转向英国。

我们知道，英国经验主义哲学和联想主义心理学本来是冯特心理学的重要来源之一，但英国的大学对于作为一门独立学科的心理学反应迟缓。冯特的大弟子铁钦纳学成之后，踌躇满志地回到英国，最终大失所望，不得已去了美国。铁钦纳的出走一方面是英国大学保守的结果，另一方面可能与铁钦纳本人的心理学立场不被英国人接受有关；也就是说，英国大学不仅仅是不欢迎一门新的学科，可能更重要的是不欢迎铁钦纳的构造主义，因为正如我们即将看到的那样，作为一门独立学科的心理学在英国还是逐步建立起来了。不过英国的新心理学既不是传统联想主义的，也不是构造主义的，而是主要在进化论和意动心理学的影响下形成的。通过下文对英国心理学家麦独孤及其策动心理学的介绍，我们将会了解英国心理学这一转向。

第一节　麦独孤及其策动心理学产生的背景

一、麦独孤的生平与主要著作

威廉·麦独孤(William McDougall,1871—1938)出生于英格兰，15 岁就进了曼彻斯特大学，四年后进入剑桥大学学医。1894—1898 年，麦独孤在伦敦圣托马斯医院学医。在此期间他读了詹姆士的《心理学原理》，像许多年轻人那样，他因而对心理学发生兴趣。1898—1904 年，他担任剑桥大学圣约翰学院研究员。麦独孤参加了剑桥大学组织的对托列斯海峡(新几内亚)的原始部落进行的人类学和心理学的考察，后来他又去婆罗洲做过人类学研究。我们知道，达尔文也有过类似的经历。1900 年，他曾到德国哥廷根大学跟著名的心理学家G·E·缪勒学习实验心理学。1900—1906年，他任伦敦大学讲师，并主持一个规模很小的心理学实验室。1904—1920年，麦独孤任牛津大学精神哲学讲师；此时他的主要兴趣已转向实验心理学，但当时牛津大学的心理学家没有地位，倒是一位生理学家从自己的实验室里腾出了三间房子给麦独孤做实验室。麦独孤于1905年出版《生理心理学》，1908年出版《社会心理学导论》。第一次世界大战期间，麦独孤任医疗队陆军少校，从事心理治疗工作。1912年，他当选为英国皇家学会会员。1920年，麦独孤应哈佛大学邀请，就任心理学教授。1927年，他到北卡罗来纳的杜克大学任心理学教授，直至去世。

麦独孤著作等身，一生写了24本书和160多篇文章。主要著作除上述两部外，还有《身体与心理》(1911)、《心理学：行为的研究》(1912)、《群体心理》(1920)、《心理学大纲》(1923)、《变态心理学大纲》(1926)等。

二、策动心理学产生的背景

麦独孤将人与动物行为的基本动力归结为本能的作用，致力于研究各种本能以及与本能密切相关的情绪。麦独孤一开始将这种心理称为目的心理学(purposive psychology)，后来改称为策动心理学(hormic psychology)。策动(horme)一词来源于希腊文，意思是一种活力的冲动或活动冲动，或行动的驱力，或被驱使而去努力奋斗；策动心理学也就是关于行为动力的研究。

麦独孤的策动心理学受到多种学术传统的影响，其中最直接的影响来自英国心理学家沃德(James Ward，1843—1925)和沃德的学生斯托特(George F. Stout，1860—1944)。

与冯特类似，沃德是一个哲学家，但他受过很好的生理学训练，熟悉韦伯和费希纳的心理物理学。沃德任教剑桥期间，曾向学校当局建议设立心理物理学实验室。但这个建议未获通过，因为有一位数学家极力反对，认为“将人类灵魂置于天平上未免侮辱宗教”[①]。到1879年，沃德再次提出上述申请，仍未获得批准。可见，英国的实验心理学本来是可以不落后于德国的。但剑桥的心理学实验室的创建历经曲折。1891年，沃德再次努力，从学校申请到50英镑购买心理学仪器，此后几年陆续得到一些资助，但直到1897年才在生理系弄到一间小房子。伦敦大学的心理学实验室也创建于1897年，这是闵斯特伯格(H. Münsterberg，1863—1916)、高尔顿(F. Galton，1822—1911)等人努力的结果。

① 波林著，高觉敷译：《实验心理学史》，553页，商务印书馆，1981。

剑桥和伦敦两所大学的心理实验室的首任主任都是里弗斯(W.H.R.Rivers,1864—1922)，麦独孤在伦敦大学主持的心理学实验室就是这个实验室。1906年，斯皮尔曼(C.E.Spearman,1863—1945)接替了麦独孤在伦敦大学的职务。而牛津大学直到1936年才设立心理学实验室，因为前述麦独孤从一位生理学家那里得到的三间房子还不是正式的心理学实验室。1920年，英国心理学会成立。1904年，沃德、里弗斯等人创办《英国心理学杂志》。从此，英国心理学才逐步走向自觉发展的道路，但已比德国晚了20年，比美国晚了15年。

沃德曾到德国哥廷根大学学习，受到布伦塔诺的影响，可以说成了一位意动心理学家。他拒绝接受英国的联想主义心理学，因为联想虽然是一种重要的心理机制，但它不能充分解释心灵的主动性和统一性。在沃德看来，一定有一个主体(或中心自我)，而不是不同元素的组合，才能有心灵的连续活动。沃德认为心理学不是生理学，也不是认识论；心理学研究的是主体的经验；经验的材料是来自于外的，只有主体的活动才能将这些材料组织起来；这种组织能力不是心灵固有的，而是在生活中形成的。沃德就是这样从主体(人)与客体(物)的关系的角度探讨心灵的经验的。心理就是主体的经验，而主体的经验又可以区分为认识、情感和意动三个不同的方面。

沃德的心理学观点最初见于他为《英国百科全书》第九版(1886)撰写的一篇讨论心理学的词条中，他后来又在该书第十一版(1911)中进行了修订。后人称这一词条标志着联想主义的终结。联想主义在培因那里集大成。培因之后，沃德开始把英国心理学引向不同的方向。沃德在此词条的基础上写成《心理学原理》(1918)一书，他自称准备了40年才写成的这本书，被认为“逻辑上虽完满，但缺乏累积的实验事实的根据。”①

沃德的心理学为他的学生斯托特所继承和发展。斯托特受沃德的影响，接受了布伦塔诺意动心理学的立场。他将心理过程分为认识和兴趣，又将兴趣分为意动和感情；他特别强调意动方面。意动是意识的主动方面，相当于奋勉、欲望或意志，意动的对象就是目的或达到目的的手段。目的达到了，相应的那种意动就消失了。麦独孤重视合目的性的奋勉在心理活动中所起的作用，这种奋勉就是意动作用的结果。

麦独孤的策动心理学除了直接受到沃德和斯托特的影响，还受到达尔文和斯宾塞的进化论的影响，因而特别关注心理对于适应环境的机能，以及人的心理与动物心理的连续性。他还受到詹姆士的影响，因而重视心理生活的目的性和本能的作用。另外，哲学家柏格森的“生命冲动”学说、弗洛伊德的本能学

① 波林著，高觉敷译：《实验心理学史》，525页，商务印书馆，1981。

说都对麦独孤有明显的影响。

至于“策动”一词的使用则是受到荣格和《教育原理》的作者沛西·能(Percy Nunn)的影响。根据这两位学者的用法，策动意味着目的性能量，这种能量在向某个目标前进或奋斗时，会客观地表现在我们面前，也主观地表现在我们当下的体验之中[①]。

第二节　策动心理学的主要理论

一、关于心理学的性质和任务

(一)心理学的性质

麦独孤认为，心理学在整个社会科学中具有学科基础的地位。关于人类心理及其作用方式的知识，是社会科学研究的重要工具，各种社会科学的顺利发展都离不开心理学。但实际上，心理学并未取得这样的地位，社会科学研究者并未普遍认可心理学的这一地位，这种局面主要是心理学自身的缺陷造成的。

心理学中对社会科学最重要的部分是关于人类行为动力的研究，即关于维持身心活动和调节行为的动机的研究。但这恰恰是心理学中最落后的部分。当时心理学家所关注的问题，如意识元素的分析、心理与生理的关系、关于认知过程的分类和描述等等，对于社会科学几乎没什么意义。为了使社会科学有一个坚实的心理学基础，就必须清楚地阐述心理的动力及其在种族和个体中的发展史。这些心理动力是能量的源泉，它们确立了所有人类活动的目标，并维持人类活动的进程。认知过程仅仅是这些心理动力的手段和工具。因此，心理学家的研究虽然取得了巨大的成就，但这些成就并不是其他社会科学家最需要的。心理学家忽略了那些更重要的问题，即行为的动力问题。

要揭示行为的动力问题，就不能不追溯到人的生物性层面。因此，对于社会科学而言，比心理学更基础的是生物学。只有比较心理学和进化心理学，才能提供这种基础。这主要是达尔文的贡献，他使人们相信人的所有身体特征都是动物演化在人类身上的继续，而人类心理同样是动物心理演化的继续[②]。达尔文的思想彻底变革了生物学以后，使心理学家采用一种更广阔的学科视角成为可能。达尔文首次系统地阐述了真正的人类动机理论，并且指出，为了透彻

① 麦独孤著，俞国良等译：《社会心理学导论》，382页，浙江教育出版社，1997。
② 麦独孤著，俞国良等译：《社会心理学导论》，4页，浙江教育出版社，1997。

地了解人类动机，我们必须主要依靠比较和自然历史的方法进行探索。

(二)心理学的任务

心理学家的任务就是继续发展和完善达尔文的这一开创性的工作。为此，心理学家必须改变他们的学科观念，不再把对意识进行内省描述作为心理学的全部任务，充其量只能将其作为所有工作中有限的一部分。那种内省描述，那种“纯粹的心理学”永远不会成为一门科学，至少永远不会上升到一种解释性科学的水平，永远不会对社会科学有什么重大的价值。静态的、描述的和单纯的意识元素分析的心理学，应该让位于动态的、功能性的和揭示行为动力的心理学。麦独孤明确地讲，心理学应该是一门实证科学，或行为的科学。这种心理学主要依靠的是客观方法，是在所有可能的条件下对人和动物的行为进行观察。

二、行为的目的性和原动力

(一)行为的目的性

麦独孤认为行为是有目的的，而目的性活动则发生在主客体的关系之中。一个主体面对一个情境，产生一定的欲望或目的，为了达到目的，于是有了行为。有目的的行为是心理学的最基本的范畴。所以麦独孤将自己的心理学称为目的心理学。

麦独孤将目的性活动与机械反射区分开来，目的性活动有七个特征或客观标志，而反射活动不具备这些特征。目的性活动的七个特征是：(1)活动的自发性，即一种始动力量(不能用刺激—反应公式解释行为)；(2)活动的持久性，不管相关的运动是自发的，还是机体受到物理刺激而被激发起来的；(3)活动方向和形式是多变的，如受惊的兔子如何逃跑以及朝什么方向逃跑都不是确定的；(4)活动导致目标得以实现，导致特定情境发生变化后，活动就会中止，并且只有这时才会中止，如兔子找到安全的洞穴，就不再跑了；(5)能预见到情境的变化，并以某种方式为新情境的到来做准备，如猫听到老鼠的声音出自洞内，就潜行至洞口，作出准备捕鼠的姿态；(6)某种行为若在相同情境之下得到重复演习，则这种行为的功效就会得到改进；(7)真正的目的活动是一种整体的反应，整个机体都会参与，整个机体的能量都倾注在一个目标上，机体内同时发生的其他过程都服从策动活动主要的或支配性的系统[①]。

麦独孤说：“当一个人的运动表现出行为的五个特征时，我们就可以毫不

① 麦独孤著，俞国良等译：《社会心理学导论》，366页，浙江教育出版社，1997。

迟疑地推测这些运动是有目的的。这就是说，他们在作出这些运动时，是为了实现自然的目的，而这个目的是差不多可以预知清楚的。”①

在麦独孤看来，不仅人的行为有目的性，动物的行为也有目的性，只是目的性高低不同而已。最高水平的目的性，表现为深思熟虑的行动，这种行动是在为达目标所可能采取的不同行动中审慎选择的结果；较低一级的目的性，表现为虽然考虑过目标和步骤，但所采取的行动是未经审慎选择的；更低一级的目的性，表现为对目标和方法仅有一些模糊而粗陋的观念就贸然行动；最低水平的目的性表现为简单的冲动性行为。麦独孤强调的是人与动物之间的连续性，二者之间的差异只是程度高低而已，并没有本质的区别。

(二)行为的原动力

那么，目的性行为的原动力是什么?麦独孤认为是本能。

本能是人类一切活动的推动者。“本能是所有人类活动最首要的直接或间接的动力。有些想法，无论看起来多么冷漠、毫无感情，却都是凭借某些本能的意动性或冲动性的动力(或来自本能的某些习惯)而先天地指向它们的目标，才使每一种身体活动得以激发和保持。本能冲动决定所有活动的目的，并提供保持心理活动的策动性的力量；高度发达的心理中，所有复杂的智力结构仅仅是达到这些目的的手段，仅仅是本能获取其满足的工具……如果离开了具有强烈冲动的本能意向，有机体将不能够进行任何活动；就会像一台被拆去了发条的时钟，或灭了火的蒸汽机一样停滞不动。本能冲动是维持和塑造所有个体和社会生活的心理动力，我们从中看到了生命、心理和意志最核心的秘密。”②

但学者在使用“本能”(instinct)和“本能的”(instinctive)这两个词时，含义十分混乱，往往是某位学者解释不了某种个体或群体行为时，或根本无意去解释时，“本能”和“本能的”这些词便常常成为他掩饰无知的一种托词。然而，随着进化论的创立，关于本能的概念就越来越明确了。本能是指心理中某些先天的特殊倾向，这些倾向为所有种系成员所共有，从种系适应环境的过程中演化而来，是心理构成的先天要素，既不能被消除，也不能从个体的日常生活中习得③。

麦独孤说，关于本能在人类心理中的作用存在着很大的争议。一些人认为，随着人的智力和理性能力的发展，人的本能就不断退化，在现代文明人身

① 麦独孤：《心理学大纲》(英文版)，47页，1923。转引自高觉敷主编：《西方近代心理学史》，234页，人民教育出版社，1982。
② 麦独孤著，俞国良等译：《社会心理学导论》，32页，浙江教育出版社，1997。
③ 麦独孤著，俞国良等译：《社会心理学导论》，19页，浙江教育出版社，1997。

上本能成了一个麻烦的前人类特征的遗迹，好比阑尾，最好用手术刀将其切掉。但另一些人认为，本能在人类心理生活中占据了更加突出的地位，因为他们相信，尽管智力随着高等动物和人的进化而增长，但并不能取代本能，因此也就不会导致本能的退化，只能控制和修改它们的作用方式。如詹姆士就认为，人的本能至少与动物一样多，并且是决定人的行为和心理过程的主导要素。

麦独孤赞同后一种意见。但他认为，只有智力水平较低的动物才表现出单纯的本能行为，在较高等的脊椎动物中，单纯的本能行为模式几乎被智力，以及智力引导下的习得性习惯和模仿所改变了[①]。尽管在不同种族、不同文化阶层、不同社会背景、不同个体之间，本能的表现程度存在着很大差异，但这些本能是任何时代任何民族的人所共有的，这是人的本性中普遍存在的共同的先天基础。人们总是受到各种动机的策动，这些动机的性质是由漫长的演化过程决定的，与文明社会中人们的生活条件无关。人类心理的原动力在进化上可以追溯到动物界，尽管在社会环境的影响下，这些先天倾向在越来越复杂的系统中被组织起来，但它们最重要的属性并没有被改变。

在麦独孤看来，要使心理学真正成为一切社会科学的基础，使心理学上升到动态的解释性的水平而不是停留在静态的描述性的水平，就要从研究本能开始。因为本能是行为的原动力。

三、本能、情绪、情感

(一)本能的性质

关于本能的性质，麦独孤不同意将本能归结为反射。“我们有各种理由相信，即使是最单纯的本能行为，也是特定心理过程的产物。这种心理过程是不能用纯机械的术语来说明的，它是心理—物理过程，既有心理的变化，又有物理的变化，只有像对待一切心理过程一样，利用心理过程的三个方面——知、情、意，才能进行充分的说明。也就是说，每一种本能行为都包含了对事物或对象的认识、情感以及为接近或远离对象所付出的意志努力。”[②] 从认识方面讲，感官刺激会导致感觉的产生或感觉内容的变化；较高等的动物还会导致感觉的联合，即知觉；在人方面还会形成思维和想像。从情绪方面讲，任何一种本能行为都伴随着特定的情绪兴奋，如恐惧、愤怒、柔情等情绪反应。从意志

① 麦独孤著，俞国良等译：《社会心理学导论》，20页，浙江教育出版社，1997。
② 麦独孤著，俞国良等译：《社会心理学导论》，22页，浙江教育出版社，1997。

方面讲，本能行为还包含个体的指向目标的持续努力，它意味着有某种我们称之为意动的经验模式，这种经验是一种冲动、一种渴求和需要的紧张感；本能的努力受阻会导致痛苦的体验，接近本能的目标会伴随愉快，达到本能的目标则产生满足感。

所以，本能是"一种遗传的或先天的心理—物理意向，它影响主体感知、注意某类客体的过程，影响在感知时体验到的特定的情绪兴奋程度，以及对感知到的刺激作出的特定动作或者神经冲动。"①

本能行为与反射的相同之处在于，都包含一系列的神经过程，即麦独孤所说的物理过程。这一过程开始于物体刺激某种感官所产生的神经冲动顺着感觉神经上行，经过中枢的作用，再沿传出神经下行，到达相应的肌肉群或运动器官。但反射仅仅是这样一种生理过程。而本能行为不仅包含生理过程，更重要的是它还包含复杂的心理过程。反射只是一种天生的能力，而本能更是一种天生的推动力，如动物的觅食的推动力、交配的推动力、筑巢的推动力等。每种推动力在活动时，就轮流运用或同时运用适当的能力以便产生一种特殊的结果，实现推动力所趋向的目标。

总之，麦独孤强调本能的两个主要特点：一是本能的目的性，以区别于反射的机械性；二是本能的先天倾向性，它具有强大的推动力，使反射成为本能的工具②。

(二)本能与情绪

麦独孤认为本能与情绪密切相关，一种本能行为往往包含特定的情绪过程。如逃跑本能总是包含恐惧，好斗本能总是包含愤怒，父母本能总是包含柔情……表 9－1 就是一些主要的本能与情绪的对应关系：

表 9－1　某些主要的本能及其相应的情绪

本　能	相应的情绪
1. 逃避	恐惧
2. 排斥	厌恶
3. 好奇	惊讶
4. 好斗	愤怒
5. 自我贬低	服从(消极的自我情绪)
6. 自我表现	得意(积极的自我情绪)
7. 抚育	柔情

① 麦独孤著，俞国良等译：《社会心理学导论》，23～24 页，浙江教育出版社，1997。
② 高觉敷主编：《西方近代心理学史》，240 页，人民教育出版社，1982。

但还有一些重要的、其相应的情绪倾向不是非常明显的本能。这些本能包括性、求食、合群、获取(收藏、囤积)、建造。

麦独孤在《社会心理学导论》中主要讨论了以上12种基本本能，他似乎希望找到每一种基本本能所包含的基本情绪，但这件事也做得不很成功，如有的本能与对应的情绪所用的名称几乎是同义词，有的本能没有明确的单一的情绪与其对应。

(三)情感

在本能行为基础上，复杂的行为建立起来了，而复杂的行为动力是两种或多种本能的结合。当若干种本能指向同一个客体时，一些情绪的结合就构成了情感①。情感是围绕某种客体而形成的情绪意向组织。在心理发展过程中，情感的组织化是在经验中形成的，而不是与生俱来的。

典型的情感是爱和恨。爱和恨的情感都不仅仅是一种情绪，而是包含着许多不同的情绪。当你爱一个人的时候，对方在场你就体验到柔情，对方陷入危险时你就感到恐惧或焦虑，对方受到威胁时你就感到愤怒，失去对方你会感到悲哀，对方幸福或重新得到对方时你就会感到快乐，谁对对方行善你就对他感激不尽……当你恨一个人的时候，对方成功时你会感到恼火，对方受伤害时你会感到快乐，对方得到好处时你会感到愤怒不平……② 爱这种情感的特性就是接近对象并从中寻求快乐，恨这种情感的特性就是回避对象及对象出现所带来的痛苦。

除了爱与恨，麦独孤认为还有一种重要的情感就是尊敬。尊敬和爱的区别在于，在爱中柔情占主导地位，而在尊敬中这种情绪是欠缺的，或者说只占从属的地位。喜欢一个人不一定尊敬他，尊敬一个人也不一定喜欢他。尊敬主要是一种自我情感，既包含积极的自我感受，也包含消极的自我感受。

个体情感的发展遵循一定的顺序：具体而特殊的情感、具体而一般的情感和抽象的情感。例如，从对某个孩子的爱的情感，到对孩子的普遍的爱的情感，再到对公平和善心的爱的情感。情感的发展具有非常重要的意义：它使情绪生活和意动生活组织化。没有情感，我们的情绪生活就会一团糟，就会缺乏秩序性、一致性和连续性，所有以情绪及其冲动为基础的社会关系和社会行为也会相应地变得混乱无序，反复无常。只有通过对情感中的情绪倾向进行系统组织，才可能对即刻的情绪激发进行意动控制。而且，人们的道德准则和价值

① sentiment，又译情操、感情。根据高觉敷的观点，麦独孤的“sentiment”一词就是指“情感”。参见高觉敷主编：《西方近代心理学史》，243页。

② 麦独孤著，俞国良等译：《社会心理学导论》，96页，浙江教育出版社，1997。

判断也根源于人的情感[①]。

四、自我、道德、意志

(一)自我

尽管麦独孤相信行为的基本动力来自本能，但要理解社会生活，仅仅依靠本能是不够的，还必须借助于自我意识、道德和意志等概念才能理解社会生活。个体要受其所处社会的塑造，通过这种塑造才能逐步胜任作为社会存在的角色，也就是逐步具备道德行为的能力。低级的社会性行为是本能的直接结果，如动物母亲在母性本能的作用下为保护幼子而挨饿受冻，被伤害，甚至失去生命。而高级的社会性行为(通常是道德行为)却意味着对本能冲动的有意控制和调节，这种意志控制是从自我意识和自我情感中产生的。自我意识和自我情感的发展，是一个社会性过程，自始至终都有赖于个体与其所属的组织化社会之间复杂的互动。

对于人类而言，其一切行为要么是意志的直接产物，要么是习惯的结果，而这种习惯也是意志的次级产物，或至少是在意志控制下被刻意塑造、限制和激励的。不同于立刻对每一冲动作出反应，也不同于不顾一切地实现欲望，人类往往压抑欲望，而当其不能同时压抑所有欲望时，往往会抵制最强的欲望。这是因为人类具有相应的能力，使最高级的道德行为既非刻意而为，也不是由个体自身性情所致，而是自由意志的结果。

(二)道德与意志

麦独孤将个体道德行为的发展划分为四个连续的阶段：(1)本能行为阶段，行为只受本能活动过程中偶然经历的痛苦和快乐所支配；(2)本能冲动行为受到奖惩制约阶段，奖励与惩罚由社会环境系统加以实施；(3)行为受社会赞许或指责的预期所控制的阶段；(4)最高阶段，行为由“理想行为”调控，个体以他自己认为正确的方式行动，而不计较周围社会环境的赞许或指责[②]。

但直接源自本能和具体感情的愿望与源自道德感情的愿望相比往往要强烈得多。那么，如何解释道德行为能受较弱的愿望所推动，并与强烈而迫切的更为原始的愿望相对抗呢?也就是说，较弱的冲动或动机战胜较强的冲动或动机，是动机冲突和道德努力的结果，也就是意志努力起了决定性作用。麦独孤

① 麦独孤著，俞国良等译：《社会心理学导论》，125页，浙江教育出版社，1997。
② 麦独孤著，俞国良等译：《社会心理学导论》，140页，浙江教育出版社，1997。

用詹姆士的公式来解释这种现象：

I(ideal impulse,理想的冲动) $<$ P(the native propensity，先天倾向)

$I+E$(effort of will,意志努力) $>$ P

麦独孤还同意詹姆士的如下观点：意志的本质是注意一个困难的目标，并在心理活动之前牢牢地把握它，所以努力注意是意志的本质。意志的每一个表现都包含着通过努力注意来使观念保持在意识的焦点上。牢牢地把一个观念维持在意识的焦点上，取决于对可能排挤这一观念的所有其他对抗的观念的抑制。这样，优势观念就得以发挥其影响。因此，在意志选择的行动中，我们对一种观念赋以持久性和支配性，也就从意识中或多或少排除了其他观念。而在决定采取某种行为方式时，我们会尽可能清晰地形成这种行为方式的观念，并通过努力注意来使它稳定在心理活动中。

冯特则认为意志是统觉(apperception)的一个方面，并且统觉本质上就是对不能成为意识焦点的所有观念的抑制。麦独孤认为冯特和詹姆士都是从消极方面即从抑制无关观念的角度看待意志，但他对抑制力本身的来源没有作进一步解释。麦独孤认为意志的本质还包含积极的一面，即能量的积极增长的一面，这种能量的积极增长使活动结果的观念保持在意识中，从而决定意志行为的过程。麦独孤认为，当两个动机发生冲突时，优势动机之所以能抑制另一个动机，自我观念(the idea of self)在其中起了关键作用。麦独孤引用斯托特的观点，认为意志的本质特征在于："我要做这件事"。但自我观念又是如何起作用的呢?麦独孤认为，自我观念只有通过自我情感才能在意志过程中发挥作用。所谓自我情感就是以自我为中心而形成的情绪组织。当某种自我观念成为意识的焦点时，它就发挥作用，成为一种动机力量，在道德努力中通过支持较弱的、理想的动机，使其战胜源于我们的动物性的较强烈的欲望，并将有关这种欲望的观念从意识中排挤掉。如果缺乏强烈的自我情感，那么自我观念的内容无论多么丰富、多么准确，在调控行为方面都只能起很小的作用，并且在道德选择中几乎不会产生影响。因此，可以将意志视为通过自我情感系统的力量来支持或强化一个愿望或意动，而道德行为也就是通过这种意志的力量来实现的。

第三节　有关策动心理学的讨论

麦独孤因为不满冯特式的内省主义心理学不关注行为动力的研究，因而对社会科学贡献甚少，于是创建了策动心理学，并于1912年写了《心理学：行为的研究》一书。但在1913年华生的行为主义出现以后，麦独孤就放弃了他先前的心理学定义，转而反对行为主义。因为麦独孤与华生对行为的理解存在根本的分歧。麦独孤认为行为是有目的的，是受意识调节的，而华生则坚持用刺激—反应就可以解释行为，反对用任何意识、目的之类的概念来解释行为。麦独孤将这种分歧归结为目的论心理学与机械论心理学的区别。

麦独孤说，我们身上有着与共同人性所固有的目标相联系的最努力的奋斗、最活跃的愿望、最有力的活动冲动。每个人都如此，他要去寻求某种目标，为之努力，并寄以期望。这种目标是种族共有的，它的实现会满足和减缓推动我们的冲动、渴求或愿望。这些目标及相应的努力方式不仅对所有人来说是共同的，而且它们在普遍意义上对于人类及其动物界的近亲来说也是共同的。这样的目标包括食物、对危险的躲避、同伴关系的形成、与异性的亲密、战胜对手，以及在同伴中取得领导地位。这些事实是形成人类本能理论的基础。如果我们相信人类及动物的所有这些行为都能用机械论来做适当的解释，即把它们作为严格的由原因决定的结果，那么本能概念就没有什么用处了。于是，可以把所有本能活动都更合适地描述为不同复杂程度的反射活动，完全决定于机体的机械结构的活动。如果我们认为这样对行为的解释是不恰当的，用物理学和化学概念不能有效地解释行为，并且承认存在着个体的活动冲动和在活动冲动中以超越机械作用的方式出现的为实现目标而作出的奋斗，那我们就应该接受本能论。关于人类活动的目的论解释与机械论解释的对立，是心理学家在派别上最深层、最显著的区别①。

反对本能论的逻辑推论是三段论：所有的事件都可以用机械论来解释；尚未证实的本能活动不能用机械论来解释；因此不存在本能活动，不存在本能。但在这个推论中，大前提缺乏牢固的基础，它只是现代科学发展给一些人造成的偏见，因为它作为物理学的指导原则已经取得了丰硕的成果，但在生物学和心理学中并没有足够的证据说明它是同样有效的。本能是有目的的，但反射是机械的。当我们做出某种反射时，我们不会体验到任何指向目标的冲动或愿望；但是，当我们表现出本能活动时，我们的确体验到这样一种“内驱力”、冲动或愿望，不管我们对活动的目标或目的认识多么模糊。反射活动看来是某种刺激在体内激发的一种机械反应，意识并没有参与和关注这种反应的产生。但在本能活动或各种努力或意动中，即使活动可能是我们不赞成的、甚至是我们努力要避免或抑制的，我们也通常感到自己积极参与了、主动关注了②。

① 麦独孤著，俞国良等译：《社会心理学导论》，362～364页，浙江教育出版社，1997。
② 麦独孤著，俞国良等译：《社会心理学导论》，367页，浙江教育出版社，1997。

麦独孤的策动心理学特别是其本能论在其创建的初期(即20世纪初)得到了广泛的肯定，并自称得到了詹姆士和冯特的支持。行为主义兴起后，心理学界发起了反本能运动。本来，麦独孤在1912年就明确宣称心理学是关于行为的研究，但行为主义兴起后，他就放弃了这一命题，因为他对行为的理解与华生的解释是针锋相对的。他在20世纪20年代曾与华生展开辩论，他虽然为其本能论进行了充分的辩护并始终坚持自己的立场，但行为主义还是明显占了上风，本能论在那时几乎被主流心理学界所抛弃。

本能论的问题在于，它将人的行为的基本动力完全归结为本能；低级的生物性行为可以用本能解释，高级的社会性行为也可以用本能论来解释，因为高级的社会性行为只是多种本能和相应的情绪综合作用的结果。所以麦独孤的心理学实际上是生物学化的心理学，本质上是用人的生物性去解释人的社会性，或将人的社会性归结为生物性。任何行为都用本能解释，实际上等于没有解释，如用囤积本能解释囤积行为，用建造本能解释人的建造行为，用笑的本能解释笑的行为等等。这实际上是循环推理：一个人经常争斗，为什么?因为他有强烈的攻击本能。怎么知道他有这种本能?因为他经常争斗。这样一来，本能可以解释一切行为，又解释不了任何行为。

但麦独孤在心理学历史上是有贡献的。第一，他是公认的社会心理学先驱之一。1908年，作为社会学家的罗斯和作为心理学家的麦独孤各自出版了一部系统的社会心理学著作。这两本书同等地被视为第一本社会心理学教科书。麦独孤的《社会心理学导论》从1908至1925年共出了20版，到1960年出第23版。第二，麦独孤的策动心理学对于动机理论、情绪情感理论，以及自我和道德理论都是有贡献的，他的这些理论即使在今天看来仍然具有启发意义，甚至可以被视为某些重要的当代理论的渊源，如他的道德发展阶段论就可视为皮亚杰和柯尔伯格的道德发展理论的心理学渊源。第三，麦独孤与华生的论战、目的论与机械论的对立，促进了心理学理论的发展。尽管麦独孤和华生论战的结果是反本能运动占了上风，但本能论并未从心理学领域消失，在洛伦兹(K.Lorenz)的习性学(ethology)中，在威尔逊(E.O.Wilson)的社会生物学中，在当代的人格和社会心理学中的进化心理学理论中，我们都可以看到本能论的新的理论形态，而曾经占上风的行为主义在今天已经不具有当年的绝对优势了，本能论及其相关的遗传决定论、生物学取向、达尔文主义却在当代心理学中有重新占优势的趋势。难怪有人感慨：麦独孤“受到他同时代人过于宽厚的对待而又受到历史过于严峻的考验”[①]。

① 查普林、克拉威克：《心理学的体系和理论》(下册)，317页，商务印书馆，1984。

第十章

巴甫洛夫与心理学

巴甫洛夫不是一位纯粹的心理学家，甚至他本人都始终坚持认为自己是一位生理学家而不是心理学家。然而他的条件反射学说、两种信号系统研究、高级神经活动学说和分析器研究、他的生理学与心理学相联结的观点，对心理学产生了深远的影响，以致后来的心理学家若只谈学习理论，而不谈到巴甫洛夫的条件反射学说和两种信号系统，都被视为是一种缺憾。

第一节　巴甫洛夫的心理学思想

一、科学背景

伊凡·巴甫洛夫(Ivan P.Pavlov，1849 —1936)于 1849 年 9 月 14 日出生在俄罗斯中部的一个乡镇里。作为一位乡村牧师的儿子，他早年在教会学校和当地的神学院读书，一心准备当牧师。

1870 年，当他学业快结束的时候，欧洲的进步思想蓬勃发展，俄国伟大的民主主义革命思想启蒙家赫尔岑、车尔尼雪夫斯基和皮萨列夫等关于自然科学的文章，深深地影响着巴甫洛夫。他写道：“在 60 年代的各种文献，特别是皮萨列夫作品的影响下，我们的志趣都已转入自然科学方面，并且我们当中有许多人——其中也有我——决定在大学里专攻自然科学。”[①] 同时，在那些年代，“俄罗斯生理学家之父”谢切诺夫的天才著作《脑的反射》和由谢切诺夫翻译的刘易斯(G.H.Lewis)的《普通人生生理学》(The Physiology of Common Life)一书，对年轻的巴甫洛夫的志趣的形成，也起了很大的作用。在神学院毕业后，他放弃了当牧师的念头，前往圣彼得堡大学学习，开始追求科学。他主

① 转引自查普林、克拉威克著，林方译：《心理学的体系和理论》，296 页，商务印书馆，1989。

修动物生理学和医学，1875年进入医学外科学院(后改为军医学院)攻读博士学位，并于1883年获医学博士学位。

1891年，巴甫洛夫应聘到俄国新设立的医学研究所去组织并领导生理学部的工作，并在那里完成了主要消化腺的经典性实验研究工作。13年之后，即1904年，巴甫洛夫因为在消化生理学的研究，尤其是对唾液腺、味腺和肠腺的反射分泌的研究方面所取得的杰出成就而获得诺贝尔奖。正是在进行动物消化腺的研究的基础上，他同时完成了对狗的条件反射作用的经典实验研究，创立了经典条件反射学说。40多年的实验使巴甫洛夫的心理学思想逐渐完善，而且深深地影响了心理学的发展①。

“心理学与生理学的联姻”，是巴甫洛夫心理学理论的思想核心。在巴甫洛夫看来，高级神经活动生理学和心理学，就其本质来说，是融合在一起的，是不可分割的。巴甫洛夫在心理学的各个理论和应用问题上都有建树。

以下将主要介绍巴甫洛夫关于心理实质的观点，关于生理与心理不可分性的观点，关于生理和心理服从共同规律的观点，关于高级神经活动学说的观点，以及关于条件反射的学说观点。

二、心理学的研究对象

巴甫洛夫认为心理学的研究对象应该是人的主观世界。在这一世界中有很多因素参加：外部现实的因素，内部现实的因素和脑的内部过程的因素；这些因素都有许多复杂的活动，所以我们要研究人的主观世界是非常困难的。

关于心理学的概念，巴甫洛夫指出，心理学是一门最复杂的科学。广义的说法，心理学是关于按照高级神经活动的规律产生的，并且是反映周围现象的心理现实性的产生、发展和掌握的科学；狭义的说法，心理学是关于按照高级神经活动的规律产生的，并且是作为周围现实现象的反映的主观世界的科学。

三、心理学的研究原则

巴甫洛夫在研究工作中，总是严格地遵循三个最重要的原则。

(一)决定论原则

决定论原则或称因果性原则。巴甫洛夫认为，有机体的一切活动，都是受

① 舒尔兹：《现代心理学史》，200~203页，人民教育出版社，1987。

因果关系制约的；外部世界乃是有机体变化的第一个源泉，哪怕最内部的动力过程，也无不以最外部的周围现实为其第一个源泉。有机体变化的动力是与这个源泉分不开的。这一原则使巴甫洛夫尝试用可以观察和控制的外部条件来研究有机体的内部变化，开展心理学的实验研究。

(二)分析与综合原则

巴甫洛夫认为，有机体的反射过程都是在外部条件的影响下，通过这些外部条件之间的密切联系，在有机体内部发生的变化反应。反射活动的过程，就是变外部条件的影响为有机体对周围现实适应的内外活动的过程，这些过程包括兴奋与抑制、兴奋与抑制之间的诱导关系、神经过程各点之间道路的接通与截断、从一种状态到另一种状态的转化等。总之，分析与综合原则包括整个高级神经活动，因而也包括生活活动的一切现象。

(三)结构性原则

巴甫洛夫认为，一方面，大脑是有机体在种族发展历史上与环境生存条件相互影响的物质化的形式，因此它是高度发展的物质，是特殊组织的物质，具有一种特别的构造。它的细节部分，反映了种族发展历史及其环境生存条件的性质。另一方面，大脑也是一种器官，它在某种具体刺激物的影响下，内部产生一定的动力状态，即一定的神经动力结构。这种神经动力结构，既是生理现象，同时也是心理现象。

四、分析器学说

俄国生理学家谢切诺夫是运用“分析器”这个概念的第一人。巴甫洛夫不仅沿承了这一概念，而且发展了它，把它提到一个更高的阶段，并以之作为自己的自然科学理论不可缺少的部分——分析器学说。巴甫洛夫说：“神经系统的全部活动都是由条件反射和分析器的技能组成的。”[①] 正因为如此，一个条件反射学说，一个分析器学说，这两个密切联系的学说，构成了巴甫洛夫关于动物和人的高级神经活动学说的主要内容。

巴甫洛夫认为，在结构上，分析器是由三个部分组成的。第一，分析器的外周部分。这就是把一定形式的能转变为神经过程的各种传入神经相连接的许多外周感受器。第二，分析器的传导部分。在分析器转化了的外部与内部的能

① 巴甫洛夫：《条件反射演讲集：动物高级神经活动的二十五年客观研究》，76页，人民卫生出版社，1954。

(刺激、兴奋)沿着传导神经运动着，起初把兴奋传送到大脑皮质以下的各个部位，然后再传送到高级部位，即大脑两半球。第三，分析器的大脑皮质部分。这应当是无数分析器的脑终端部分，它实现对刺激的高级分析和综合的技能；正是借助于这种分析与综合的技能，保证了调节有机体的一切复杂的内部设备，保证了有机体的一切正常的外部行为。

按其活动的性质，分析器可以分为外向分析器和内向分析器两类。外向分析器感知外部世界的影响，内向分析器感知内部世界的影响。外向分析器，包括这样一些分析器：视觉分析器、听觉分析器、嗅觉分析器、味觉分析器、皮肤分析器等；内向分析器，包括这样一些分析器：内脏分析器(包括贯串在机体内部所有的器官和组织的感受器，它们分别感知内脏器官的活动和变化的信号)、平衡分析器、运动分析器等。从这种观点来看，大脑两半球就是分析器的汇集与总和；或者说，大脑两半球乃是有机体的外部世界和内部世界的巨大的分析器。

五、高级神经活动类型学说

巴甫洛夫在进行条件反射实验时，发现动物与动物的反射情况是不相同的，形成条件反射有的快，有的慢；条件反射消退有的快，有的慢；条件反射分化有的易，有的难；条件反射转换有的易，有的难。这些差异是由基本的客观动力因素所决定的。这些基本的客观动力因素，巴甫洛夫称之为神经过程的强度、神经过程的平衡性和神经过程的灵活性。神经过程的强度，是指大脑皮质神经细胞的工作能力，或者说大脑皮质神经细胞的耐力；神经过程的平衡性，是指两种神经过程的相互关系，即兴奋过程与抑制过程的相互关系；神经过程的灵活性，是指两种神经过程的相互转换，即兴奋过程和抑制过程的相互转换。

巴甫洛夫指出，三种基本客观动力因素的相互结合，构成四种高级神经类型(见下段)。由于这些基本客观动力因素是非常活跃的，所以是具有动力性质的；由于它们的各种不同的结合，因而就产生各种不同的高级神经活动类型。

根据神经过程的强度，高级神经活动可分为强型、弱性两种类型。巴甫洛夫对于强型的研究比较多，分类也比较明确。他根据两种神经过程特性，将强型的高级神经活动又分为三种类型：一种是不可遏止型，是富于攻击性的；第二种是活泼型，是活泼好动的；第三种是宁静型，是安静沉默的。这样，加上弱型，就得到四种高级神经活动基本类型。

巴甫洛夫认为，气质和高级神经活动类型，在本质上是同一个东西。正是在这个意义上，我们可以有根据地这样讲，巴甫洛夫的高级神经活动类型的学说，为希波克拉特的气质学说提供了科学根据。高级神经类型与气质的关系见图 10－1。

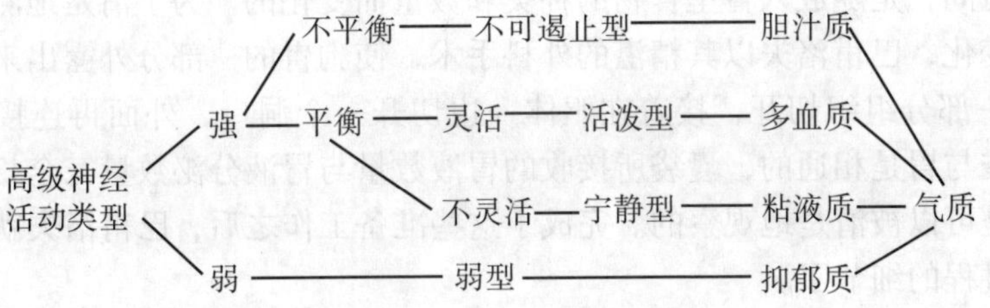

图 10－1　高级神经类型与气质的关系

高级神经活动研究，可以说是巴甫洛夫最大的成就和最大的功绩，至今对心理学的气质和个性的研究，仍有很深远的影响。

第二节　巴甫洛夫的经典条件反射实验

在生活中，经常有这么一些事实：如果一个小孩看见穿白大褂的人就哭，旁观者很可能会说："他一定最近去了医院。"可能，穿白大褂的人给他"打针"刺痛了他，于是与打针刺痛一同出现的白大褂就引发了小孩哭泣，就好像打针隐含在白大褂中，或者白大褂就是打针的一部分；白大褂其实就与打针"联系"在一起。

这一简单而古老的心理现象，在 20 世纪之前并没有引起心理学家的重视，然而这位俄国著名的生理心理学家——巴甫洛夫的研究，却揭开了这一现象的真谛。

在 19 世纪 70 年代以前，还完全没有关于大脑两半球的生理学，因为在当时的生理学界看来，大脑两半球还是某种不可理解的东西。从发现条件反射的时候起，脑的生理学就大大地前进了一步。1928 年，巴甫洛夫指出，生理学到目前终于有了关于整个中枢神经系统(包括大脑两半球在内)正常活动的一般概要。条件反射的发现可以说是完成了从落后到进步的一个巨大的飞跃，这是自然科学的、特别是生理学的大革命。这一革命，直接地推动了心理学的发展。

巴甫洛夫致力于研究狗的消化过程，不仅使他在医学生理学上取得了令人瞩目的成就，因而获得了诺贝尔医学奖，而且在心理学的研究方面也取得了突破性的进展。

巴甫洛夫在进行狗的消化系统的研究实验中发现，当把食物置入狗的胃里，胃壁会分泌胃液以促进消化。一系列的实验研究表明，胃液分泌的数量和持续的时间，是随放入胃里食物的种类和数量而变化的。为了清楚地测定胃里发生的变化，巴甫洛夫以其精湛的外科手术，使狗胃的一部分外露出来，他把狗胃的一部分组织切开，接着在躯体一边切开一个洞口，外面再连接一个囊袋，囊袋与胃是相通的，囊袋所接收的胃液数量与胃液分泌数量完全相同，而且囊袋是可以被清楚地观察的。完成了这些准备工作之后，巴甫洛夫就可以了解消化过程的细节了。

巴甫洛夫根据实验研究得出的基本结论是，动物有一种固有的生理反射，它以一种非常精确的方式随胃里食物的种类和数量进行胃液分泌。这一结论也适用于唾液分泌，因为狗唾液分泌的情况，也是与嘴里食物的种类和数量完全吻合的。

巴甫洛夫在实验中还发现了一种新的情况，即如果把狗的食管切开，并把它从颈部移到颈外。这样，食物可以咀嚼、可以吞咽，但不会进到胃里去，而是通过已切断的食管流了出去。在这样的情况下，巴甫洛夫发现，狗的胃液分泌几乎仍然像食物进入胃那样多。这就使他得出结论：引起反射分泌的，不仅可以是胃里的食物(即适当的刺激)，而且可以是嘴里的食物(即信号刺激)。

巴甫洛夫后来通过实验进一步发现，引起狗胃液分泌活动的，还可以是狗原先吃过食物的盘子，甚至只要看到给它喂过食物的人，也会引起胃液分泌活动。这种情况完全不同于属于生理反射的那种分泌活动。巴甫洛夫由此认为，在狗的身体内存在着两种反射，一种是生理反射，这是一种内在的，任何动物的所有成员都会表现出来的反射，它们是神经系统固有组织的一部分；另一种是心理反射，后来他改称为条件反射，这种反射是特定动物作为特定经验的结果而产生的。

在此基础上，巴甫洛夫进一步进行经典条件反射的实验。他把狗用一副套具固定住，用联结在狗颚外侧的导管收集唾液，管道联结一个既可以测量以立方厘米计的总量，也可以记录分泌的滴数的装置。如前所述，当狗嘴里有食物时，会产生分泌唾液的反应，这种反应是本能固有的，巴甫洛夫把这种食物称为无条件刺激，简称“UCS”；把反射性唾液分泌称为无条件反射，简称“UCR”。为了使狗对某一刺激(如铃声)形成条件反射，他把这种原来只会引起探索性反射的中性刺激(即铃声)与无条件刺激(即肉)配对。经过对狗进行一系列这样的配对尝试后，单是发出铃声，不提供肉，也能引起狗的唾液分泌。在这种情况下，铃声就成了条件刺激，简称“CS”。铃声引起的唾液分泌就是条件反射，简称“CR”。由此可见，条件反射仅仅是由于条件刺激与无条件刺激配对呈现的结果。这种结果可以用图 10－2 表示。

条件作用之前：CS （铃声）→ 无（唾液分泌）
UCS（肉）→ UCR（唾液分泌）

条件作用期间：CS （铃声）┈→ UCR（唾液分泌）
UCS （肉）→ UCR（唾液分泌）

条件作用之后：CS （铃声）→ CR（唾液分泌）

图 10－2　条件作用过程的阶段

巴甫洛夫对这些习得反应很感兴趣。在巴甫洛夫看来，重要的是引起反射的刺激，反射之后的结果是没有任何理论上的意义的。条件刺激与无条件刺激的配对出现，促使条件反射的形成。

巴甫洛夫关于刺激与反应之间的联系研究，给教育心理学家桑代克很大的灵感，但他们两人之间对形成这种联系的程序以及对学习过程的解释是完全不同的。我们可以用下列程式来比较巴甫洛夫与桑代克的实验程序：

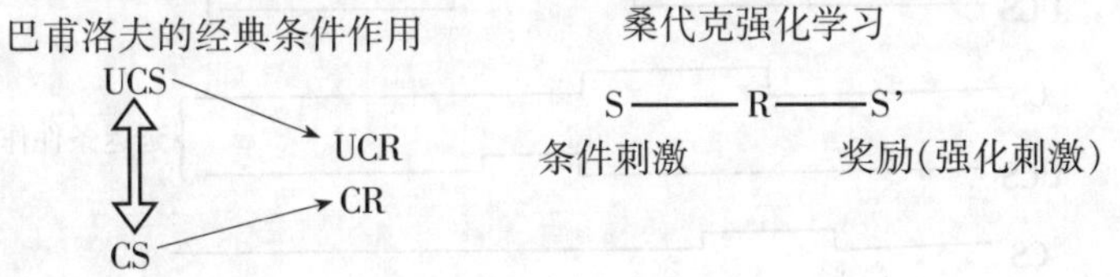

由于巴甫洛夫的无条件刺激与桑代克强化刺激呈现的时间和所起的作用不同，前者可以说是一种刺激辨别学习，后者则是通过强化刺激加强刺激—反应的联结。

第三节　条件反射与学习

一、学习律

尽管巴甫洛夫本人没有概括过他的学习律——事实上他不愿意别人把他看作是一位心理学家，但他所发现的条件作用的原理本身就是一种学习理论，并对后来的各种学习理论产生了重大的影响。下面，我们根据他的实验，概括出五个学习律。

(一)习得律(acquisition)

巴甫洛夫条件作用的基本特征，是通过条件刺激与无条件刺激的配对引起条件反射，如图10－3所示。在实验中，条件刺激与无条件刺激可以有多种配对方法。在同时条件作用中，CS与UCS在同一时刻呈现并持续至CR出现；在延迟条件作用中，CS在UCS前几秒或一分钟之间的任何时刻呈现；在痕迹条件作用中，CS首先呈现，稍许延迟后UCS跟着到来；在反向条件作用中，UCS在CS之前呈现。巴甫洛夫和他的助手发现：由于条件刺激在条件作用过程中起信号的作用，预示无条件刺激的到来，因此，同时、痕迹和延迟三程序在条件作用中是有效的(假如CS和UCS的间隔在痕迹条件作用中不太长)；但在反向条件作用程序中，条件刺激在无条件刺激之后出现，就起不到预报或信号的作用，因而不可能建立反向条件反射。

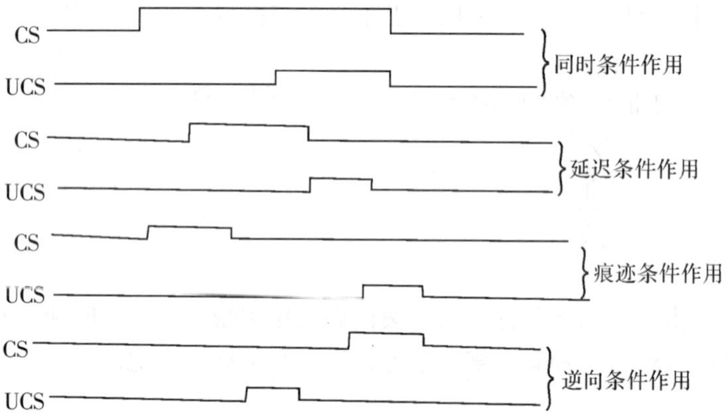

图10－3　CS与UCS配对的各种时间联系

巴甫洛夫还系统研究了条件刺激与无条件刺激之间的时间间隔对形成条件作用的影响。实验结果表明，无条件刺激在条件刺激出现之后的0.5秒时呈现，确立条件反射的效果最好(见图10－4)。

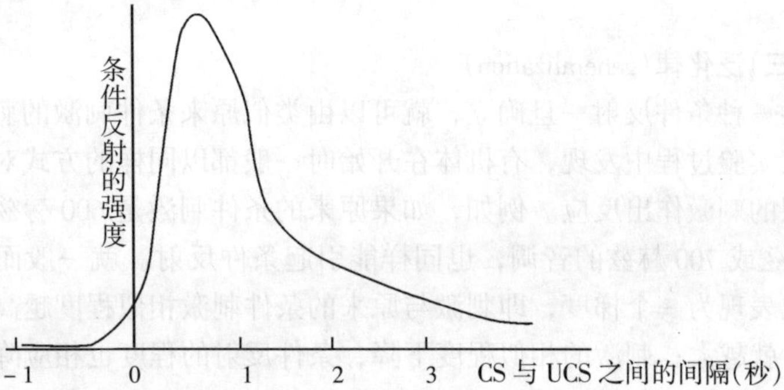

图 10-4　CS 与 UCS 的间隔对条件反射强度的影响

(二)消退律(extinction)

消退是指条件刺激多次重复而不伴随无条件刺激，条件反射逐渐削弱直至消失的过程(见图 10-5)。但是，条件反射的消失并不意味着这一习惯再也没有了，而是习惯的钝化。在过了一段时间后，条件反射会自发恢复，但这种自发恢复是不完全的，即不可能达到原来的强度。而且，自发恢复的反射，只要有几次不伴随无条件刺激，就会迅速消退。巴甫洛夫认为，条件反射的消退是一种主动的抑制过程；自发恢复的生理基础是抑制的解除。此外，巴甫洛夫还注意到，不同的条件反射会有不同的消退速度。

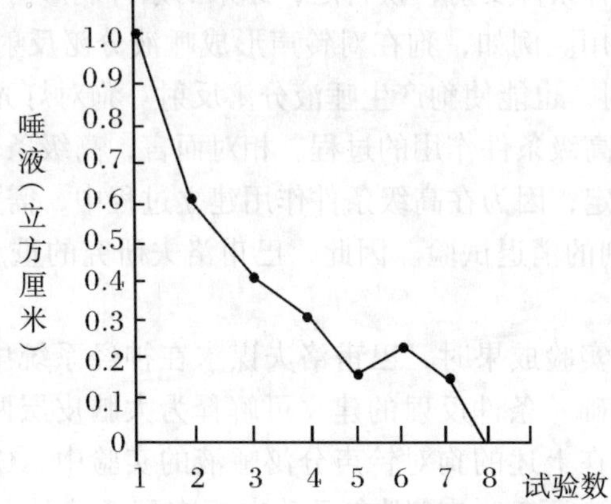

图 10-5　实验性消退

(三)泛化律(generalization)

某一种条件反射一旦确立，就可以由类似原来条件刺激的刺激引发。巴甫洛夫在实验过程中发现，有机体在开始时一般都以同样的方式对与原来条件刺激相似的刺激作出反应。例如，如果原来的条件刺激是600赫兹的音调，改用500赫兹或700赫兹的音调，也同样能引起条件反射。就一般而言，条件反射的泛化表现为一个梯度，即刺激与原来的条件刺激相似程度越高，条件反射的可能性就越大；刺激的相似程度下降，条件反射的程度也相应降低。

(四)辨别律(discrimination)

在条件作用中，辨别与泛化是相反的过程。如前文所述，如果有机体已对600赫兹的音调建立了条件反射，就会对500赫兹或700赫兹的音调产生泛化反应。但是，如果采取有差异的配对方法，即把600赫兹的音调与无条件刺激配对，而在呈现500赫兹或700赫兹的音调时不伴随无条件刺激，这样，有机体对500赫兹或700赫兹的音调反射就会消退，而只对600赫兹的音调形成条件反射。在这一条件作用过程中，有机体需要辨别相关刺激与无关刺激。通过辨别学习，有机体有选择地对某些刺激作出反应，而不对其他刺激作出反应。

(五)高级条件作用律(higher-order conditioning)

巴甫洛夫在实验中发现，可以用其他各种刺激来替代原来的条件刺激，以唤起已确立的那种条件反射；换言之，原来的条件刺激可以在后来的尝试中起无条件刺激的作用。例如，狗在对铃声形成唾液分泌反射之后，把铃声(CS1)与灯光(CS2)配对，也能使狗产生唾液分泌反射。狗对灯光(CS2)形成条件反射的过程，也就是高级条件作用的过程。相对而言，高级条件作用在动物中很难建立并且很不稳定，因为在高级条件作用建立过程中，需要对先前的条件刺激(CS1)进行一系列的消退试验。因此，巴甫洛夫研究的重点基本局限于初级条件反射的建立。

在提出他的实验成果时，巴甫洛夫谋求在神经系统中为条件作用的基本定律建立理论基础。条件反射的建立可解释为大脑皮层两中枢间新机能联结或联系的建立。在上述的狗对铃声分泌唾液的实验中，CS(铃声)起初在听觉皮质中引起活动，而US(肉)则在运动中枢支配唾液的分泌。条件反射形成时，CS(铃声)便能直接激发唾液中枢反应，表明一种新的机能通道已经在脑中建立。很明显，两中枢之间必然有某种潜在解剖学联结早就存在着，只要通过条件作用，就能使它们在机能上联系起来。事实上，大脑皮层的每个区域都是连通的。

与此同时，巴甫洛夫还研究了条件作用的抑制。抑制是指条件反射的减弱或消失。巴甫洛夫在实验中发现，抑制可分为两大类。一类是无条件抑制，是指不学而能的抑制。它又包括外部抑制和保护性抑制。前者指任何额外的新异刺激(如强音、陌生人的出现等)，都可以暂时引起条件反射的减弱或消失；后者是指由于刺激过于强大、过多或作用时间过久而引起疲劳，从而导致条件反射的减弱或消失。另一类是条件性抑制，又称内部抑制，泛指所有后天习得的抑制，也称内抑制。内抑制发生的根本原因是条件刺激不被无条件刺激所强化，它的形成需要经历不强化的过程。

内抑制又主要分为消退抑制和分化抑制。巴甫洛夫认为，消退是因为原先在皮质中可以产生兴奋过程的条件刺激，现在变成了引起抑制过程的刺激，是兴奋向抑制的转化。巴甫洛夫指出，消退抑制是大脑皮质产生主动的抑制过程，而不是已经建立起来的条件反射的消失和中断。

与此同时，巴甫洛夫还研究了厌恶条件作用。他用电击狗的腿，发觉狗立即收缩受电击的腿。电击是一种无条件安静刺激，狗腿收缩是一种无条件反射。巴甫洛夫用各种声响和视觉刺激作为条件刺激，作为电击的配对。由于狗被绑在仪器上，不可能逃脱电击，因而除了对这种厌恶刺激作出腿的收缩反射外，很快地显示出一种泛化的恐惧反应。随着厌恶刺激与各种条件刺激多次配对，狗对这些条件刺激也会产生恐惧反应。

二、两个信号系统学说

巴甫洛夫这位杰出的俄国生理心理学家，同艾宾浩斯和桑代克并列为早期学习研究的杰出先驱。他的突出成就还表现在对人类条件反射的研究。

根据信号刺激的特点，巴甫洛夫把大脑皮质的功能分为第一信号系统活动和第二信号系统活动。凡是以直接作用于各种感觉器官的具体刺激为信号刺激而建立的条件反射系统，称为第一信号系统活动，这是动物和人类共有的。但对于人类而言，不仅周围环境中的具体事物可以起信号作用，抽象的词也可以作为信号刺激，引起条件反射活动。由此建立的条件反射系统，称为第二信号系统活动。词语信号的条件刺激作用，在我们日常生活中是十分常见的。例如，成语故事中的“望梅止渴”就是一例。

作为第二信号系统刺激物的词语，是对现实的具体事物的抽象和概括。词语具有一定的含义。人的第二信号系统是以词语的意义，而不是以它的物理性质(说话的声音和文字的形象)作为刺激而引起信号活动的。这是人类和动物的条件反射活动的根本区别。虽然，在一定的情况下，人们可以用一些词使动物形成条件反射，但动物对这些词的意义并不理解，而只是对词的声音刺激或视觉刺激的直接作用发生反应，因为动物没有第二信号系统，只有第一信号系统活动。

由于人有了语言文字，形成了第二信号系统，两种信号系统的活动就密不可分地联系在一起，因而人的第一信号系统在本质上也就不同于动物的第一信号系统。动物条件反射的形成决定于刺激的生物学意义，人的条件反射的形成决定于刺激的社会意义。正是由于这个特点，人对刺激的反应常和动物有所不同。

巴甫洛夫把比较精确而又客观的方法引入对动物学习的研究，把心理与生理统一起来，对高级心理活动进行了卓有成效的研究，从而对心理学的发展产生了巨大的影响。正如美国心理学家波林(E.G.Boring)所说："条件反射的资料构成了这样巨大的研究，以致它的历史，也就是学习实验心理学史。"① 由于他的研究有助于心理学摆脱心灵主义和内省法的束缚，因而为美国行为主义心理学所关注，条件反射成了行为主义的一个主要部分，几乎成了20世纪上半叶学习理论的基础。美国行为主义者华生、格斯里、赫尔和斯金纳，都或多或少受其影响。

但是，如巴甫洛夫和其他早期研究者所设想的那样把条件反射看作是对一切学习都有效的模式，心理学界仍是有争论的，且随着心理科学的发展和科学的进一步完善，巴甫洛夫条件作用的原理已不能完全解释人类复杂和高级的学习活动和过程。但是，没有什么学习理论家能忽视巴甫洛夫的技术成就和理论发现。舒尔茨把桑代克、巴甫洛夫和别赫切列夫等三人，一起称为行为主义的先行者②。

当然，在心理学史上，谁也无法忽略这位伟大的生理学家、心理学家——巴甫洛夫。他是一位伟大的学者。墨菲把他评价为可同弗洛伊德和皮亚杰相媲美的普通心理学家③。他的研究对心理学的发展产生了深远的影响。

① 波林著，高觉敷译：《现代实验心理学史》，103页，人民教育出版社，1981。
② 舒尔兹：《现代心理学史》，203页，人民教育出版社，1981。
③ 墨菲、柯瓦奇：《近代心理学史导引》，178页，人民教育出版社，1979。

第十一章

行为主义心理学

行为主义心理学简称行为主义，是由美国著名心理学家华生(John Broadus Wason, 1878—1958)于1913年创立的心理学流派，其根本特点是排斥意识，主张以行为为心理学的研究对象。行为主义产生后很快风行美国乃至全球，还引发了一场心理学史上的“行为主义革命”。从20世纪20年代至50年代的长达40余年的时间里，行为主义几乎一统天下，因此被称为西方心理学的第一势力(第二势力为精神分析心理学，第三势力为人本主义心理学)。

行为主义大致可以分为三代：(1)早期行为主义，又称古典行为主义。其主要人物包括第一代行为主义心理学家华生、霍尔特、魏斯、拉施里等人，他们基本上都主张放弃意识而改以行为作为心理学的研究对象，抛弃内省法而改以客观法作为心理学的研究方法。其主要特征是：客观主义，以刺激和反应的术语解释行为，强调联结学习，环境决定论。(2)新行为主义。其主要人物包括赫尔、托尔曼、斯金纳等人。他们不再完全无视有机体的内部过程，开始注意对动机和认知机制的研究。其主要特征是：强调刺激与反应之间的中介变量；允许在经验事实的基础上，对行为的内部动因进行推测；以操作主义观点解释中介变量。(3)新的新行为主义。其主要人物包括罗特尔、米契尔、班杜拉等人。他们将传统上被行为主义拒诸门外的心理学概念如意识、思维等回归为心理学合法的研究对象。其主要特征是：给予思维、认知等心理因素在行为调节中的作用以足够的重视；把认知、思维看作积极主动的过程；强调研究方法的客观性。

第一节　行为主义产生的背景

行为主义的产生有其必然性。它是20世纪初美国的工业革命、进步主义运动等社会要求在心理学中的反映，而不仅仅是华生个人天才的产物。

行为主义产生于20世纪初叶的美国。当时，西方国家正进行的科技革命在很大程度上加速了美国工业革命的进程，美国的资本主义发展因此进入一个新的阶段，并迫切要求充分利用人的潜力来提高生产效率。与工业革命进程同时开始的城市化运动使大批农业人口逐渐成为城市人口，成为产业工人，他们必须学会新的生活方式和生活技能，因而国家需要加强对这些人的训练。这就促使心理学家去研究人的适应性行为。“近些年来常有个趋势，回过来做人的研究：工业上技术和机械方面已做到最高效率，若再要增加产品，必须更透彻地了解工人。心理学家要帮助和鼓励工业去解决这个问题，在工人总体的活动效果上加以研究。”[①] 可见，行为主义的目的之一就是对行为的预测和控制，以便最大限度地提高工人的工作量及其效率；这也是大工业机械化生产的要求。

一、哲学背景

作为行为主义心理学产生的哲学背景，主要是实证主义和实用主义等哲学派别的重要影响。

(一)实证主义

实证主义是19世纪中叶法国哲学家孔德(1798—1857)首创的一种科学哲学，它对华生的行为主义产生了极大的影响。“整个行为主义精神是实证主义的，甚至可以说行为主义乃是实证主义的心理学。”[②]

实证主义的历史可以追溯到法国的启蒙运动时期。启蒙运动促成了法国大革命以及动荡的社会和政治变迁。可是，政治革命并没有给法国人民带来预期的普遍幸福，人权宣言也没有消除下层阶级的愚昧无知的悲惨境遇。于是出现了所谓的空想社会主义理论，其代表人物是克劳德·昂利·圣西门(1760—1825)。在他看来，社会进步不能通过一场革命完成，必须通过由教育和启蒙运动逐步演化而实现；劳动者的经济和文化的解放是主要的事情；政体的形式无关紧要，紧要的是改造社会。孔德是圣西门的朋友，他的理想和圣西门一样，也是要改造社会。他认为，要达到这个目的，必须认识社会规律，必须有一种社会科学，这种社会科学本身又要以其他科学为前提。中世纪的神学代表的是原始的思想，不能担此重任。近代自然科学进步神速，显然科学方法才是

① 华生：《行为主义心理学》，357页，商务印书局，1925。
② 黎黑著，刘恩久译：《心理学史》，416页，上海译文出版社，1990。

新任务要遵循的方法，这样取得的知识便是实证的知识。

实证知识是孔德的理想。他认为，人类精神的发展要经过三个阶段或运用三种哲理思考的方法，即神学、形而上学和实证的阶段或方法，其中每一种都有其实践的价值和相应的社会制度。在神学阶段，即人类精神的童年时代，人用神人同性论的观点来看待事物，把事物看作是超自然的表现，由拜物教经过多神教到一神教。这是君主政治和绝对权威的时代，以僧侣为领导人。在形而上学阶段，即人类精神的青年时代，抽象的力量或实体取人格的神而代之，这种力量或本质被认为是各种事物所固有的，是在事物中所观察到的现象的必然的原因。认识了这种原因，据说可以推知其结果。形而上学的时代是国家主义和人民自主的时代，法学家居领导地位。神学和形而上学都相信，取得绝对的知识和揭示事物内在的本质是可能的。而在实证主义阶段，所谓发现事物的内在本质被认为是徒劳无益的愿望而必须抛弃，并为努力发现存在于现象之间的一致关系所代替。自然规律代替了绝对的原因，用观察的方法来确定事实之间的不变的关系就是目的。伽利略、开普勒和牛顿建立了实证科学，这种知识足以适应实践的目的。实证主义的座右铭就是“为预见而见”。

为此，孔德又提出了自己的科学分类思想。他按照进入实证阶段的次序来排列科学：数学(算术、几何和力学)、天文学、物理学、化学、生物学和社会学。这种分类还表示从简单到复杂的渐进：数学包含最简单和最一般的命题，居于首位，成为其余一切科学的基础；社会学最为复杂，以它之前的科学作前提。孔德因此又被认为是社会学的创始人。几何学的真理适用于一切有广延的现象(静力学的观点)；力学的真理适用于在运动中的一切现象(动力学的观点)。

在孔德的分类表中没有心理学的名称，他认为心理学不是一种特殊的科学。心灵或灵魂是形而上学的实体，对实证主义来说是不存在的。由于内省不可能，我们无法从主观方面来观察心理活动。我们所能做的是从客观方面来研究心理活动，即研究同这种活动有关的有机现象，以及这种活动表现于其中的人类制度。因此，心理学一部分属于生物学，一部分属于社会学。受孔德的影响，华生等早期行为主义放弃研究不可观察的意识，以可观察的行为作为心理学的研究对象；抛弃主观的内省法，而以自然科学的客观方法作为心理学的研究方法。

于是，一方面，根据实证主义的标准，孔德宣布任何有意识或主观的心理学的“死刑”；另一方面，又正是依赖实证主义的标准，华生的行为主义才得以诞生。这就是历史的辩证法。

(二)实用主义

威廉·詹姆士描述实用主义为“一些旧思想方法的新名称”。这是他的著作《实用主义》一书的副标题。的确，实用主义受益于较早的经验主义和实证主义的思潮，但是，实用主义并非它们单纯的折中的总和。它是寻源于自然科学并应用于哲学上的一种探究方法和关于意义与真理的理论。实用主义的代表人物都是美国人，如C·S·皮尔士(1839—1914)、威廉·詹姆士、约翰·杜威等，因此，实用主义又被视为美国的官方哲学。

皮尔士是个知识广博而有创造力的哲学和科学天才，他的崇拜者认为他可以同莱布尼兹相比。1878年1月，皮尔士在《通俗科学月刊》发表的题为“怎样弄清我们的概念”这篇划时代的论文中，阐明了实用主义的原则，即促进概念和命题意义的清晰性。他认为，一个思想上的概念或观念的意义是这个概念可以设想的实际结果，或者说，是可设想的结果的总和构成了该概念的全部意义。他举例解释说：“我们称一个东西是硬的，是什么意思?显然它不会被其他物质的东西抓破。这个性质的全部概念，像每一个其他性质的概念一样，在于它可以设想的效果。”① 皮尔士不愿意人们把实用主义理解为一种思辨的哲学体系，正如他不愿意人们庸俗地把它理解为生活的指南一样。他说：“实用主义不是世界观，而是一种反省的方法，以使观念清楚为目的。”② 作为有创见的思想家，皮尔士为后来更加系统的哲学提供了创始的观念；这还可以从他的实验主义、现象学、实在论等思想中得到证明。

詹姆士从意义论和真理论两方面扩大了实用主义的范围和职能。詹姆士认为，实用主义是弄清我们的观念的方法，是我们的概念和命题有无意义的试金石。詹姆士提出关于意义的实用主义的检验，“是解决形而上学争端的方法，否则这种争端便不会休止。”③ 詹姆士还对真理或“真”作了实用主义的解说。他说：“任何观念卓有成效地把我们经验的一部分带到另一部分，圆满地联结事物，稳妥地发生作用，节约劳动，正是在这些事物上是真的，在这样的程度上是真的，在工具的意义上是真的。”④ “真……只是思维方式的方便手段，正如正直是人的行为的方便手段一样。”⑤ 可见，詹姆士是按照命题能否达到我们的目的、满足我们生物性和情感上的需要，来决定其真伪的方法。真理被推向了“市场”，便毫无“真理”可言。与皮尔士相比，詹姆士的实用主义更加激进，或者说，是更“实用”的实用主义。詹姆士的实用主义带来了实用主义化的心理学——机能主义心理学，提供了心理学从冯特走向华生的桥梁。

①② 转引自(美)梯利著：《西方哲学史》，725页，商务印书馆，2000。
③④⑤ 转引自(美)梯利著：《西方哲学史》，730页，商务印书馆，2000。

杜威的实用主义则有着浓郁的工具主义色彩。在1929年出版的《确定的追求》一书中，杜威赞同地援引工具主义的提出者P·W·布里奇曼的论点："我们意指任何概念无非是一组操作，概念和相应的一组操作是同义的。"[①]杜威把概念的定义的操作技术和强调的实用结果结合起来，提出"根据要履行的操作以及由这些操作的结果对观念有效性的检验，来作观念性质的定义……"[②]杜威高度赞扬操作理论的功绩，认为它第一次构成了"经验的观念，摆脱了感觉主义和先验的惟理主义同样强加的负担"[③]，是"思想史上三四个杰出的功绩之一"[④]。这样，操作主义成为杜威的实用主义的灵魂，就像实用主义成为美国心理学的灵魂一样。

二、自然科学背景

俄国谢切诺夫、巴甫洛夫和别赫切列夫的思想和观点，是行为主义的自然科学根据。

谢切诺夫，俄国"生理学之父"。在1863年出版《脑的反射》一书中，他提出中枢抑制的概念，指出反射不仅是动物活动的方式，而且是人类心理活动的方式，并提出用新的反射图式改造心理学，使它成为一门依靠可证实的事实而不是未证实的意识假设的客观科学。他指出，只有面向自然科学，首先是生理学——先对心理生活较简单的方面进行详细的研究，而不是立即冲向最高级心理现象的研究——心理学才能转变成客观的实证科学。华生也强调心理学应成为实证科学，应关心客观的、看得见的事实。

巴甫洛夫反对内省主义。他把客观的研究方法作为自然科学的研究方法，并提出了以条件反射学说为核心的高级神经活动规律理论，为行为主义提供了有力的支持。他的条件反射的理论观点和实验技术被许多心理学家所接受，华生更是几乎整个地接受了巴甫洛夫的条件作用理论和方法，并运用于其行为主义心理学体系的阐释中。后来，新行为主义者斯金纳在巴甫洛夫的条件反射基础上发明"斯金纳箱"，并提出操作性条件反射原理。

别赫切列夫提出了客观心理学思想，认为不仅应把心理理解为主观的东西，而且应该理解为客观的东西，进而解释为脑的物质过程。他认为个人的精神生活可以成为主观心理学的研究对象，但涉及其他人时，只能研究他们在外界作用的影响下发展起来的内部过程的外部表现，即反射或心理反射。据此，1917年，他又提出反射学，把心理学解释为行为的科学。根据别赫切列夫的

①②③④ 转引自(美)梯利著：《西方哲学史》，735页，商务印书馆，2000。

观点，在反射学中不研究意识，而要用严格的客观方式记录外部反应，这样，即使是复杂的人类行为也能被解释为低级的运动反射组合。

虽然上述三位俄国生理学家的生理学成就被华生等行为主义者所吸收，并成为其行为主义心理学的自然科学知识基础，但是，俄国的生理学家并不否认中枢神经系统对行为的指导作用，而这正是华生所否认的。

三、心理学背景

行为主义的产生不仅受社会、哲学和自然科学的影响，也受心理学自身发展的内部因素影响。心理学发展初期以意识为研究对象，称为意识心理学。但是在对意识的具体理解以及如何研究上，心理学界内部意见分歧且对立，造成派别纷争；加上传统意识心理学以意识为研究对象，以致它对当时美国社会许多急需解决的问题束手无策，不能满足社会对心理学的需要，到了20世纪初，美国整个心理学界几乎都对意识心理学不满。而动物心理学与机能主义心理学的发展，对意识心理学更是致命的打击。

（一）动物心理学的发展

行为主义与动物心理学有密切的内在联系。动物心理学的发展受达尔文进化论的影响。1872年，达尔文发表《人类与动物的表情》一书后，人们开始注意人的心理与动物心理发展的连续性，并对动物心理学进行研究。英国动物学家摩尔根发展了进化论所包含的生物学化倾向，提出了“吝啬律”，认为在动物研究过程中，只要能用更低级的心灵作用解释活动，就绝不用更高级的心灵作用来解释。德国生物学家洛布提出比摩尔根更激进的“向性学说”，主张用无机物运动的物理化学规律来解释植物乃至动物的运动。桑代克则遵循摩尔根的吝啬律，系统地研究动物的行为，提出了学习的联结观。

受摩尔根吝啬律的影响，动物心理学家出身的华生对人的行为进行纯客观的观察和解释，彻底抛弃了意识和内省，甚至否认人的意识的存在，从而走上行为主义的道路。

（二）机能主义心理学的发展

机能主义心理学把人的心理、意识作为适应环境的工具，强调心理的适应观念而否定认识机能，把人的行为等同于动物的行为，从而为华生提出行为主义原则提供了必要的理论准备。

华生的行为主义是把机能主义心理学合乎逻辑地推向极端，剔除原来残余的思辨遗迹，把机能主义顺利地过渡到行为主义。正如华生本人指出："行为主义是惟一彻底而合乎逻辑的机能主义。"① 其实，安吉尔在1900年就已预见到，就像灵魂这个词一样，意识这个词也很可能从心理学中消失。而后安吉尔更加明确地认为，如果取消意识范畴的存在，而代之以客观地描述动物和人的行为，这对心理学将是十分有益的。所以，华生宣布取消意识，反对内省，并不是对机能主义方向的背叛，而是这种方向进一步发展的结果；只是在反对构造主义心理学方面，行为主义比机能主义做得更彻底。

第二节　华生与早期行为主义心理学

一、华生的生平

华生是一位年轻的、雄心勃勃的动物心理学家，行为主义心理学的创始人。1878年，他出生于南卡罗莱纳州的格林威尔，1894年遵母教诲，进入伏尔曼大学学习宗教。其间，受哲学教授兼牧师的穆尔的影响，华生把兴趣转向哲学和心理学。1900年获得硕士学位后，他进入芝加哥大学攻读研究生课程，就学于杜威、安吉尔和洛布。华生主修心理学，副修神经学，兼学生物学和生理学。1903年他获得该校第一个心理学博士学位后留校任教，很快成为比较心理学领域的领导者。1908年，华生转任霍布金斯大学教授，在这里度过了他学术生涯最辉煌的岁月。1915年，华生当选为美国心理学会主席，1920年因爱上女助手雷纳而引起的离婚风波使他声名狼藉，被迫转行从事广告商业活动，直至1945年退休。但在20世纪二三十年代，华生还著书立说宣扬行为主义，做了大量的心理学普及工作，产生了很大的影响。为了表彰他在心理学方面的卓越贡献，1957年，美国心理学会授予华生一枚金质奖章。1958年，华生逝世，享年80岁。

二、华生的行为主义心理学体系

(一)心理学的性质和对象

传统心理学以意识为研究对象，以内省为研究方法，而华生认为，意识和

① 华生：《行为：比较心理学导论》(英文版)，9页，1914。

内省不符合经验实证原则，达不到实证科学所要求的标准，以致阻碍了心理学成为一门真正的自然科学。要使心理学成为一门纯粹的自然科学，并取得与生物学、物理学、化学等其他自然科学同样的地位，就必须放弃一切带有主观性的概念和术语，如感觉、知觉、意象、欲望和目的等等，寻求更客观的对象和方法，以统一心理学的研究对象和方法；否则，心理学就根本没有继续存在的价值。正如华生所宣称的："要么放弃心理学，要么把它变成一门自然科学。"①

1913年，华生发表"行为主义者心目中的心理学"一文，向传统心理学方法和理论提出公开的挑战。在这篇宣告行为主义诞生的宣言中，华生响亮地宣布了他的观点："在行为主义者看来，心理学是自然科学的一个纯客观的实验分支，其理论目标在于预测和控制行为。内省并不是其方法的主要部分，它的资料由于易于接受意识的解释也不具科学价值。行为主义者力求得出动物反应的完整框架，认为人和动物之间不划界限。人的行为及其所有的精致性和复杂性，只是构成行为主义整个研究计划的一部分。"②

1919年，他又出版《行为主义的心理学》一书，系统地阐明了行为主义的理论体系。华生把人类适应的整个领域作为行为主义心理学的主要对象，以生理学为行为主义最亲密的科学伙伴，将行为分析为刺激(S)和反应(R)，反应又分析为肌肉收缩和腺体分泌，使行为主义心理学变成了一门"肌肉收缩和腺体分泌"的自然科学，同生理学几乎没有什么差别。但行为主义心理学并不等于生理学，其区别在于生理学热衷于动物器官的功能，而行为主义希望控制人类的行为。为此，它必须搜集由实验方法得出的科学数据，使训练有素的行为主义者通过提供的刺激来预示将会发生什么反应，或者通过特定的反应来陈述引起反应的情境或刺激。

华生行为主义的出发点是可观察的事实，即适应的行为，而非意识的内容。在他看来，行为是一种可观察到的机体反应，其本质是人和动物对外界环境的适应，刺激—反应是有机体所有行为的共同要素。刺激是引起有机体反应的外界环境或身体组织内引起机体反应的各种变化；反应则是由特定刺激作用于有机体而引起的内隐或外显的机体变化，如肌肉收缩和腺体分泌；行为就是由这些简单的机体生理反应组合而成的一套复杂反应系统，如各种简单的肌肉、骨骼活动协调成相应的机体行为动作。引起反应的刺激可以是简单的，如各种感官的适当刺激；也可以是复杂的刺激即情境。一个情境就是一组复合刺

① 华生：《行为主义》(英文版)，6页，1930。
② 华生：《行为主义者心目中的心理学》(英文版)，15页，1913。

激，如社会生活中引起个体行为的刺激常是复杂的刺激。

华生根据反应能否直接观察到及反应的发生是否为习得的这两个标准，将反应分为四类。(1)外显的习惯反应：后天习得并表现于外的反应活动，如踢足球、做家务及人际交往等反应活动；(2)内隐的习惯反应：后天习得但必须借用仪器或实验的帮助才能观察到的反应活动，如思维(华生称为“无声言语”)、一般身体的语言习惯和条件反射引起的体内腺体分泌等；(3)外显的遗传反应：不学而能并表露于外的反应活动，包括个体各种可以观察到的本能和情绪反应，如抓握、打喷嚏、眨眼和躲闪等各种反应，以及在恐惧、愤怒和愉快状态中所见到的那些情绪反应；(4)内隐的遗传反应：不学而能又难以观察到的个体内部反应活动，包括生理学所详加研究的内分泌系统和循环系统的各种变化，以及诸如此类的体内反应，要观察到这些复杂反应，就需借助仪器和实验的帮助。

当然，心理学不只是涉及简单的反应，在更多的情况下会涉及几个同时发生的复杂反应。华生把复杂的反应称为动作，认为一个动作就是一组反应。动作是指整个的一组反应按照一定方式(本能或习惯)加以联合，从而使人做某种事情，如吃饭、盖房、游泳、写信和谈话等等。许多连续进行的反应联系起来，就形成复杂的连锁反射，再经过多次重复，就能不依赖外界刺激而进行活动，形成习惯。动作技能和思维活动都是习惯，而习惯就是反应系统。

总之，华生以人和动物的行为为心理学的研究对象，而人和动物的行为都是由刺激—反应联结构成的。这样，心理学研究行为就是要确定刺激和反应之间联结的规律，以便人们在已知刺激时就能预知机体的相应反应，或者用已知反应来反推其有效刺激，从而达到预测和控制有机体行为的目的。因此，华生的行为主义又称“刺激—反应心理学”，即S—R心理学。

(二)心理学的研究方法

为了使心理学成为一门自然科学，华生不仅主张心理学研究客观的行为，而且在方法上也反对内省法，倡导客观的方法。他所说的方法主要包括四种。

1. 观察法

观察法可分为自然观察法和实验法两类。实验法是受控制的、借助仪器的观察，它要求设计特殊而精密的实验仪器，以便有效地控制被试，进行实验观察。像其他的自然科学一样，实验法是一种精确地研究行为的方法。自然观察法则不使用仪器，是在自然状态下对特定现象进行的一般的观察。自然观察法也会记录结果，检查事例，引出初步结论，并核对这些结论，但不借助仪器进行观察，因而对许多条件缺乏严格的控制，较为粗糙简便。华生认为观察法是其他一切客观方法的基础。

2. 条件反射法

条件反射法又称替代刺激法，是由巴甫洛夫首倡并使用的，其关键在于用一个条件刺激来取代另一无条件刺激或条件刺激而形成条件反应。华生将条件反射法分为用来获得条件分泌反射的方法和用来获得运动反射的方法两种。他认为，条件反射法是一种非常客观的分析行为的方法，在不能依赖语言的情况下(如实验对象是聋哑人、婴儿或动物时)具有其独特作用。另外，它还可以与口头报告法结合使用来检验其效果。因此，华生非常重视条件反射法，并用此法研究儿童的情绪发展，取得了极有价值的成果。

3. 口头报告法

口头报告法(言语报告法)是一种专门研究正常人行为的方法，它是通过被试报告其体内变化来实现的。因为华生认为，正常人具有观察自己内部发生的变化并对这些变化进行口头报告的能力，且人在顺应各种情境时更多的是用语言而非其他运动来实现。在这里，华生强调，他所说的口头报告法所报告的只是自己体内的变化，而不是心理和意识活动，而且口头报告法的结果有待于仪器的验证，因而并不同于通常所说的内省。但很多人并不认同华生的观点。他们认为，在行为主义的研究中使用口头报告法是一种退步，它表明华生行为主义并不是彻底的客观心理学。

4. 测验法

华生认为，已有的测验方法大多数都与语言有关，因而不能运用于有语言缺陷的人，因而是一个重大缺陷。为此，他主张设计和运用一种行为测验，即用外部表现代替语言来测定被试对测验情境的反应。

(三)其他重要的心理学理论

1. 本能与动作流学说

在这一学说中，华生阐述了他对遗传和环境关系的看法，即否认行为的遗传和本能的作用。这也是华生行为主义的基本理论之一。

早期，华生并不否认遗传的本能，认为本能是一种“在适当刺激作用下系统展现出的先天性反应组合”[①]，即一系列的连续反射；反射不可以遗传，只有反射之间的组合可以遗传。他认为，本能是一种遗传的类型反射，它的个别元素就是横纹肌的运动，本能行为的主要作用在于引发机体的学习活动。1924年以后，华生却主张在心理学中取消本能的概念而代之以动作流的概念。他完

① 华生：《行为：比较心理学导论》(英文版)，106页，1914。

全否定行为可以遗传，否认本能的存在，认为人和动物如果有什么与生俱来的行为的话，也只是由于有与生俱来的身体结构。人们所讲的本能行为都可以归到学习之中，大多是学习或条件作用的结果。为此，华生相对于詹姆士的“意识流学说”而提出了“动作流学说”。

在华生看来，一切复杂的行为都是在各种简单反应基础上发展而来的。行为的形式就像一条河流发源那样极为简单，以后分支才逐渐增多，内容才日益复杂。人的全部行为是从受精卵开始的，在非习得动作基础上经过条件作用而形成的各种复杂动作系统。其中一些非习得动作在很短时期内便消失，如吸吮、非习得的抓握动作，以及大脚趾的伸展动作等等；有些则在特定时期出现并保持时间较长，如眨眼、月经和射精等等。动作流为行为主义观察人的心理提供了现实背景。

华生认为，人的行为类型完全是由环境造成的，并由此引出他的环境决定论和教育万能论。既然结构上的差异和早期教育的差异可以说明全部行为的差异，于是华生大胆地宣称：“给我一打健全而没缺陷的婴儿，让我在我的特殊世界中教养，那么我可以担保，随便挑出其中任何一个，无论他的能力、嗜好、才能、职业及种族怎样，我都能够将他训练成我所选定的任一类型的特殊人物，如医生、律师、艺术家、商界首领，甚至是乞丐或窃贼。”[①] 这段话可以说是环境决定论的经典表述。它对于反对詹姆士等机能心理学家夸大本能的作用，反对种族歧视，重视教育和环境，环境决定论和教育万能论有一定的积极意义；但是，完全否认遗传和本能则是错误的。

2. 情绪理论

华生认为，情绪是一种遗传的模式行为反应，它涉及整个身体机制，特别是内脏和腺体系统之深刻变化。情绪是遗传的、原始的，反应是模式化的、类型化的，亦即反应的各个细节表现出一定的经常性、规律性，且每当激动的刺激出现时，几乎总是依同样的次序相继发生的，因而具有顺序性。虽然华生把本能和情绪都看作是遗传的模式行为反应，但又认为两者是有区别的。其不同之处主要表现为：(1)情绪活动于体内，包括整个身体尤其是内脏和腺体的变化，它是内隐的、含混不清的；本能表现于外，是刺激引起整个有机体对各种对象的顺应，其动作是专一的，例如眨眼。(2)情绪可以离开外显的本能动作而发生，但本能基本上总与情绪相伴。

华生将人的基本情绪分为三种：恐惧、愤怒和爱。它们各有其发生的主要情境及典型表现。在使用这几个术语时，华生有很大的犹豫，生怕人们误解为

① 华生：《行为主义》（英文版），171页，1930。

主观意识一类的东西。他希望学者抛弃这些名词的旧意义，而情愿用呼吸、心跳以及其他不学而能的反应的观点来理解、说明之，或者把它们理解为 X、Y 和 Z 的情绪反应状态。

华生利用条件反射研究情绪发展变化，并得出一些有价值的结论。基于一个 11 个月大的男婴小阿伯特对白鼠形成条件恐惧反应的实验事实，华生认为，人们生来只具有很少的“本能”，例如害怕、愤怒和性反应，其他一切情绪都是这些无条件反应的条件翻版。具体说来有 3 点：(1)人的各种复杂情绪都是在前述三种原始情绪基础上，通过条件作用而逐渐形成的。条件化是使情绪复杂化和发展的机制。(2)由条件反射形成的条件性情绪反应具有扩散或迁移的作用。在对白鼠形成条件恐惧反应后，相似的刺激物如白兔、皮外衣和刷子等带毛的东西都可引起恐惧反应。(3)在条件刺激精确化的情况下，条件性情绪反应又可形成分化性条件情绪反应。例如，如果严格地每次只对白鼠予以敲击声作为条件刺激来强化，对其他刺激单独使用时不以敲击声强化，则扩散消失，而只对白鼠保留反应。华生还认为，已形成的不良条件性情绪反应可通过重新条件作用或解除条件作用来消除。

3. 思维理论

思维的中枢主义观点认为，思维是在没有肌肉运动的情况下在脑中发生的，是不易于观察和实验的、难以捉摸的东西。华生并不认可这种观点。在他看来，思维也是习得的感官运动行为，是一种内隐的语言，它可以表现为语言形式的思维(由内隐的言语组织实现)和非言语形式的思维(通过内隐的肢体组织或内脏组织实现)两种。

华生认为，语言形式的思维和言语一样，也是一种语言习惯，只不过两者的表现形式和性质有所不同。言语是一种外显的语言习惯，是大声的思维，是社会性的；语言形式的思维则是一种内隐的语言习惯，是无声的谈话，是个人性的。在这里，华生提出一个重要的思想，即内隐的语言习惯是由外显的语言习惯逐渐演化而来的。开始是儿童在思维时独自自言自语，以后在大人和社会的要求下转为低声自语，最后发展到只在嘴唇之内出现，即无声言语或思维。

非言语形式的思维通过个别的肢体动作来代替词的功能，例如聋哑人说话时就是用肢体动作代替字词的，他们的言语和思维都是以同样的肢体反应进行的。甚至正常人也并非总是用词汇来进行思维的。当一个人在思维时，他既发生着潜伏的语言活动，又发生着潜伏的肢体活动和脏腑活动，而在后两种活动占优势时，就发生没有语言形式的思维。

华生将人的思维完全归结为身体内部的肌肉动作，将其排斥在词的思维之外，缩小了人与动物心理的差别，因而陷入机械主义和生物学化的境地。

4. 人格理论

华生认为，人格就是个体一切动作的总和，是个体各种习惯系统的最终产物。具体来说，某一个体在某一年龄时段的人格就是他在该年龄时段各种习惯系统或动作流的横切面部分。个体在社会生活中形成的习惯系统很多，如公共讲演系统、沉思系统、恐惧系统、爱怜系统等。各个习惯系统所占的地位不同。根据某一个体人格中占优势的习惯系统，可以划分个体人格类型并粗略判断其主要人格特征。若要精确了解个体的人格，还必须研究他受教育的情况、成就大小、业余爱好、生活中的情绪表现，以及辅以各种心理测验。

华生认为，人格是在环境的影响下形成的，不同的生活环境及教育训练形成不同的人格，特别是对幼年和少年影响更明显。因此，改变人格的惟一方法就是改变一个人的环境，环境改变的程度越大，则人格改变的程度也越明显。可以说，通过心理医生来改变人格是完全可能的，只不过得多花一点时间。

综上所述，华生反对传统心理学的主观内省和心灵思辨，主张运用客观方法研究行为，对心理学对象和方法进行客观化，以客观的刺激—反应行为公式说明各种心理学问题，改造了心理学思想，扩展了心理学对象，力图使心理学成为一门能预测和控制人的行为的、真正的自然科学，具有变革性的意义。与冯特的意识心理学相比，华生的行为主义彻底改变了心理学的发展进程。冯特认为心理学研究对象是人所独有的意识，只有弄清楚了意识及其活动规律，才能真正解释人的行为。冯特的愿望不可谓不宏大，其研究思路亦不无道理；但是，对于一门刚刚诞生的新学科而言，面对这么宏大的任务与目标，又不免力不从心。可见，脱离实际的愿望再好也只是愿望而已。

在冯特的心理学正处于这种左右为难的尴尬境地时，机敏的华生及时地抓住冯特心理学的破绽，不畏权威，举起行为主义革命的旗帜。华生坚决否定冯特的意识研究思路，认为人的心理与动物的行为并无区别，要解释人的行为并不一定要仰赖对意识的理解；人的行为与动物一样，主要取决于外在刺激，把握了客观刺激就能把握人的行为。冯特坚信意识决定行为，华生强调刺激决定行为，结果是年轻的华生取代了博学的冯特而成为科学心理学的代言人。现在来回顾这段历史，客观地说，冯特的思路并没有错，但不符合当时的心理学与社会需要。华生的观点虽然偏激，但适应时代的要求。事实上，冯特思想本身的矛盾性就孕育了行为主义的萌芽。一方面，他坚持意识的决定性；另一方面，他又认为实验内省方法不能研究意识本身，只能研究意识的元素。这就为华生在实验的名义下取消意识提供了借口。因此，在心理学史上，真正构成冯特对立面的是布伦塔诺而非华生。华生只是更为激进的冯特而已；或者说，是冯特心理学研究逻辑的必然结果。从行为主义向新行为主义的转向直至现代认知心理学的兴起，便是历史对于他们最公正的评判。

但是华生之忽视人和动物的本质区别，漠视心理的实存性、主观性和能动性，夸大环境和教育的作用，却使自己陷入严重的机械主义和生物学化的境地。华生思想的极端性，又成为新行为主义兴起与发展的契机。

第三节　其他早期行为主义心理学家

自从华生创立行为主义以后，行为主义不久就在美国乃至其他国家迅速风行起来。一些心理学家提出了与华生的理论相近但又不完全一致的观点，这些人被称为早期行为主义者。

一、梅耶及其生理行为主义

梅耶(Max Frederick Meyer，1873—1967)生于德国，就读于柏林大学，曾师从艾宾浩斯学习心理学，后在斯顿夫和物理学家普朗克的指导下获得博士学位。移居美国后，1900年在密苏里大学建立心理实验室，并在该校执教30年，其间专攻音乐和听觉心理学。专著有《人类行为的基本规律》(1911)和《他人心理学》(1921)。

梅耶强调心理学的客观方法，认为心理学只有采用与物理学相似的客观方法研究他人的行为，才能成为一门科学。惟一科学的心理学应是远离内省而集中理解他人行为的心理学。他认为心理学的研究对象应该是“别人”而非自己；作为一位临床心理学者、实验心理学者或社会心理学者必须研究他人的行为，否则就容易对观察的结果产生偏见。

梅耶的心理学熔行为观察和思辨性神经学(speculative neurology)于一炉。他强调自己是方法论的行为主义，而非形而上学的行为主义。他认为心理学家不必去否定心灵和意识的存在，也不必贬低大脑和神经系统在人的行为活动中的作用；心理学家不仅要重视可观察的资料，而且也要思考发生于大脑某处而不可观察到的活动。心理学家的任务就是研究公开的资料，当意识在公开的情况下也可以进行科学的研究。这是梅耶行为主义的特色，也是他与华生的最大区别。皮尔斯伯利称赞梅耶为“第一个对人的行为作了全面的行为主义解释的人”[①]。

① 皮尔斯伯利：《心理学史》(英文版)，290页，1929。

二、魏斯及其生物社会行为主义

魏斯(Albert Paul Weiss, 1879—1931)出生于德国，幼年移居美国。在梅耶指导下于1916年获博士学位后，一直在俄亥俄州立大学执教，终生从事儿童发展的研究。代表作有《人类行为的理论基础》(1925年)。

魏斯认为心理学是物理学分支的生物学的一个分支，是一门客观科学；人类行为(包括意识、人格)可以通过物理的、化学的要素，甚至是电子的、质子的运动来加以解释和说明；世界是由电子—质子聚合体组成的物理世界，除此之外，不存在任何超物理的东西，更不用说超物理的意识的或心理的实体了。因此，他竭力排斥一切有意识的描述和内省的方法，使得心理学实际上成为物理学的一个分支。这是一种极端的还原论观点。

由于心理学研究的行为活动不仅具有物理、生物的特性，而且还具有社会的特性，因而魏斯主张，人的行为是随着有机体的成熟和发展，并在社会影响和人们互动作用下形成和改变着的，有机体只有在婴儿早期才是一个生物实体，之后就慢慢社会化了。但是无论个体受到怎样的影响，其行为都能照旧还原为物理的要素。心理学的主要任务就是追寻人类从婴儿发展为社会成人的过程，亦即人的行为形成的生物的和社会的过程。

三、霍尔特及其非正统行为主义

霍尔特(Edwin Bissell Holt, 1873—1946)，新实在论哲学家，优秀的实验家，深受詹姆士影响。他生于美国，1901年在哈佛大学获博士学位后，先后任教于哈佛大学和普林斯顿大学。1910—1911年，霍尔特任哈佛大学的心理学实验室主任，1910年发起新实在论运动。他的主要著作包括《意识的概念》(1914)、《弗洛伊德的愿望及其在伦理学中的地位》(1915)和《动物驱力与学习过程》(1931)。

霍尔特为行为主义提供了强有力的哲学支持，并对托尔曼产生了深刻影响，促使他创立认知行为主义。霍尔特认为：(1)意识包含于行为之中，行为就是认识，研究行为就是研究意识。心理学应研究“特殊的反应关系”即行为，而不直接研究意识。只有通过研究行为，才能理解意识。(2)行为是整体的、有目的的，任何反应动作都是完成某种目标的整体行为，而不是简单的刺激—反应联结。这相当于托尔曼的整体行为概念。

霍尔特与华生一样，否认遗传在人类行为中的作用。他认为人的所有行为模式是通过两条途径——学习和成人对童年所建立的行为模式的保持——习得或发展起来的。内驱力是学习的动机之一，当有机体处于外部或内部动机作用状态下，学习就会出现。霍尔特的这一观点对赫尔的驱力还原学习理论产生了一定的影响。

四、拉施里及其大脑机制论

拉施里(Karl Lashley,1890—1958)，华生的学生，20世纪前50年最著名的神经心理学家。1915年在霍普金斯大学获哲学博士学位后，先后任教于明尼苏达大学、芝加哥大学和哈佛大学，最后到耶克斯灵长类生物实验室工作。他以其在神经心理学方面的许多精致的实验研究、尤其是对动物脑切除的研究闻名于世，并提出大脑活动的等功原则和整体活动原则，为华生行为主义的客观方法提供实验支持。主要著作有《意识的行为主义解释》(1923)、《脑的机制与智力》(1929)。1929年，拉施里当选为美国心理学会主席。

拉施里和霍尔特一样，从新实在论出发，否认客观事物与主观映象、心理活动与身体活动的区别。他认为，心理学不应当把意识作为研究对象，而应研究客观的行为；对传统心理学和内省法应该用科学的方法和客观的表述加以改造，将内省理解为通过内部感官对自己身体内部的变化所进行的观察；有意识行为和无意识行为只有程度上的差异而无质的区别；语言反应与身体的其他反应一样，两者并无性质上的区别，都只是一些肌肉群的收缩。

拉施里通过对老鼠及其他动物做脑切除实验，研究脑在学习过程中的作用，提出大脑皮层的两条原则。(1)整体活动原则，即切除大脑皮层对学习效率影响的大小，是以切除分量的多少为转移的，切除分量越多影响越大，切除部位的不同并不影响学习效率；受影响的大小随学习活动的复杂程度而异，活动越复杂，受影响越大。(2)等功原则，即皮层的一定部位，从其对任务的功效来说，本质上是与另一部分相等的。因此，切除大脑皮层的不同部位，对动物的学习效率并不发生不同的影响。

基于上述研究，拉施里还发现，皮质内并不存在具有确定定位点的感觉装置与运动装置之间的联结，脑也并不只是把内导的感觉神经冲动转换为外导的运动冲动。事实上，脑在学习中的作用要比这复杂和积极得多，脑整合的复杂性大大超出了反射学说所允许的限制。对华生关于反射是点对点的简单联结，复杂行为是由许多简单反射组合而成的观点，拉施里并不同意。他倾向于批判性地接受巴甫洛夫的条件作用理论。他关于脑整合机制的发现与完形心理学的理论有一致之处。不过，这只是拉施里和华生在小的具体问题上的分歧，在行为主义的基本观点上他们还是一致的。

第四节　新行为主义心理学

早期行为主义完全无视有机体的内部过程，完全排斥人的意识，过于强调外在刺激对行为的意义，将人的心理活动降低到动物心理的水平，无法充分理解人类行为的复杂性和多样性，因而自问世以来就一直遭受批评。古典行为主义的自身缺陷迫使新行为主义者为了摆脱困境而对华生的理论加以修正。从1930到1960年，作为当时美国社会历史条件和行为主义自身发展的结果，新行为主义在美国发展起来了。

新行为主义者坚持行为学派严格决定论的基本立场，只是试图对华生那种极端简单化的观点和方法加以修正。其主要特征是：(1)不排除意识经验，提出中介变量的概念，探讨而不是回避有机体行为背后的机体内部因素，重视对动机和认知机制的研究。(2)主张整体行为观，更多地使用块状概念分析多种动作的构成，以改变华生局部性的分子行为观及将行为归结为肌肉运动的简单组合。(3)重视操作分析的客观方法，力图用科学操作使心理学术语客观化，摆脱那些不能进行客观观察或科学论证的问题。

新行为主义的主要代表人物是托尔曼、赫尔及斯金纳。

一、托尔曼

托尔曼(Edward Chase Tolman，1886—1959)，美国新行为主义的代表人物之一，现代认知心理学的先驱。他早年就读于哈佛大学，曾随考夫卡学习格式塔心理学，并深受其影响。1918年起任教于加利福尼亚大学，曾任美国心理学会主席(1937年)及该会普通心理学部主席(1953)，获该学会卓越科学贡献奖金(1957年)。曾任第14届国际心理学会议联合主席。

托尔曼的认知行为主义理论对心理学尤其是学习心理学产生了较大的影响。代表著作有《动物和人类的目的性行为》(1932)、《鼠和人的认知地图》(1948)。

(一)整体行为

托尔曼和华生一样认为心理学应该研究行为，但他反对华生对行为所作的分子性定义(以简单的刺激—反应联结的概念来描述行为)。他将行为分为两种：一种是分子行为，指个体所表现的局部性动作，如光、声等刺激引起的肌肉收缩和腺体分泌的反应；另一种是整体行为，指个体所表现的大单元或整体性行为，如著书、说话、走路、上班等等。托尔曼认为人类的行为绝大多数表现为整体行为，它们有自己的描述性和规定性而不是生理零件的总和，因而不必将心理学的研究纠缠于物理学和生理学的细节。华生对分子性行为的研究不仅与人类绝大多数有意义行为无关，而且不能说明整体行为的性质；心理学应该研究整体行为。托尔曼还归纳出整体行为的四个主要特征：(1)整体行为总是指向一定的目的，总是设法获得某些事物和回避某些事物；(2)整体行为为实现一定的目标对象，总是选择一定的方式，利用环境所提供的各种途径和工具来排除障碍、实现目的，具有认知的特点；(3)整体行为遵循最小努力原则，即对短近而易于达到目的的活动比遥远而困难的活动具有优先的选择性；(4)整体行为不是机械的、固定的，它可以通过教育而变化，具有可接受教育的特征。

托尔曼的这个整体性的概念无疑是与格式塔心理学的“格式塔”观念有关的。但是格式塔心理学的格式塔是先验的，托尔曼的整体性或“符号—格式塔”则是由学习获得的。

(二)中介变量

中介变量这个概念是托尔曼于1932年在《动物和人类的目的性行为》一书中所首创的，赫尔也采用了它。但他们的中介变量体系是不相同的。赫尔的体系是在巴甫洛夫学说的强烈影响下形成的，他用以表示中介过程的术语大部分借用巴甫洛夫的术语；托尔曼则使用了传统心理学的概念体系，并修改了格式塔心理学术语用以补充这个体系。当然，他们都坚持纯实证主义的立场，并使用操作主义和新实证论的方法。

托尔曼反对行为的生理分析，主张行为的心理分析，认为华生的刺激—反应公式只强调行为的生理机制，没有注意有机体的内部因素在行为中的作用。其实，引发行为的因素除了外在环境变量之外，还有个体差异变量。为了规定行为的最初原因和行为本身，他提出了自变量和因变量的概念。他所说的自变量就是前面提到的环境变量和个体差异变量，其中环境变量包括补给时间表、目标对象的适度性、刺激物的类型及其所提供的方式、所要求的运动反应类型、先行的或后继的迷津单元模式等，个体差异变量包括个体的遗传特征、年龄、先前所受训练、特定的生理状态等，它们是行为的初始原因。因变量即行为变量，是指行为本身。托尔曼用以下公式说明行为变量与实验变量之间的关系：

$$B = f(S、P、H、T、A)$$

公式中，B 代表行为变量，S、P、H、T、A 代表实验变量；具体而言，实验变量中的 S 代表环境刺激，P 代表生理内驱力，H 代表遗传，T 代表过去经验或训练，A 代表年龄。按照上述公式，行为是环境刺激、生理内驱力、遗传、过去经验或训练以及年龄的函数；也就是说，有机体的行为随着这些试验变量（自变量）的变化而变化。

但是，问题并不到此为止。托尔曼试图从可以观察到的环境刺激（自变量）和行为反应（因变量）探索有机体的内部过程，用以解答“为什么有这反应”的问题。于是 $S—R$ 被托尔曼理解为 $S — O — R$，这也是托尔曼的理论中最具特色的部分之一。中介变量（O）介于实验变量（S）和行为变量（R）之间，是与可以观察到的周围事件和行为表现相关联的，而且可以根据这些事件和表现推断出来。中介变量不能直接观察到，但它是引起一定反应的关键，是行为的决定者。

托尔曼认为，在解释动物和人类的行为时，有两类中介变量：需求变量和认知变量。需求变量也就是动机，包括性欲、饥饿、安全、休息等要求，它决定行为的动机，回答行为的“为什么”的问题；认知变量包括对客体的知觉、对探究过的地点的再认，如动作、技能等，它决定行为的知识和能力，回答行为的“是什么”的问题。这些中介变量虽然不能被直接观察到，但却可以通过实验设计，使之数量化而被间接地推理出来。

1937 年，托尔曼在美国心理学会发表主席演讲时，又把实验变量进一步引申，提出环境变量和个别差异变量。前者指环境刺激，后者指过去经验或训练和年龄等。

1951 年，受格式塔心理学派勒温的影响，托尔曼对中介变量提出两个重要补充。一是欲求系统（need system）。他把需求变量改为欲求系统，指有机体当时的生理需要和内驱力。二是行为空间（behavior space）。他把认知变量改为行为空间，指个体产生动作的行为空间，是个体在一定时间内所知觉的、存在于不同地点、距离和方向的各种事物，相当于勒温的生活空间。其中，有些事物吸引人，有些则使人厌恶。

中介变量概念一经提出，就在当时的学习理论中引起较大的反响，并为当时的心理学家所接受，如赫尔几乎是立即采纳了它。这是托尔曼对心理学所作的一项贡献，尤其在学习理论方面引起较大反响。但是，托尔曼仍是一个心理学方面的客观主义者，因为他主要关心外显行为，其“中介变量”并非冯特的“意识”，而是仅仅局限于可推测或已证实的主观状态，而任何内隐的、不能从有机体外部观察或推测到的东西都必须排斥在科学研究之外。

(三)学习理论

西方学习理论可分为两大类：第一类是刺激—反应理论，代表人物包括桑代克、古斯里、赫尔和斯金纳；第二类是认知理论，代表人物包括托尔曼、正统的格式塔心理学家勒温。

托尔曼的学习理论在他的整个理论体系中占有重要地位。他否认桑代克的效果律，认为奖励或强化在学习中所起的作用很小。他提出以学习的认知理论替代刺激—反应的学习的理论。

1. 符号学习

托尔曼认为动物和人类的行为都受目的指导，学习者在达到目的过程中，会遇到各种环境条件，必须“认知”这些条件，才能克服困难，达到目的。这种对环境条件的认知，乃是达到目的的手段或途径。他用“符号”这一名词来代表对环境的认知。学习者认识到达到目的的途径，形成了一种“认知地图”。学习者所学习的并非简单的、机械的运动反应，而是学习达到目的的符号及其所代表的意义。这便是托尔曼“符号学习”的基本含义。

下面介绍托尔曼用以比较符号学习理论与刺激—反应的效果的位置学习实验。

他设计了一个十字形的迷津，把白鼠分为两组，即反应学习组和位置学习组。反应学习组(简称甲组)，从起点 S_1 出发，经过交叉点 C 向右转，到达食物点 F_1；或从起点 S_2 出发经过交叉点 C 还是向右转，到达食物点 F_2(如图 11 - 1A)。位置学习组(简称乙组)的食物放在固定地点 F_1，这与反应学习组不同。白鼠从起点 S_1 出发，须向右转到达食物点 F_1；如果从起点 S_2 出发，则须向左转才能到达食物点 F_1(如图 11 - 1B)。实验结果，乙组学习较甲组为快。乙组 8 只白鼠只试验 8 次就学会了，而且连续再做 10 次均无错误。但甲组 8 只白鼠在学习中，没有一只能像乙组那样快，其中有 5 只连续试验 72 次都不能达到标准(即走满 10 次，每次正确无误)。

根据这个实验，甲组白鼠不管起点如何，只要作出相同反应(向右转)便能在不同地点找到食物。乙组白鼠则采用不同的起点，为了取得食物，有时必须向右转，有时必须向左转。因此，运动反应不同，而食物的地点相同。托尔曼论证了位置学习(乙组)比反应学习(甲组)快而有效；也就是说，学习依靠认识达到目的的符号及其意义(即认识到获得食物的途径)，而不是获得一系列机械的运动反应。

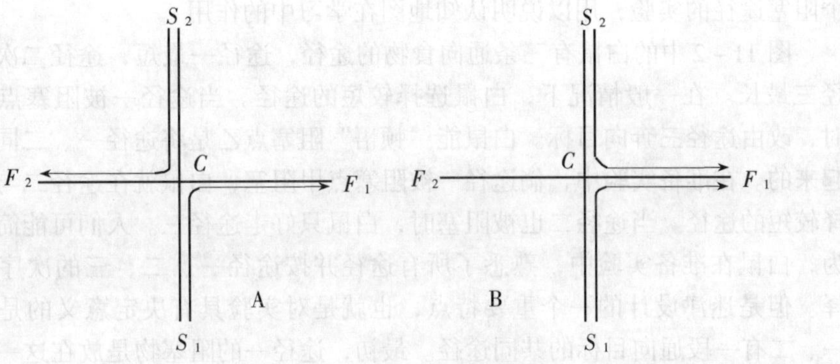

图 11-1　白鼠的位置学习实验之一

2. 认知地图

认知地图是托尔曼符号学习理论中的一个重要概念，它被构想为环境的内部特征，它们引导一只老鼠或一个人明智地趋向目标；也可以将它理解为在过去经验的基础上产生于头脑中的、某些类似于一张现场地图的模型。托尔曼设计的白鼠走迷津实验证明，白鼠不是按照盲目的习惯或选择点所激起的机械行为习惯，而是根据头脑中形成的由起点至终点的各通道环境的“认知地图”来行动的。

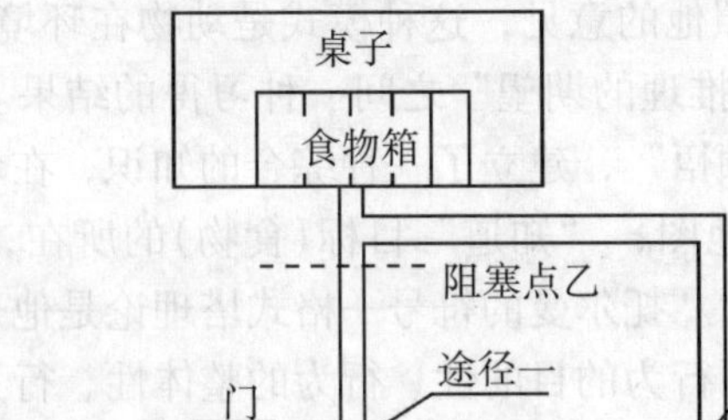

图 11-2　白鼠的位置学习实验之二

为了进一步阐明位置学习的优越性，托尔曼和杭席克于 1930 年设计了一个阻塞途径的实验，用以说明认知地图在学习中的作用。

图 11－2 中的白鼠有三条通向食物的途径，途径一最短，途径二次之，途径三最长。在一般情况下，白鼠选择较短的途径。当途径一被阻塞点乙关闭时，改由途径三奔向目标。白鼠能“顿悟”阻塞点乙是将途径一、二同时关闭起来的。在准备实验中，倘途径一被阻塞点甲阻塞，白鼠就在途径二与三中选择较短的途径。当途径二也被阻塞时，白鼠只好走途径三。人们可能简单地认为，白鼠在准备实验中，熟悉了所有途径并按途径一、二、三的次序作出选择。但是迷津设计的一个重要特点，也就是对实验具有决定意义的是，途径一、二有一段通向目标的共同途径。最初，途径一的阻塞物是放在这一段共同途径之前(甲)，白鼠从阻塞点(甲)向后转奔向途径二。现在，将阻塞点移远、放在这段共同途径之上(乙)。在实验时，白鼠是否倒退后，仍奔向途径二，因而受阻呢?还是白鼠能“认知”途径二也被阻塞了呢?实验清楚地证明，白鼠能避开途径二，奔向最不乐意选择的、距离又最长而却是惟一的通路途径三。这正好说明白鼠是根据对情境的认知地图来行动，而不是根据盲目的习惯，也不是依据途径的次序而形成的机械的奔走习惯来行动的[①]。

托尔曼根据位置学习的几个实验，阐明了学习者并非像主张强化论者所预期的那样，按照一系列杂乱的尝试与错误行为，从起点奔向目标，而是根据对情境的认知，在所有选择点建立了一个完整的符号—格式塔模式，托尔曼称之为“认知地图”。按照他的意见，这种模式是动物在环境中的“符号”(它代表的意义)和动物的“推理的期望”之间一种习得的结果。他认为，认知地图是动物对环境有了“顿悟”，建立了一种综合的知识，在动物的头脑中产生了某些类似一张现场的地图，“知道”目标(食物)的所在，从而改变它们的行为，以适应环境的要求。托尔曼的符号—格式塔理论是他全部学习理论中最基本的概念，可用以说明行为的目的性、行为的整体性、行为的期望和预见性，因而有力地反对刺激—反应的学习理论，认为学习决不是一系列盲目的、机械的动作，而是对他的环境有了某些认知，而这种认知则有助于解决问题。他还说，同样的情况也发生于一个非常熟悉自己的周围地点的人身上。当他已形成了这一地区的认知地图时，他可以通过若干条不同的道路或避开阻塞的道路走向目的地。

3. 潜伏学习

托尔曼体系中关于学习的另一个主要理论是潜伏学习。他和杭席克设计了一个实验，研究白鼠学习迷津过程中食物(强化物)对学习的作用。他把白鼠分

① 转引自高觉敷主编：《西方近代心理学史》，285～288 页，人民教育出版社，1982。

为甲、乙、丙三组。甲组不给食物，即“无食物奖励组”。乙组每天给食物，即“有食物奖励组”。甲、乙均为控制组。丙组为实验组，在开头10天不给食物，第11天开始才给食物奖励。实验组设置的目的在于比较乙组和丙组的成绩，从而探索动物开头几天不给食物后来给以食物对成绩的影响。结果表明，控制组乙组逐日减少错误较甲组快得多；而控制组乙组与实验组相比，从第11天开始，乙丙两组的错误分数和速度分数几乎相似，丙组甚至优于乙组。如何解释这种现象呢?托尔曼认为，丙组尽管在开始时不给食物，但学习了迷津的“空间关系”，“知道”迷津的每一部分都有一端是闭路，另一端则有一个通向别部分的门，形成了一个认知地图。当丙组在第11天给以食物时，这个近因(recency)更加强了动物对迷津的认知，也就是加强了早先形成的符号—格式塔，因而突然减少错误，甚至显示了较优于乙组的倾向(从第11天开始，平均错误少于乙组)。托尔曼据此作出结论：丙组在开头10天的练习中虽不给食物，但在每次练习中同样地探索迷津的每一部分，形成了认知地图，只不过未曾表现在外部行为中而已。

由此可知，动物在开头几天的学习过程中虽无食物奖励，但同样在进行学习，对新情境有所认识。一旦给以食物，动物获得急切需求的目的物，促使自己更好地运用已形成的认知地图，使符号—格式塔进一步巩固，因而丙组的错误从第11天(给食物奖励那一天)起显然减少，赶上乙组，甚至比乙组学习得更好。托尔曼称这种现象为“潜伏学习”。

潜伏学习的效果正是有机体在追求目的时运用已有“认知”的结果。实验结果如图11－3。

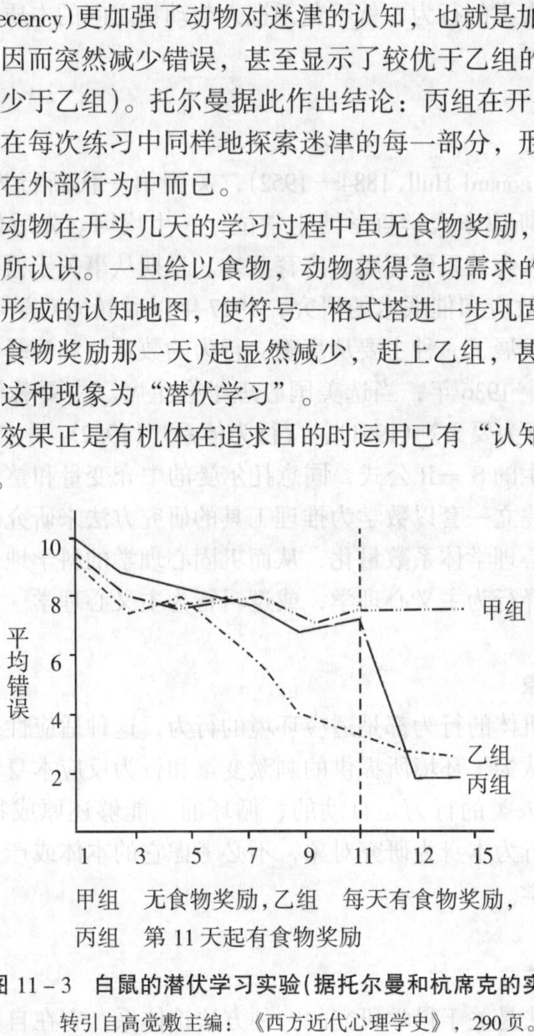

甲组　无食物奖励，乙组　每天有食物奖励，
丙组　第11天起有食物奖励

图11－3　白鼠的潜伏学习实验(据托尔曼和杭席克的实验)

转引自高觉敷主编：《西方近代心理学史》，290页。

从以上可以看出，托尔曼是一个特殊的行为主义者，在西方学习理论中他的学习理论属于认知理论这一大类，以反对刺激—反应理论。他被认为是认知心理学的开山祖。他承认目的、欲求、动机、内驱力等心理学概念，企图弥补华生式行为主义的缺点。他还通过各种实验，来论证他的可用客观观察的目的性行为，借以反对麦独孤的主观的目的论。

他的基本立场是行为主义和操作主义。他强烈反对意识心理学把意识作为心理学的研究对象。他没有把行为恰当地同内隐的机能(如认知状态)彻底地、明确地联系起来，因而不能发展成为一种完全整合的理论体系。他 30 年的实验研究是建立在白鼠的学习上，他自称为“白鼠心理学家”。他以动物实验的结果和结论推论人类的行为，就不免无视人与动物之间的本质上的差异了。

二、赫尔

赫尔(Clark Leonard Hull, 1884—1952)，美国第一代新行为主义的重要人物，1918 年获威斯康辛大学哲学博士学位，一生坎坷。先后任职于威斯康辛大学和耶鲁大学人类关系研究所，广育英才。早期从事关于概念形成、能力倾向测验、烟草的效应和催眠术的研究，1927 年以后转向对学习行为及条件反射问题的研究，发展了一种主要从事确立行为的数量法和演绎体系的新行为主义，并因此成名。1936 年，当选美国心理学会主席。主要著作有：《行为原理》(1943)、《行为要义》(1951)、《行为体系》(1952)。

赫尔反对华生的 S —R 公式，同意托尔曼的中介变量和整体学习，重视需要和驱力，试图建立一套以数学为推理工具的研究方法来研究刺激与反应的联结，希望借此使心理学体系数量化，从而巩固心理学的科学地位，因而他的理论被称为假设演绎行为主义心理学，或逻辑行为主义心理学。

(一)研究对象

赫尔认为有机体的行为都是适应环境的行为，这种适应性行为就是心理学的研究对象。他认为，环境所提供的刺激变量和行为反应本身都是客观的、可以观察测量的，人类的行为是自动的、循环的、能够还原成物理学术语的东西；心理学应以行为本身为研究对象，不必考虑它的本体或产生它的东西，不必涉及神经心理学。

(二)研究方法

假设演绎方法是关于科学研究的一种方法论体系，它在自然科学如数学、物理学中经常被运用并取得丰硕的成果。在赫尔看来，心理学也是自然科学，完全可以依据数学模式来建立行为体系，形成一种逻辑行为主义的心理学方法论。因此，赫尔将假设演绎方法论引入心理学的研究之中，并归纳出其基本原则和方法：(1)有一套众所周知的、表述清晰的公设，并且对重要概念和术语下明确具体的操作性定义；(2)从这些公设出发，以最严密的逻辑演绎出一系列相互联系的、包括有关领域的重要具体现象的定理；(3)对其假设的结论用实验方法加以检验，并能在新观察到的事实、实验结果和理论的基础上不断修正；(4)证明该假设为真后，将其纳入科学体系之中；若为伪，则无科学意义。因此，赫尔的理论体系充满了表述行为规律的定理，充满了数量化的特征。

(三)学习理论

赫尔的学习理论，是他根据假设—演绎模型构成的行为原理之一。他坚持学习的联结观点，认为学习就是有机体去自动获得具有适应性作用的感受器—效应器的联结，并将 $S—R$ 公式改为 $S—s—r—R$。其中 S 为外在环境刺激，s 为刺激痕迹，r 为运动神经冲动，R 为外部行为反应。赫尔认为，外在环境刺激消失后，其作用不会马上停止，而是持续存在一段时间，成为刺激痕迹；该刺激痕迹导致运动神经冲动，再由运动神经冲动导致外部行为反应。

赫尔认为行为建立的基本条件是接近和强化，两者缺一不可。由此，赫尔提出了习惯强度这一概念。习惯强度是指传入和传出神经冲动之间的动力关系，亦称习惯反应的力量。他把效应器的活动和感受器的活动之间的联结关系称为习惯，而把联结的力量或持续性称为习惯强度。习惯强度的形成除受刺激与反应在时间上接近的影响外，还受强化的强度和强化与反应之间的时间间隔所制约。它随强化而发展，是反应被强化的函数。强化可以增强刺激与反应之间的联结力量，强化次数越多、质量越高，它的上升曲线也越高。可见，学习进行的基本条件就是在强化条件下的刺激与反应的接近。这也是赫尔学习理论的核心。赫尔还认为，凡是导致内驱力下降的事件均可强化刺激—反应的联结，因此，他的学习理论也被称为内驱力降低说(或需要减弱理论)。

(四)反应势能

我们知道，有机体已经习得的反应不一定都在刺激的作用下发生，而且相同的刺激也不一定引起相同的反应。究其原因，就在于有机体的内部生理状态不同。为此，赫尔假定内驱力(一种有机体组织状态引起的刺激，它的力量可以由生物需要被剥夺的时间长短或所激起的行为的强度、力量等客观指标来加以确定)这一中介变量，以内驱力来解释行为发生的动力；他又提出反应势能(一个已经习得的反应在一定刺激作用下发生的可能性)这一概念来说明行为的动力控制。

反应势能取决于习惯强度(即刺激与反应的联结力量)和内驱力的共同作用，以公式来表示就是：

$$sE_R = D \times sH_R$$

式中，sE_R 表示反应势能，D 表示内驱力的力量，sH_R 表示习惯强度。若内驱力为零，反应势能亦为零；内驱力增大，反应势能也增高，其增高程度取决于习惯强度。例如，已形成压杆取食条件反射的白鼠，会被饥饿的内驱力激发出压杆反应；已饱食的白鼠则很少做出这种反应。

(五)行为的抑制与消退

一个已经习得的反应，在不予强化的情况下重复引起，就会逐渐削弱以至消失，这就是行为的消退现象，称为抑制和消退律。这种抑制作用主要有两种方式：反应性抑制和条件性抑制。在动物条件反射实验中，刺激物的持续作用使得有机体不断重复地活动，因而产生机体疲劳，而疲劳又最终使得动物的反应削弱或者消失。这就是反应性抑制。一旦反应消失，疲劳缓慢恢复，反应性抑制也就慢慢解除。与此同时，某些原本中性的刺激因为曾经与反应性抑制相伴发生作用，因而也获得抑制力量。这就是条件性抑制。这两种抑制都会削弱反应。

综上可知，赫尔以其毕生精力，根据假设—演绎法和大量控制严密的实验，构建了一个精密的学习理论体系，把学习定律加以数量化，坚持和发展严格客观的行为主义研究途径，为心理学构筑了一个庞大复杂、无所不包的理论体系。该体系对西方现代心理学产生了重大的影响，是 20 世纪 30 年代后的几十年间最占优势、影响最大的学说之一。赫尔希望心理学成为一门完全客观、精确的自然科学并一直为此而努力，其孜孜以求的精神和所取得的令人瞩目的成就令人敬佩，也是他人难以企及的。但是，赫尔的理论体系过于庞大复杂、烦琐精细，难以弄懂；他的实验情境单一，方法过于特殊而缺乏足够的概括性，不免使人怀疑其理论的代表性和说服力。

三、斯金纳

斯金纳(Burrhus Frederick Skinner，1904—1990)，哈佛大学心理系研究生、哲学博士，美国新行为主义的后起之秀及主要代表，操作条件作用学习理论的创始人和行为矫正技术的开创者，当代最著名的心理学家之一。他先后任教于哈佛大学、明尼苏达大学、印第安纳大学。1947 年重返哈佛大学任心理学系终身教授，其间建立了著名的鸽子实验室，并以它为基地，写就和发表了大量关于动物的操作性条件作用的研究报告和论著，达到其学术生涯的顶峰。1958 年，荣获美国心理学会杰出科学贡献奖。1968 年，美国政府授予他最高科学奖——国家科学奖。1971 年，美国心理学基金会授予他一枚金质奖章。1990 年他逝世前，美国心理学会又授予他心理学毕生贡献奖。

斯金纳的实验和学说，最早是在他 1938 年出版的《有机体的行为：一种实验分析》一书中发表的。该书主要是通过对白鼠和鸽子的观察，经验性地描述学习的法则，从而为操作性条件作用原理奠定了基础。他的另一本代表作《科学与人类行为》(1953)着重探讨了人类行为的一些重要方面，如思维、自我和社会化等。1968 年出版的《教学技术学》则探讨了他的基本原理在人类学习中的运用。另外，他在 1948 年出版的小说《沃尔登第二》和 1971 年出版的《超越自由与尊严》，在社会上反响很大。前者是根据人类行为的科学原理，试图形成一种以积极控制的方法加以管理的理想社会；后者则是对他自己观点的总结，并驳斥他人的种种批评。

(一)心理学是描述行为的科学

斯金纳认为，心理学是关于行为的科学，其研究对象是行为本身，“自由意志”、“心”、“官能”“自我”、“超我”、“本我”等概念缺乏科学的定义，阻碍了人们对行为进行直接的、描述性的研究。华生致力于研究肌肉收缩和腺体分泌，实际上使心理学变成一门生理学；托尔曼、赫尔假设有机体内部存在某种中介变量或内驱力，试图从行为以外寻找行为本身的答案，结果也无意义。斯金纳明确指出，心理学是描述行为的科学，新行为主义者只需观察和研究行为本身，假设根本就是多余的。他醉心于发现因变量与自变量之间的各种特定关系，目的是为了加强对因变量的控制。

斯金纳从他的专业生涯一开始，就用他自己的程序来研究行为，用他自己设计的仪器来观察行为，用他自己的方法来分析行为，并用他自己的观点来解释行为。

1. 行为的实验分析

斯金纳认为，“学习”即反应概率的变化；“理论”是对所观察到的事实的解释；“学习理论”所要做的，是指出引起反应概率变化的条件。所以，研究行为的目的，是要形成一种分析各种环境刺激的功能的方法，以决定和预测有机体的行为。为此，斯金纳设计了一个被称为“斯金纳箱”的阴暗的隔音箱，箱子里有一个开关(如用白鼠为被试者，它就是一小根杠杆或一块木板；如以鸽子为被试者，它就是一个键盘)，开关连接着箱外的一个记录系统，用线条方式准确地记录动物按或啄开关的次数与时间(见图 11－4)。

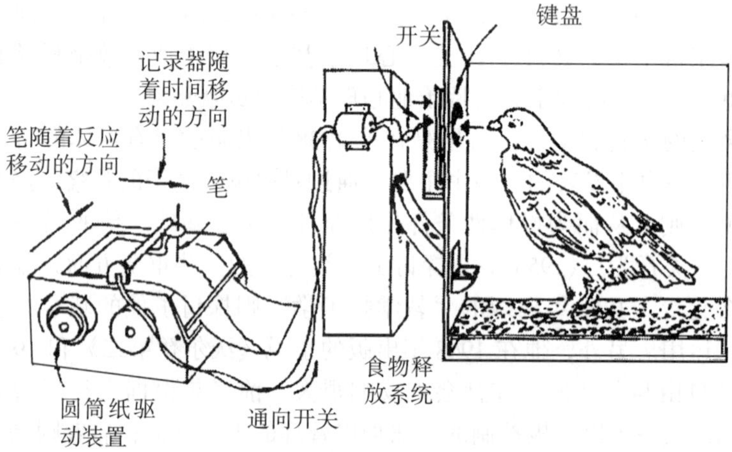

图 11－4　斯金纳箱(鸽子类暗箱)

转引自施良方著：《学习论》，119 页，人民教育出版社，1994。

斯金纳早期都用白鼠作试验，后来大多以鸽子为被试者。在实验时，并不是动物每一次按杠杆或啄键盘都给食物，食物的释放方式由实验者决定。除此之外，实验者还可以控制灯光、声音、电击、温度与湿度等。斯金纳箱的一个特点是，动物可以反复作出斯金纳称为“自由操作的反应”。所谓“自由”，即动物的行为不像在迷津里那样受到限制；所谓“操作”，是因为动物的反应是主动作用于(或操作)环境。

在斯金纳看来，行为的实验分析关注的是环境事件(刺激)与有机体行为(反应)之间的关系，即要考察实验操作是如何引起行为变化的。斯金纳认为，可以用呈现刺激、安排结果、信号刺激三种基本的实验操作来控制环境。

呈现刺激是一种最简单的实验操作。当呈现刺激时，就可以观察到它们促使有机体产生的反应。斯金纳认为，呈现刺激的主要效果是要引起特定的反应。例如，给白鼠食物可以引起其唾液分泌，如果接着给予电击，就可以使它停止唾液分泌，代之以跳跃反应。

然而，有机体环境中的事件并不始终是自发产生的，有时是有机体促使它们发生的。斯金纳认为，可以安排各种环境，使有机体的反应具有效果或结果。有机体的反应一旦有了某种结果，有些反应就会增加，有些反应则会减少，这取决于每一种反应的具体结果。如果有机体由于某种反应的结果，作出这种反应越来越多，那就是说这种反应被强化过了；如果有机体由于某种反应的结果，作出这种反应越来越少，那就是说这种反应被惩罚过了。

但是，如果我们在呈现刺激或安排结果时再给予其他的刺激，那事情就会复杂得多。有机体是不会不加区别地对刺激作出反应的。有机体会知道，某些环境刺激是一种预示着将会发生什么情况的信号，或者说，如果在这时作出反应会带来什么结果。在进行这类实验时，一种刺激被用来作为预示另一种刺激即将来临的信号，或预示反应是否会得到特定结果的信号。例如，我们可以在铃声响时给予食物，或在灯亮时给予电击。这类实验安排类似于巴甫洛夫的实验。但是，我们也可以为反应结果安排这类信号刺激。例如，白鼠只有在灯亮时站起来才给食物，这样，白鼠就会只在灯亮时站起来，灯不亮时不站起来。又如，我们只在铃响时对白鼠舔尾巴的动作给予电击，这样，白鼠就会在铃响时不舔尾巴，而在没有铃响时照样舔尾巴。

斯金纳认为，这些方法为分析学习过程提供了有效的基础。而这类实验分析也使他得出了与经典行为主义不同的观点。

2. 两种类型的学习

斯金纳把由刺激引发的(elicited)反应称为“应答性反应(respondents)”；把有机体发生的(emitted)反应称为“操作性反应(operants)”。前者往往是一种不随意的行为，后者大多是随意的或有目的的行为。在大多数情况下，被动引出的反应在重要性程度上比主动发出的反应要逊色得多。因为，在应答性行为中，有机体是被动地对环境作出反应的；而在操作性行为中，有机体是主动地作用于环境的。经典条件作用只能用来解释基于应答性行为的学习，斯金纳把这类学习称为“S(刺激)类条件作用”。另一种学习模式，即操作性或工具性条件作用的模式，则可用来解释基于操作性行为的学习，他称为“R(强化)类条件作用”。斯金纳认为，人类从事的绝大多数有意义的行为都是操作性的；步行上学、读书写字、回答问题等，都是操作性行为的例子。当然，也许有人会说，事实上存在着许多引发这些反应的刺激。对此，斯金纳并不想否认，但他坚持认为，即便存在引出这些反应的刺激，它们在学习中也并不占主要地位。操作条件作用的模式认为，如果一种反应——不管有没有引起这种反应的刺激——之后伴随一种强化物，那么，在类似环境里发生这种反应的概率就增加。而且，强化物与实施强化的环境一样，都是一种刺激，我们可以以之控制反应。这样，任何作为强化的结果而习得的行为，都可以被看作是操作条件作用的例子。人们因此把斯金纳的理论称为强化理论。在斯金纳看来，重要的刺激是随反应而来的刺激(强化物)，而不是出现在反应之前的刺激。若用公式来表示，那就是：$s-R-S$。

(二)强化原理

为了简便起见，我们可以把斯金纳所观察的对象分为两类：自变量(即在实验中可以直接控制的因素)和因变量(即实验者无法直接控制、受自变量影响的因素)。与赫尔和托尔曼不同，斯金纳不关心中介变量。他认为中介变量是无效的，而且常常是有害的，因为它们把我们的焦点放在想像的构成上，而不是放在现实上。斯金纳试图回答的中心问题是：自变量(强化的类型和强化的安排)是如何影响学习的。

1. 强化的类型

斯金纳用条件作用的原理来解释学习，是基于这样一种观点：人们通常都是以一种增加愉快、减少痛苦的方式来行事的。但是，“愉快”和“痛苦”都是一种主观性的东西，这在强调客观性和科学性的斯金纳体系中是没有地盘的。斯金纳是以一种相当操作性的方式来界定强化的。强化物是指“使反应发生概率增加、或维持某种反应水平的任何刺激”；也就是说，凡是提高反应概率的任何事件都可以起强化作用。这样，强化物并不一定是一种令人愉快的刺激。而且，在一种情境中起强化作用的刺激，在另一种情境中并不一定起强化作用；同样，对某一个人起强化作用的刺激，对另一个人并不一定起强化作用。

斯金纳区别两种强化类型，即正强化(又译积极强化)和负强化(又译消极强化)。当在环境中增加某种刺激，有机体反应概率增加，这种刺激就是正强化物。例如，当饥饿的白鼠按开关时给予食物，食物便是正强化物。当某种刺激在有机体环境中消失时，反应概率增加，这种刺激便是负强化物。负强化物即厌恶刺激，是有机体力图避开的那种刺激。例如，当处于电击状态下的白鼠按开关时停止电击，停止电击就是负强化物。需要注意的是，无论是正强化物还是负强化物，它们的结果都是增加反应概论。由此可见，是刺激对反应的结果，而不是刺激本身的性质决定这种刺激是否是一种强化物。

值得一提的是，在操作性条件作用原理中，强化和惩罚这两个动词后面所跟的宾语，是反应而不是有机体；也就是说，不能说白鼠被强化了，而应说白鼠按杠杆的反应被强化了。斯金纳认为，这样使用术语的好处，是可以防止人们对实验程序作含糊的描述。

除了区分正强化与负强化作用外，斯金纳还区分强化的两个来源：一级强化物和二级强化物。一级强化物包括所有在没有任何学习发生的情况下也起强化作用的刺激，如食物和水等满足生理基本需要的东西。二级强化物包括那些在开始时不起强化作用，但后来作为与一级强化物或其他强化物配对的结果才起强化作用的刺激，如斯金纳箱里的灯光。斯金纳认为，对于人类来说，二级强化物包括对大量行为起强化作用的许多刺激，诸如特权、社会地位、权力、财富、名声等，这些大多是由社会文化所决定的，它们构成了决定人类行为的极其有力的二级强化物。

2. 强化的安排

斯金纳认为，在行为实验分析中，最容易控制的、最有效的变量是给予强化的方式。在一种仔细控制的实验情境中，实验者可以精确地决定使用什么类型的强化，以及怎样给予、何时给予强化。也就是说，实验者完全可以控制强化程序。

一般说来，实验者可以有两种选择：(1)连续强化，即每一次正确反应之后都给予强化；(2)间歇强化，即并不是每一次正确反应之后都给予强化(如图11－4所示)。如果实验者选择连续强化，那就没有其他选择了，只要每次正确反应之后都给予强化便是了。如果实验者选择间歇强化，那么他还要进一步作出选择：是根据反应的次数还是根据时间间隔给予强化。例如，实验者可以决定给予强化和不给予强化的比例是 1：5，即每 5 次正确反应给予一次强化，这称为比例强化安排；或者，实验者可以决定每 5 分钟给予一次强化(当然，被试者在这期间要作出正确反应)，这称为间隔强化安排。

实验者还可以进一步决定，是按一种固定的方式还是变化的方式给予强化。如果采用固定比例强化安排，就要在每若干次(假定是 5 次)正确反应后给予一次强化，或者是每第 5 次反应后给予强化，或者是每第 3 次反应后给予强化。如果采用固定间隔强化安排，就是每隔若干时间(假定是 5 分钟)对正确反应给予强化。实验者还可以采用变化比例强化安排(例如 20 次正确反应给予 4 次强化，至于哪一次反应后给予强化则是随机安排的)，或采用变化间隔强化安排(例如在 20 分钟内给予 4 次强化，至于何时强化，则是随机安排的，被试者无法预料)。需要指出的是，以上任何一种强化安排都可以与其他强化安排结合起来使用。例如，我们可以先采用连续强化安排，然后采用间歇强化安排。这类安排被称为组合安排。斯金纳与费斯特(C.S.Ferster)合著的《强化的安排》(1957)一书中，研究了 20 多种强化安排的结果。

3. 负强化与惩罚

当今许多心理学或教育心理学著作，往往都混用负强化与惩罚这两个概念。而在斯金纳看来，这两者是有本质区别的。同强化一样，惩罚也是根据其结果来说的，惩罚是抑制反应发生的概率，而强化则是增加反应概率。

斯金纳早期对惩罚的论述，大多是根据在他指导下埃斯蒂斯(Estes)所从事的一系列研究的结果。1944年，埃斯蒂斯发现，惩罚并不能消除反应，尽管在惩罚之后反应会有暂时的抑制。而且，我们不可能通过惩罚根除有机体的某种不良行为反应，惩罚的效用至多只是起抑制的作用。此外，间歇惩罚(即并非每次不良反应后都给予惩罚)比连续惩罚(每次不良反应后都给予惩罚)的效果要更好些，持续的时间也更久些。

斯金纳认为，惩罚有时在改变行为方面是一种有效的方法，但不是一种理想的方法。虽说惩罚会导致反应的减少，但它只是间接地起作用的，只是抑制而不是消除这种行为；而与此同时，惩罚可能会引起负效应，如攻击性行为。所以，他认为，与其给予厌恶刺激，还不如不给奖励刺激。

在不得不给予惩罚时，一定要注意两点。第一，要注意利用惩罚后的反应抑制期。也就是说，要尽可能通过强化加强其他的行为反应。第二，惩罚一定要在不良反应发生后立即给予，延迟的惩罚可能是无效的。

(三)操作行为原理的推广和应用

斯金纳的学说不仅在实验情境中取得成功，而且在广泛的社会实际情境诸如教育、言语行为、心理治疗、社会控制以及动物训练中得到应用，很快就流行起来。

首先，他提出了程序教学与教学机器，主张将学习分解和编制为详细的行为目录，采取连续渐进施教，并亲自动手，设计、制造教学机器。在他的倡导下，到60年代，教学机器和程序教学风行美国乃至世界，获得了巨大的成功。它将现代技术引进教育，注意个别教学和强化作用，为计算机辅助教学的开展做了准备。但它忽视了社会语言刺激对人的影响的复杂性，且在能力、创造性的培养方面显得先天不足，因而它无法取代教师的人格教育活动。

其次，他根据行为控制的规律，创造出一套行为矫正术。例如，行为塑造技术就是由操作条件反应的建立和反应的分化原理发展而来，行为消退技术的原理与操作条件反应的消退原理如出一辙。这些技术被广泛应用于各种社会机构，特别是学校、精神病院、弱智儿童教养所、工业管理等方面的心理矫正，卓有成效。在其小说《沃尔登第二》中，斯金纳还表述了以操作强化的行为原理来进行文化设计、改善社会控制的思想，希望以行为科学来改善社会文化和控制，并产生了巨大影响和吸引力。

综上可知，斯金纳以高度精确的实验技术，精心构筑了自己的新行为主义心理学的体系，以达到客观分析和描述行为，建立一门真正的行为科学的目的。这是他的成功之处。他还积极推动心理学走向应用，并取得巨大的成功，延长了其理论的生命力，给心理学尤其是学习心理学带来了广泛、深远而长久的影响，从而使他成为世界上最杰出的心理学家之一。但他坚持极端客观的行为主义立场，竭力反对研究有机体的内部心理过程，片面强调以操作强化原理来解释语言、思维、情绪、人格、爱好、动机、习惯等现象，因而忽视有机体的内部过程，抹杀动物学习和人类学习的本质区别，就不免过于简单化、片面化了。

第五节 新的新行为主义心理学[①]

由第二代行为主义心理学家托尔曼、赫尔和斯金纳对古典行为主义的修正而形成的新行为主义，直到20世纪30~50年代在美国心理学界仍然占据主导地位。然而，认知心理学的迅速崛起，使被传统行为主义拒绝的心理学概念如意识、思维、记忆、表象等再次成为心理学的合法研究对象，新行为主义也开始面临日益增多的质疑。在这种情况下，一部分新行为主义者在坚持行为主义基本精神的前提下，大胆介入认知心理学的研究，强调自我调节的作用，强调行为和认知的结合，重新使用以往被传统行为主义抛弃的心理学概念，在行为主义和认知心理学之间开辟了一条独特的、折衷的道路，从而导致新的新行为主义的产生。

在行为主义的发展过程中，作为研究的中心问题，学习理论也经历了从经典学习理论演变到新行为主义学习理论，再从新行为主义学习理论演变到新的新行为主义的社会学习理论的进程。

社会学习理论的基本特征是强调学习现象的社会性，并吸收认知心理学的成果来说明人类行为的获得与表现的过程及其规律性。由于社会学习理论是在华生、赫尔、斯金纳等人的学习理论的基础上发展起来的，因而被称为新的新行为主义，或第三代的行为主义。

社会学习理论是一个内涵不甚明确的概念，从20世纪40年代以来，就有多种在体系和基本观点上相异甚至相互对立的学习理论，都自称是“社会学习”理论。

最早提出社会学习观点的是新赫尔学派的米勒和多拉德的模仿理论，其目标是要将精神分析与学习理论的基本原理与客观方法结合起来，以理解不同文化背景的人类行为。他们强调行为受社会条件制约，认为人的一切行为都是通过学习获得的，都服从“内驱力—反应—强化”这一学习规律。后来发展起来

① 此节内容主要参考施良方著：《学习论》，375~391页，人民教育出版社，1994。

的还有罗特尔的社会行为学习理论、班杜拉的社会学习(或社会认知)理论、米契尔的认知社会学习理论等等。下面我们重点介绍其中影响最大的班杜拉的社会学习理论。

艾伯特·班杜拉(Albert Bandura, 1925—)，现代社会学习理论创始人，生于加拿大艾伯特省的蒙达，1949年在加拿大不列颠哥伦比亚大学获学士学位，1951年在美国衣阿华大学获得心理学硕士学位，翌年获哲学博士学位。1953年应聘在斯坦福大学心理系执教至今。1964年升任正教授。1973年当选为个体心理学会主席，1974年当选美国心理学会主席。1980年，获美国心理学会杰出科学贡献奖。

班杜拉是一个温和的行为主义者，他反对华生古典行为主义和斯金纳激进行为主义过分强调外在强化作用而忽视个体对其行为的自主性与社会因素的观点，依据赫尔派的学习理论并兼取耶鲁和哈佛的发展研究传统，建立了自己的体系。在该体系中，班杜拉不仅强调学习发生于其中的社会条件，认为思想、情感、动机、行为等个体特征起源于社会，而且对学习过程如何发生的机制作了一种社会的说明，从而在逻辑形态上将学习理论推进到一个新的历史阶段。他的主要著作有《行为矫正原理》(1969)、《攻击：会学习的分析》(1973)、《社会学习理论》(1977)、《思想与行动的社会基础》(1986)。

一、班杜拉的交互决定论

班杜拉认为，心理学的中心问题是要研究人类行为的起因。为了达到这个目的，多年来，许多心理学家提出了各种理论来解释人类的行为。这些理论或者是研究外部环境刺激是如何与有机体的反应能力联系在一起的(如行为主义者)；或者是研究有机体行为的主要内部动因是什么(如人本主义者)。在班杜拉看来，这两种观点都是以单向决定论为特征的。环境决定论与个人决定论就是两个极端的例子。环境决定论者坚持认为，行为(B)是受作用于有机体的环境刺激(E)控制的，因此，他们的公式是：$B=f(E)$。与此相反，个人决定论者认为，本能、驱力和特质等内部事件，驱使有机体按照某些固定的方式行事；换句话说，就是环境取决于个体如何对其发生作用，因此，他们的公式是：$E=f(B)$。

在班杜拉看来，这两种理论都认为环境刺激或内在素质是单向地引发有机体行为的。而事实上，我们可以看到许多延迟匹配的现象；就是说，观察者在看到一个榜样的示范动作后，可能会过几天甚至更长的时间才表现出来，而且往往并不是因为有某种直接的强化才表现出这种行为的。此外，个体可能会习得大量倾向社交或反对社交的行为。这些都无法用个体与环境的单向关系来解释，而行为主义者和人本主义者实际上都是赞同某种单向关系(尽管方向不同)，因而两者都是不合适的。

班杜拉的社会学习理论，把行为、个体和环境看作是相互影响地联结在一起的一个系统。在分析这三个决定因素的来源时，不能把某一个因素置于其他两个因素之上，尽管在某些特定情境中，某一个因素可能起支配作用，但就一般而言，这三者都是“你中有我，我中有你”的。班杜拉把他的这种观点称为交互决定论。

在交互决定论的模式中，行为、个体(主要是指认知和其他个人的因素)和环境都是作为相互交错的决定因素而起作用的，而且这些决定因素双向地相互影响。交互性并不意味着这种影响的双边具有同等的强度。相互交错的决定因素的三个根源所发生的相对影响，会因不同的活动、不同的个人和不同的环境条件而不同。

在交互决定论中，人的行为是习得的前因决定因素与后果决定因素的函数。行为的前因决定因素是指在从事行为之前形成的那些复杂的影响力，包括各种生理上的和情绪方面的变量、期望和预期等认知因素，以及各种先天的学习机制；后果决定因素包括强化和惩罚，它们可以是由外部，或内部，或自我引起的。由此可见，班杜拉社会学习理论的因果关系，与行为主义刺激—反应的因果关系相距甚远。

综上所述，交互决定论是一种复杂的、综合性的人类行为理论。它关注人的功能，顾及各种内部事件与外部事件的相互关系，并试图对内部状态、外部条件和个体行为的复杂的相互依赖关系提出可检验的假设。

二、社会学习理论的实验研究

班杜拉认为，以往的学习理论家一般都忽视社会变量。他们通常是用物理的方法来进行动物实验，以此来构建他们的理论体系。他们观察动物如何走迷津或逃出迷津，对于研究作为社会一员的人的行为来说，没有很大的研究价值。班杜拉强调要以人作为基本研究对象，而不是从动物那里获得第一手材料。由于人总是生活在一定的社会条件下的，所以他主张要在自然的社会情境中而不是在实验室里研究人的行为。事实上，人们在社会情境中，通过观察和模仿，学到很多行为。

在班杜拉看来，任何一种合适的学习理论，都要回答这样的问题：个体是怎样在社会情境中习得一种新的反应的?行为主义者，如赫尔与斯金纳认为，是由于个体在作出反应时得到了奖励。尽管证据表明，通过操作性条件作用的塑造程序，可以形成各种社会行为，但研究也表明，个体也可以只是通过观察他人的行为而习得新的反应。用班杜拉的术语来说，这些“他人”即榜样；通过这种观察而习得反应，即称为榜样作用。

为了说明榜样作用的效果，班杜拉和他的助手进行了一系列实验。在一项典型的观察学习实验中，班杜拉分别就现实、电影和卡通片中成人榜样对儿童行为的影响进行研究。结果发现，所有这三类攻击性的成人行为榜样都同样会导致儿童模仿这种攻击性行为。在进一步的实验中，班杜拉把4至6岁的儿童分成两组。儿童在电影中看到一个成年男子演示四种不同的攻击性行为，但在影片快结束时，一组儿童看到的是这个成人榜样受到另一个成人的奖励(那个人说：“你是一个强壮的冠军。”)；而另一组儿童看到的是这个成人榜样受到惩罚(另一个成人说：“喂，住手!我以后再看到你这样欺负弱者就给你一巴掌!”)。接下来，就让儿童进入一间游戏室，里面放有一个同样的充气人以及这个成人榜样使用过的其他物件。结果发现，电影里榜样的攻击性行为所导致的结果(奖励或惩罚)，是儿童是否自发地模仿这种行为的决定因素。也就是说，看到榜样受奖励的那一组儿童，比看到榜样受惩罚的另一组儿童，表现出更多的攻击性行为。

但这是否意味着，看到榜样受奖励的儿童比看到榜样受惩罚的儿童习得更多攻击性行为呢?为了回答这个问题，班杜拉在这两组儿童看完电影回到游戏室时，以提供糖果作为奖励，要求儿童尽可能地回想起榜样的行为，并模仿榜样的行动。结果表明，这两组儿童在模仿攻击性行为方面没有任何差异，即都能同样精确地显示出榜样的四种攻击性行为的顺序。这说明，榜样行为所产生的不同结果，只是影响到儿童模仿的表现，而对学习几乎没有什么影响。因为在榜样受到惩罚的条件下，儿童同样也习得了这种行为反应，只不过没有同样地表现出来罢了。

三、观察学习的过程

根据社会学习理论的观点，人类的大多数行为是通过榜样作用而习得的：个体通过观察他人行为会形成如何从事某些新行为的观念，并在以后用这种编码信息指导行动，因此，观察者获得的实质上是榜样活动的符号表征，并以此作为以后适当行为表现的指南。班杜拉认为，观察学习是受注意、保持、动作再现，以及动机等心理过程支配的。

(一)注意过程

人们除非注意并精确地知觉榜样行为的明显特征，否则是无法学到这种行为的。注意过程决定了个体在众多榜样作用影响时有选择地观察哪些方面。个体的观察学习是受多种因素制约的，诸如观察者的特征、榜样活动本身的特点，以及人际互动的安排等。

影响学习者注意的因素有多种，其中最重要的是学习者交往的方式。与学习者经常有固定交往的人，往往也就界定了学习者反复观察、因而学习得最彻底的那些行为类别。所以，不同群体的成员，学习攻击性行为的机会有显著的差异。此外，在任何一个社会群体内，有些个体可能会比他人更引人注意。榜样行为所起的效用是各不相同的。不同榜样所显示的行为的功能性价值，对人们将会观察哪些榜样、不理会哪些榜样会有很大影响。就一般而言，榜样是否具有吸引人的特征，是观察者是否对其引起注意的一个重要因素。

班杜拉注意到，有些榜样作用的形式具有内在奖励的性质，以至他们能在长时期里吸引所有人的注意。电视节目中的榜样作用就是一个最好的例子。电视的出现，大大扩展了儿童和成人可以仿效的榜样的范围。当代人与前人不同，他们可以仿效的榜样不再局限于家庭和小社区的范围内，他们可通过各种大众媒介提供的众多符号榜样作用，在家里观察和学习各种各样的行为举止。电视里呈现的榜样是如此有效地吸引人们的注意，以至观察者不知不觉地学到了许多他们所看到的内容。

(二)保持过程

人们如果不能记住所观察到的榜样行为，就不会受观察的影响。所以，观察学习中的第二个心理过程就是保持。观察者若要在以后什么时候再现榜样行为，那就必须把这种行为方式以符号形式贮存在记忆中。通过符号媒介，可以把稍纵即逝的榜样作用的经验保持在长期记忆中。正是由于这种高级的符号化能力，才使人类能够凭借观察学到许多行为。

班杜拉认为，观察学习主要依赖于两种表征系统：映象表征系统和语言表征系统。有些行为是以映象方式保持的。由于反复展现榜样行为，最终会使观察者对榜样行为形成一种持久的、可回想起的映象。在班杜拉看来，在儿童发展的早期阶段，当他们还缺乏言语技能时，视觉映象在观察学习中起着非常重要的作用。

在观察学习中，常常有这样一种现象：观察只是看了一会儿就学会了，并能保持在记忆中。班杜拉认为，对此需用言语编码来解释。支配行为的大多数认知过程是语言的而不是映象的。例如，某人带我们走一条近道，为了以后自己也能走这条路，我们通常是把视觉信息转换成言语编码(如朝南走几个路口后向右拐，再走几个路口向左拐)，这往往比形成这条路线的视觉映象更简便可靠。班杜拉认为，通过这种符号编码，可以促进观察学习和保持，因为这样可以用容易贮存的方式掌握最大的信息。

(三)动作再现过程

榜样作用的第三个成分是把符号表征转变成适当的行动。一个人可能充分注意榜样行为，并把它编码后保持在记忆里，但如果没有适当的动作能力，就不可能再现这种行为。例如，一个男孩仔细观看了他父亲使用锯子，但就是不能模仿得很好，这是因为他还不具备这种体力和动作技能。

就一般而言，学习者是通过按照榜样行为方式组织自己的反应而达到行为再现的。为了便于分析，可以把行为实施分解为四，即(1)对反应的认知组织；(2)反应的发起；(3)对反应的监控，以及(4)根据信息反馈矫正反应。

在行为实施的初始阶段，学习者是在认知的层次上选择和组织反应的。学习者能否用行为的方式显示出观察学习的内容，部分取决于他们是否已具备有关的技能。除此之外，学习者要在行为的层次上表现出他通过观察学到的内容，还有其他障碍。在第一次尝试时，观念极少被准确无误地转化成行动。若要与榜样行为精确匹配，通常需要正确调整多次的尝试。符号表征与行为实施之间的差异，可用来作为矫正行动的线索。在学习复杂技能(如游泳)时的一个常见问题，是观察者无法充分地看清表演者的动作，因此，他们只能根据模糊的动作线索或旁观者口述，而仅仅根据这些是难以指导行动的。

人们既不可能仅凭观察，也不可能只是通过试误摸索，就能熟练掌握技能的。在日常大多数学习中，人们通常是通过榜样作用大致掌握新的行为，然后根据信息反馈进行自我矫正、调整，才逐渐熟练掌握这种技能的。

(四)动机过程

班杜拉的社会学习理论对习得与表现作了区分，因为人们并不会实施他们学到的每一件事情。首先，如果按照榜样行为导致有价值的结果，而不具有无奖励或惩罚的结果，人们便倾向于展示这种行为。这是一种外部强化。其次，观察到的榜样行为的后果，与自己直接体验到的后果，是以同样方式影响榜样行为的表现的。这也就是说，学习者的行为表现是受替代强化的影响的。事实上，在通过观察习得的无数反应中，看到他人获得积极后果的那些行为，比看到他人受到消极后果的那些行为，更容易表现出来。最后，人们对自己行为产生的自我评价的反应，也会调节人们会作出哪些通过观察学到的反应。他们倾向于作出感到自我满足的反应，拒绝作出自己不赞成的行为。这是一种自我强化。

由于有众多因素支配观察学习，因此，提供榜样，哪怕是最引人注目的榜样，也不会使观察者自动地产生类似的行为；如果要使观察者最终表现出与榜样行为相匹配的反应，就要反复演示榜样行为，指导他们再现这种行为，并在他们的行为成功地表现后给予奖励。班杜拉指出，在任何特定情境里，观察者没有作出与榜样行为相匹配的行为反应，可能是由于下列任何一种因素引起的：没有观察到有关的活动；在记忆贮存中没有对榜样行为进行适当编码；没有保持所学到的内容；尚未具备从事这种行为的体能，或者是没有足够的诱因动机。

作为一个温和的行为主义者，班杜拉较少接受行为主义传统理论的及方法论的偏见的限制，他在坚持行为主义立场的同时，积极吸取现代认知心理学的研究成果和方法，涉及观察学习、交互决定、自我强化等重大课题，因而得到心理学界的广泛赞同。班杜拉全部体系的基础，是他对人性的看法及其对传统行为主义人性观的超越，在理论形态上表现为以交互决定论为核心的一般学习论观点。他的社会学习理论在本质上是一种行为理论体系，强调认知因素对学习的必要性和人类对其行为的自我调节能力。他的观察学习理论和自我效能理论也都是其一般学习论观点的逻辑产物。发掘前人所忽视的观察学习并给予它应有的重视和地位，是班杜拉对心理学的杰出贡献，在心理学发展史上具有重要意义。在学习理论的发展过程中，班杜拉及其社会学习理论构成了一个转折点，他赋予行为主义以合理的人性基础，并将行为主义推进到一个新的历史时代。

到这里，我们已将心理学史上最重要的学派——行为主义大概地概述完毕。对于心理学的发展进程而言，华生的极端行为主义倾向起了矫枉过正的作用，但很快便从理论和实践两方面招致诸多的批评与不满。人有意识就像自然界有太阳一样不容质疑。我们承认意识的研究有很大的难度，但这决不能成为我们否定意识的理由。科学研究必须勇于挑战问题，不允许持逃避问题的鸵鸟态度。因此，新行为主义的兴起便有承前启后的历史意义。

从冯特的意识研究，到华生对意识的阉割，直到当代热门的认知研究，心理学对意识的研究经历了“正—反—合”的螺旋上升的曲折过程。冯特与华生的区别是显而易见的；那么，冯特的意识与托尔曼的中介变量又有什么不同呢?诚然，他们都承认人的意识事实，但是，冯特的缺陷在于他预设了意识的存在及决定性定位，并以主观的内省方法进行研究；而经历过行为主义洗礼的托尔曼则把意识的存在视为一种有待证实的假设，并且运用实证的手段逐步加以验证。他的中介变量就是被证明了的意识，而对于尚未证实的意识则暂时搁置一边。可见，新行为主义对意识的承认并非冯特意识概念的简单回归；虽然它不乏“新”意，但本质上依然是“行为主义”的。因此，新行为主义在坚持老行为主义的科学路线并有力地弥补其缺陷的同时，并未能避免老行为主义的根本错误，即对于人性的动物化、机械化的理解。

总之，行为主义对心理学发展所作出的巨大贡献和深远影响不容置疑；同样，它的根本缺陷也是有目共睹的。如果说，在行为主义方面，华生对所建树的功绩与所享有的荣誉是当之无愧的话，那么，行为主义的错误却不能仅仅算在华生的头上，因为，真正的病根在西方心理学乃至西方文化的内部。

第十二章

格式塔心理学

1912年前后，构造主义和机能主义在美国受到行为主义的强烈对抗。行为主义不但强烈抨击冯特和铁钦纳的构造主义，同时也反对新崛起的机能主义。与此同时，在欧洲的德国也兴起了一场对抗构造主义的革命。

受当时理性主义和现象学哲学思想、物理学和心理学自身发展的影响，格式塔心理学（gestalt psychology，也译为完形心理学）反对构造主义认为对物体的知觉在于把元素组合起来的观点，主张整体比它的各个组成部分的总和多，认为当感觉元素聚合在一起时，就会形成某种新的东西。这种新质不是任何个别元素所具有的，也不是由各个组成元素简单的结合而产生，而是超出提供给感官的基本刺激元素。格式塔心理学强调经验和行为的整体性，主张从整体动力出发说明心理现象。尽管格式塔心理学在反对构造主义方面与行为主义结成同盟军，但是格式塔心理学与行为主义心理学是对立的，其突出表现是前者强调意识的价值，后者则完全把意识排除在外。早期正统的格式塔心理学家对知觉、学习、迁移、解决问题、创造性思维等问题做了深入的研究。格式塔心理学的后继者们则将格式塔的原理拓展到人格和社会心理学领域。格式塔心理学对20世纪中期后兴起的认知心理学产生了一定的影响。

第一节　格式塔学派

一、格式塔心理学产生的历史背景

（一）哲学思想的影响

格式塔心理学的产生有其哲学基础。其哲学基础可归纳为两个方面：理性主义和胡塞尔的现象学。

1. 理性主义

格式塔心理学关于知觉整体性的基本观点，可以在理性主义哲学家如笛卡儿、莱布尼兹和康德的哲学著作中找到它们的影子。理性主义几乎处处与经验主义相对立。理性主义的一般哲学观点是：理性是知识的最初来源，知识和观念并不是来自经验和感觉材料，而是来自大脑先天具有的解释机制。如笛卡儿和康德都认为时间、空间、因果性、自然规律等的知识都不是来自经验，而是以先验的形式产生的，是与生俱来的。在他们看来，尽管一切知识开始于经验，但知识决不完全来源于经验；知识来自超出原始感觉材料的思想关系的结构，原始的感觉材料只能以某种先天具有的假定和规则加以解释。至于这些先天的解释机制是什么，理性主义则认为是不证自明的。

理性主义对经验主义的感觉主义、还原主义、联想主义和机械主义的总批判，为格式塔心理学的发展奠定了哲学基础。格式塔心理学自诞生起就具有浓厚的理性主义色彩。

2. 胡塞尔的现象学

格式塔心理学产生的直接哲学背景是胡塞尔的现象学。胡塞尔作为现象学哲学运动的倡导者，主张现象学研究的对象是未经分析考察而直接观察到的现象，人们在对它们进行描述时，不能带任何人为的经验，不能附加任何先决条件，需要保持现象原来完整的面目，而且只能作为纯粹行为的个别性来谈论。他认为对现象的描述，就是通过直觉直接把现象还原为本质，还原为纯粹的意识。现象的本质就是在直观现象中存在的不变的结构。

现象学与格式塔心理学有以下关联。首先，由于现象学强调自然的观察，因此，它就反对受过训练的内省式的报告，而这正是格式塔心理学反对构造主义所需要的。其次，现象学对通过直觉掌握事物的本质和纯粹意识结构的强调，对格式塔心理学的知觉研究，以及认为学习就是通过领悟掌握事物间的关系和结构的观点，产生了直接的影响。

（二）物理学场论的影响

19 世纪末和 20 世纪初物理学中“场论”的思想，对格式塔心理学的发展产生了直接的影响。在当时的物理学界，人们感到再利用传统牛顿力学的机械主义观点去理解一些物理现象已经很困难，“场”的概念作为一种新思想开始得到人们的承认并被人们所接受。“场”被看作是一种新的力学结构实体，“场”中每一组成部分性质的变化由“场”的整体决定，而不是个别元素间相互作用的总和。受物理学中这种发展的影响，格式塔心理学家试图借用物理学中“场”的概念去解释心理现象，在心理学领域突破构造主义、元素主义、机械主义给心理学发展定下的框框。

(三)心理学内部的影响

在心理学内部，马赫和厄棱费尔两人的工作对格式塔心理学的兴起产生了直接影响。

1. 马赫的影响

马赫是奥地利的物理学家和哲学家，也有人把他看作是一位心理学家。他认为物体是感觉的复合，感觉是一切科学材料的来源，物理学和心理学的事实都来自感觉材料，二者没有根本的差别。在1885年出版的《感觉的分析》一书中，马赫具体阐述了这种思想。他把空间和时间感都称为感觉，并认为这种感觉与时间和空间感的元素没有关系。这种看法对格式塔心理学的形成产生了一定的影响。

2. 厄棱费尔的影响

厄棱费尔为奥地利心理学家。他针对冯特和马赫等人把时空的知觉看作是由感觉复合所成，于1890年在“论形质”一文中提出了自己的不同看法，认为时间和空间形式本身并不是感觉的元素，而是由人添加的东西，是以感觉之外的某种东西为基础的观点，是一种产生于心灵之中的新的质。他将这种质称为形质。比如，一首歌，就是改变了唱的速度，但是人们听起来还是同一首歌，就是这方面的一例子。形质学说对知觉的研究以及提出知觉是以感觉元素之外的东西为基础的，为格式塔心理学家思考知觉问题提供了直接的参照路线。

二、格式塔学派的主要代表人物

惠特海默、苛勒、考夫卡、勒温是格式塔学派的主要代表人物。前三人是格式塔学派的主要创始者，他们间的合作对确立格式塔心理学的基本原则和理论起了奠基性的作用。勒温则是格式塔心理学的后继者，也是在美国最有影响的格式塔心理学家，他将格式塔心理学的研究内容从知觉、学习、思维等领域，拓展到人格和社会心理学领域。

(一)惠特海默

惠特海默(Max Wertheimer，1980—1943)是格式塔心理学的最初倡导者和领导者。惠特海默生于布拉格，18岁读完大学预科后进入格拉茨大学学习法律。两年半后，他转学到柏林大学学习哲学和心理学。1904年在屈尔佩的指导下获得博士学位。1912年至1916年在法兰克福任教，1916年至1929年在柏林大学任教。1929年任法兰克福大学教授。1933年因受纳粹迫害，被迫移居美国，受聘担任纽约市社会研究新学派协会教授，在该处一直工作到1943年去世。

惠特海默自1911年开始从事视知觉研究，在实验研究的基础上提出了格式塔心理学的基本思想。第一次世界大战期间，他曾参加过有军事价值的海底和海港防御监听工作的设计研究。他的著作不多，主要有：论文“运动知觉的实验研究”（1912），它标志格式塔心理学的开创；《知觉群》（1923）《格式塔说三论集》（1925）；《创造性思维》（1945）是惠特海默的一本遗著。

（二）考夫卡

考夫卡（Kurt Koffka，1886—1941）生于柏林，1903年入柏林大学学习，入学的第一年对科学和哲学产生强烈兴趣。1909年获哲学博士学位。1910年到法兰克福，开始与惠特海默和苛勒合作。1911—1924年他在吉森大学工作，在那里做了一系列实验。1924年，考夫卡移居美国，先后在康奈尔大学、威斯康星大学任教，1927年任威斯康星大学访问教授，一直工作到1941年去世。

与惠特海默不同，考夫卡著作等身，但有创见的不多。代表作有：《心理的发展》（1921），这是一本在德国和美国产生很大影响的儿童发展心理学的著作；论文“知觉：格式塔理论导言”（1922），在文中，他提出了格式塔心理学的一些基本的概念；《格式塔心理学原理》（1935）。

（三）苛勒

苛勒（Wolfgang Kohler，1887—1967）生于德国北部波罗地海地区，先后在波恩、柏林等地接受大学教育。1909年获哲学博士学位，毕业后到法兰克福工作。1913年，他受普鲁士科学院的邀请，到特纳利夫群岛任普鲁士科学院人类研究所主任。由于第一次世界大战的原因，他不能离开该群岛，于是在那里坚持工作了七年，用黑猩猩和小鸡做视觉识别和动物智慧的实验。1920年，苛勒回到德国，任哥廷根大学教授，1922年任柏林大学心理研究所教授兼主任，1925—1926年和1934—1935年间分别两次到哈佛大学讲课。因受纳粹迫害，他于1935年离开德国到美国，任斯瓦太摩学院教授，在那里一直工作到退休。1956年获得美国心理学会杰出科学贡献奖，1959年任美国心理学会主席，1967年去世。

苛勒是格式塔心理学的发言人，他的一些论著是格式塔心理学某些方面的权威性著作。其主要著作有《人猿的智慧》（1917）；《静态的物理格式塔》

(1920)；《格式塔心理学》(1929)，该书对格式塔心理学作了权威和彻底的论述；《价值在事实世界中的地位》(1938)；《心理学中的动力学》(1940)等。

(四)勒温

勒温(Kurt Lewin，1890—1947)生于德国的波森，先后在福莱堡、慕尼黑和柏林大学接受大学教育，1914年在斯顿夫的指导下获得哲学博士学位。第一次世界大战期间曾服兵股。1922年回柏林大学任教，与前三位格式塔心理学家共事，并成为这一学派中多产而又富创造性的一员。在柏林大学期间，他完成了许多关于联想和动机的重要研究，并着手创建他的场论。1932年曾以访问教授的身份在斯坦福大学任教一年。1933年因受纳粹的威胁，离开德国定居美国。1933—1934年在康奈尔大学任教。1935—1945年任教于依阿华大学。1945年到麻省理工大学任团体动力学研究所主任。1947年去世。

在美国，勒温是格式塔心理学的一位极其活跃的追随者。他在理论倾向上与格式塔相似，但他的工作远远地超出了正统的格式塔学者研究知觉、思维和学习的框框，创造性地进入了人格和社会心理学领域，突破了早期格式塔学者用生理结构解释行为的做法，把心理学变成了一门社会科学性质的学科。

勒温的主要著作有《人格的动力理论》(1935)、《拓扑心理学原理》(1936)、《心理动力的概念表述与测量》(1938)、《解决社会冲突》(1948)、《社会科学中的场论》(1951)。

三、格式塔心理学的研究方法

格式塔学派从它的倡导者开始就强调定性的实验研究，几位主要的代表人物都身体力行，做了大量定性的实验。他们及其追随者的许多实验研究在当今的教科书中依然是经典范例。如惠特海默的似动实验和知觉研究、苛勒的动物学习实验、勒温的民主领导与独裁实验、谢里夫的从众实验、陆钦斯的心理定势实验、哈洛的母爱和同伴对小猴子的影响实验等，都是一些经典的范例。直至目前，勒温的实验技术在人格和动机心理学研究中还被广泛地使用。

与构造主义、机能主义相比，实验方法是格式塔心理学的一个重要特色。格式塔心理学的实验研究甚至可以与同时期的行为主义心理学研究相媲美。格式塔心理学以现象学为方法论基础建立起来的定性的实验研究，对于分析现实环境中人的行为具有积极意义。这种意义与行为主义倡导的定量分析在某些方面有质的差别。心理学不但需要严格控制条件下的定量实验研究，也需要在自然条件下的定性的实验分析。两者得到的结果往往可以相互补充。但是，在心理学发展过程中，许多研究者往往忽视了格式塔心理学所倡导的定性实验研究的作用。过于强调定量的实验分析，往往导致行为主义和当今流行的认知心理学研究的生态效果不佳。因此，现在看来，部分研究者认为格式塔心理学的实验研究控制不严格的说法是不适当的。重新评估格式塔心理学家倡导的定性实验研究的作用，具有一定的现实意义。

四、格式塔心理学的主要概念

早期格式塔心理学家使用心理场和同型论两个重要的概念，具体阐述他们关于整体心理学的思想，并确定整体心理过程的内在固有规律的性质。

1. 心理场(psychological field)

这是从物理学场论中借用的一个概念。格式塔心理学家以物理学中的场论模型作为类比，来说明具体的事件与整体间的关系。借用场概念的目的有两个：一是用以反对元素主义心理学认为经验是由互不相关的元素或感觉组成的结合体的思想。格式塔心理学家认为经验并不是各个组成部分性质的简单相加，不是个别组成元素的简单总和；相反，它是由相互作用的场决定的。二是体现心理学的自然科学性质。场概念的使用，反映出当时的格式塔心理学家试图使心理学成为一门类似物理学的实验科学的深切愿望。

在物理学中，场作为一个限定的域，是一种整体的存在。场的整体性决定了每一个组成部分性质的变化。格式塔心理学家正是试图从这一角度去解释心理现象。他们认为任何具体的心理和行为都是在整体的制约下发生的。在格式塔心理学发展的早期，格式塔心理学家用场来说明整体结构对心理活动的决定作用，如苛勒就认为，场就是完形。格式塔心理学家不但使用场的概念解释似动、错觉这类作为直接经验的心理现象，还把它扩展到说明其他的心理问题。考夫卡在《格式塔心理学原理》中就提出“行为场”、“环境场”、“心理场”、“心理物理场”等一系列的场概念。

在场的概念中，导致场出现一种全新结构的动力是一个必须要说明的重要问题。早期的格式塔心理学家使用紧张(stress)这个词对它进行描述。如在问题解决过程中，需要解决的问题使个体产生紧张。这种紧张导致个体对问题性质的“领悟”，最终使场获得重新组织，问题得以解决；问题的解决也使个体的紧张感得以消除。

在格式塔心理学的后期演变中，勒温继承了早期格式塔心理学家提出的场概念，并对它做了进一步的发展。他把场定义为相互依存事实的整体。

心理场是勒温说明人的心理生活的基本概念，也是勒温心理学体系中的核心内容。勒温认为人的心理生活是在心理场中发生的。它由个人对过去、现在和将来的生活经验和思想愿望所组成，并随个体年龄和经验的增长不断扩大和分化。由于需要、意志在心理场中起重要作用，心理场也称为心理动力场。为了用直观的方式描述心理过程，说明在任何一个特定的时间内个体所有的可能目标和达到这些目标的路线，勒温常用“心理生活空间”描述心理场。

所谓心理动力场、心理生活空间实际上就是决定人的行为，并发生相互作用的内部心理和外部环境状态。他的行为公式 $B=f(PE)$ 充分说明这一点。在这个公式中，B 是行为，f 代表函数，P 代表人，E 代表环境。该公式表示行为是个人与环境相互作用的函数。

勒温的场论特别强调使用建构或者说生态的方法，强调对动力和心理过程的研究，强调对环境作整体的分析，重视用数学的形式叙述心理环境。

在勒温的心理学体系中，对场的动力系统的描述也有了重大的发展。勒温用需要、紧张、效价、向量、障碍、平衡等概念对行为的动力进行说明。他用需要说明由生理条件引起的动机状态，用紧张说明伴随需要产生的情绪状态，用效价说明人趋向获得或躲避某种东西，用向量表示人走向目标的动力方向，用平衡说明需要和紧张的产生和消除。

勒温假定个人与他的环境间存在一种平衡状态。当这种平衡状态被破坏时，就会使人产生某种需要或紧张。为消除这种紧张，恢复平衡，人就会产生一些行为。当这些行为与一定的对象发生联系后，就形成一种推动行为走向目标的向量。由于能满足人的需要的事物的效价不同，能满足人的需要的事物具有正效价，对人产生威胁的事物具有负效价，向量也就有吸引力和排斥力之分。吸引力的向量使人趋向目标，排斥力的向量使人背离目标。当有几个方向、强弱程度不同的向量同时存在时，向量移动的方向就是这几个向量的合力所指向的方向。

2. 同型论（isomorphism）

同型论是早期格式塔心理学家尝试用以说明整体行为的大脑机制的一个概念。所谓同型论，就是指意识与行为历程与大脑的生理历程在功能上是完全等同的，心理经验与大脑之间有必然的对应性。“此说主张知觉场在次序上与作为基础的兴奋的脑场相符，虽然不必有完全相符的形式。”[①] 因此，格式塔不是现实世界的再现，但它是现实世界的真实表象。

同型论概念反对那些认为知觉印象与它们在大脑中的复本在大小、形式、结构方面有一一对应关系的机械观点。这种机械观点认为在每一种知觉过程

① 波林著，高觉敷译：《实验心理学》，702页，商务印书馆，1981。

中，大脑内都会产生一种与物理刺激精确对应的大脑图画，如认为一个人看到一个十字架，在大脑皮层的视觉区就会激活一种十字架的形式。相反，格式塔心理学家认为知觉的大脑皮层过程是以一种类似电力场的方式在活动。有了同型论的概念，格式塔心理学家就能对行为和经验做整体的动力场解释。在他们看来，完形是大脑神经系统主动、积极地相互作用的结果，而不是一个个元素或条件反射在神经系统中形成机械式的联系。

格式塔心理学派的三个主要的代表人物都坚持同型论的观点。在似动研究中，惠特海默就提到大脑神经系统的活动是一种定型的整体活动，身体的过程与心理的过程具有相同的格式塔。他认为，由于经验到的似动与真动是相同的，那么似动与真动的大脑过程就是一样的。考夫卡在《格式塔心理学原理》一书中，也持这种观点，认为意识过程不能脱离生理过程，生理过程必然有意识的成分。苛勒在《静态的物理格式塔》一书中详细地论述了经验过程与大脑过程是同一的，但这种同一是次序而不是形状。

第二节　格式塔学派的主要理论

一、知觉理论

在知觉研究方面，格式塔学派的贡献比任何一种心理学学派都大。格式塔心理学家最重要而又最有特点的贡献也表现在对知觉的研究上。

格式塔心理学家关于知觉的基本思想是：知觉是有组织结构的、有意义的整体，人只要一看到一种事物，在大脑中就会自然而然地、直接地产生关于它的知觉结构，而无需对组成这种事物的各个部分一个个进行分析，然后在分析的基础上通过联想组合而成。这种思想与前面提到的场和同型论概念紧密联系在一起。自惠特海默对知觉现象进行研究之后，格式塔心理学家在这方面做了大量的工作，提出了一系列的知觉原理。

下面是由惠特海默提出的几种知觉组织原则。

1. 图形与背景的关系

图形与背景的关系是最基本的知觉组织原则。它的意思是，当人们观看事物时，其中的一部分成为知觉的对象，其余的成为知觉的背景。知觉的对象具有明确的轮廓和形态，它出现在背景的前面，看起来离观察者近。知觉背景没有明确的轮廓与形状，看起来离观察者远。知觉的对象与背景可以互相转换。人可以选择背景的不同部分作为知觉的对象。

2. 邻近原则

在空间或时间上彼此相近的各个部分倾向于在一起被人感知。

3. 相似原则

在形状、大小、颜色、结构等方面相似的部分倾向于被人看作是一组，成为一个整体。

4. 闭合原则

对于不完满的图形，人们有一种使其完满或封闭其缺口的倾向。

5. 完美趋向原则

完美趋向原则是指当出现一些杂乱的图形时，人们倾向于从对称、简单、稳定和有意义等方面出发，把它看作一种完美的图形。

6. 连续原则

连续性指对线条的一种知觉倾向。当一条线被另一条线阻断时，人们依然倾向于把它们看成是连续的。

二、学习理论

对格式塔心理学家来说，与知觉研究相比，学习理论处于次要的位置。在他们看来，学习理论只不过是他们的知觉理论在学习问题上的展开而已。但是，格式塔心理学的学习实验对心理学的发展产生了巨大的影响。格式塔心理学家对联想主义和刺激—反应学习理论的批判，是他们对心理学的重要贡献之一。在美国，格式塔心理学家的学习理论在心理学中产生的影响，甚至超过了他们的知觉研究产生的影响。

19 世纪末和 20 世纪初，动物智慧是心理学研究中的一个热门话题。这类研究的目的是想证实动物是否与人类一样具有智慧，研究者希望通过动物的研究揭示智慧活动的本质。心理学界好几位知名的研究者都是因从事动物智慧研究而一举成名。桑代克和苛勒就是其中的两位。桑代克是最早从事这类研究的人之一。在动物研究的基础上，桑代克于 1898 年发表的“动物智慧”一文的有关论述，成了众多心理学家开展学习理论研究的起点。苛勒在对黑猩猩的学习进行观察和研究的基础上，于 1917 年出版了《人猿的智慧》一书，提出与桑代克完全不同的学习理论。

格式塔心理学的学习理论以苛勒的研究为代表。我们说苛勒是三位正统的格式塔心理学家中最有建树的一位，主要是指他的学习研究的独创性。除苛勒外，考夫卡也对学习问题作有系统的阐述。

(一)苛勒的动物学习实验

苛勒进行的动物学习实验，由简单到复杂分为六大类。在众多的实验中，最富代表性的是箱子问题和棒子问题的实验。

箱子实验有单箱实验和多箱实验两种。在单箱实验中，香蕉等诱惑物系在黑猩猩笼子的顶板上，黑猩猩不能直接拿到香蕉，但笼子内有一个箱子可以利用。如果黑猩猩利用这个箱子，然后爬到箱上，再往上一跳就可获得香蕉。这类问题对黑猩猩来说是个难题。在供作实验的黑猩猩中，只有一只叫苏丹的最聪明的黑猩猩可以不需要帮助解决这一问题。而其他 6 只猩猩则需要先通过人把箱子搬到香蕉下面或通过观察其他黑猩猩把箱子移到香蕉下面，再往上跳之后，才能学会解决这一问题。

在多箱实验中，实验情境更为困难。黑猩猩需要把一只箱子放到另一只箱子上，然后爬上去才能摘到香蕉。它需要黑猩猩不但考虑香蕉与第一只箱子的关系，而且需要把第二只箱子考虑进去，理解两只箱子之间的结构关系以及两只箱子与香蕉间的结构关系。

棒子问题实验，即在关黑猩猩的笼子内放有几根棒子，黑猩猩需要利用一根棒子或几根棒子作为工具，才能获得笼子外面的食物。尽管黑猩猩一开始常将棒子扔向食物，甚至连棒子也丢了，但是，有时黑猩猩拿着棒子拨弄一段时间后，它们会突然拿着棒子去把笼子外面的食物拨到可以用手拿到的地方，获得食物。黑猩猩苏丹甚至可以通过把两根较短的棒子插接起来，获得用单独一根棒子不能取得的食物。

(二)格式塔心理学家对动物学习的理论解释

根据黑猩猩解决问题的实验，格式塔心理学家对动物学习做了理论解释。他们认为黑猩猩具有类似人类智慧的行为。黑猩猩可以通过领悟事物之间的关系，利用某些工具作为达到目标的手段。格式塔心理学家对学习的实质、过程、影响学习的因素进行了系统阐述。他们认为，学习的本质是领悟自己的动作与情境间的关系，是考虑情境结构的行为，是一种对达到目标的手段、目标物和自己的活动之间复杂关系的完形；学习的过程是一种突然的领悟或顿悟的过程。学习是突然出现的，是突然看到了事物间的关系。顿悟过程的具体表现是在解决问题前有一段困惑、沉静或停顿的时期，然后出现突变，使问题得到快速的解决；影响学习的因素有两个：一是情境的复杂性；另一是动物大脑的先天组织结构。

格式塔心理学家根据动物实验，坚决反对桑代克认为学习的实质是形成刺激与反应之间联结的观点，认为学习不是行为偶然碰巧的凑合；相反，学习的实质是完形。他们旗帜鲜明地提出学习的过程并不是像桑代克所说的那样是尝试错误的过程。因为在动物实验中，当黑猩猩进入实验情境后，它们很少表现出尝试错误的行为，而往往是一下子突然发现事物间的关系，因此，学习是一个顿悟的过程。

格式塔心理学家对影响学习的因素的看法也完全不同于桑代克。桑代克通过动物的研究，提出影响学习的主要因素是练习、效果、准备等。在桑代克的动物学习中，动物是完全没有智慧的，是完全受环境摆布的，主要是通过机械的重复进行学习。而格式塔心理学家则开始重视思维、理解对学习的影响。

格式塔心理学家在学习问题上对桑代克联想主义学习理论的批判，基于以下三方面的理由：第一，桑代克动物研究的实验安排是人为的，并且实验情境过于复杂，超出了动物可以理解的范围。在这种实验情境中，动物看不到整个实验的情境，只能看到情境的一个个部分而不能看出情境各部分间的关系。正是这种情境迫使动物进行盲目的、尝试错误的学习。第二，如果练习是影响动物学习的一个重要因素，练习可以使动作得到巩固，那么，动物保留下来只能是那些无用的动作，而不是保留了可以成功地解决问题的动作。如果像桑代克所说，学习的效果是影响学习的因素，成功的动作使动物得到满足而保留下来，不成功的动作因给动物带来烦恼而被淘汰，那么前面成功的动作将影响后面成功的动作。但是，在实验中动物每一次成功的动作都不相同，因此，这种说法无法解释前一次动作成功的效果会对后一次成功动作产生影响。第三，动物在解决问题之前，出现停顿、迟疑的现象，并不是一个量变的过程。动物在解决问题时动作非常连贯，是一个突发的过程。

格式塔心理学家对桑代克的联想主义学习理论的全盘否定是激进的。实际上，苛勒和桑代克的学习理论分别看到了学习的实质、学习的过程和影响学习的因素的一个方面。在动物和人的学习上，顿悟学习和尝试错误学习都是存在的。在顿悟学习之前，往往存在一段比较长时间的尝试错误的过程，顿悟学习常常是在学习的后期出现。顿悟的学习与尝试错误的学习并不矛盾，它们在说明学习现象时可以相互补充。

三、迁移理论

在心理学中，迁移理论说明一种学习为何能对另一种学习产生影响，为什么人和动物的学习能够举一反三。格式塔心理学的迁移理论以苛勒的动物实验为基础，与他们的完形主义观点相一致。

(一)苛勒的迁移实验

苛勒曾以小鸡、黑猩猩和儿童作为研究对象进行迁移实验。在这些迁移实验中，其小鸡实验最为著名。在实验中，放置食物的地方有两个，每次实验时只在其中的一处放食物。食物放置的地方不断随机地发生变化。放置食物的地方用灰度不同的纸分别覆盖。但放置时有一个规律，食物总是放在由颜色深的纸覆盖的地方。通过数百次训练，当小鸡总是能在颜色深的纸下面去找食物后，更换两张灰度不同的纸来覆盖食物，但食物还是放在颜色较深的纸下面。如此这般，实验不断地进行下去。苛勒在实验中发现，经过一段时间训练后，小鸡很快能掌握其中的规律。不管实验者如何更换放置食物的地方和覆盖食物的纸，它总是到颜色深的纸下面去寻找食物。小鸡对新刺激的反应率为70%，对原来刺激物的反应率为30%。

(二)对迁移现象的解释

根据上述实验，格式塔心理学家认为迁移的本质是动物或人顿悟情境中的一切关系的结果，强调顿悟是决定迁移的关键因素，认为学习中迁移的是顿悟——两个情境突然被联系起来的意识，是整体关系的迁移。

至于为什么在一种情境中形成的关系和结构，可以转移到另一种情境中，格式塔心理学家利用记忆痕迹进行解释。格式塔心理学家认为由顿悟产生的对事物的理解能印刻在大脑中，当以后面临类似的情境时，记忆痕迹会影响个体的心理活动，使之选择相类似的方法来解决问题。

在迁移理论上，格式塔心理学与桑代克的联想主义迁移理论是对立的。在迁移问题上，桑代克提出相同要素理论。相同要素理论认为，只有当两种情境存在共同的成分时，一种学习才会影响另一种学习，产生学习的迁移。“只有当两种心理机能具有共同成分作为因素时，一种心理机能的改进才能引起另一种心理机能的改进。”这些共同要素包括目的、方法、观点、一般原则的观念和态度的观念等。桑代克认为，只要两种学习情境存在共同的要素，不管学习者是否意识到这种共同要素的存在，迁移总会产生，并且两种学习情境间的共同要素越多，迁移量就越大。它们间的关系大致成正比例关系。由于桑代克对学习和迁移现象持联想主义的观点，他所指的共同要素实际上是共同的刺激与反应间的联结。这种对迁移的机械式、一对一的解释，与格式塔心理学的整体观完全对立，因而必然遭致格式塔心理学家的批评。

从以上两个方面人们可以看到，格式塔心理学的迁移理论与桑代克的联想主义的迁移理论的差别主要表现在他们对共同要素有不同的理解。格式塔心理学家并不排斥两种学习情境存在共同的东西是产生迁移的重要条件。分歧的关键之处在于，格式塔心理学家认为这种共同的东西是动物和人在学习中通过顿悟产生的模式、完形或对关系的理解，而桑代克则认为它是完全相同的、零碎的要素或刺激与反应的联结。

四、创造性思维理论

在格式塔心理学中，惠特海默把格式塔原理应用到人类创造性思维研究中，通过强调创造性思维的整体性，对创造性思维作了深入的分析。但是，他对创造性思维、知觉问题的著述并不多。他的创造性思维理论主要通过他的遗著《创造性思维》一书反映出来。该书是他在临终前完成的一部手稿，后由他的朋友编辑并以《创造性思维》为标题出版。在书中，惠特海默以独特的方式对他的许多实验进行总结，阐述他关于创造性思维的看法。

惠特海默的创造性思维理论以个案材料为基础，对包括儿童解决几何问题到爱因斯坦发明相对论的思维过程进行了分析，提出在创造性思维过程中也是整体决定部分的观点。惠特海默认为，要创造性地解决问题，必须以整个问题情境决定问题的细节，即使需要考虑问题的细节，细节的各个方面也应该与整个问题情境的结构联系起来。在教学过程中，为了发展学生的创造性思维，必须避免以联想主义学习理论为基础的盲目的、机械的练习方法和过于强调形式逻辑训练的方法。这两种方法都把学生的思维限制在一个很小的范围内，甚至迫使学生犯错误，对促进学生解决问题帮助甚小。有效的训练学生创造性思维的方法是教师将整个问题情境作为一个整体呈现出来。惠特海默深信，如果教师以有条理的方式安排学习情境，体现需要解决的问题的结构关系，能将课堂的教学和练习变成一个有意义的整体，就有助于学生顿悟问题的实质，导致问题的解决。一旦学生通过顿悟掌握了解决问题规则，以后他们就容易把这种规则迁移到其他的问题情境中去。

五、人格理论

人格理论由格式塔心理学家勒温提出。他采用格式塔的观点，将人看作是一个联结的区域或者区域系统，按照格式塔的理论模式对人格的结构进行分析。

勒温认为人格是一个系统的区域组织，它是由许多相互作用的区域交织起来形成的。区域由周线围成。周线具有可通透性。不同的区域具有不同的功能。每一个区都是一种心理事实或心理因素。区域可以分为不同的类型。一些区域是外部的，是运动的知觉区域。这些区域处于表层，可以和外界相互作用，别人也可以观察到。而另一些区域是内部的，它很少与环境发生联系，处于人格的深处，不易接近。这两种区域都同样重要，它们相互依赖。在人格的区域系统中，每一种区域都可以与其他区域发生联系，一种区域的变化将引起另一种区域的变化。这种变化取决于三方面的条件。第一，两个相联合的区域相距的远近程度。距离越远，一个区域对另一个区域的影响力就越小；相距越近，影响力就越大。第二，区域界线的通透性。界线的通透性越大，一个区域对另一个区域的影响就越大；如果界线的通透性小，一个区域对另一个区域的影响力就小。第三，中间相隔的区域的软硬程度。如果一个区域对另一个区域产生影响，中间要跨过一个或几个区域，这些区域的性质影响到两个区域间的影响力。如果中间的区域较软，一个区域对另一个区域的影响力就容易从它们中间通过；如果中间的区域较硬，则一个区域对另一个区域的影响力则难于通过。勒温同时指出，一个区域对另一个区域产生影响的条件都是暂时性的，它们会随动力系统的变化而发生变化。具有较强通透性的周线，有时会变成通透性较差的周线，中间相隔区域的软硬程度也会随其他条件的变化而发生变化。

勒温用拓扑学的、严格的、非数量化的方式，对人格结构各区域间的内在关系和人格结构的多样化进行描述。勒温认为人格结构是不断发展的。人出生时，人格结构几乎是一块未分化的整体。随年龄、教育、生活经验的增加，人格结构逐步分化，分化出诸如记忆、思维、价值、目的等成分。有的人格层次多，各区域间有较多的相互作用和相互联系；有的人则相反。他认为人格的分化程度是衡量智能的重要标志。低能儿的人格结构分化程度低而且僵化，弹性和可塑性都比正常儿童小。成年人的人格结构比儿童分化好并且更复杂。他认为人格结构的分化是由个体的年龄、经验、能力和他对当前情境中所发生的事件综合的结果。具体与五方面因素有关：第一，活动、情感、需要、社会联系的增加；第二，行为复杂性程度的增加；第三，活动区域的扩大，活动的自由度的增加；第四，行为的依赖性的增加；第五，活动的现实性程度的增加。

勒温认为人格结构的分化，主要包括三个方面。一是变异。它指的是整个人格结构区域数量的增加，如人格中心层、人格的边缘层等区域数量的增加。二是周线的变化。随着年龄的增加、人格区域的增加，区分一个区与另一个区的周线将发生变化。它一方面表现在周线数量的增加与减少上，另一方面也表现在这些分割线的通透性的变化上。在儿童时期，周线的通透性较小，长大后，它们的通透性会增加。三是联合。随年龄等的增加，联合的程度不断增加。初时，个体是通过简单的扩散将相邻近的区域联合起来。以后，个体不但可以将相邻近的区域联合起来，而且可以扩散到更远的地方，将相距很远的区域联合起来，为某种目的服务。

六、团体动力学理论

(一)团体动力学产生的背景

勒温在1939年发表的“社会空间实验”一文中首先提出团体动力学概念。他运用这个概念对团体动力的相互作用、团体对个体行为的影响、团体成员间的关系进行分析。

20世纪30年代，团体动力学在美国引起人们的关注，与当时美国的社会历史条件紧密相联。

首先，美国具有广泛应用团体动力学的社会需要。30年代，美国的工业生产飞速发展，创造发明使物质生产水平有了明显的提高。但是，人们对这种状况并不满足。随着市场竞争的加剧，企业和组织都希望能够找到进一步提高劳动生产率的方法。人们已经感到再通过强调物和财的管理等传统做法，对进一步提高劳动生产率的帮助已经不大。在组织管理上，人们开始强调人的因素对提高劳动生产率的作用。与此同时，随着工业的发展，诸如移民问题、黑人问题、青少年犯罪和儿童教育等一系列社会问题也日益突出。这些问题迫切需要人们解决。勒温从团体动力的相互作用、团体对个体行为的影响、团体成员间的关系出发，试图去解释和解决这样一类问题，为人们提供了一种看待问题的新视角。因此，团体动力学的出现就受到学术界和社会的欢迎。

其次，20世纪30年代美国出现了众多的专业团体，如社会福利工作团体、团体心理治疗等，如何认识这些团体的性质和作用也是人们迫切想知道的。

第三，从团体出发研究个体已有一定的理论和技术基础。长期来，心理学研究的对象主要限于个体和个体心理，研究者普遍认为团体心理只是个体心理的组合，团体心理并不存在什么新东西。到20世纪30年代，在团体中研究个体，研究团体对个体的社会影响开始被人们所接受。在这个发展过程中所形成的一些技术方法和理论，如社会计量方法、社会互动的观察技术、奥尔波特和谢里夫的社会心理学理论等，都为团体动力学的兴起提供了必要的条件。

(二)团体动力学的特征

团体动力学是一种关于团体本质的理论，它旨在探讨团体发展的规律、团体的内在动力、团体与个体、团体与其他团体及整个社会的关系，从而为团体管理实践提供科学的基础。以勒温为代表的团体动力学有以下主要特征：

1. 个体行为与团体行为概念的广泛应用

勒温主张团体具有自身的特性，它并非是个体的总和，而是不同部分之和。他提出团体与个体一样都是真实的，而非神秘的，应该将团体看作一个整体来进行分析。在他看来，团体不是由一些具有共同特质或相似特征的成员所组成的，特质和目标也不是团体的先决条件。团体的本质在于其所属成员的相互依赖，而不在于他们的相似或差异性。团体的结构特征是由成员间的相互关系决定的，而不是由单个成员的性质所决定的。团体内成员的活动和状态依赖于其他成员的活动和状态。

2. 以场论为基础

勒温用格式塔原则来研究团体。场的概念是团体动力学的内在基础。他认为正如个体和他的环境构成心理场，心理场中各个区域间的关系及压力决定个体行为一样，团体和团体的情境构成社会场，团体场中各个区域间的关系及压力决定团体行为。在团体动力学中，勒温把团体看作是一个基本的实体，是团体成员相互依存的内在关系与格式塔。他从场论出发，把团体分为结构和动力两个层次，用拓扑学的方法描述团体的结构，直观地描述团体内个体的位置、个体间的相邻或依存关系、外界的影响，以及团体的核心人物等。他用紧张、向量、目标等概念描述团体的动力方面，说明团体的变化。

根据整体比部分重要的场论的观点，勒温认为，虽然团体的行为需要由构成团体的个体来执行，但是团体具有较强的整体性，因此，对个体具有很大的支配力，要改变个体的行为，改变个体所属团体的行为更为重要。

3. 强调经验研究

以观察、定性分析、测量、实验为基础研究团体是团体动力学的一个显著性标志。与一般的经验研究不同，团体动力学十分重视经验研究与理论发展的结合。

4. 重视把研究成果应用于社会实践

勒温强调“社会行动研究”的重要性，非常关心诸如种族冲突、社会偏见等社会问题的研究。正因如此，团体动力学在政治、经济、教育等社会生活方面得到广泛的应用。

(三)团体动力学的理论与研究

勒温的团体动力学理论与研究涉及多个方面。以下从五个方面对他的团体动力学理论和研究进行介绍。

1. 团体内聚力

团体内聚力是团体成员中所有起作用的力量之汇合，主要指团体的吸引力。任何一个团体中都存在内聚和分裂的压力。为了使团体结合在一起，就必须加强团体的内聚力。如何解释团体内聚力的形成，是团体动力学的一项重要课题。勒温认为团体的内聚力取决于团体成员中间的正效价或吸引力。勒温及其学生对影响团体内聚力的因素进行了一系列的研究，认为内聚力与下列因素有关：

(1)对团体其他成员的喜爱。

(2)参加团体有助于提高个人的声望与地位。

(3)参加团体有助于达到个人的目标。

(4)团体的领导方式。民主的领导方式会增加团体的内聚力。

(5)兴趣。当团体成员对活动具有中等以上兴趣时，团体的内聚力最大。

2. 领导方式

勒温是最早对领导方式进行研究的心理学家。团体动力学是从领导方式研究开始的，也是团体动力学最有影响和意义的研究问题之一。勒温以权力定位为基础，把领导人在领导过程中表现出来的极端的领导方式分为民主型、专制型和放任型三种。他认为在现实生活中，三种极端的领导方式并不常见，大多数领导人的领导方式往往是介于两种极端类型之间的混合型。

1939 年，勒温及其学生对领导方式进行了一系列的实验研究。最早的实验对象为 30 名 10 岁的男孩，他们被分为 6 组，每组 5 人。小组领导人由受过训练的实验合作者担任，分别扮演民主、专制和放任的领导人。研究方式为轮组实验。实验结果表明，小组的行为明显受领导方式的影响。放任组的工作做得很少，质量差，但人际关系好；民主组能高质量地完成任务，内聚力强，对工作感兴趣，并且工作的自觉性强，在领导人离开时也能继续认真工作；专制组虽然能完成工作任务，但工作质量不如民主组，当领导者离开后，工作会马上停顿，小组成员对领导者的依赖性大。

勒温等人对领导方式的实验，激起了大量的研究。这种影响一直持续到 20 世纪 70 年代以后。后继的研究者对不同的领导方式对团体的影响做了更进一步的研究，认为领导方式对团体的影响会随领导者、环境、团体的性质、人际关系等发生不同的变化。有关研究结果在管理实践中得到广泛应用。

3. 团体规范

团体规范会对团体成员产生一种压力，迫使他们按照团体目标和准则调节自己的行为。这种压力与权威命令不同，它是一种多数人的意见。团体规范虽然不具有强制性，但它会对团体成员产生求同的压力。因为团体成员一旦脱离团体规范，就会受到团体的惩罚，这种惩罚更多地来自团体其他成员对违犯团体规范者的疏远和孤立。为避免这种压力，团体成员会在一定的范围内遵循团体规范。

20世纪40年代，勒温就团体规范对团体成员行为的影响做过一系列实验。研究表明团体规定比单纯的号召对个体的行为有更大的影响。其中一项实验是这样的：以家庭主妇为实验对象。通常，美国的家庭主妇都不喜欢用动物内脏如猪心、牛肝等做菜。第二次大战期间，由于食品短缺，美国政府希望能说服家庭购买一向不受人们欢迎的动物内脏做食物。勒温设计了两种实验情境。一种是向家庭主妇讲解动物内脏的营养价值、烹调方法，以及食用动物内脏对国家的意义等，并号召参与实验的家庭主妇购买。另一种是只向实验对象做简单的介绍，然后规定他们要用动物内脏做菜。一周后所作的检查表明，前一种情境的研究对象只有3%的人行为发生变化，后一情境中的研究对象有32%的人行为发生变化。

对此的解释是：团体作为整体在很大程度上决定了成员的思想和行为；成员倾向于像团体中的其他成员一样行事；团体成员行为变化是由受到心理压力引起的。勒温在这类研究的启发下，提出改变团体成员行为的工作应包括三个步骤：第一，“解冻”(unfreezing)，目的是消除与已往团体标准的关联；第二，引入新的团体标准；第三，“重冻”(refreezing)，这是稳固地建立新的团体行为标准的过程。勒温指出，在这三个过程中，团体成员参与讨论比单独向他们提出要求效果更好。如果通过讨论，团体与过去的标准的关系减少了，团体成员就更愿意考虑新的行为标准。如果团体成员认为新的行为标准不是外界强加的，他们就更容易接受它们。

4. 行动研究

如前所述，勒温团体动力学的一个显著的特征，是强调理论与实践的结合。在勒温看来，任何研究都要解决社会的实际问题，并在解决实际问题的过程中得到发展。他提出“没有离开研究的行动，也没有离开行动的研究”。为此，他于1945年发起并建立了“公共关系研究会”，以此来推动行动研究的理论与实践的发展。

行动研究有三层意思。第一，行动研究是一种解决社会实际问题的研究，如勒温对社会风气的改革、领导者的培养、种族与宗教等社会冲突、工业生产中的人事关系等所进行的广泛研究。第二，行动研究是一种研究程序。它从团体中搜集资料，然后反馈研究的结果，从而对团体行为过程施加影响。第三，行动研究是一种研究手段。研究者利用行动研究来检验自己的研究结果。

对于一项研究计划，如何才能更好地产生实际的社会意义？对于不同的领域，勒温分别提出了需要注意的关键性问题。如对于团体内部关系和提高领导的工作效率问题，他认为需要关注什么是训练领导者的最有效和最实际的方法，挑选受训练者的原则是什么，如何才能保证受训练后这些领导者工作效率真正提高。对于如何增加来自不同团体的成员之间的交流问题，他认为必须考虑导致态度改变的条件，通过相互接触产生友谊的条件等。

在勒温和他的后继者的努力下，行动研究逐步发展成为分析和解决不同社会问题的技术，研究极富成果。

5. 敏感性训练

敏感性训练又称为T小组(T-group)，指一种促进个体对自己以及他人敏感的方法。它以交朋友小组的形式开展，目的是增进团体成员间的和谐人际关系。敏感性训练的基本步骤是：由一个人主持，定期集会，旨在训练参加者理解自己、理解团体中的其他人、理解团体集体过程和整个社会，增加团体成员对别人需要和情感的了解，学会表达自己的情感和态度。

勒温相信，由于团体是一个整体，它具有团体成员不具备的动力性特征，团体成员在团体中被组织成一个复杂的、相互依赖的系统，因此，通过参加有组织的团体活动，可以改变个体的行为。这种观点导致敏感性训练的产生。

敏感性训练发端于1946年，康涅狄格州种族事务委员会邀请勒温帮助解决克服种族偏见，提高政府工作效率的问题。为此举办了三个由勒温等人担任训练员的培训班。每个班配置了一名由研究生担任的观察者。训练的目的是帮助受训练者更有效地处理复杂的人际关系和团体工作问题。在由受训练者参加的讨论会上，参加过训练的人反映这种方法有效。这种反馈使勒温进一步关注这种方法的作用。敏感性训练的基本形式由此得以确定。

敏感性训练是一种内容广泛的职业训练，它可以应用到教育、管理、经营和政府工作等多个领域。在罗杰斯的心理治疗中，也采用这种方法。目前，敏感性训练已发展并形成了多种不同的形式，但是由勒温等人发展起来的敏感性训练的基本技术却保留下来，通常各种形式的敏感性训练都有合格的专业人员担任指导。

(四)团体动力学理论与实践的发展

勒温在他建立团体运动学研究中心两年后便因心脏病去世；但是，团体动力学的理论和实践并没有因此而停止。相反，团体动力学的理论和实践却因他的同事和学生的创造性工作得到进一步的发展。尽管这些后继者的工作在社会心理学中一般都划入社会认知理论的范畴，但是，每一种理论都受到格式塔心理学的影响，都与勒温的团体动力学有着极为密切的联系。因此，我们认为它们是团体动力学的新发展。下面仅介绍海德的认知平衡理论和费斯廷格的认知失调理论。

1. 海德的认知平衡理论

海德(F.Heider 1896—)是勒温的好朋友，深受格式塔理论的影响。1958年，他在《人际关系心理学》一书中率先使用了认知一致性概念，并系统阐述了认知平衡理论。

海德的认知平衡理论的基本思想是：个体总是倾向于使自己的认知处于平衡状态。所谓平衡状态是在一种情境中，“被知觉的单位和情绪无应激地存在着，因此，不论对认知组织的变化还是情绪表现的变化都没有压力。”[①] 海德认为，当认知体系出现不平衡时，个体就会产生紧张和恢复平衡状态的力量，这种力量最终使认知状态重新回到平衡状态。

海德提出一种简单的人际交往模型(*P*—*O*—*X*)，用以具体表述他的理论。模型中，*P* 为认知主体，*O* 作为 *P* 的认知对象的个人，*X* 代表与 *P* 与 *O* 有一定关系的某种事物、现象、观念或其他的人。这一模型存在两种关系：单元关系和情感关系。*P*、*O*、*X* 三者通过这两种关系发生联系。单元关系是指两个或两个以上的对象因相似、接近、归属而形成的关系，分正负两种类型，如接近、相似为正向关系，分离、相异为负向关系。情感关系又称为态度关系，指喜欢、赞成与否等，也分正向与负向两种类型，如喜欢为正向关系，不喜欢为负向关系。

在 *P*—*O*—*X* 模型中，个体的认知平衡取决于情感关系是否一致，情感关系与单元关系是否一致。如果一致则个体的认知处于平衡状态，如果不一致个体的认知则处于不平衡状态。一旦个体认知处于不平衡状态，在个体身上就会出现焦虑、紧张和痛苦；为了消除这种紧张、焦虑和痛苦，个体就会去改变他的认知体系，使认知体系重新达到平衡。达到平衡的方法有两种：改变 *P* 与 *O* 的情感关系或改变 *P* 与 *X* 的单元关系。

海德的平衡理论借用了勒温的心理动力概念，用一种简单的模式，对社会知觉和人际关系进行研究具有一定的合理性。

2. 费斯廷格的认知失调理论

费斯廷格(Leon Festinger 1919 —)是勒温的博士生，1945年加入团体动力学研究中心参与研究工作，在1957年出版的《认知失调理论》一书中，提出了认知失调理论。

在费斯廷格看来，所谓认知指的是个体对环境、他人或自身的行为的某种知识、见解和观念。在人的认知体系中，认知因素很多。认知因素间的关系可分为三种：一是协调关系；二是不相关关系；三是不协调关系。不协调关系是

① 费里斯·海德：《人际关系心理学》(英文版)，176页，1958。

一个人的态度和行为等认知成分相互矛盾的一种状态。根据对认知不协调关系的研究，费斯廷格提出了他的认知失调理论。

首先，认知失调是人的认知系统的一种正常状态，是不可避免的。这种不可避免性来自事物本物的复杂性和人的认知能力的有限性。在不同的人身上，认知失调的程度有所不同。

其次，认知失调将给人带来一定的心理压力，使人感到不快，这种压力促使人产生使认知获得协调的动机。

第三，消除认知失调带来的不快和压力的方法是改变认知。减少认知失调的方法有三种：一是改变与认知者行为有关的认知因素，其中包括改变行为本身，否认或曲解自己的行为；二是强调某一因素的重要性；三是增加新的认知因素，加强认知体系的协调。

总之，费斯廷格的认知失调理论认为，人的认知体系具有趋向和保持协调一致的倾向。一旦认知体系出现不协调，人就会产生心理压力，进而产生减少或消除认知失调的动机，这种动机最终导致人改变对事物的态度和认识。

认知失调理论与平衡理论有许多相似的地方。不同的地方是认知失调理论更加重视认知因素对人改变态度的作用，其适用的范围更宽。该理论在动力系统方面对勒温的团体动力学理论做了进一步的发展。

格式塔学派是一个内容比较复杂的心理学派别，涉及从早期正统的格式塔心理学一直到以后勒温的拓扑心理学和海德、费斯廷格的社会认知心理学理论，包括了知觉、学习、迁移、思维、人格、团体动力、人际关系、态度等各个方面的研究领域。诚如著名心理学史学家黎黑所说，要评价格式塔心理学的影响是困难的。以下仅从格式塔心理学当时所处的历史环境和它对以后的心理学发展的影响两个方面，作几点粗略的评价。

第一，格式塔心理学向心理学的旧传统发起挑战，推动了心理学向前发展。格式塔心理学对冯特的元素主义和铁钦纳的构造主义的批判，促进了心理学的繁荣。

第二，重视意识的作用，使心理学研究者对意识问题保持了适当的兴趣。格式塔心理学一方面反对冯特和铁钦纳将意识人为地分析为元素并无视意识的作用，另一方面也反对行为主义、联想主义把意识问题排斥在心理学研究范围之外的做法。特别是当人们考虑到20世纪初行为主义的观点已在美国占统治地位时，格式塔心理学坚持把意识看作是心理学的一个合法研究领域是难能可贵的。正是格式塔心理学家从现象学的观点看待意识问题，它的有关研究对以后出现的认知心理学的发展产生了一定的影响。

第三，对知觉和学习问题作出了巨大贡献。当今心理学教科书中有关知觉规律的知识，基本上都是格式塔心理学知觉研究的结果。格式塔心理学的学习研究与当时出现的其他学习理论有同样的价值。在思维方面，格式塔心理学家反对过于注重形式逻辑和以联想主义原理为基础的零碎的、盲目的思维训练，强调思维训练的整体性，这对今天的教育依然有借鉴作用。

第四，格式塔心理学以现象学为方法论基础，重视定性的、自然条件下的观察实验，不但在当时行为主义占优势，定量研究盛行的情况下难能可贵，而且这种重视生态环境的研究方法对今天的心理学研究也依然有参考价值。格式塔心理学的许多实验研究结果在今天依然有效，与这种研究方法不无关系。

第五，格式塔心理学最大的不足是它以理性主义作为哲学基础来看待知觉、学习等问题。格式塔心理学先验论的先天不足也成了此后发展起来的认知心理学不可克服的障碍。

勒温拓扑心理学的理论和实践的最大贡献是把格式塔的原理从知觉、学习等领域拓展到人格和社会心理学领域，并应用于解决社会问题。勒温的团体动力学原理促进了心理学的动机研究和实验社会心理学的发展。尽管从今天看来，勒温把物理学、数学中的概念移植到心理学中来并不十分成功，在心理学中引入“场”和拓扑学的概念还不足以解释所有的心理现象，用物理和数学的概念分析心理现象有时显得笨拙，但是，勒温的开创性工作还是为描述人的心理现象提供了一种别具一格的方法。

第十三章

精神分析心理学

由弗洛伊德创立的精神分析心理学，历经一个多世纪的演化和发展，已形成众多的理论分支。这些分支既有精神分析初创时期分裂出来的个体心理学和分析心理学，也有为发展弗洛伊德的古典精神分析而形成的自我心理学、对象关系理论，更有在新的时代背景下与流行的思潮相结合而形成的新的精神分析思想，如精神分析的社会文化学派、存在主义精神分析学。

本章将择要对有关心理学思想加以论述。

第一节　弗洛伊德的古典精神分析

一、精神分析心理学产生的历史背景

精神分析心理学产生于19世纪末20世纪初。它的产生有着广泛的社会背景和深厚的文化渊源。

(一)社会背景

精神分析心理学的产生是基于解决资本主义国家的社会病态现象的需要。19世纪末20世纪初，西方资本主义进入帝国主义阶段，社会阶级矛盾日益尖锐。垄断资产阶级肆意掠夺，中小资产阶级随时面临破产，劳动人民生活在社会的最底层。整个社会尔虞我诈，勾心斗角，道德败坏，精神颓丧。这种不正常的和病态的社会气氛，导致人们的精神病和神经症的发病率日益增高。精神分析首先作为一种治疗方法，就在这一特定的社会历史条件下产生了。

在弗洛伊德当时所生活的奥匈帝国，特别是在家长式统治的犹太人社会里，宗教气氛浓厚，社会禁忌十分严格，尤其是两性关系禁忌甚严，性本能

受到压抑。犹太家庭中神经症和精神病的发病率日益增多。弗洛伊德作为一个精神病医生，在关注这类疾病的基础上，提出泛性论观点。

（二）哲学背景

弗洛伊德之所以提出以潜意识为主要内容的精神分析理论，可以说直接受近代德国哲学心理学思想的深刻影响。弗洛伊德接受了他大学时代的哲学老师布伦塔诺提出的意动心理学思想，即心理现象具有意向性和能动性，心理现象的能动力量是只存在于内在世界的一种“内在客观性”。此外，弗洛伊德还通过布伦塔诺接受了亚里士多德的发生学观点。

莱布尼兹的微觉学说和赫尔巴特的意识阈概念也无疑使弗洛伊德受到启发。莱布尼兹认为微觉是未被意识到的无意识，是积极主动活动着的东西。赫尔巴特在此基础上提出意识阈概念，认为占据意识中心的观念只容许同它自己和谐的观念出现在意识中，而将那些同它不和谐的观念压抑下去，即降到无意识状态。

费希纳也是弗洛伊德信奉的一位思想家，他继承和发挥了赫尔巴特关于意识阈概念的思想，认为人的心理类似一座冰山，它相当大的部分藏在水面以下，在这里有一些观察不到的力量对它发生作用。此外，叔本华和尼采的非理性主义对弗洛伊德也有重要的影响；非理性主义是弗洛伊德精神分析的一个重要特征。

在上述哲学先贤的思想影响下，弗洛伊德将无意识问题提高到研究的中心地位，并对无意识的活动规律、动力、表现等进行深刻的分析。

（三）科学背景

19 世纪，科学界盛行能量守恒观和进化论思想，这些科学思想通过弗洛伊德大学时代的老师、著名的生理学家布吕克对他产生了深刻的影响，进而深入到其精神分析理论之中。

赫尔姆霍茨提出的能量守恒观认为，能量是一种系统，它可以从一个物体转至另外一个物体，但不能被消灭。深受 19 世纪物理学和生理学思想的影响，弗洛伊德认为，人体也是一个复杂的能量系统。人从大自然中获取能量，又为某种目的消耗能量，人类的行为就是能量释放的结果。根据能量守恒定律，心理能量可以转化为不同的形态，但总的能量是不变的。显然，弗洛伊德的这种心理动力观与赫尔姆霍茨的能量守恒观有着密切的关系。

弗洛伊德还深受达尔文进化论思想的影响。达尔文认为，人类是从动物演化而来的，在许多方面人与动物没有区别。这种把人生物学化的观点构成了弗洛伊德本能论的依据，因而他把人的本能同动物的本能等同起来。

(四)心理病理学背景

心理病理学的发展是精神分析心理学产生的直接原因，也是它赖以生长的土壤。弗洛伊德是精神病医生，他最关心的是精神病的病因及其治疗方法。在19世纪中叶，精神病的机体病因观取代传统的迷信观点而确立起来，主张用脑器官障碍来解释行为异常的原因。而催眠术的流行，则使人们开始关注精神疾病的心理致病因素。催眠术的前身又叫麦斯麦术(Mesmerism)或通磁术。早在18世纪后期，奥地利医师麦斯麦在治疗精神病人时发现，使病人进入昏睡状态可以使部分病人的病情好转。到19世纪中期，英国外科医师布雷德将麦斯麦的理论加以改造，形成布雷德术，提出“精神催眠说”的思想，认为催眠状态不需要什么磁性，只是一种心理作用，催眠术的要点在于注意的集中。

催眠术在精神病学中的推广和流行应归功于法国精神病学家沙可和让内等人。法国的精神病学在19世纪处于世界领先地位。当时法国两个著名的精神病学派南锡派和巴黎派都相信催眠术并用以治病，但他们对催眠的性质和作用持不同的看法。以伯恩海姆为代表的南锡派，认为催眠与神经症无关，其所以“能”治病，完全是暗示的结果，所以他们侧重从心理学方面去研究催眠；而以沙可为代表的巴黎派则把催眠状态视为一种病症，与神经症无严格区别，所以他们把催眠视为神经系统的疾病，专门注意催眠状态的生理变化。由于沙可在应用催眠治疗歇斯底里病人时取得成功，并用医学语言描述了歇斯底里的症状，致使催眠术受到医学界广泛的认可。但是，直到沙可的学生让内的出现，才使两派的观点结合起来。让内摒弃歇斯底里是一种生理障碍的看法，认为它应该是心理方面的缺陷，是分裂作用的结果，并强调把催眠作为一种心理治疗方法。

值得一提的是，1885年和1889年，弗洛伊德先后向巴黎派和南锡派学习，两派的观点对弗洛伊德都有很大的影响。他坚信神经症是功能性的疾病，歇斯底里是精神或动力创伤所致，坚信性的因素在神经症中的重要作用，坚信催眠术可以治病。由于弗洛伊德的努力，变态心理研究中的心理病因观终于确立，他的精神分析的思想也逐渐形成。

二、弗洛伊德古典精神分析的主要理论

(一)弗洛伊德的生平与主要著作

弗洛伊德(Sigmund Freud, 1856 —1939)是奥地利精神病学家，精神分析学

的创始人。生于摩拉维亚的弗莱堡(现捷克的普莱波)。1873年进入维也纳大学学习医学，同时在布吕克生理研究所工作，1881年获医学博士学位。1882—1885年在维也纳综合医院担任医师，并从事脑解剖学和病理学的研究。1886—1938年间私人开业治疗精神疾病。起初，他用催眠术治病，发现其局限性后改用宣泄疗法(又称疏泄法或谈话法)，即在催眠状态下让病人将内心的郁积倾诉出来。1895年，与布洛伊尔合作发表《癔症研究》，这是精神分析理论的奠基之作。1892年，创立自由联想法，即让病人在觉醒状态下将压抑在心中的意念自由地倾诉出来，以便作分析和治疗的根据。1900年出版的《梦的解析》，标志着精神分析学正式形成。1910年，在召开第二次国际精神分析大会上，成立了国际精神分析协会，标志着精神分析学派最终形成。1939年，弗洛伊德因患口腔癌在英国去世。

弗洛伊德一生著作甚丰，主要有《梦的解析》(1900)、《日常生活的心理病理学》(1901)、《精神分析引论》(1922)、《自我和伊底》(1923)、《精神分析引论新编》(1933)等。

(二)弗洛伊德古典精神分析的基本理论

1. 潜意识论

精神分析有两个基本命题：潜意识和性本能。前者是整个精神分析学派的基本命题，也是各种精神分析分支之间最少发生分歧的命题。

弗洛伊德认为，无意识过程远比意识过程更为复杂和重要，因此把无意识现象作为精神分析心理学的主要研究对象。但是，他所谓的无意识具有特定的含义，即无意识包括个人的原始冲动和各种本能，以及出生后和本能有关的欲望，尤其是性的欲望。这些冲动和欲望为道德习俗和法律所不容，因而被压抑或排挤到意识阈之下，但它们并非不存在，而是不为人觉知地积极活动着，设法寻求满足。由于弗洛伊德的无意识具有这样的性质，故中文译者主张将其称为“潜意识”。在弗洛伊德看来，潜意识就是一种未被觉醒的心理历程或过程，是在一定时间内被压抑、被排挤的情绪经验活动的过程。潜意识带有非理性、冲动性、无道德性、反社会性、非逻辑性、非时间性和非言语性等特点，是心理活动的深层基础和人类活动的内驱力，并决定着人的全部有意识的生活。

在意识和潜意识之间，弗洛伊德认为还有一种前意识。前意识是潜意识和意识之间的中介环节，是无意识中可召回的部分，是人们能够回忆起来的经验。人的心理或精神活动，就是由潜意识、前意识和意识这三个由深到浅的层次构成的。弗洛伊德曾经用一个形象的比喻来描述三者之间的关系：潜意识系统犹如一个房屋的大前庭，在这个前庭内各种精神冲动拥挤在一起；而意识则住在与这个前庭相联的会客室里，与潜意识之间彼此相隔；前意识就像一个“守门人”站在两屋相接的门槛处，对于试图拥进会客室的精神冲动起着防守和检查的作用。这个比喻说明，潜意识和意识之间界线森严，但意识和前意识之间却没有不可逾越的鸿沟。

2．本能论

弗洛伊德认为，本能是人的生命和生活中的基本要求、原始冲动和内在驱力。

关于本能的种类，弗洛伊德在早期和晚期有着不同的看法。早期，弗洛伊德把本能分为两种：性本能和自我本能。性本能也称为力比多(libido)，是人的行为的内在动力，促使人通过各种方式获得满足。自我本能则是保护自我不受伤害。后期，弗洛伊德对本能的划分有所变化，这是因为他目睹了第一次世界大战的恐怖、残酷和血腥，深感原先的本能理论难以圆满解释这种社会现象。此外，他发现，自我本能和性本能虽然各有其不同的直接目的，但最后都同样指向生命的生长和增进，因而可以合成一个生的本能。生的终极就是死，于是他又提出死的本能，代表人类潜伏在生命中的一种破坏性、攻击性和自毁性的驱力。生和死这两种本能，作用相反又始终同时并存，似乎就是个人和社会一切矛盾斗争的根源。

3．梦论

关于梦的学说在弗洛伊德的精神分析学中占有特殊的地位，释梦则被认为是了解潜意识活动规律的一条重要途径。弗洛伊德认为，梦并不是偶然形成的联想，而是被压抑的愿望伪装的满足。因而，借助对梦的分析、解释，就像通过一个瞭望窗，可以深入到人的心理内部。通过释梦，可以发现精神疾病患者被压抑的欲望。

在释梦过程中，弗洛伊德发现了隐梦(梦的意义)转变为显梦的伪装规律，即梦的工作：凝缩、移置、象征化和润饰。凝缩是几种隐意用一种象征表现出来；移置则是指梦中的情结发生转移，用不重要的观念或部分替换重要的隐意；象征化是以具体的视象代替抽象的思想；润饰则指梦者在醒后陈述显梦时会有意无意地将梦中杂乱的材料加以修正或条理化。

在弗洛伊德看来，梦是通往潜意识的捷径，因为人在睡眠时，自我和超我的警惕性放松，潜意识中那些被压抑的冲动、欲望等就比清醒的时候更容易躲过检查机制而闯入意识而成为梦。因而，通过分析者对梦的分析，即由显梦回溯到隐梦，就可以推翻梦的工作，而发掘出被压抑的潜意识冲动。

关于梦的理论是弗洛伊德的一个独创性的贡献，也是他的理论体系中最少受到挑战的部分之一。

4. 人格论

弗洛伊德的人格理论包括早期的人格发展阶段学说和后期的人格结构理论。人格发展阶段学说以其泛性论思想为基础。

弗洛伊德把人的一切问题都归因为性的问题。即把“性欲”视为人类行为的真正动机和发生的原因。实际上，他所谓的性是广义的，指一种快感，因而它并不一定与生殖器相系。身体的其他部位也能使人产生快感，他称这些部位为动欲区，如口、肛门等。弗洛伊德用“力比多”概念来表达驱使人寻求快感的动力，它是推动个体一切行为的原始内驱力，指人类与生俱来的一种性冲动。早期，弗洛伊德认为力比多只属于性本能的能量形式，但在后期，又将其泛化为一种包罗一切爱的或生命本能的力量，即用力比多来解释生本能。

按照力比多能量贯注(cathexis)于人体不同部位的变化和发展，弗洛伊德把人格发展划分为五个时期。

口唇期(0～1.5岁)：动欲区是唇和舌，吸吮、吞咽是性欲满足的主要来源。此阶段不适宜的满足(过多或过少)致使以后产生口唇类型的人格，如存在过多的吸烟、贪食等口部习惯。

肛门期(1.5～3岁)：动欲区是肛门，通过排便获得快感。在这个时期，强烈的冲突可能导致一个肛门排泄型的成人，这种人肮脏、浪费、放肆；或导致一个肛门便秘型的人，这种人过分干净、清洁和具有强迫性特征。

性器期(3～5、6岁)：动欲区是性器官，在这个时期发生恋父或恋母情结。儿童在这个时期发展起来的对异性的态度会保持下来，继续影响他成年以后生活中与异性的关系。

潜伏期(5、6～11、12岁)：力比多处于休眠状态。性冲动转移到外界环境中的学习、游戏等其他事件上。

青春期(12～20岁)：这是生殖阶段，异性恋明显，个性向着准备结婚和建立家庭的方面发展。

弗洛伊德认为，人格的主宰不是理智，而是性本能的潜意识作用。他深信，谁忽视了这种潜意识作用，谁就不懂得人格的本质。这一点导致精神分析学派的分裂，因为很显然，他忽视了社会文化环境等外部因素对人格发展的作用。

弗洛伊德的人格结构理论是在其潜意识论的基础上发展起来的，是弗洛伊德晚期的理论之一。他把人格分为伊底、自我和超我三大部分。伊底(id)是最原始的、与生俱来的潜意识部分，其中贮藏着人性中最接近兽性的一些本能性冲动，按照快乐原则行动，一味追求满足；自我(ego)是意识的结构部分，来自伊底经外部世界的影响而形成的知觉系统，代表理性与机智，按照现实原则活动；超我(super－eyo)又称自我理想，是从自我中分化出去的部分，代表良心，是人格中最道德的部分，按照至善原则指导自我、限制自我。弗洛伊德有言：自我要伺候三个苛刻的主人——伊底、超我和外部现实，并尽力调和三个主人的要求和主张。当被逼得过紧、自我难以周旋时，就会产生焦虑，导致神经症。通常，为了缓解和防止焦虑造成的精神压力，自我在潜意识中发展出一些防御机制，如压抑、投射、认同、退行、合理化等。

弗洛伊德说过，精神分析的主要特点就是动力学思想，即把精神生活还原为“冲动力”和“阻力”之间的相互作用。在人格中，冲动力是能量的发泄作用，如性本能、生理的紧张等；阻力即反能量发泄作用。从人格的三大系统来看，伊底只具有能量发泄作用，按弗洛伊德的话说即“伊底是一口沸腾的大锅”，各种欲望、冲动翻着泡沫要冲破自我的防线；自我和超我同时具有能量发泄和反能量发泄作用，即自我和超我不仅具有自己的内驱力，而且其主要功能就在于阻止伊底的轻率行为，即是反能量发泄作用。冲动力和阻力之间的冲突表现为人的内心冲突，或人格冲突；不断解决内心冲突，人格也就得到不断的发展。比如，弗洛伊德认为，文学艺术创作的动力，就在于将那些被压抑的欲望，利用想像和各种艺术手段，借以升华而得到另一种满足。所以，文学艺术作品反映着作家的人格冲突。总之，在解决冲突的过程中，人格达到了一种动态的平衡。

5. 其他理论

除了上述基本理论之外，焦虑论、防御机制的理论以及精神分析的方法等，也是弗洛伊德古典精神分析学的有机组成部分。弗洛伊德从本能决定论的观点出发，坚持社会与人的本性的对立性，即本能与文明永远处于二律背反之中，文明既是出自本能的冲动，又是对本能享乐的否定。在这种情况下，人总是处于被压抑当中，心理能量得不到释放，形成种种焦虑。

弗洛伊德对焦虑先后有不同的解释。早期，即约在1910年之前，他认为焦虑是由被压抑的力比多转变而来，伊底是焦虑的根源；焦虑是神经症出现的后果。后期，即在1926年，弗洛伊德又提出新的看法：首先，焦虑的根源来自自我，是自我发出的一种信号；其次，焦虑是一切神经症的基础，即一切神经症均存在神经质焦虑。根据焦虑的来源不同，弗洛伊德将焦虑划分为三种。

(1)现实性焦虑，指处于某种现实情境并知觉到其危险性之后产生的焦虑。这种焦虑来源于外部世界，正常人身上都可见到。

(2)神经症性焦虑，其威胁来自伊底的本能性对象选择，即当人意识到自己的本能会导致某种危险而自我又无法控制这种本能冲动时，便产生神经症性的焦虑。这种焦虑多见于神经症患者。

（3）道德性焦虑，来自超我（良心）。当人们害怕自己的行为或想法不符合自我理想和道德标准时，常会受到良心的惩罚，由此而体验的羞耻感和罪疚感即是道德性焦虑。

为了缓解和防止焦虑带来的精神压力，自我会发展出各种防御机制。通常，一个人如何产生焦虑和恐惧，如何对付焦虑和恐惧，对人格的最后形成和发展都会打上深刻的烙印。

有人颂扬弗洛伊德是“潜意识的发现者”，但他却说：“在我之前的诗人们和哲学家们就已经发现了潜意识，我发现的只是研究潜意识的方法。”[①] 由此可以看出，弗洛伊德对自己所发现的方法更为看重。弗洛伊德所发现的研究潜意识的方法，实际上就是他在临床实践中所形成的一套治疗神经症的方法，也就是他的精神分析方法。精神分析法主要有如下三种：

(1)自由联想法。让患者在全身放松的状态下进行自由联想，并将头脑中出现的任何想法毫无隐瞒地报告出来，再由分析者对患者所报告的材料加以分析和解释，直到分析者和患者双方都认为找到了发病的最初原因为止。

(2)释梦。通过分析患者报告的梦境，揭示梦境中所表达的潜意识的本能欲望，即患者被压抑的欲望。释梦是治疗神经症的一种有效方法。

(3)对日常生活的分析。弗洛伊德特别注意分析日常生活中常见的遗忘、口误、笔误和疏忽等过失现象。在他看来，过失行为和梦一样也是了解潜意识活动的重要途径，因为这些现象看似偶然琐屑，实质上都受潜意识的欲望支配，都是意识和潜意识斗争的结果。

从以上对弗洛伊德的整个理论和主要概念的简述中，可以看出弗洛伊德的精神分析理论中具有某些传统心理学或学院心理学所不具备的特色，这就是：它强调人类的行为动机，重视情绪的发展，注意心理冲突的动力过程。正因为如此，弗洛伊德对于心理学及整个人文科学的贡献是相当突出的。首先，由于他把为传统心理学所忽视的潜意识现象作为自己的研究对象，从而拓展了心理学的研究领域；其次，他推进了心理学的学科建设，弗洛伊德的精神分析是性心理学、动力心理学、人格心理学和变态心理学的源头和重要组成部分；其三，在医疗实践中，精神分析突出了心理治疗的价值，创立了一套治疗神经症的方法和理论，突破了过去那种单靠药物、手术和物理方法治疗的局限性，开辟了一条重视心理治疗的新途径，且疗效显著。

当然，弗洛伊德的精神分析并非完美无缺。由于他极端夸大本能尤其是性

① 刘耀中、李以进：《建造灵魂的庙宇》，41页，东方出版社，1996。

本能的作用，致使其理论中弥漫着浓郁的生物学色彩和泛性论的倾向。

第二节　阿德勒和荣格的精神分析理论

阿德勒和荣格均是弗洛伊德的得意弟子，也是精神分析学的早期布道者。但在拥护和宣传精神分析理论的过程中，他们却与弗洛伊德的经典理论发生分歧，逐渐形成了自己的一些富有特色的思想，并先后“背叛”弗洛伊德，建立了各自的理论体系。

一、阿德勒的个体心理学

(一)阿德勒的生平与主要著作

阿德勒(Alfred Adler, 1870 —1937)是奥地利著名的心理学家和精神病医生。1895年获维也纳大学医学博士学位。1902年以前，他的主要兴趣是研究一般医学领域中的精神病理学，后来受弗洛伊德的影响转向精神分析领域。1910年，担任维也纳精神分析协会主席。但是，阿德勒因不赞成弗洛伊德的性本能理论，于1911年和弗洛伊德分道扬镳。此后，阿德勒和他的信徒成立“自由精神分析研究协会”。1912年，阿德勒把自己的理论体系称为“个体心理学”。1914年创办《国际个体心理学杂志》。1920年后任教于维也纳教育学院，并在学校系统中组织儿童指导临床活动，成立儿童指导中心。1926年任美国哥伦比亚大学的客座教授，1932年赴长岛医学院担任美国医学心理学的第一个讲座。主要著作有《神经症的性格》(1912)、《器官缺陷及其心理补偿的研究》(1917)、《个体心理学的实践与理论》(1919)、《生活对你应有的意义》(1932，中译名为《自卑与超越》)。

(二)个体心理学体系

阿德勒不同于弗洛伊德对人格的结构划分，他强调人格的不可分割的统一性，因而他所谓的“个体”指的是一个与社会、与他人不可分割的有机整体，一个有自己独特的目的、寻求人生意义的、追求未来理想的和谐整体。

阿德勒的理论体系主要有如下几个方面。

1. 追求优越

根据人格统一性原则，阿德勒认为人格的各种动机都指向一个方向，通向一种目标，就是追求优越。在阿德勒看来，精神是把优越(Superiority)的目标作为它的目标。阿德勒受尼采“超人哲学”思想的影响，认为人的一切行为都是受某种“向上意志”支配的。向上意志的力量促使人要做一个没有缺点的“完善的人”，因此，羡慕别人，胜过别人，征服别人等都是追求优越的人格体现。可以说，阿德勒个体心理学的核心就是追求优越或自尊。阿德勒相信，心理治疗和儿童教育的目的就是给人提出目标定向，这种目标就是追求优越。

2. 生活风格

阿德勒认为，尽管每个人的目标都是追求优越，但因为每个个体所处的环境条件千差万别，从而导致每个人试图获得优越的方式也迥然不同。阿德勒把个人追求优越目标的方式称为“生活风格”，它是由一个人早期的生活道路所形成和固定下来的行为方式或模式。生活风格早在儿童四五岁时就已形成，它以“原型”的方式无意识地表现出来。阿德勒强调生活条件、家庭和社会环境在形成不同的生活风格时的作用，尤其重视家庭环境。他还特别指出，儿童在家庭中的出生顺序以及所处的地位影响着他们的生活风格，并对一个人的人格形成和发展起着很大的作用。

3. 自卑与补偿

阿勒德反对弗洛伊德把性本能视为人类行为的根本动力；相反，他深信一般的自卑感是人的行为的原始的决定力量或向上的基本动力。早在 1907 年，阿德勒在其发表“器官的自卑感及其生理补偿”一文中，就指出有生理缺陷的人往往有一种生理上的自卑感，他必须通过发展有缺陷的器官或全力发展其他功能而使这种缺陷得到补偿。1910 年之后，他的这一观点发生改变，认为每个人一生下来就带有不同程度的自卑感，因为儿童的生存必须依赖成人，儿童的孱弱使他产生强烈的自卑感。为了克服自卑感，儿童用先天的“侵犯驱力”来寻求补偿，使自己的人格在同化与顺应中得到发展。显然，他认为自卑感是推动每个人去获取成就的主要推动力。一个人正是感到自卑，才会千方百计地去寻求补偿，否则他就会罹患心理疾病，甚至失去生活的勇气。

总之，在阿德勒看来，补偿作用是人们的一种极普遍的心理现象，在向上意志的驱使下，人们的这种补偿作用会持续到生命的终止。

4. 社会兴趣

阿德勒在其后期的研究中把个体和社会联结起来。他认为，人是社会中的一分子，对社会和世界的事业负有责任。因此，生活的意义不是为个人优越而奋斗，而是在于满足人类和谐友好的生活、渴望建立美好社会的需要，在于“对人类全体发生兴趣”。这就是阿德勒的社会兴趣观。

社会兴趣的内涵非常广泛，不仅涉及一个人与他人交往时的情感，而且也是一种对生活的评价态度和认同能力。阿德勒认为，有无社会兴趣是衡量个体是否健康的主要标准，社会兴趣的水平决定一个人生活意义的大小和社会贡献的程度。他还指出，人的社会兴趣最初是由儿童与其父母间的早期相互作用而产生的，因此父母的重要任务之一是唤起和培养儿童的社会兴趣，而对儿童的溺爱和漠视则是妨碍儿童社会兴趣发展的两个重要原因。缺乏社会兴趣的人会产生两种错误的生活风格。一种是优越情结，即完全追求个人优越而不顾他人和社会的需要。另一种是自卑情结，即个人由于过分自卑而感到万念俱灰，甚至陷入神经症之中。

后来，阿德勒还根据人们所具有的社会兴趣的程度，划分出四种类型的人：统治—支配型，这种人喜欢支配和统治别人；索取—依赖型，这种人喜欢依赖别人的劳动，向别人索取自己所需的一切；回避型，这种人喜欢回避生活中的各种问题，企图以无为来避免失败；社会利益型，这种人能正视问题，试图以某种有益于社会的方式来解决问题。前三种人的生活风格都是错误的，只有第四种人才具有正确的社会兴趣，有希望过上充实而有意义的生活。

阿德勒的个体心理学，是精神分析学派内部第一个反对弗洛伊德的心理学理论体系，是生物定向的本我心理学转向社会文化定向的自我心理学，是古典精神分析向新精神分析转变的中介。阿德勒的精神分析在许多问题上和弗洛伊德有所不同，如他强调人格的整体性和统一性，相信未来的意识到的目标对人格行为的影响等。但是二者的理论仍是有联系的，比如在对神经症病因的看法上，弗洛伊德将其看作是潜意识的作用和产物，是性本能被压抑的结果；阿勒德则认为病因在于“自卑感”和“向上意志”的冲突，是潜意识中的一种补偿作用或方法。尽管二人的具体解释不同，但潜意识的理论基础是相同的。此外，阿德勒所谓的“生活风格”，实际上是指早期形成的“本能”或原始经验；他关于先天“社会兴趣”潜能的思想也带有弗洛伊德精神分析的生物学化的倾向。阿德勒注重个体的主观选择和创造性，注重人对理想目标的追求，并对人生持乐观态度，这一点对当代人本主义心理学家奥尔波特、罗杰斯、马斯洛和罗洛·梅都有重大影响。

二、荣格的分析心理学

(一)荣格的生平与主要著作

荣格(Carl Gustav Jung,1875—1961)是瑞士精神病学家，分析心理学的创始人。1900 年获巴塞尔大学医学博士学位。1902 年又获苏黎世大学医学博士学位，1905 年任该校精神病学讲师，后退职自行开业。1932—1942 年任苏黎世联邦综合技术大学教授，1944 年又回到巴塞尔大学任医学心理学教授。主要著作有《力比多的转化和象征》(1912)、《心理类型》(1921)、《寻求灵魂的现代人》(1933)、《分析心理学的理论与实践》(1958)等。

荣格原有精神分析学的“王储”之称，是国际精神分析学会的第一任主席。但是他也继阿德勒之后于1914年与弗洛伊德分手，并很快建立了自己的“分析心理学”。那么，荣格与弗洛伊德的分歧究竟何在呢?下面，我们将在阐述荣格的理论体系时讨论这一问题。

(二)分析心理学的体系

1. 人格结构论

荣格的分析心理学也是一种整体人格结构理论。他把人的总体称为“心灵”，认为心灵包含一切有意识的和潜意识的思想、情感及行为。心灵既是一个复杂多变的有机整体，又是一个层次分明、相互作用的人格结构。心灵或人格结构由意识、个体潜意识和集体潜意识三个层面构成。

(1)意识。意识是人格结构的最外层，是心灵中惟一能够被个体直接感知的部分。它伴随着生命的诞生而出现，其功能是使个人适应其周围环境。荣格发现，人的意识发展过程就是人的“个性化”或个体化的过程，它在人的心理发展中起着相当重要的作用。意识发展的目的是最大限度地认识自己或意识到自我。自我是意识的中心，由各种感知觉、记忆、思维和情感组成。自我意识类似一个守门人，对进入心灵的各种材料进行筛选和淘汰，使个体的人格结构保持同一性、连续性和完整性；同时，它也在不断地充实、完善和塑造着新的自我。

(2)个体潜意识。荣格虽然承认意识的存在和作用，但又认为，对人格及其发展影响最大的还是潜意识。它包括个体潜意识和集体潜意识。个体潜意识是人格结构的第二层，包括一切被遗忘的记忆、知觉和被压抑的经验，以及属于个体性质的梦、幻想等。个体潜意识相当于弗洛伊德的前意识，是可以进入意识领域的。在荣格看来，个体潜意识以“情结”的形式表现出来。所谓情结，就是一组一组被压抑的心理内容聚集在一起的情绪性观念群，如恋父情结、自卑情结、性爱情结、权力情结等。情结决定着人格的取向和发展动力。当我们说某人具有某种情结时，是指他的心灵被某种“心理问题”强烈地占据着，使他无法思考任何其他事情，而他本人却没有意识到。而心理治疗的目的就是帮助病人解开情结，把人从情结的束缚下解放出来。但是，情结并非只有消极作用，而是既可以成为人的调节机制中的障碍，也可以成为灵感和创造力的源泉。荣格早期认为，情结起源于个体的童年经验。后来他发现，情结最深层的根源是集体潜意识。

(3)集体潜意识。又称种族潜意识，是人格或心灵结构中最底层的潜意识部分，是在生物进化和文化历史发展过程中所获得的心理上的沉淀物，是包括祖先在内的世世代代的活动方式和经验储存于人脑结构中的遗传痕迹。它在每一世纪只增加极少的变异，是个体始终意识不到的心理内容。集体潜意识的主要内容是原型(archetype 或 prototype)。原型是一种本原的模型，其他各种存在都根据这种原型而成形。它深深地埋藏在心灵之中，因此当它们不能在意识中表现时，就会在梦、幻想、幻觉和神经症中以原型和象征的形式表现出来。荣格曾确定和描述过几十种不同的原型，但最主要的原型是人格面具、阿尼玛和阿尼姆斯、阴影和自性。

人格面具(persona)指人在公共场合中表现出来的人格方面，其目的在于表现一种对自己有利的良好形象以得到社会的认可。它处于人格的最外层。

阿尼玛(anima)和阿尼姆斯(animus)。前者是指男性心灵中的女性意象；后者是指女性心灵中的男性意象。在荣格看来，阿尼玛和阿尼姆斯这两种原型，从生理遗传角度来说，是受性染色体和性腺决定的；从心理遗传角度来说，是男女两性相互交往的种族经验的遗存。如果男女双方没有异性意象或特质，那么男女之间就不能彼此理解；但是，如果两性意象发展不平衡，就会成为变态。

阴影(shadow)或阴暗自我，指人格的最内层，是人的心灵中遗传下来的最隐秘、最深层的邪恶倾向。它包括一切不道德的欲望、情绪和行为，类似于弗洛伊德所说的“伊底”。它寻求向外投射，但它的本性却是生命力、自发性和创造性的源泉。

自性(self)是集体潜意识的核心。其作用是协调人格的各个组成部分，使之达到整合、统一，即自我实现。荣格认为这是人性所要达到的最高目标。

2. 人格动力论

为了保证人格结构的正常活动，就需要有一个能向它提供各种能量的动力系统。为此，荣格提出他的人格动力学理论。

在早期，荣格用力比多来代指心理能量，但他的力比多的内涵与弗洛伊德有所不同，而且荣格和弗洛伊德的基本分歧就在于力比多的实质问题。弗洛伊德认为力比多即性驱力；荣格则认为力比多应该是一种普遍的生命力，性欲只是其中的一部分。早期，它表现为营养和生长机能，儿童最初获得的满足和快乐只是出于吸取母奶的营养需要。当儿童成熟之后，性机能发展了，这些营养机能才涂上或联结上性的情感，所以力比多的生命力只是在青春期以后才具有异性爱的形式。由此看来，荣格并没有完全放弃性驱力的作用，只是将其作用降低，使之仅成为全部内驱力或力比多的一个组成部分，所以，实际上荣格只是扩大了力比多的含义而已。

在后期，荣格逐渐用心理能(psychoenergy)取代了力比多。在他看来，心理能自成系统，按自己的规律活动。它主要服从于物理学和力学的两个定律：(1)等量定律，即一部分能量消耗多，另一部分能量消耗就少；这在心理能上就表现为这方面兴趣浓，花去精力大，在其他方面就兴趣小，用力少。(2)熵定律，热总向不热的地方转移，代指心理能量的分布和流动是有方向的，这种方向性是为了保持心灵所有结构之间的平衡。荣格用上述两个定律来说明能量在人格结构中的分布和移动情况。

3. 人格类型说

荣格早年在字词联想实验中发现，不同性格类型的人，其情结的表现也不同。后来，经过长期的临床实践和对社会各阶层人士的广泛接触及分析研究，他于1913年提出了两种态度类型。1921年，在《心理类型学》一书中他又做了详细的阐述，进一步系统论述内倾和外倾两种态度类型，划分了感觉、直觉、思维和情感四种功能类型，并进而描述与态度类型有机结合的八种性格类型。

两种人格态度类型。荣格认为，内倾和外倾是两种不同的人格反应特有情境的态度或方式。内倾型的特点是心理能量经常指向内心世界。这种类型的人好深思，善内省，爱恬静，乏自信，不善于结交朋友，容易顺从，孤僻和害羞，较难适应环境。外倾型的特点是心理能量往往指向外部世界。这种类型的人较敏感，好社交，活泼开朗，勇于进取，容易适应环境的变化。荣格认为，每个人生来就具有某种适应方式，在婴儿时期就可以清楚地表现出来。但是，绝对内倾或外倾的人是没有的；事实上，许多人是介于两者之间的中间类型，或者是某种类型相对占优势。他说，性格类型在潜意识和意识中的表现是不同的，在意识中外倾的，则在潜意识中是内倾的；反之亦然。

四种人格功能类型。在划分了两种态度类型之后，荣格又进一步描述四种功能类型，即思维、情感、感觉和直觉。他认为思维是用来评价事物的正确与否，情感是判断和确定事物的价值是否可以接受。它们是一对相互对立的功能，人们用它们来进行判断和评价事物，可称这两者为理性功能。感觉是一个人确定事物存在与否的功能，直觉是对过去或将来的事物的预感。它们也是一对相互对立的功能，荣格称这两者为非理性功能。

荣格还把态度类型和功能类型作出不同方式的配置和组合，提出了八种性格类型。

外倾感觉型——这种类型的人对客观事物感觉敏锐，精明而求实。

外倾直觉型——这种人常常对外界不确定的事物有敏锐的觉察和体验，易变而富有创造性。

外倾思维型——这种人喜欢对外部世界进行有条不紊的分析，常常对事物的结果感兴趣，而对隐藏在结果后面的观念不感兴趣；生活有规律，情感压抑。

外倾情感型——这种人特别注重与社会和环境建立和谐的关系，主动而又富有想像力，但常常因循传统价值观。

内倾感觉型——这种人对事物有深刻的主观感觉，喜欢通过艺术形象表现自我。

内倾直觉型——这种人富于幻想，性情古怪；思想往往脱离现实，不易被人理解。

内倾思维型——这种人喜欢抽象思维，对事物的内在规律和原理感兴趣；常常根据自己的主观认识来分析事物，确定行动目的。

内倾情感型——这种人沉默寡言，不易接近，给人以冷漠的印象，但其内心情感体验丰富，富有同情心。

在荣格看来，每个人身上都会程度不同地表现出一种占优势的性格类型。在这里，荣格强调人与人之间彼此不同的性格差异，并为这些差异提供了一个完整的体系。但同时他也指出，某种类型占优势并非其他类型不重要，可能还有第二种相对重要的性格类型和第三种性格类型在同一人的意识中发挥作用。另外，其他的性格类型则会潜意识地补偿他的性格类型的另一面。可见，荣格并没有把一切人简化为这八种类型。

综上所述，荣格的分析心理学是对古典精神分析的选择性发展，突出了心理结构的整体论的方法论，扩大了潜意识的内涵和功能，沟通了个体和种族历史经验的文化联系，开创了心理类型学。分析心理学的这些观点和方法论，不仅对心理学具有深远意义，而且对精神病学、宗教、历史、文学和艺术也具有广泛的影响。但是，荣格的理论中也存在一定的神秘主义和宗教的成分。

第三节　精神分析理论的其他分支

自弗洛伊德之后，精神分析学派内部不断发生争吵和分裂，精神分析理论遂不断地得到修正、变通或扩展。因而从广义上说，除弗洛伊德的古典精神分析以外的所有精神分析理论，如阿德勒的个体心理学、荣格的分析心理学、自我心理学、对象关系学派、社会文化学派、存在主义精神分析等，都可称为新精神分析。但通常人们习惯于将阿德勒的个体心理学和荣格的分析心理学视为由古典精神分析转向新精神分析的过渡和中介，而将美国的社会文化学派归入新精神分析的特有范畴。但不管如何归类，自弗洛伊德之后的每一个精神分析理论分支，都有其特定的社会文化背景和自己的理论特色，以及著名的代表人物。

下面，我们仅选取每一分支中的一位代表人物来阐述。

一、艾里克森与精神分析的自我心理学

（一）自我心理学的发展概况

在弗洛伊德逝世以后，精神分析的自我心理学代表正统的精神分析运动的新发展。其实，在弗洛伊德的理论体系中早已蕴涵有自我心理学的思想，后经其女儿安娜的过渡，最终由哈特曼建立，并经艾里克森等人发展，逐渐形成精神分析的自我心理学。

自我心理学最初产生于德国，在第二次世界大战爆发之后，转移到美国继续发展。它后来又被称为精神分析的发展心理学。可以说，几乎从精神分析心理学诞生之日起，就出现了自我心理学的萌芽。著名的自我心理学家拉波帕特最早对精神分析的自我心理学的历史演变作出概括。他在 1959 年发表的“精神分析的自我心理学的历史概略”一文中，把自我心理学的历史划分为四个发展阶段。第一阶段是 1886—1897 年，弗洛伊德提出最初的防御概念。第二阶段是 1897—1923 年，弗洛伊德把自我看作一种本能，提出自我本能、自我内驱力和自我力比多学说。第三阶段是 1923—1937 年，弗洛伊德划分人格结构中的伊底、自我和超我三种成分，给自我予相对独立的地位；安娜进一步强调自我的作用，阐述自我的防御功能。第四阶段是 1937—1959 年，即 1937 年哈特曼在维也纳精神分析学会发表“自我心理学与适应问题”的著名演讲，这被看成是自我心理学真正建立的年份。自我心理学自此进入一个新的历史发展时期，成为现代心理学的一个重要流派。

哈特曼被誉为自我心理学之父。他把自我的发生和发展的研究当作精神分析的重要任务，探讨精神分析的发生学原则，试图建立精神分析的发展心理学。在哈特曼建立自我心理学体系后的数十年间，西方涌现了许多新的自我心理学家。不过，真正把哈特曼的自我心理学作为出发点，在他的理论表述的基础上建立各自的自我心理学体系的，则要数斯皮茨、玛勒和雅可布森等人。他们都从观察婴儿开始，试图描述儿童自我结构化的过程。但是，他们的理论都主要揭示幼儿早期的身心发生发展过程，把人格发展的决定作用局限于人生的早年阶段，而且都还是在心理性欲范畴内去阐明自我的形成和发展过程；同

时，他们也都把自我及其机能的发展限制在个体的范围，以先天的“基质”说明后天的人格发展，所以都没有从根本上摆脱精神分析传统思想的束缚。这样就限制了自我心理学的进一步发展。只有到了艾里克森，才把心理社会的因素纳入他的自我心理学理论体系中去。

(二)艾里克森的生平与主要著作

艾里克森(Erik Homburger Erikson, 1902—1994)出生于德国的法兰克福，只受过大学预科教育。1933年参加维也纳精神分析学会，并随安娜从事儿童精神分析工作。同年去美国波士顿开业，1936—1939年在耶鲁大学医学研究院精神病学系任职。1939—1944年参加加利福尼亚大学伯克莱分校儿童福利研究所的纵向“儿童指导研究”。其间，他的研究成果包括三个方面：(1)儿童游戏结构中的性别差异，(2)人的生命周期中各个阶段的冲突的解决，(3)关于儿童发展各问题的人类文化学的连续调查。20世纪40年代，他曾到印第安人的苏族和尤洛克部落从事儿童的跨文化现场调查。1951—1960年任匹兹堡大学医学院精神病学教授。1960年起任哈佛大学人类发展学教授，直到1970年退休。

艾里克森一生出版了许多著作，主要有《儿童与社会》(1950，1963)、《同一性与生命周期》(1959)、《理解与责任》(1964)、《同一性：青春期与危机》(1968)、《新的同一性维度》(1974)、《生命历史与历史时刻》(1975)、《游戏与理由》(1977)、《生命周期的完成》(1982)等。

(三)艾里克森自我心理学的主要内容

1. 人格结构观

艾里克森同意弗洛伊德对人格结构作伊底、自我和超我的划分，但他对自我的理解不同于弗洛伊德。艾里克森认为在人格发展中起重要作用的是自我。自我是一个独立的力量，不再是伊底和超我压迫的产物。他把自我看作一种心理过程，包含着人的意识活动且能够加以控制。自我是人的过去经验和现在经验的综合体，并且能够把进化过程中的两种力量——人的内部发展和社会发展综合起来，引导心理性欲向合理的方向发展，决定着个人的命运。自我过程已失去防御性质的重要性，其所表现的游戏、言语、思想和行动等带有自主性，具有对内外力量的适应性。

伊底则代表先天的盲目冲动，包括进化中的种种剩余沉淀物。它只能使人沦为动物，因此必须加以克服，使之成为真正的人的欲望的总和。

超我则是个人经验与对他最有影响的成人和同伴的观念和态度的组合物，是代表社会准则和行为规范的一种心理过程，引导并协助自我对伊底起监督作用。

在艾里克森看来，人格结构的核心是自我。他赋予自我许多积极的特点，诸如信任、希望、独立性、意志、自主性、决心、勤奋、胜任、同一性、忠诚、亲密、爱、创造、关心、统整、智慧等等。这些特性都是弗洛伊德从未提到的。他认为，凡是具有这些特性的自我都是健康的自我，它对人生发展的每一阶段所产生的问题都能加以创造性地解决。

在上述的自我特性中，艾里克森特别重视自我的同一性。在他看来，具有建设性机能的健康自我必须保持同一性感，即自我同一性感或心理社会同一性感。这一复杂的内部状态包括四个方面。(1)个体性(individuality)，是指一种意识到的独特感，以不同的、独立的实体而存在。(2)整体性和整合感(wholeness and synthesis)，是指一种内在的整体感，产生于自我的潜意识整合作用。成长中的儿童形成许多零碎的自我表象，健康的自我就把这些零碎的表象整合成一种有意义的整体。(3)一致性和连续性(sameness and continuity)，是指潜意识追求一种过去与未来之间的内在一致和连续感，感受一个人生命的连贯性并朝着有意义的方向前进。(4)社会团结性(social solidarity)，是指具有团体的理想和价值的一种内在团结感，感受社会的支持和认可。

艾里克森认为，"在人类生存的错综复杂社会里，如果没有自我同一性感就没有生存感。同一性的剥夺能导致残杀。"[①] 同一性的另一极端是同一性混乱或角色混乱，也就是通常所讲的同一性危机。同一性混乱是指只有内在零星的、少数量的同一性感，或者是感受不到一个人生命是向前发展的，不能获得一种满意的社会角色或职业所提供的支持。艾里克森还认为，自我的同一性最初起源于婴儿，但要到青春期才正式形成。

2. 心理社会发展渐成说

艾里克森在《儿童与社会》一书第一版中，首次提出他有关人的发展阶段说，对弗洛伊德的经典心理性欲发展的五个阶段加以修改和补充，扩展为八个心理社会的渐成发展阶段，其后他在该书的第二版对各阶段作了详细的阐述。艾里克森在描述这几个阶段时，并不强调性本能的作用，而是把重点放在个体的社会经验上。

首先，艾里克森认为人的发展是依照渐成原则进行的。人的一生是一个生命周期，可以划分为八个阶段。这些阶段是以不变的序列逐渐展开的，而且在不同的文化中是普遍存在的，因为它们是由遗传因素决定的。但他又指出，每个阶段能否顺利地度过则是由社会环境决定的。在不同文化的社会中，各阶段

① 艾里克森：《同一性和生命周期》(英文版)，90页，1959。

出现的时间可能不一致。在发展过程中，以个人的自我为主导，按自我成熟的时间表，将内心生活和社会任务结合起来，形成一个既分阶段又有连续性的心理社会发展过程。

其次，艾里克森认为，人格发展的每个阶段都由一对冲突或两极对立所组成，并形成危机。所谓危机，不是指灾难性的威胁，而是指发展中的重要转折点。危机的积极解决，会增强自我的力量，人格就得到健全发展，有利于个人对环境的适应；危机的消极解决，就会削弱自我的力量，会使人格不健全，阻碍个人对环境的适应。而且，前一阶段危机的积极解决，会扩大后一阶段危机积极解决的可能性；前一阶段危机的消极解决，则会缩小后一阶段危机积极解决的可能性。

下面就是艾里克森提出的人一生中八个心理社会的渐成发展阶段。

(1)基本信任感对基本不信任感(0~1岁)，相当于弗洛伊德的口唇期，体验着希望的实现(我是我所拥有和赋予希望的我)。这个阶段的儿童最为软弱，非常需要成人的照料，对成人依赖性很大。如果父母等人能够爱抚并且有规律地照料儿童，以满足他们的基本需要，就能使婴儿对周围的人产生基本信任感，感到世界和人都是可靠的；相反，如果儿童的基本需要没有得到满足，那么儿童就会产生不信任感和不安全感。儿童的这种基本信任感是形成健康人格的基础，也是以后各个阶段人格发展的基础。如果这一阶段的危机得到积极解决，就会形成希望品质；如果危机是消极解决，就会形成惧怕品格。

(2)自主感对羞怯和疑虑感(1~3岁)，相当于弗洛伊德的肛门期，体验着意志的实现(我是我可以由自由意志支配的我)。这个阶段的儿童学会了走、爬、推、拉和谈话等，也学会了把握和放开。这不仅适用于对外界事物，而且同样适用于自身控制大小便；也就是说，儿童现在能“随心所欲”地决定做什么或不做什么，因而使儿童介入自己意愿与父母意愿相互冲突的危机之中。这就要求父母对儿童的养育，一方面根据社会的要求对儿童的行为要有一定的限制和控制；另一方面又要给儿童一定的自由，不能伤害他们的自主性。父母对子女必须理智和耐心。如果父母对子女的行为限制、惩罚和批评过多，就会使儿童感到羞怯，并对自己的能力产生疑虑。如果这一阶段的危机得到积极解决，就会形成自我控制和意志的品质；如果危机是消极解决，就会形成自我疑虑。

(3)主动感对内疚感(3~5岁)，相当于弗洛伊德的性器期，体验着目的的实现(我是我所想像的我)。这个阶段的儿童活动更为灵巧，语言更为精练，想像更为生动。他们开始创造性的思维、活动和幻想，开始对未来事件的规划。如果父母肯定和鼓励儿童的主动行为和想像，儿童就会获得主动性；如果父母经常讥笑和限制儿童的主动行为和想像，儿童就会缺乏主动性，并且感到内疚。如果这一阶段的危机得到积极解决，主动超过内疚，就会形成主动性和目的性；如果危机是消极解决，就会形成内疚感。

(4)勤奋感对自卑感(5～12岁)，相当于弗洛伊德的潜伏期，体验着能力的实现(我是我可以学会做事的我)。这一阶段的儿童大多数都在上小学，学习成为他们的主要活动。他们在这一阶段最重要的是“体验从稳定的注意和孜孜不倦的勤奋来完成工作的乐趣”①。他们可以从中产生勤奋感，满怀信心地在社会寻找工作；如果他们不能发展这种勤奋，使他们对自己能否成为一个对社会有用的人缺乏信心，从而产生自卑感。如果这一阶段的危机得到积极解决，就会形成能力品质；如果危机是消极解决，就会形成无能的感觉。

(5)同一性对同一性混乱感(12～20岁)，相当于弗洛伊德的生殖期，体验着忠诚的实现(我是我应该成为的我)。这一阶段的儿童必须思考所有他已掌握的信息，包括对自己和社会的信息，为自己确定生活的策略。如果在这一阶段能做到这点，他们就获得自我同一性或叫心理社会同一感。自我同一性对发展他们健康的人格是十分重要的，同一性的形成标志着儿童期的结束和成年期的开始。如果在这个阶段青少年不能获得同一性，就会产生角色混乱和消极同一性。角色混乱指个体不能正确地选择适应社会环境的角色，消极同一性指个体形成与社会要求相背离的同一性。如果这一阶段的危机得到积极解决，青少年获得的是积极同一性，而不是消极同一性，他就会形成忠诚的品质；如果危机是消极解决，就会形成不确定性。

(6)亲密感对孤独感(20～24岁)，这一阶段属成年早期，体验着爱情的实现(我们是我们所爱的我们)。该阶段及以后的阶段没有与弗洛伊德心理性欲发展的相对应时期。只有建立了牢固的自我同一性的人才敢与他人发生爱的关系，热烈追求和他人建立亲密的关系。因为与他人发生爱的关系，就要把自己的同一性和他人的同一性融为一体，这里有自我牺牲，甚至有对个人来说的重大损失。一个没有建立自我同一性的人，会担心同他人建立亲密关系而丧失自我。这种人离群索居，不与他人建立密切关系，从而有了孤独感。如果这一阶段的危机得到积极解决，就会形成爱的品质；如果危机是消极解决，就会形成混乱的两性关系。

(7)繁殖感对停滞感(25～65岁)，这一阶段属于成年期，体验着关怀的实现(我们是我们能够关怀的我们)。这是一个已由儿童变为成年人，变为父母，建立了家庭和自己的事业的时期。如果一个人很幸运地形成积极的自我同一

① 艾里克森：《儿童与社会》(英文版)，259页，1963。

性，并且过着充实和幸福的生活，他们就试图把这一切传给下一代，或直接与儿童发生交往，或生产和创造能提高下一代精神和物质生活水平的财富。如果这一阶段的危机得到积极解决，就会形成关心的品质；如果危机是消极解决，就会形成自私自利。

(8)完善感对失望和厌恶感(65～死亡)，这一阶段属成年晚期或老年期，体验着智慧的实现(我是生存下来的我)。这时一生主要工作都差不多已经完成，是回忆往事的时刻。前面七个阶段都能顺利度过的人，具有充实幸福的生活和对社会有所贡献，怀有充实感和完善感，并带着这种满足感向人间告别。这种人不惧怕死亡，在回忆过去的一生时，自我是整合的。而过去生活中有挫折的人，在回忆过去的一生时，则经常体验到失望，因为他们生活中的主要目标尚未达到，过去只是连贯的不幸。他们感到已经处在人生的终结，再开始已经太晚了。他们不愿匆匆离开人世，对死亡没有思想准备。如果这一阶段的危机得到积极解决，就形成智慧的品质；如果危机是消极解决，就会形成失望和毫无意义感。

美国心理学史家墨菲指出，现代弗洛伊德心理学的“锋芒所向”是自我心理学，而其杰出的代表人物则是艾里克森[①]。他对自我心理学的主要贡献，是进一步发展了哈特曼所重视的社会环境对自我适应作用的思想，从生物、心理、社会环境三个方面考察自我的发展，提出了一个以自我为核心的人格发展渐成说，使自我心理学理论达到一个新的水平。

首先，艾里克森把自我放在心理与社会的相互作用中，强调社会环境在自我形成和发展中的作用，将弗洛伊德的心理性欲发展理论修正为心理社会发展理论，把自我心理学理论提高到一个新的水平。

其次，艾里克森把以自我为中心的人格发展阶段扩展到整个生命周期，突破了其他自我心理学家仅仅描述幼儿早期人格发展的局限性。他详细描述人格发展每一阶段的普遍性问题，涉及发展中的许多冲突和危机。他把解决人格发展中的冲突和危机视为一种两极分化的对立面斗争过程，自我就在这一过程中不断得到增强。所以，他的人格发展渐成说含有一定的辩证因素。

再次，艾里克森提出的自我同一性和同一性危机等概念已成为人们日常使用的概念，不仅对现代西方心理学产生了重要影响，而且对“精神病学、教育学，甚至就整个文明的评价来说，都已成为一个中心问题。……显示出一扫无遗的跨文化倾向……并已像弗洛伊德所梦想的那样变成一种对一切有关人性的

① 墨菲、柯瓦奇：《近代心理学历史导引》，420页，商务印书馆，1980。

东西的关注”[1]。

就其对心理学的影响而言，许多心理学家应用不同的方法研究青少年发展，发现在青少年身上的确存在着自我同一性和同一性混乱，并用同一性混乱解释一些青少年吸毒和犯罪的原因。

当然，艾里克森的自我心理学理论也有不足之处，主要表现在他的理论体系不够严密，思辨性多于科学性。例如，他提出的人格发展阶段就缺少足够的证据，人们很难验证每个阶段的各种品质。

二、克莱因与精神分析的对象关系学派

对象关系学派是于20世纪40年代在英国形成的一个独特的精神分析理论分支，它以弗洛伊德对“本能的对象”的论述为基础，把对象关系(object relation)即人际关系特别是亲子关系置于理论和临床的视野中心，形成独特的对象关系理论。它最初由克莱因创立，英国的费尔贝恩、温尼克特、冈特里普和鲍尔比等人对其发展也作出了贡献。到20世纪60年代，英国的对象关系理论通过南美洲传播到北美地区，又出现了以美国的克恩伯格为代表的对象关系理论，并与美国的精神分析自我心理学由对立逐渐走向融合。

在英国形成和发展起来的对象关系学派，因为并不否认潜意识的作用，而且基本接受弗洛伊德提出的基本概念和理论框架，因而是精神分析的一个分支。但是，与传统精神分析不同的是，对象关系学派的理论家将对象及对象关系置于理论和临床研究的中心，视对象关系为人类经验和行为的重要决定因素，因而对象及对象关系成为一切对象关系理论的基础和出发点，重视关系轻视驱力也就成为对象关系理论与传统精神分析相区别的根本特征。与此相适应，对象关系理论家基本上都贬低或否认伊底的作用，而重视自我的统合功能。不论是克莱因还是费尔贝恩，都承认自婴儿诞生之初即存在一个自我，自我的整合过程即人格的形成，因而自我是人格的一种内在统整力量，自我与内部对象和外部对象的关系，演绎着儿童精神结构化的图景。对自我的重视，成为对象关系理论日后与美国的自我心理学相互融合的基础。

克莱因被看作是由传统的驱力结构模式向关系结构模式转变的创新性和过渡性人物[2]，有时也被称为“提出彻底的对象关系理论的第一人”[3]。其对象关系理论是对象关系学派学术思想的典型代表。

① 墨菲、柯瓦奇：《近代心理学历史导引》，422页，商务印书馆，1980。
② 克莱尔：《对象关系与自身心理学导论》(英文版)，125页，1983。
③ 巴考尔与纽曼：《对象关系理论：通往自身心理学的桥梁》(英文版)，6页，1990。

（一）克莱因的生平与主要著作

克莱因（M.Klein，1882—1960）是德裔英国著名儿童精神分析学家，精神分析对象关系学派的建立者。她于1900年前后在维也纳大学学习艺术与历史。早年曾有志于学医，1914年第一次接触弗洛伊德的著作，对精神分析产生极大的兴趣。1917年接受费伦茨的分析治疗，受到鼓励并立志从事儿童精神分析。1921年，应亚伯拉罕之邀到柏林精神分析研究所担任儿童治疗专家。1922年，加入柏林精神分析学会。1924—1925年，跟随亚伯拉罕学习精神分析。1926年移居伦敦，1960年去世。

20世纪40年代中期，英国精神分析学会的内部矛盾激化，经过1941—1945年的对立性大争论之后，英国精神分析学会分裂为三派：以克莱因为首的"克莱因学派"或"对象关系学派"，以安娜为代表的"维也纳学派"和以温尼克特为代表的"中间小组"。克莱因学派曾一度成为英国精神分析学的主流。克莱因的对象关系理论在欧洲和拉美影响巨大，其后继者被称为"后克莱因学派"。

克莱因的著作主要有《儿童精神分析》（1932）、《对精神分析的贡献，1921—1945》（1948）、《精神分析的进展》（合作主编，1952）、《精神分析的新方向》（合作主编，1955）、《感恩与嫉妒》（1957）、《儿童分析记事》（1961）和《我们成人的世界及其他论文》（1963）。

（二）克莱因对象关系理论的主要内容

克莱因所有的理论观点基本上都是围绕对象关系展开的。她的对象关系学说将儿童期的自我发育决定于各种驱力对象（能引起驱力的物件）。这一学说认为，在发育早期，儿童先是与部分对象（如母亲的乳房）而后是与整体对象（如母亲）发生联系。从出生到1岁左右的婴儿，心理生活中逐渐形成两个重要的构造，她称之为偏执—分裂样心态和抑郁性心态。它们不仅成功地组织起儿童的内部世界，而且是焦虑、防御和对象关系的集合，它们在整个发展过程中不断出现。在治疗儿童精神病的过程中，因为年幼的儿童不能使用自由联想，克莱因用游戏治疗技术取代自由联想，用以揭示儿童的潜意识动机。当前，游戏疗法已在世界范围内广泛使用。

1. 对象及对象关系

对象关系既是克莱因理论的核心又是其理论的特色。克莱因的研究集中在婴儿与母亲的关系中较早期的突然发生的冲突，与这一对象的特殊关系将决定婴儿心理的发展。在克莱因看来，对象关系即对象与对象之间相互联系的方式，或者说每一个“我”与外在于他的“非我”之间的联系。这个对象既可能是外部的真实对象，也可能是外部对象的内在心理表征，还可能是儿童自身份离出去并被客体化的一部分[①]。对于婴儿来说，他最早面对的对象即他的母亲，因而与母亲的关系是一切对象关系的基础。

儿童与母亲的对象关系分为两个阶段：部分对象关系和整体对象关系。儿童先是内投部分对象——母亲的乳房，然后内投母亲这一整体对象。在内投的同时还伴随着分裂，即把对象分为好对象与坏对象。如满足他需要的乳房，属于“好的”对象，而拒绝满足他的乳房，则被视为“坏的”对象。在婴儿早期的幻想中，母亲的意象也被分割成“好的”与“坏的”两部分，并向这两部分对象分别投射爱或破坏性的本能冲动。在对象分裂的同时，自我也分两裂成“好的”自我与“坏的”自我两部分，如爱着好母亲或好乳房的好婴儿与仇恨坏母亲或坏乳房的坏婴儿，在婴儿的知觉中可能是截然不同的两个人。

克莱因认为，部分对象关系即婴儿与母亲乳房的关系，是对象关系的开端。这种部分对象关系始于口唇期的吮吸阶段，婴儿在幻想中内投母亲的乳房，并根据吮吸需要的满足与否将其分裂为好乳房和坏乳房。由断乳引起的施虐幻想是儿童的兴趣由部分对象转向母亲的身体这一整体对象的关键。在儿童的幻想中，母亲的身体包罗万象，它充满丰富的牛奶、食物、有价值有魔力的粪便和新生的婴儿等等。儿童试图掏空母亲的躯体并将其中的财富据为己有。因而儿童对于整体对象充满着爱与恨、嫉妒和攻击的矛盾情感。

克莱因赋予潜意识幻想(phantasy)特别重要的地位。她认为潜意识幻想是动力性的，是普遍存在的，影响着儿童所有的知觉和对象关系，儿童通过潜意识幻想与整个世界保持联系。

2. 婴儿期的心理结构

克莱因在对儿童观察和分析实践的基础上，对弗洛伊德的儿童心理性欲发展阶段观提出异义。她认为弗洛伊德的发展阶段概念过于局限。因为她认识到，在从一个阶段到另一个阶段的发展过程中，这些阶段不仅具有连续性而且是可以反复的。此外，这些阶段的转换并非完全以力比多的贯注为转移，更多的是随着对象关系的变化而变化。为此，克莱因用“心态”(position)观取代弗洛伊德的“阶段”(stage)观。她认为，我们并不是从那些“阶段”发展而来，而是发展自两种心态：偏执—分裂样心态和抑郁性心态，二者之间存在连续的张力(tension)。在人的一生中，不断地反复地从一种心态发展到另一种心态。克莱因的心态观强调这样的事实，即她所描述的现象不仅是像口唇期这样简单

① 西格尔：《梅兰妮·克莱因》(英文版)，31页，1992。

的过渡阶段，而且暗含着一个特殊的结构，包含贯穿人的一生的对象关系、焦虑和防御。也就是说，个体在后期所遇到的问题，如俄底浦斯情结、焦虑和神经症防御都可以在偏执—防御和抑郁性的关系模式中找到根源。克莱因的“心态”观是对弗洛伊德的心理性欲发展“阶段”观的修正。

(1)偏执—分裂样心态。这种心态是在婴儿达到对象的一致性之前建立起来的，大约出现于从出生到3~4个月大的婴儿身上。在这个时期，婴儿同“部分对象”即母亲的乳房建立了关系。当时强烈的力比多冲动(生的本能)和攻击性冲动(即口唇期的噬咬—死亡本能)都投射到乳房上。由此，母亲的乳房就被分裂为“好”与“坏”两种对象：当它带来满足和愉快时，它就是“可爱的好乳房”，就能引发生的冲动；当它不能带来满足并令人失望时，它就变成“可恨的坏乳房和惹人讨厌的东西”，成为死亡冲动的物质基础。与这种对象的划分相联系，原始的处于虚弱和未整合状态的自我也被分裂为力比多自我和破坏性自我两部分，即“好我”与“坏我”。此时，“好”与“坏”的方面是分离的，因而“好的对象”不可能被破坏。

此阶段自我的目标是内投和认同它的理想对象，同时令迫害者消失。但是，由于死亡本能的运作所激起的消亡恐惧，婴儿害怕自己被摄取的“坏对象”毁灭，因而产生迫害性焦虑。这一阶段的主导焦虑是惟恐迫害者摧毁自我或好对象，因而婴儿采用了分裂机制。偏执—分裂样心态是一种发展步骤。通过内投并认同理想乳房，婴儿克服他的分解和消亡恐惧。原始的分裂是儿童获得区分能力的第一步。但是，当此阶段焦虑过度时，未解决的问题就会引起最严重的病理问题。克莱因认为，这一早期发展阶段的偏执焦虑和分裂防御，潜伏于精神分裂性的疾病群、分裂性人格以及婴儿或成人神经症的偏执或分裂特征之中。

(2)抑郁性心态。大约从第五或第六个月开始，直到1岁左右，婴儿进入“抑郁性心态”。此时，母亲作为一个不同于婴儿自身的人被全面地理解或认识，在这个“完整的对象”身上，汇聚着可爱与可恨两个方面的特征，她既令人满足又令人受挫，既有好的方面也有坏的方面。儿童开始有了矛盾情绪的体验和犯罪的动因。一方面，他爱他的母亲，他不仅需要她而且完全依赖她。但是，由于母亲不能总是满足他的愿望，他有时便对她萌生了强烈的恨。此时，力比多冲动和破坏性冲动指向同一个对象——作为整体对象的母亲。这种仇恨和破坏性冲动使得婴儿害怕自己会毁灭母亲从而失去她，于是陷入抑郁性的心态。

克莱因指出，婴儿在抑郁性心态时的核心任务是在他自我的核心建立足够好和完全的整体内部对象。如果这一活动失败，儿童就会患偏执或躁狂—抑郁类的心理疾病。

在讨论抑郁性心态时，克莱因还认识到修复机制在儿童成长中的根本作用。抑郁性的情感和破坏好对象的犯罪感引起了保存和复活所爱对象的渴望，由此驱动了修复的愿望和修复好的内部对象的幻想。好的内部对象的建立正是以这种愿望为转移。在修复的过程中，儿童获得责任感，克服了焦虑而安定下来，从而对母亲建立了爱的对象关系。这种内部统一性的粘合剂就是儿童在他的爱的补偿性能力中成长着的自信心。

克莱因认为，抑郁性心态是一种发展的普遍现象，抑郁性心态中对象关系被整合的方式是人格结构的基础。随着开始于抑郁性心态的整合过程的继续发展，焦虑减少了，而修复、升华和创造性倾向逐渐取代精神病和神经症的防御机制。

抑郁性心态的特点是，婴儿开始把母亲知觉为一个独立的整体对象，此时的对象关系是与整体对象的关系，占优势的机制是整合、矛盾、抑郁性焦虑和犯罪感。

3. 游戏疗法

游戏疗法是克莱因对于精神分析技术的一项创新。克莱因用儿童的游戏替代成人的自由联想，通过观察和解释儿童的游戏来接近儿童的幻想和潜意识。游戏疗法不仅使得对幼儿的分析成为可能，而且引发了一系列关于幼儿心理的重要发现。

克莱因游戏疗法的前提是：首先，承认儿童的游戏是类似于梦一样的潜意识形式，它用象征性的行为而非意象来表达潜意识的欲望，阐明游戏的过程可等同于释梦；其次，认为儿童能够像成人一样对分析者产生移情，而移情的基础是儿童早期的对象关系，即与母亲的关系的内化形式，所以移情的实现即儿童将内投而来的父母式人物投射到分析者身上。

克莱因游戏疗法的目标是与儿童尽可能严格地建立一种分析的情境。在游戏分析的情境中，分析者的任务是以同情的方式解释儿童的焦虑，充分地描述儿童在爱与恨、真实与虚幻等对立的需求之间所遭受的强烈冲突。

在克莱因的游戏治疗中，儿童的游戏完全是自发的，分析者尽量不去干涉。克莱因认为环境的设置和玩具的使用是游戏技术的一个本质部分。环境设置应保持时间和空间的稳定性，玩具应具有安全性、个人使用性，以及与环境和病人的适宜等特点。克莱因严格规定了游戏技术的环境设置、游戏中病人与分析者的关系，形成了一套严格的游戏治疗体系。

克莱因从弗洛伊德的驱力结构模式出发，强调驱力的关系性，着重探讨了婴儿的内部对象世界，认为正常的发展和病理心理，都可归因于婴儿的自我与内部和外部对象之间的相互作用；她尤其重视内部对象经验对于婴儿心理发展的意义。克莱因对于对象关系的重视使她成为由传统的本能理论向对象关系理论转变的关键性人物。

克莱因的事业是精神分析，她最有成就的领域则是儿童精神分析，这不仅表现在她创立游戏治疗，开辟了儿童精神分析的新方向，而且还在于她关于偏执—分裂样心态和抑郁性心态的描述，使我们对于1周岁内的婴儿心理的发展和婴儿的内部世界有了更加深刻的认识和了解，并为人们提供了一个理解弗洛伊德所谓的这一“昏暗且朦胧的时代”的概念框架和研究工具。

不过，克莱因将从病态儿童身上获得的研究结论推及所有儿童，且用精神病理学的术语来命名婴儿的心理结构，不仅有以偏概全之嫌，而且令人难以接受。此外，在研究方法上克莱因重蹈了弗洛伊德的覆辙；也就是说，她对2岁之前幼儿心理生活的描述，仍然局限于推理和思辨。

三、弗洛姆与精神分析的社会文化学派

精神分析的社会文化学派是在美国的社会文化环境中发展起来的一个重要分支。它是两种“妥协”趋势相结合的产物，即一方面是美国本土对弗洛伊德精神分析的承认，另一方面是新生一代的精神分析学家对弗洛伊德理论的修正。其代表人物主要有霍妮、沙利文和弗洛姆等人。

这一学派的共同特点是：(1)继承了弗洛伊德的潜意识动机和人格的动力学观点；(2)继承了弗洛伊德重视童年经验或亲子关系的传统，但抛弃了本能决定论、婴儿性欲论；(3)强调社会文化因素对人格的影响，将微观的家庭环境与宏观的社会环境联系了起来；(4)反对弗洛伊德关于人和社会的悲观态度，相信人的潜能的建设性，相信通过改变社会生活条件和不合理的人际关系，就可以实现健康的人的生活。

在精神分析阵营中，首次真正跳出家庭的窠臼而把分析的视野和触角推展到整个社会结构的，是弗洛姆。他分析的对象不局限于个体，而是转向整个社会，力图对社会进行心理病理学的分析。弗洛姆提出“社会潜意识”和“社会性格”等概念，认为它们是社会经济基础和上层建筑之间的中介结构。他分析了一系列典型的社会性格类型，着重区分非生产性取向和生产性取向两种性格类型。非生产性取向是不健康的、病态的，体现了不健全的、背离人性的现实社会对人性的扭曲。生产性取向的性格类型是弗洛姆为人类设计的符合人性的健全的性格结构，它的实现，必须依赖一个健全的社会即弗洛姆所构想的“人道主义的民主的社会主义”。弗洛姆把精神分析的社会文化学派推向了顶峰。

下面，我们对弗洛姆的精神分析理论稍作论述。

（一）弗洛姆的生平与主要著作

弗洛姆(Eric Fromm,1900 —1980)是20世纪西方影响最大、最著名的精神分析学家和社会思想家。弗洛姆生于德国法兰克福一个犹太商人家庭。22岁获海德堡大学哲学博士学位，曾在柏林精神分析研究所接受正规训练。1925年加入国际精神分析协会。1934年随法兰克福大学社会研究所一起离开纳粹德国，迁往纽约并加入美国籍。在美国，他从事广泛的教学、理论研究和精神分析实践活动。他先后在哥伦比亚、耶鲁等大学任教，担任过怀特精神医学研究所主任。1980年因心脏病发作在瑞士去世。

弗洛姆一生著作甚丰，主要有《基督教义的演变》(1931)、《为自己的人》(1947)、《健全的社会》(1955)、《超越幻想的锁链》(1962)、《弗洛伊德的贡献与局限》(1980)等。

（二）弗洛姆精神分析理论的主要内容

1. 人的处境与人的需要

弗洛姆关于人的处境的学说是其整个思想体系的逻辑起点。他认为，人类的处境首先表现在人在生物学意义上的软弱性，即与动物相比，人的本能适应性不足以使人生存下去。其次是由于人类的理性自我意识所产生的人在存在和历史上的矛盾性。人的存在的矛盾性包括个体化与孤独感的矛盾、生与死的矛盾、人的潜能的实现与生命之短暂的矛盾；历史的矛盾如一方面用于物质满足的技术手段高度发展，另一方面又没有能力把这些技术手段专门用来保障人民的和平与幸福。弗洛姆认为，历史的矛盾并不是人类生存的必然部分，它是人为的，而且是可以解决的，而人的存在的矛盾则是人的更深层的处境。

为了克服上述两种矛盾性，人就产生了一些与动物的生理需要不同的心理需要。这种需要具有鲜明的社会性，可以称之为社会心理需要。在《健全的社会》一书中，弗洛姆提出了人的五大需要，每种需要又各有其积极与消极的两端。这五大需要是：关联性需要——爱与自恋；超越性需要——创造与毁灭；寻根性需要——友爱与乱伦；同一性需要——独立与顺从；定向和献身的需要——理性与非理性。

2. 社会性格论

以上几种需要都是人在存在的困境下形成的与自然、他人、自我建立联系的需要，而人的性格和潜意识则是在人的这些基本需要的基础上形成的。在弗洛姆看来，人与世界的关系有两种：就人与物的关系而言，人要获取物体，这是同化过程；就人与人的关系而言，人要使自己与他人发生联系，即社会化过程。而性格就是把人的能量引向同化和社会化过程的相对稳定的方式。这里的能量不是弗洛伊德意义上的力比多，而是基于人的处境而产生的需要。

性格由一系列的性格特性组成。一些性格特性具有共同的倾向性，弗洛姆称之为性格取向。一个人的性格结构中可能有几种性格取向，通常根据占主导地位的性格取向来划分性格类型。弗洛姆认为，由于不同的社会时期、不同的社会形态对人的不同心理影响，因而有各种类型的性格结构。作为同化和社会化过程中能量的疏导形式，在同化过程中可表现为非生产性和生产性两种取向。社会化过程是人与人之间关系逐渐成熟的过程，有共生关系、撤回—破坏性和爱三种取向。

弗洛姆认为同化过程中的非生产性取向有四种类型，分别是：

接受取向——这种取向的人感到一切好的都源于外界，相信要获得物质、慈爱、爱情、知识、快乐的惟一途径是接受外界的供给。爱是被爱而不是去爱的问题。

剥削取向——这种取向的人也认为一切都源于外界，但他们是通过强力或狡诈来得到他需要的东西。

囤积取向——这种取向的人与前两种完全相反，不相信有可能从外界获得任何东西，他们靠囤积和节俭来获得安全感。

市场取向——这种取向的人善于随劳动力市场的变化而变化，缺乏人的独特性。

弗洛姆认为非生产性取向是人们处于不同的社会形态中所表现出来的对生存问题的解答，这是一种违背人性的、阻碍个性发展的、逃避人性内在冲突的手段，同时也是社会压抑的结果。

生产性性格取向是弗洛姆为人类建构的符合人性的性格结构，这种性格结构可以很好地解决人性的内在冲突。他认为，生产性取向的人关心的是人的潜能的实现，其性格特性体现在思维、工作和情感过程中。生产性的思维即理性，能透过现象发现本质，能客观地看待世界和自己。生产性的工作不是为生存或强权所迫，也不是为了克服无聊和空虚，而是出于人的潜能的实现。生产性的爱是在保持自我完整性和独立性的同时与他人结为一体，这种爱的基本要素是关心、责任、尊重和理解。弗洛姆还提出了健康的人所应体验到的一些情感，包括淡泊、温柔、同情、兴趣、责任心和整合感。

人在社会化过程中也会形成不同的性格取向，即共生关系、撤回—破坏性和爱。在共生关系中，人与他人是相互关联的，但他失去独立性，或从未获得过独立性，通过使自己成为他人的一部分而躲避了孤独的危险。共生关系表现为“受虐狂”。另一种形式是疏远的关系，即撤回和破坏性的关系。个人无力的感觉，可以通过从感到威胁的他人那里的撤回而得到克服；撤回在情感上表现为对他人的冷漠，同时常常以自我膨胀感为补偿。破坏性是撤回的积极形式，撤回和破坏是同一种关系的消极和积极形式。爱是人与他人、与自己关系的生产性形式，它包含着责任、关心、尊重和认识，包含着对他人成长和发展的愿望。它表现了两个人在互相保护完整性条件下的亲密关系。

弗洛姆认为，现实的人的性格往往是各种取向的混合，但有一种取向占主导地位。

以上所述的性格理论是弗洛姆的社会性格理论的概念基础，因而是社会性格理论的有机组成部分。所谓社会性格，是一个社会中绝大多数成员所具有的基本性格结构。社会性格具有如下基本特点。(1)它是群体心理。在不同的场合指不同群体(如纳粹德国)，有时指一定的民族或阶级的心理。(2)它是一个群体在共同的处境之下，在共同的生活方式和基本的实践活动的基础上形成的。(3)它是激发一个群体的行为的共同的内驱力。社会性格是经济、政治、文化诸要素交互作用的结果，而经济因素在这种相互作用过程中占有优势。家庭则起将社会所需要的性格结构的基本特点转移到孩子们身上的作用。

3. 社会潜意识论

弗洛姆认为，除了性格结构之外，另一联系经济基础和上层建筑的中介环节是社会潜意识。社会潜意识按照社会要求决定哪些思想和感觉将被允许达到意识水平，哪些将被压抑在意识水平之下。弗洛姆认为，他所使用的“潜意识”概念既不同于弗洛伊德，也不同于荣格。他指出，在弗洛伊德的思想里，从根本上说，潜意识是在我们之内的坏的、被压抑的东西，是与我们的文化、与我们较高级的自我不相容的；在荣格的体系里，潜意识成了一种启示的源泉、一种象征，这在宗教语言里便是上帝自身。弗洛姆认为，这两种潜意识的概念都是对真理的歪曲。实际上，潜意识既包含着最卑贱的，也包含着最崇高的；既包含着最糟的，也包含着最好的。意识与潜意识是指一种主观状态，指觉察的或未觉察到的经验、感情、欲望等；觉察到的是意识，未觉察到的是潜意识。

弗洛姆认为，社会利用过滤器的压抑作用，将那些与一定经济基础不相符合的经验排除在意识之外，将那些与一定经济基础相符合的经验上升为意识形态；意识形态反过来强化压抑过程，从而作用于经济基础。因此，所谓社会潜意识，是指一个社会的大多数成员共同存在的被压抑的领域。这些共同的被压抑的因素，正是一个具有特殊矛盾的社会所不允许它的成员意识到的内容；如果大多数人意识到社会的不合理并充满怨恨的情绪，那就会威胁到现存的秩序。对个人而言，压抑这些心理内容的主要原因是害怕受到孤立和排斥。研究社会潜意识，可以达到解除压抑的目的。

社会性格和社会潜意识都是人们在一定的处境下为满足与世界建立联系的需要而形成的，二者都是人为逃避孤立和排斥而形成的心理机能。

弗洛姆对心理学的贡献是重要的。他把心理现象放到广阔的社会经济、政治和文化环境中加以研究，对人性及其健全之路进行有意义的探索；他构建以生产性为主要特征的性格结构理论；他提出的社会潜意识论树立了潜意识研究的第三个里程碑；他把医治心理疾病和改革社会结合起来，恢复和发扬了精神分析的批判精神。但是，弗洛姆也宣扬超阶级的人性论，他的社会性格理论也显得过于抽象和简单。

四、罗洛·梅与存在主义的精神分析学

存在主义的精神分析学简称存在分析学，是20世纪30~40年代广泛流行的存在主义哲学与精神分析学相互改造的产物。精神分析学与存在主义哲学的融合在两个方向上完成：一是存在主义哲学家对精神分析观点和方法的哲学化改造，代表人物是雅斯贝尔斯、海德格尔和萨特等人；二是精神分析学家对存在主义哲学的心理学化改造，这些人被称为存在分析学家，主要代表人物有宾斯旺格、鲍斯、法兰克尔和罗洛·梅等人。

以下简介存在分析学派的后期代表罗洛·梅的存在分析理论。

(一)罗洛·梅的生平与主要著作

罗洛·梅(Rollo Resse May, 1909—1994)生于美国俄亥俄州的亚达镇，是美国著名的存在分析学家，也是人本主义心理学的主要倡导者之一。1930年毕业于欧柏林大学，后赴维也纳跟随阿德勒学习精神分析学。1949年获哥伦比亚大学第一个临床心理学博士学位后，先后执教于哈佛、耶鲁、普林斯敦、哥伦比亚等大学和纽约大学艺术学院，最后成为加利福尼亚大学的终身教授。他曾任纽约威廉·怀特心理研究所的研究员、纽约心理学会会长和美国精神分析学会会长等职务。在其一生的大部分时间，他还坚持从事私人临床心理治疗。

罗洛·梅著述甚丰，主要有《爱与意志》(1969)、《焦虑的意义》(1950)、《心理学与人类困境》(1967)、《梦与象征：人的潜意识语言》(1968)、《我对美的探索》(1985)等。

(二)罗洛·梅的存在分析理论

罗洛·梅的存在分析理论是当代存在分析学中最具代表性的学说。他糅合了存在主义哲学的"人的存在"观和精神分析学前辈沙利文等人的人际关系学说，以及弗洛姆对社会的看法，提出了他自己的存在人格观，并在此基础上发展了存在治疗理论。

1. 存在人格观

罗洛·梅指出，人类不同于其他动物的最根本之点就是自我存在意识。人的自由选择能力、个体与社会的整合均依赖这一点。罗洛·梅认为，人格处于不断的演变和形成中，并在不断整合环境、协调人际关系、实现自我潜能的过程中获得发展和取得平衡。罗洛·梅把人的基本结构或人格的基本特征分为六个方面，并作了细致的分析和阐释。

(1)自我中心或自我的独特性。这是指个体在本质上是一个与众不同的独立存在。罗洛·梅坚持认为，每个人都是独一无二的，没有人可以占有其他的自我，心理健康的首要条件亦在于接受自我的惟一性或独特性。因而，人的存在需要保持自我中心，并以自我的存在为中心点，使自我与他人、环境区别开来。

(2)自我肯定。人的自我中心性不会自然发展和成长，人必须不断地鼓励自己、督促自己，使自我的独立性或中心性趋于成熟。罗洛·梅把这种督促和鼓励称为自我肯定，这是一种勇气的肯定。自我肯定是一种生存的勇气；缺少勇气，个人不仅无法建立他的自我，更不能实现他的自我。

(3)参与与分享。它是与自我中心性相对应的人格特征。罗洛·梅认为，个体必须保持独立，才能维护自我的中心性。但是，人又是必须生活于世界中的存在体，必须与人与物分享和沟通，共享这一世界。独立与分享必须适得其所，平衡发展，过分的独立和过分的分享，都是非正常的表现。

(4)觉知。觉知是自我中心的主观方面。即个体与外界接触时最直接的经验感觉，是发现外在威胁或危险的手段。动物身上的觉知即警觉，这种警觉在人身上可变为焦虑。

(5)自我意识。这是人类具有的特殊的觉知现象，是个人能够跳出来自己观察自己的能力。它是人类最显著的本质特征，也是罗洛·梅思想的核心。罗洛·梅认为，自我意识作为人不同于其他动物的标志，对人类具有重要的意义。自我意识使人有能力超越直接具体的世界，而生活在"可能"的世界之中。面对这个世界，自我意识给人类启示了多种选择的途径，因而自我意识是心理自由的基础。此外，自我意识也使人有能力超越自己，有能力拥有抽象观念，能用言语和象征符号与他人沟通。总之，正是因为有了自我意识，人们才有时间和历史观念，才能利用过去的经验来发展自己、规划自己。

(6)焦虑。焦虑是人的存在面临威胁时产生的一种痛苦的情绪体验。因为焦虑直接威胁人的基本存在和自我意识，所以罗洛·梅把它作为人格的基本特征之一。

2. 存在焦虑观

(1)焦虑的内涵及根源。罗洛·梅对焦虑现象的研究是很著名的。他不仅从自我成熟的角度阐明了焦虑的内涵与起因，而且探讨了正常的和病态的焦虑以及如何控制焦虑。他把焦虑与罪疚感联系起来，认为焦虑和罪疚感都是自我意识和自由选择带来的结果。

罗洛·梅给焦虑的定义是：当个人的人格及生存的基本价值受到威胁时所产生的忧虑即为焦虑。这里所说的威胁，不仅是危及生命的天灾人祸，也可能是对一个人的信念和理想等造成的威胁。综合弗洛伊德的“匮乏恐惧”观和基尔凯郭尔的“虚无恐惧”观，罗洛·梅认为焦虑的基本来源是死亡，焦虑既来自实际的死亡，也来自精神空虚。

罗洛·梅还把焦虑与罪疚感联系起来。他认为，焦虑和罪疚感都是自我意识和自由选择带来的结果。个人的自我意识越强、自由选择的能力越大、越富有创造性、越是敏感，他所负的罪疚感和焦虑也越大。在罗洛·梅看来，自由并不只是一种单纯的功能，更不是一种一劳永逸的成就；自由站在可能成功或可能失败的拉锯线上，它是一种紧张的过程，一种既想实现潜能又怕实现潜能的紧张状态。这种紧张状态的综合即焦虑。所以，自由产生选择的可能性，这种可能性带来焦虑和罪疚感。

(2)焦虑的影响与控制。焦虑是一种心理状态，是人的存在的必然现象。焦虑所打击的对象不是具体的东西，而是整个存在的基础——自我。面对焦虑，各人的反应有所不同，所以焦虑带给各人的影响也就有差异。有的人能作出健康的反应，即能够进行建设性的、积极的抗虑：直面焦虑，勇往直前；有的人作出消极病态的反应，即消极的避虑：用压抑、禁止或回避任何困难的方式来逃避焦虑。这种消极的避虑方式，是以牺牲他人的自由、他人的心理健康成长为代价的。因此，根据个人面临焦虑时所作反应的不同，可将焦虑划分为正常的焦虑和病态的焦虑。不管是哪种焦虑，都必然对人的身心造成一定的影响。为此，罗洛·梅提出两条建议来控制焦虑。首先，从消极的方面来说，个人必须面对生存的事实，接受有限的人生，接受死亡的来临，接受一切不可避免的意外事件；其次，从积极的方面来说，可以利用焦虑来建立自我，肯定自我，在充满焦虑的经验中，急起直追，勇敢地实现无限的潜能。

3. 存在治疗观

罗洛·梅的存在分析心理治疗观是当代存在心理治疗理论中最重要的分支。他以人的本体论存在为基础，针对患者经常出现的神经症焦虑、存在感的丧失、失去自由选择能力等症状，提出存在分析的心理治疗理论。

罗洛·梅总结自己的临床心理治疗病例，并对当代美国社会现实进行研究之后发现，现代人所患心理疾病的主要根源不再是性本能受到压抑，而是一种更大、更广泛的压抑——精神需求的压抑。因此，现代神经症的核心症结在于个人存在感和自由选择能力的丧失，在于意志和责任感的丧失。既然如此，对人的分析、对病人的心理治疗，就不仅是个心理学问题，更是一种哲学问题：寻求人生的意义，发现存在感，找回失落的自我。罗洛·梅强调，心理治疗的首要目的并不在于症状的辨认和消除，而是使患者重新发掘和体认他自己的存在意识，体认他的潜能，并能发挥这些潜能。在他看来，心理治疗者的任务是双重的：一是了解病人当前的症状，二是进一步认识病人的内在世界，即他的人格存在的基本条件和特征；后者比前者更为困难，但却常为一般的心理治疗者所忽略。

在具体的治疗原则与方法上，罗洛·梅坚持个体性和整体性原则，重视心理治疗者与患者之间的会心作用。个体性原则要求以自我的独特性和惟一性为前提，使病人重新认识自己并接受自己。整体性原则要求把个人看作是身与心、个体与自然、个体与社会、个体与他人的统一整体。

罗洛·梅用“会心”代替移情。所谓会心是分析者与病人在分析过程中所产生的情感交流现象，是两者之间的共鸣。他说：“移情只是会心的一种表面现象，只有在会心中，移情作用才能获得真实的意义。”[①] 他把分析过程中产生的会心现象分为三个层次：初级会心——分析者与病人诚心的交谈，通过诚心诚意的接纳与分享，两者之间的隔膜渐渐消除；次级会心——经过多次交谈，双方开始关切对方的感情，甚至不惜被误解或轻视；高级会心——或会心的最高峰，指分析者与病人互相尊重，进入水乳交融、你我不分的境地。要达到此种“忘我”的会心境界，分析者必须有良好的修养，对人性的尊严有坦诚的接纳和仰慕。

罗洛·梅还认为，对病人进行心理治疗的过程，实际上就是把患者的愿望、意志与决心这三个不同的层面加以整合的过程。

罗洛·梅的存在分析理论代表了当代存在分析学的新方向，在心理学、存在主义哲学和其他相关领域都产生了重要的影响。特别是，他把传统精神分析

① 罗洛·梅：《创造的勇气》(英文版)，119页，1978。

学引向了人本主义心理学的方向，既推动了精神分析心理学的发展，又推动了人本主义心理学的进展。他创立的存在分析疗法无疑丰富了心理治疗的方法体系。当然，其理论中的哲学思辨和宗教神秘主义色彩也是十分浓厚的。

第十四章

社会文化历史学派

社会文化历史学派，又称维果茨基学派，是苏俄心理学界人数最多、影响最大的一个学派，其创始人和主要代表是Л.С. 维果茨基，此外还有A.Н. 列昂节夫和A.Р. 鲁利亚，因此该学派也称维列鲁学派。

社会文化历史学派形成于20世纪20年代中期，当时正处于伟大的十月社会主义革命取得胜利、苏维埃政权建立的初期。由于社会主义革命和马克思主义世界观的胜利，俄国社会各领域中均发生了巨大变化。这一切触发了当时心理学界持唯物主义与唯心主义的两种不同观点的代表人物之间的一场尖锐的斗争。以维果茨基为首，包括现代苏联心理学界许多中坚人物在内的一个年轻的新兴的心理学家团体很快投入这场斗争。他们面临的首要的、基本的任务是，一方面，摆脱庸俗的行为主义的束缚；另一方面，克服对心理现象的主观唯心主义的理解。为此，这场斗争首先是为了确定“意识”的研究对心理学的重要意义，是为了客观地研究人的心理特性，是为了以历史观点对待人的心理现象和心理过程。在这场斗争中，维果茨基通过大量的理论与实验研究，提出一系列重要的心理学原理，为建立以马克思主义哲学为基础的科学的心理学体系作出重大贡献。

维果茨基正值创造的黄金年代却因病过早地去世了，但他的两位学生和合作者列昂节夫和鲁利亚为了发展这一学派，仍继续坚持进行大量的科学研究，他们在论述和用实验证明学派的理论方面起了巨大的作用。

社会文化历史学派除了维果茨基、列昂节夫、鲁利亚外，还包括Л.И. 博若维奇、А.В. 查波罗热茨、П.И. 津琴科、Л.Я. 加里培林、В.В. 达维多夫、Л.В. 赞科夫和Л.Б. 埃里康宁等苏俄著名心理学家。他们各自从不同的角度研究高级心理机能的社会历史发生问题，进一步充实、完善与丰富了维果茨基的理论，把文化历史发展理论推向新的高度。经过半个多世纪风雨曲折的发展历程，社会文化历史学派最终成为当代一个有重要影响的心理学派，不仅对苏俄心理学产生深远的影响，而且对世界心理科学的发展作出重要贡献。

第一节　维果茨基的文化—历史发展理论

维果茨基(Лев　Семёнович　Выготский，1896 —1934)是苏俄心理科学的主要奠基者，社会文化历史学派的创始人。在其短暂而富于创新的一生中，维果茨基在心理学诸多领域取得了举世公认的重要成就，对现代心理学的发展产生了深远的影响，由此引起了西方乃至全世界心理学家的普遍重视，从而形成波及全球的“维果茨基研究热”，又称“维果茨基现象”。维果茨基也因此成为20世纪最有影响的心理学家之一。

一、维果茨基的生平与主要著作

维果茨基生于1896年11月5月，出身于白俄罗斯一个普通职员的家庭。1917年毕业于莫斯科大学法律系，同时还毕业于沙尼亚夫斯基大学历史—语文学系。由于他的高度的求知欲、广泛的科学兴趣、特殊的才能和严格的自我素养，使他能够同时在若干领域进行研究。他不仅钻研哲学、政治经济学、美学，对心理学更有浓厚的兴趣，在大学期间便开始研究艺术心理学问题。1925年，他以20多万字的《艺术心理学》专著作为他的学位论文。该书1965年正式出版后，受到心理学界和艺术界的高度重视，现已译成多国文字出版；我国于1985年出版了它的中译本。

维果茨基大学毕业后回到他曾长期居住过的戈麦尔市(位于白俄罗斯)，任多所学校的教师，讲授文学、美学、逻辑学及心理学等课程，积累了大量的资料并撰写了40万字的《教育心理学》专著。此外，他还深入研究巴甫洛夫、别赫捷列夫的著作，探讨高级神经活动生理学与心理学的关系。1924年1月6日在列宁格勒市(今圣彼得堡)召开的全俄第二届精神神经病学代表大会上，维果茨基作了题为《反射学的研究方法与心理学的研究方法》的长篇报告，对反射学提出批评。当时新任苏联心理学研究所长的科尔尼洛夫十分赞赏维果茨基，会后便邀请他到该所工作。从此，维果茨基成了一名专职研究人员，直至1934年因肺病去世，终年仅38岁。

维果茨基精力过人，著述宏富。据统计，他的论著多达186种，共计200万字。其主要著作有《教育心理学》(1926)、《高级心理机能的发展》(1931)、《思维和言语》(1934)、《儿童高级注意形式的发展》(1927)、《心理学危机的历史内涵》(1927)、《意识是行为心理学的问题》(1925)、《缺陷心理学》(1983)等。他的大部分著作已在苏联时期编辑成《维果茨基文集》六卷本，于 1982—1984 年出版，并译成多国文字，成为世界心理学中的瑰宝。

二、维果茨基的文化—历史发展理论

(一)高级心理机能社会起源说

维果茨基创立的有关人的心理发展的文化历史学说，其核心是高级心理机能的发展问题。1930—1931 年，维果茨基撰写了《高级心理机能的发展》一书，这是他创立"文化—历史理论"的代表作，在苏俄心理学界首次提出"文化—历史理论"。文化—历史理论的含义是，在人类历史发展过程中形成的物质文化和精神文化，对人的心理发展起着决定作用。

维果茨基将人的心理机能区分为既有联系，又有区别的两种形式：一种是自然的、直接的低级心理机能，如感觉、知觉、机械记忆、不随意注意以及形象思维、情绪等；另一种是社会的、间接的高级心理机能，如随意注意、逻辑记忆、抽象思维、高级情感和预见意志等。就像人的实践活动以劳动工具为中介一样，人的心理是以社会文化的产物——符号为中介的。人正是借助于符号，特别是语词系统的中介，从根本上改变一切心理活动，从而形成人类特有的、被中介的心理机能。然而人所特有的被中介的心理机能最初并不是从内部自发产生的，而是在人们的协同活动和人与人的交往中形成起来的。所以，人所特有的心理过程结构最初必须在人的外部活动中形成，然后才能转至内部，成为人的内部心理过程的结构。这也是维果茨基的"中介"和"内化"的概念；中介、内化是高级心理机能产生与发展的极为重要的机制。由此，在维果茨基那里，社会文化决定个体心理含有下列图式：集体(社会)活动——文化——符号——个体活动。研究个体心理的形成必须先要探索这个图式各个环节的转化。

(二)活动说

活动学说是维果茨基文化—历史发展理论的一个重要组成部分。维果茨基很早就意识到，人的实践活动应该成为科学心理学的一个重要范畴。从 20 年代起，他就试图将活动概念运用于心理学。他很早就注意到活动在高级心理机能形成中的重要作用，认识到意识与活动的统一性，即意识不是与世隔绝的、与活动分离的内部封闭系统，活动正是意识的客观表现。所以，可以通过活动对意识进行客观研究，把意识的事实加以物化，转换成客观的语言，转换成客观存在的东西。

根据马克思的活动观，意识是人的活动开始时关于活动的映象，是客观现实的反映，同时又对人的活动进程起着十分重要的调节作用。由此，维果茨基得出一个重要的假设："人的心理过程的变化与他的实践活动的变化是同样的。"① 这就是后来倍受苏俄心理学家推崇的"意识与活动统一"的原则。维果茨基试图运用这一原则解释活动与儿童发展的关系，并由此阐明教师在教育教学过程中的重要作用。他十分明确地提出："作为教育过程基础的应该是学生的个人活动，而一切教育的艺术则应该归结为引导和调节这一活动……从心理学的观点出发，教师是教育环境的组织者，是教育环境与受教育者相互作用的调节者和控制者……社会环境是教育过程真正的杠杆，而教师的全部作用则可归结为对这一杠杆的管理。"② 他还指出动机在引发活动中的重要作用："心理学的规律宣称，在你打算吸引儿童参与某一活动之前，必须使儿童对该活动发生兴趣并积聚为活动所需的全部力量，而且儿童将自己进行活动，教师则仅仅对儿童的活动给予指导和引导。"③

显然，维果茨基有关活动与意识相统一的原则，为研究人所特有的高级的心理形式——意识开辟了一条现实的途径。由此出发，他在强调个体活动是人心理、意识发展的重要基础的同时，明确指出，儿童与同伴、儿童与成人之间的共同活动不仅仅是儿童发展的重要因素，事实上，这种社会性的活动乃是儿童发展极其重要的源泉，儿童高级心理机能的形成正是这一活动中介的结果。

（三）工具说

工具说是维果茨基文化历史发展理论的另一个不可分割的重要组成部分。这个学说最初不是来自对心理现象本身的研究，而是产生于对劳动活动的分析。众所周知，马克思主义经典作家在劳动活动中首先分出它的工具特征，即劳动过程以工具为中介。据此，维果茨基决定从类推法出发分析心理过程。他假设：能否在人的心理过程中找到以特殊的心理工具为中介的成分呢?结果，他在培根"既不能单靠手，也不能单靠脑，手脑只有靠它们使用的工具才能完成"④ 的名言中获得启示。维果茨基认为，在人的心理过程中应该区分出两种水平：第一种是自然所赋予的智能；第二种是工具和辅助手段武装的智能。维果茨基称第一种水平为"自然"的发展过程，称第二种水平为"文化"的发展

① 维果茨基：《心理学研究选集》（俄文版），7页，1956。
② 维果茨基：《教育心理学》（俄文版），82～83页，1991。
③ 维果茨基：《教育心理学》（俄文版），118页，1991。
④ 《培根论文集》第2卷（俄文版），12页，1978。

过程。在人的心理范围内，第二种发展水平具有决定意义；正是通过工具的运用和符号的中介，人才可能实现从低级心理机能向高级心理机能的转化。维果茨基认为，一个儿童为了某种目的将某一物体作为工具使用，这就意味着他朝着形成外部世界与自身的积极性迈进了一步，因为一个儿童掌握某一特定工具的能力正是其高级心理机能发展的标志。

这表明，人们心理发展的源泉与决定因素是人类历史过程中不断发展的文化，是作为人的社会生活与社会活动产物的文化。能在质上改变低级心理机能，促进高级心理机能的“心理工具”则应该是人类文化发展的一个重要方面。这种起着中介作用的心理工具具有一个显著的特点，即可以在作用于外部物质变革的同时，作用于人的内部心理过程。

（四）内化说

维果茨基从工具说（中介说）的假设出发，进一步揭示心理发展的一般规律。他指出，人的心理发展的第一条客观规律是：人所特有的被中介的心理机能不是从内部自发产生的，它们只能产生于人们的协同活动和人与人的交往之中。与此相关的第二条规律是：人所特有的新的心理过程结构最初必须在人的外部活动中形成，然后才能转移至内部，成为人的内部心理过程的结构。据此，维果茨基阐述儿童文化发展的一般发生法则：“在儿童文化发展中，任何机能都是两次表现，并表现在两个方面，首先是社会的，然后是心理的，起初是在人与人之间，作为心理之间的机能，以后是在儿童内部，作为心理内部的机能。”① 显然，这种从社会的、集体的、合作的活动向个体的、独立的活动形式的转移，从外部的、心理间的活动形式向内部心理过程的转化，就其实质而言，就是人的心理发展的一般机制—— “内化”机制。

同时，这也表明内化的过程是一种转化的过程，而不是传授的过程。显然，内化说正是维果茨基首创的实验性发生研究策略的重要理论依据。

三、发展心理学思想

发展心理学研究在维果茨基的科学创造中占有重要的地位。维果茨基认为，研究儿童心理的发展具有重大的意义。从儿童心理的研究中，他看到了通向认识成人心理过程和品质特性的主要途径。他和他的助手以大量的实际资料，论证心理的文化历史发展理论方面所有实验研究的目的，都在于探索儿童

① 《维果茨基教育论著选》，403页，人民教育出版社，1994。

如何掌握固定在人类文化中的心理工具(符号)从而形成心理，以便解决儿童教育教学实践中的重要问题。

(一)社会文化发展观

在当代发展心理学领域，皮亚杰和维果茨基是两位最杰出的心理学家，尽管他们各有不同的世界观，代表不同的民族文化、不同的社会制度、不同的科学学派，但他们都特别关注人类心理发展的问题，并且围绕儿童发展的途径和内部机制的问题有过激烈的争论，从而形成了发展心理学史上两种截然不同的发展观，即自然主义的发展观和社会文化的发展观。如果说前者曾在发展心理学中长期居统治地位的话，那么后者已越来越受到当代发展心理学家的重视。

20世纪初期，整个心理学及作为其组成部分的儿童心理学，都经历了深刻的危机。这是对象、方法和科学探索与实践要求之间的矛盾的危机。维果茨基特别敏锐地感觉到，作为科学心理学存在的可能，首先与其方法论问题的解决有关。在考察心理学危机的原因时，他发现他同时代所有发展心理学理论的方法论都是错误的，他称这些方法论为“企图”使动物心理发展和儿童心理发展并为同一系列的“自然主义的”和“遗传决定论的”方法。他以自己的文化历史发展理论来对抗这种方法论。

为此，维果茨基将历史主义原则引入儿童心理学领域。他写道：“至今还有许多人倾向于在虚幻的世界中提出历史心理学研究的思想。他们把历史和过去混为一谈，对他们来说，研究历史上的某件事就意味着必定研究某一个过去的事实。这种幼稚的看法只看到了研究历史形态和研究现实形态之间难以逾越的界限。其实历史的研究不过是将发展的范畴应用于现象的研究，无论研究历史上的什么都意味着在运动中研究，这也就是辩证方法的基本要求。”[①] 每一种文化发展的形态都是人类历史发展的产物。因此，维果茨基提出发展过程要经过从社会到个体的途径：高级心理机能最初是以集体行为的形式、同他人合作的形式产生的，只是以后它们才变为儿童个人的机能。

此外，维果茨基还提出有关年龄的学说，同时对儿童心理发展进程、条件、源泉、形式、特征和动力提出新的看法。

年龄问题是儿童心理学的主要问题。维果茨基在心理发展的研究中提出了作为儿童心理发展分析单元的年龄的学说。他对当时存在的各种年龄的分期以及这些分期的基础予以批判。一方面，在分析应当成为分期基础的标准方面，维果茨基反对以症状作为标准的做法，指出当时心理学的主要任务还在于研究

① 《维果茨基文集》第3卷(俄文版)，145页，1983。

综合特征，即能够区分儿童发展的不同时期、阶段、亚阶段的外部特征的综合；也就是说，它研究的是儿童发展的外部特征。因此，维果茨基提出应该以新的心理形成物，即在发展的某个时期产生的，或者是在一定阶段意识结构中出现的新东西作为年龄分期的标准。

心理发展的动力和条件，也是儿童心理学要解决的主要问题之一。维果茨基在苏俄心理学界，第一个对儿童心理发展中的生物因素与社会因素的相互关系问题进行研究。他创立了人的高级心理机能的社会历史起源的理论。他指出，只有在交往中，在一定的社会生活条件下，人特有的心理特征(随意记忆、逻辑思维、言语)才有可能得到发展；在人的高级心理机能的形成中，言语的发展起着特殊作用。

在承认遗传的作用，坚信在儿童心理发展中社会环境的一定作用的同时，还应该指出，无论是遗传还是环境，都不能排除个体本身的积极作用对个性造成的影响。生活条件固然重要，但它不能直接地决定儿童的心理发展。在同样的环境中可以形成不同的心理特征。心理的发展首先取决于儿童本人与环境处于怎样的相互关系之中。维果茨基说，环境对儿童的影响作用是不一样的。为了理解影响，不仅应考虑环境发生的变化，还要考虑儿童自身出现的变化。

这样理解环境在儿童心理发展中的作用，使得维果茨基提出了发展的社会情境的概念。这一概念的含义是每个年龄期所特有的一套主体在社会现实中的关系系统，这些关系反映在主体的体验中，并由主体实现于与其他人的共同活动中。维果茨基将这一概念当作儿童发展的动力学，即决定在各年龄阶段上儿童个性结构的产生和改变的全部规律的分析单元。发展的社会情境制约着儿童的生活方式和“社会存在”，而在社会存在的过程中儿童逐渐获得新的个性特性和新的心理形成物。新的心理形成物作为年龄发展的产物出现在年龄期的末了，使儿童意识的整个结构得到改造，使他对世界、对其他人和对自己的态度发展产生变化。新的形成物的出现，是旧的发展的社会情境解体和新的发展的社会情境形成的独特标志，与此同时出现年龄发展的危机。引入发展的社会情境这一概念，旨在克服把环境视为机械地决定个性发展的因素的观点。

在心理发展动力问题上，维果茨基认为教学和教育是心理发展的决定性力量。他特别指出，发展和教学是两种不同的过程；发展过程有自我运动的内部规律，而教学在儿童的发展中则是必要的和普遍的因素。因此，教学不等于发展，教学应该“走在发展的前面并且要紧紧地带动发展，而不是要充当发展的尾巴”[①]。维果茨基提出的这个论点，在于强调在教学和教育时，一方面不可

① 维果茨基：《心理学研究选集》(俄文版)，449页，1956。

以向儿童提出不符合他的现有发展水平和最近发展水平的、力所不及的要求。另一方面，知道了儿童在成人的帮助下，借助于成人的启发性问题、范例和演示，今天能够完成的，而明天能独立完成的东西，教师就可以有目的地根据社会的要求来提高儿童的发展水平。维果茨基的这个论点在教育心理学中得到了很好的应用。

(二)发展心理学研究方法

维果茨基不仅是一位卓越的心理学理论家和实验者，而且还是一位出色的心理学方法学家；这就是说，维果茨基不仅致力于解决心理学发展中出现的具体问题，而且更为关注对心理学具有重大意义的方法论问题。在心理学实践中，他创立了自己的层次丰富、体系严谨、颇具创造力的方法体系。

1. 哲学方法论

维果茨基具有很高的哲学素养。早在青少年时期，他就迷恋斯宾诺莎的哲学，大学时代开始热衷于马克思主义。20世纪20年代，维果茨基率先试图提出有可能建立新心理学的主要方法论的构想，并明确主张应当把马克思主义作为心理学研究的哲学方法论。

在维果茨基看来，20世纪初“心理学的危机首先就是这门科学的方法论基础的危机……是由于科学的实际材料与方法论基础处于尖锐矛盾而产生的，危机的实质是唯物主义和唯心主义的斗争。”[①]

历史上众多的心理学派别，虽然对建设心理学大厦作出了这样或那样的贡献，但由于研究客观对象及实际事实与其方法基础——唯心主义的尖锐矛盾，最终不可避免地出现了危机。正如维果茨基所精辟阐述的，“弗洛伊德、列维·布留尔等人学说的实际基础和在这一基础上建立的理论结构之间的矛盾……凡此种种都是我们上面提到的危机的烙印——二重性所决定的表现。这二重性来自：科学在积累实际材料方面前进一步，它在理论解释方面倒退二步。”[②]通过对心理学现状的反思和批判，维果茨基认为只有在辩证唯物主义哲学基础上方可克服当时心理学所面临的危机。然而，对于维果茨基来说，马克思主义的哲学并不是教条的或者是从中可以找到心理科学所有具体答案的学说，这些答案只有在运用辩证原理于对人的活动和意识科学地调查和分析的基础上方可获得。事实上，维果茨基之所以能在心理学中取得重大成就，就是因为他在研究中采用了辩证的方法论，并在此基础上更新了心理学研究的具体方法。

① 《维果茨基教育论著选》，17页，人民教育出版社，1994。
③ 《维果茨基教育论著选》，18页，人民教育出版社，1994。

2. 一般科学方法

维果茨基的一般科学方法原则是历史与逻辑统一法，这是其哲学方法论向具体研究方法转换的中介。历史方法就是根据历史发展的自然进程来揭示历史规律的方法，而逻辑的方法则是舍弃发展的曲折过程和偶然因素的方法。他用历史方法描述人类在自然实践和社会实践中的演进历程，又用高度概括的逻辑方法建立“两种工具说”，从而揭示人类从低级心理机能向高级心理机能发展的过程。维果茨基堪称第一个成功地把“历史与逻辑”这一辩证思维的基本方法应用于心理学研究的典范。

3. 具体研究方法

维果茨基的具体研究方法是其辩证唯物主义的哲学方法论通过“历史与逻辑统一原则”这一中介，在心理学实践中的具体表现。

(1)双重刺激法。这是维果茨基在发展心理研究方法上的创举。他认为，每一种科学研究都要根据其具体对象和具体任务进行分析。他提出的“双重刺激法”的原则是，意识行为是由两种反射共同组成系统的原则，也就是对外部刺激的应答性反射和从属于这种变化了的环境的反射组成机能系统的原则。依此原则，如果儿童在第一次实验中的反射效果，在第二次遇到类似条件但稍有改变的情况下，能利用第一次的效果作出灵活反应，就表明他的心理有了新的发展。维果茨基正是采用这一方法测出了“有指导的情况下借成人的帮助所达到的解决问题的水平与在独立活动中所达到的解决问题的水平之间的差异”，即“最近发展区”；而且，维果茨基与同事正是用双重刺激法对儿童的知觉、注意、记忆、概念等形式进行实验研究。

(2)因果发生法。这是维果茨基用来研究概念发展的重要方法。当时，广为使用的传统研究方法主要研究业已完成的形成与发展过程的结果。由于这一研究是孤立与静止的，因而无法把握过程的动态、发展、进程、起点与终点。新的因果发生分析法的引进，使研究者不再局限于对现成结果的研究，而真正有可能对心理形式与发展的过程本身作动态的整体的和相互联系的研究。

在运用发生分析法研究心理现象的过程中，维果茨基从“意识是统一整体”的观点出发，提出以“单元分析法”取代将复杂心理整体肢解成丧失整体固有特性的各个成分的“成分分析法”。这是两种根本不同的分析形式。成分分析法试图通过对组成有机体的各种成分的孤立分析，来取代对整体的研究，结果使整体固有的特性丧失殆尽；单元分析法则试图将复杂的统一整体分解成“单元”。作为分析产物的单元不同于成分，它具有整体所固有的一切属性，是整体无法进一步分解的活的部分。正如保持着活的有机体所固有的生命的全部基本特性的活细胞，是生物学分析的单元一样，心理学也应该发现自己的分析单元。

四、教育心理学思想

维果茨基大学毕业后不久，就在戈麦尔市各类学校的长期教学的过程中积累丰富经验，并进行了大量的实验研究，撰写了40万字的教育心理学著作，后来又撰写了《学龄期儿童的教学与智力发展问题》、《学龄期的教学与发展》，以及《儿童期高级注意形式的发展》和《学生因教学而产生的智力发展的动态》等一系列有关教育心理学思想的论著，提出了他独到的见解。

（一）“最近发展区”概念

最近发展区概念是维果茨基在他逝世前两年，即1932—1934年间提出的。这一概念一经提出，就成为他整个高级心理机能“文化历史”理论的一个重要部分。在维果茨基逝世后出版的《思维和言语》(1934)一书第六章“儿童期科学概念发展的研究”和收集有系列论文和报告的《教学过程中儿童智力发展》的文集中，他对最近发展区概念有相当明确的阐述。其中《思维和言语》第六章的部分内容，作为维果茨基的学生ж.И.希夫《学生科学概念的发展》一书的前言于1935年再次刊登。

维果茨基在提出最近发展区观点时，首先力求克服当时广泛流行的观念，即认为儿童智力发展的标志可能不是儿童对成人的模仿，而只是他独立地解决某种思维任务。这种传统的观点表现在所有儿童的测验考试中，维果茨基对此进行了批判。“只有那些没有他人帮助，没有示范、没有启发性问题，由儿童独立地完成的测验解答，在评定智力发展时才被引起注意。对动物的实验早就证明，动物所能模仿的动作局限于动物本身的可能范围之内。”[①] 在维果茨基看来，儿童与动物模仿的重要差别在于，他能模仿一系列远远超出他自身可能范围的动作，然而这些动作并不是无限的。儿童正是在成人的指导下能实现这种模仿，因此通过模仿所取得的成果比在独立完成任务的情况下实际上更多。例如，两个年龄同样为7岁的儿童可能具有不同的智力发展水平，其中的一个借助成人的帮助能解答9岁的题目，另一个借助同样的帮助只能解答7岁半的题目。

儿童在没有成人或其他儿童的帮助下，能独立完成的发展水平构成他的现实发展区，而在成人的帮助下通过模仿达到解决问题的水平就是他的最近发展

① 维果茨基：《学龄期的教学与智力发展问题》（俄文版），13页，1935。

区。维果茨基正确地指出，不要使儿童的智力局限于传统理论所关注的第一种发展水平，而要特别关注第二种水平，即在教学、同成人(教师等)的合作中形成的决定儿童未来发展潜能的发展水平。因而，维果茨基实质上推动了儿童心理学问题科学研究的向前发展，不仅揭示了学生心理发展的静态，而且更多地关注其动态的发展。对此，维果茨基在“学生因教学而产生的智力发展动态”一文中有专门的分析。起初，他指出，儿童在学校中的学习成绩和他智力发展的系数之间有直接的关系，高智商的儿童也具有最好的学习成绩，低智商的儿童具有最差的学习成绩。后来，他依据其他研究者的实际资料说明以下有趣的情形：以高智商入学的儿童，在多数情况下在学习过程中较之他人依然保持这个优势，但同自己相比，智商却下降了；相反，可以看到低智商儿童智商的提高，尽管他们还是和从前一样，还是赶不上好学生的水平。换言之，学校教学降低了高智商儿童智力发展速度，提高了低智商儿童智力发展的速度，并且第一类儿童保持最好的学习成绩，第二类儿童保持最差的学习成绩。

其次，维果茨基把较复杂的相对学习成绩的概念引入学生智力发展的分析中，这个概念意味着在某个时期内儿童所获得的东西。例如，有些儿童入学时每分钟能读 20 个单词，另一些儿童每分钟只能读 5 个单词。教学一年后，前一类儿童已能读 30 个单词，而后一类只能读 15 个单词。按照绝对学习成绩，教师认为，前一类学生是最优秀的；但后一类儿童的相对学习成绩更高，因为他们阅读的速度提高了三倍。可以看出，绝对学习成绩和相对学习成绩不相等。

维果茨基认为，让教师面向相对学习成绩会使他看到教学过程中每个学生将获得多少，就可以发现在一组高智力发展和低智力发展的学生中，有高相对学生成绩和低相对学生成绩的儿童，即低智商儿童可能有高相对学习成绩；相反，高智商儿童可能有低相对学习成绩。在分析自己的研究结果时，维果茨基查明，就学校中智力发展动态和学生的相对学习成绩而言，更为重要的不是智力发展的现实水平，而是最近发展区大小。

应当指出，根据维果茨基的看法，不同儿童的最近发展区是不一样的，所以有必要具体确定个别儿童最近发展区的大小。最初儿童在同他人一起解决某些问题时，由于这个区，每个儿童才能够学会新的个人行动的类型，而甚至像猿猴那样一些动物都不能学会独立地解决超出它们实际智力发展范围的问题。

“最近发展区”概念的引入，强调教学在发展中指导性的决定性作用，为最大限度地发挥教育和教学的影响提供了科学的根据。同时，确定最近发展区对儿童心理发展的诊断具有重要的实践价值，即根据最近发展区的大小，有可能预测儿童智力发展的前景。但即使是在苏俄国内也有人对“最近发展区”持异议，认为它在一定程度上忽视了学生主体的积极性。

(二)教学与发展的相互关系

维果茨基对人的心理发展问题的深入探索，导致他最终进入儿童的智力发展与学校教学的关系问题的研究领域，这一关系问题也因而成为维果茨基研究工作的最后一个环节。在该研究领域中，维果茨基取得了他一生中最后的成就。他指出的有关教学与发展问题的一系列基本原理，对现代发展性教学理论的形成与发展产生了极其深远的影响。

1. 关于教学与发展的概念

维果茨基认为，就心理学家看来，发展是指心理的发展。所谓心理的发展，是指一个人的心理(从出生到成年)，在环境与教育的影响下，在低级心理机能的基础上，逐渐向高级心理机能的转化过程。

什么是教学?维果茨基认为，“儿童的教学可以定义为人为的发展”。儿童通过活动和交往掌握“精神生产的手段”可以称为广义的教学；然而广义的教学带有自发的性质；狭义的教学是有目的、有计划地进行的。维果茨基说：“作为交际和它的最系统化的形式便是教学。”因此教学“创造着”儿童的发展。

2. 教学与发展的关系

教学必须考虑学生的特点。从心理发生与发展的角度来看，维果茨基指出：教学与发展的关系，“并不是在学龄期才初次相遇的，而实际上从儿童出生的第一天便相互联系着”[①]。儿童向成人学习说话，提问和回答问题时，就从成人那里获得一系列知识，模仿成人的动作并形成各种技能。当然，这与学龄期系统的教学过程与掌握科学知识基础有本质区别，但学龄儿童不论学什么，总是以他在学前期一定的直接经验为基础的。例如，儿童虽未学过除法，但他总碰到过分糖果等情况，因此，维果茨基认为，任何学习都有它的前史。

维果茨基把儿童不同时期的教学分成三种类型。他认为，3岁前儿童教学的特点是：“儿童是按自身的大纲来学习的”。这也称为自发型的教学。例如，儿童学习语言不是根据母亲的要求决定的，而是根据儿童从周围环境攫取什么来决定的，即儿童从与周围环境的相互关系中产生对语言的需要。到了学龄期，儿童在学校是“向教师学习的”(更明确地说是按照社会的要求所制定的计划来学习的)。这也称为反应型的教学。而学龄前期儿童的教学，却是处于第一类与第二类之间的过渡地位，可称为自发反应型；换句话说先学前期儿

① 龚浩然等译：《维果茨基儿童心理与教育论著选》，314页，杭州大学出版社，1999。

童只能做那些符合他兴趣的事，学龄儿童能做教师要他做的事，而学龄前期呢，一方面，儿童到了3岁“一种新型的教学对儿童来说开始变为可能”（即按教养员的要求），但是严格说来，这种要求必须属于儿童自己的需要才可以被接受，这就是教师最困难的任务。

维果茨基对教学的类型进行分析，是为了说明他的教学与发展的关系的第一个思想，即教学必须符合儿童的年龄特征，必须以儿童一定的成熟程度作为基础。他说：“教学这样或那样地与儿童的发展水平相一致，这乃是通过经验而确立的并多次验证过的不可争辩的事实，只有从一定年龄才开始教识字，达到某一年龄的儿童才能学代数，这是无须再作证明的。”①

维果茨基在对传统教育学进行抨击的同时，又引出另外一个重要概念，即教学最佳期。众所周知，只有当儿童在自己的发展中达到一定的成熟程度时，一定的教学才可能进行。如我们不能教婴儿读书写字，教小学生高等数学。换句话说，教学存在一个最低的界限，在这个界限以下的教学是无效或低效的，这在心理学家格塞尔的双生子爬楼梯实验中得到了证实。传统的教学论在承认教学最低界限的同时，走向另外一个阶段，即认为教学不得超越这个界限，把教学仅仅定向于儿童已经成熟的特征，定向于儿童能够独立做到的一切；也就是说，教学应该面向的是儿童发展的昨天，面向已经走过的阶段。维果茨基认为，这种以已经完成的发展阶段为目标的教学是无所作为的，它不会带来新的发展过程，而只是在发展的尾巴后面爬行。他明确指出，教学除了最低界限以外，还存在着一个最高界限，这两个界限之间的期限就是“教学最佳期”。任何教学都存在着一个最佳的也就是最有利的时期，对这个时期任何向上或向下的偏移，即过早或过迟实施教学，从发展的观点来看都是有害的，会对儿童的智力发展产生不良影响；在教学最佳期限外的教学或因超过最近发展区或因停留于现有发展水平而不能对儿童未成熟的心理机能施加影响，从而不能有效地促进儿童心理机能的发展。

从前面的分析论述中，可以得出一个结论，那就是：从某种意义上来说，教学最佳期与最近发展区在本质上是一致的，教学的最佳期限是由最近发展区决定的；而且，最近发展区本身也是处于一个不断的动态发展过程当中，随着某一阶段教学过程的结束，最近发展区转化为现有发展水平。在此基础上，又形成一个高于原来最近发展区的新的最近发展区。发展的过程总是伴随着建立最近发展区的教学。根据维果茨基心理学的动态原则，最近发展区作为一种发展的可能性是因人而异的，因而教学最佳期也是因人而异的。当然这并不排斥

① 维果茨基著，龚浩然译：“学龄期的教学与智力发展问题”，载《教育研究》，1983(6)。

某一年龄阶段的儿童具有某些共同的本质的年龄特征。最佳期的教学之所以能对发展的过程施加决定性的影响，是因为在最近发展区的心理机能正处于成熟过程当中而又尚未完全成熟，教学可以通过一定的形式来组织这些机能的进一步发展，并决定其今后的发展情况。

总之，维果茨基认为教学与发展是两个互相区别、互相联系的概念，它们从生命开始的第一天起便联系在一起，但它们永远不是同一的或相互平行的。维果茨基关于教学与发展关系理论开辟了广阔的科学研究天地，为多种科学实验研究提供了用武之地，他本人也呼吁开展极其广泛的、多种形式的实验研究，来揭示教学与发展之间的特殊的具体的关系。

维果茨基异常丰富的心理学思想不仅为世界心理科学的宝库增添了新的内容，而且还广泛应用于教育实践领域，成为世界许多国家中小学教学改革的主要依据之一。尤其是20世纪70年代末，以布鲁纳为首的美国教育心理学家将维果茨基的思想介绍至美国后，直接促进建构主义领域中一个重要学术流派——社会建构主义学说的兴起，从而引起当代教育心理学中的一场革命。

第二节 列昂节夫的活动理论

一、列昂节夫的生平与主要著作

列昂节夫(Алексий Николаевич Леонтьев，1903—1979)，苏联著名心理学家，苏联教育科学院院士，曾任莫斯科大学心理系主任、全苏心理学会主席、国际心理科学联合会副主席等职务。

列昂节夫1903年生于莫斯科，1924年毕业于莫斯科大学社会学系，同年进入莫斯科大学心理研究所。20世纪20年代末追随维果茨基，并和维果茨基、鲁利亚一起研究人的高级心理机能的社会历史发生问题，提出“文化—历史发展论”，认为高级心理机能是随着人类文化历史的发展而发展起来的。这一时期，他研究有意记忆和有意注意等问题，并于1931年发表《记忆的发展》一书，证明高级心理机能具有中介结构，是由主体的外部交往形式内化为内部心理过程发展而来的。

20世纪30年代初期，由于成立乌克兰心理研究所，列昂节夫到哈尔科夫工作，并形成以他为首的哈尔科夫心理学派，这一学派是文化历史学派的重要力量，它包括博若维奇、加里培林、查包洛塞茨、津琴科等后来造诣很深的苏联心理学家。

1934年，列昂节夫回到莫斯科。20世纪30年代末期，列昂节夫从活动观点出发，开始着手研究心理反映的起源问题，他把自己在这方面的研究写成《心理发展概论》一文，于1940年获得博士学位。1941年任莫斯科大学教授。卫国战争时期，从事运动机能恢复的研究。战后主要从事普通心理学和发展心理学的研究工作，提出每一年龄阶段都有其主导活动形式，在儿童心理发展中起决定性作用，从而提出个体心理发展的年龄分期的新原则。

他概括自己在心理发生发展方面所进行的理论与实验研究，于1959年写成重要著作《心理的发展问题》一书，这本书在1963获得列宁奖金。从1972年至1974年，他在苏联《哲学问题》杂志上陆续发表了"心理学中的活动问题"、"活动与意识"、"活动与个性"等一组理论文章，进而于1975年出版了专著《活动、意识、个性》，该书1976年获莫斯科大学罗蒙诺索夫一等奖。在书中，作者首次系统地提出关于活动的理论，在苏联理论界产生了较大的影响，被认为是苏联心理学的理论支柱，代表了苏联70—80年代心理学发展的趋势。

二、活动理论的基本观点

(一)活动是心理学的研究对象

将活动作为心理科学的对象是鲁宾斯坦首先提出来的，列昂节夫进一步发展这一观点。

列昂节夫认为，心理不是别的，而是活动的特殊形式，是物质生活和外部物质活动发展的产物，因此研究活动及其结构和活动的内化始终是心理学研究的中心环节。换句话说，活动产生心理，研究心理当然也就离不开对活动的研究。因此，列昂节夫认为，作为有机系统的主体的整个活动，不论是什么形式和种类，不管它们的相互转化和变化，都是心理学的对象；同时，列昂节夫还强调活动成为心理学的对象，并不是由于它的特殊的"部分"或"要素"，而是由于它的特殊的机能。这个机能把主体纳入外界对象的现实之中，并把这种现实转化为主观的形式。

列昂节夫认为，活动范畴对建立马克思主义的心理科学是至关重要的，并特别指出在马克思主义的理论中关于人的活动，关于人类活动的发展和形式的学说对心理学有着决定性的意义。在马克思看来，最初和最基本形式的活动是感性的实践活动。因此，分析作为主体和现实世界联系中介的感性的实践活动，是研究心理反映发生发展过程的主要方法，这种方法的运用有助于更好地解释心理学中的意识问题。

列昂节夫还认为，人是在活动中形成自己的个性的，因此只有把活动列入心理学范畴，才能更好地解决个性问题。

(二)活动的心理学定义

列昂节夫认为，以前的各派心理学共同的地方是，其出发点都是一种两项图式，即对主体感受系统的作用——由该作用引起的回答(客观和主观的)现象。行为主义的 $S—R$ 公式，就是这种两项图式最直接的表现。这种两项图式的不能令人满意之处在于，它从原则上把主体的对象活动排除于心理学研究范围之外；而主体的对象活动却是一个实现主体和客观世界间的联系的内容极为丰富的过程。由于排除了活动，心理学对于解释稍为复杂一点的心理事实就感到束手无策。有不少心理学家曾试图克服这种两项图式给心理学所造成的原则性困难，如新行为主义者托尔曼提出了“中间变量”，苏联的鲁宾斯坦提出了“外因通过内部条件而起作用”的公式，都是属于这方面的努力，但都未能取得成功。在列昂节夫看来，要想摆脱传统心理学的困境，必须从根本上以三项图式来代替两项图式，即在刺激—反应之间加上一个中间环节——主体的活动及其相应的条件、目的和手段。

由此可见，活动作为“主体—客体”之间的中间环节，起着一种中介作用，也就是说，在活动中发生着从客体向它的主观形式即映象的转化。所以列昂节夫认为，活动是有机体生活的分子性单位。从心理水平上，活动是以心理反映为中介的生活单位。活动不单纯是反应，也不是反应的总和，而是具有自身结构、变化和发展的系统。

(三)活动的基本特征

列昂节夫认为活动有两个基本特征。一个是社会性，这是活动的首要特点，个体活动不能脱离社会关系、社会生活而存在，它最终是由社会、生活关系所产生、所形成的。活动的另一个特征是对象性。在列昂节夫的活动理论中，活动的对象性是基本的、决定性的特点。一切活动都指向一定对象，没有对象的活动是不存在的；有没有对象，是衡量活动的标准。活动的对象有两种，一是客观独立存在的事物，二是主体对这些客观独立存在的事物属性的心理反映的产物。前者对于活动来说是第一性的东西，而后者是第二性的东西，因此活动对象具有两重性。

由于活动具有对象性，也引致心理具有对象性，而且心理的对象性并不只限于认识过程的领域。列昂节夫指出，需要和情绪领域，也都具有对象性。

（四）活动的分类

列昂节夫把活动分为外部活动和内部活动。外部活动是指人的感性的实践活动。内部活动是指人的心理反映或映象的活动，如思维、想像和记忆等。从发生上来说，外部活动是人类活动的真实的、基本的形式，对心理学具有特殊意义。列昂节夫认为，活动是否成为心理学的对象，不取决于它的特殊功能。无论外部活动还是内部活动，它们的功能都是一个，即把人纳入客观对象，并把对象改变为主体化形式。

（五）活动的结构

列昂节夫对活动的结构进行最为充分的研究。他指出，具体的活动是多种多样的，但不管什么活动都要符合主体的一定需要，并在活动中力求达到这一需要的对象，而活动所指向的就是活动的真正动机。列昂节夫指出，活动的概念必须同动机的概念相联系，作为活动的标志，就是具体激发它们的动机。活动的基本成分是动作，动作是服从于一定的自觉目的的过程。目的是指应该达到的结果的概念。目的有总目的和局部目的之分。有目的的动作借以实现的方式是操作，而操作直接依从于达到目的的具体条件。所以，列昂节夫得出如下结论：任何一个活动，都是符合一定的需要，为一定的动机所激发，由一定的目的动作所组成的，而动作又由达到目的的具体条件所决定的操作来完成。这就是活动的共同的结构。

列昂节夫认为，需要、动机、目的、达到目的条件和与此相关的活动、动作、操作构成了活动共同结构的“单位”。对活动的研究就是要分析出活动的这种内部系统关系，不仅要分析活动的各种形式彼此间的转化，也要特别注意它自身的这些结构的变化。例如，活动可能失掉自己的动机而变为动作，而当目的改变时，动作可能变为操作。有些活动的动机可能转化为动作目的，从而动作也转化为某种完整的活动。所以活动——动作——操作以及动机——目的——条件之间的相互转化是经常发生的。

列昂节夫的活动理论，在苏联及东欧各国心理学界有极大影响。尽管苏联心理学界对列昂节夫的活动理论存在不同意见，但在根本问题上是一致的，这就是绝大多数人都承认列昂节夫是苏联马克思主义心理学奠基者之一，都承认他提出的活动理论对建设马克思主义心理学的重要贡献。

第三节　鲁利亚的神经心理学理论

一、鲁利亚的生平与主要著作

鲁利亚(Александр　Романович Лурия，1900—1977)，苏联著名心理学家、心理学与医学教授，苏联教育科学院院士。苏联神经心理学的奠基者。

1902年7月3日，鲁利亚出生于喀山的一个医生家庭。中学毕业后考入喀山大学社会科学系，毕业后从事实验心理学研究，侧重于劳动生理心理学，并显露他在这方面的杰出才能。1923年，他被邀请到莫斯科心理研究所工作，研究人的激情问题。1924年，列昂节夫到莫斯科心理研究所后，两人合作进行这方面的研究，研究结果在以“激情过程的心理生理学”为题的博士论文中发表。1924年，维果茨基在莫斯科心理研究所组织了一个研究小组，鲁利亚和列昂节夫是该研究小组的核心成员，研究人类的高级心理机能，如言语思维、逻辑记忆、随意注意等，开始了他们三人的紧密合作。从1926年起，他和维果茨基一起在F·M·罗萨里莫神经病院进行脑机制的研究，1931年到1933年又继续在哈尔科夫乌克兰精神神经病研究所附属医院从事这方面研究。1936年，他结业于莫斯科第一医学院，获得医生证书。这一年，他还取得了教育科学(心理学)博士学位。1926—1941年，他在苏联医学科学院神经外科研究所工作，主要研究失语症问题。1942年又获得医学(神经病理学)博士学位。卫国战争期间，他是苏联医学科学院莫斯科神经学研究所分所—康复医院的学术领导人，主要研究脑外伤引起的心理障碍的诊断与恢复，特别是脑额叶在心理过程中的调节作用问题。战争结束后，他到莫斯科大学工作，任神经生理学教授。与此同时，他还和同事一起，在苏联医学科学院神经外科研究所进行神经心理方面的研究，在苏联教育科学院儿童缺陷研究所开展关于言语对不同年龄的正常与异常儿童的随意运动的调节作用的研究。1966年莫斯科大学成立心理学系以后，他先后出任神经心理学与心理生理学教研室主任、神经心理学与病理心理学教研室主任等职。

鲁利亚研究课题甚广，研究成果累累。他和维果茨基、列昂节夫一起创立了心理的“文化—历史发展理论”，并且是苏联心理学研究中马克思主义理论原则的奠定者之一。这些基本理论指导着他终生的学术活动，对整个苏联心理学研究起了重要作用。但是，纵观他的学术生涯，主要的科学兴趣还是在神经心理学方面，正是他开创了神经生理学和心理学的一个新领域——神经心理学。

鲁利亚一生著述甚多，据统计，有300余种，其中专著30多本。主要著作有《行为历史的研究》(20世纪20年代与维果茨基合作)、《创伤性失语症》(1947)、《战伤后心理机能的恢复》(1948)、《常态儿童和变态儿童的高级神经活动》(两卷，1956—1958)、《人的大脑皮质功用》(1962)、《高级皮质机能及其在局部脑操作下的障碍》(1962，1969再版)、《人脑与心理过程》(第1卷，1963；第2卷，1970)、《解题的神经心理分析》(1966，与人合作)、《普通心理学讲义》(四卷，1967，1970再版)、《神经心理学原理》(1973)、《神经语言学原理》(1975)、《记忆神经心理学》(第1卷，1974；第2卷，1976)。在他逝世以后，又出版了《语言和意识》(1979)和《所走过的道路的阶段》(1982)两部著作。他的许多著作被译成中、英、德、法、波、匈、保、日多种文字出版。

二、鲁利亚的神经心理学理论

现代神经心理学是一门关于脑的科学，产生于几门学科，主要是心理学、医学和生理学等交接点上。在苏联，神经心理学开始形成于20世纪20年代，当时维果茨基和鲁利亚试图研究心理活动实现中大脑不同部位的作用，这些研究开始了鲁利亚与他的同事长达50年系统的神经心理学工作。

鲁利亚认为，任何一种心理活动都是一种机能系统。不同的机能系统包含着不同的众多脑区域的活动，各个脑区域各自起着特殊的作用。而且参与活动的脑区域不是一成不变的，是随条件而变化的。他认为，人的意识活动就其起源来说是社会历史的，就其结构来说是复杂的中介的。第一，人的高级意识活动始终是依赖于外部手段的，而这些外部手段是历史形成的。通过这些外部手段，先前独立工作的脑区域变成了统一的机能系统的环节。历史形成的人类行为的组织手段形成了新的联系。正是这些新的联系构成了人脑机能组织区别于动物脑的主要特点。第二，人类心理过程在大脑皮层上的分布从来不是稳定不变，而是在儿童发育过程中，在练习的连续阶段上发生重要变化的。例如，人类的高级心理活动起初表现为扩展的、对象性活动的形式，后来逐渐简约，获得内部心理活动形式。这个变化是靠社会历史过程中形成的一系列外部手段(如语言、计算系统)起中介作用的。再如书写过程，起初是依靠对每个字母的书写形象的追忆，靠一连串孤立的运动冲动来实现的，后来由于练习，这个结构发生了根本的变化，书写成了统一的运动节奏，不再要求每次都专门追忆孤立字线的视觉形象和书写每个笔画的个别运动冲动了。因此，在发展的不同阶段上，同一脑区的损伤所产生的后果也不同。如果说，在发展的早期，保证心理活动初级基础的皮层某区受到损伤，必然引起建立在它之上的高级结构发展落后，那么对于在复杂系统已经形成、开始给予简单活动的组织以决定性影响的成人来说，低级区域的损伤已经不具有发展早期所具有的意义了；相反，高级区域的损伤则导致低级机能的瓦解，因为这些机能已经得到复杂的结构，并且依赖于活动的高级组织形式了。

鲁利亚按照机能系统理论把整个脑划分为三个机能联合区。

第一机能联合区是“调节紧张度和觉醒状态”的联合区。它的基本功能是保持大脑皮层的一般觉醒状态，提高它的兴奋性和感受性，并实现对行为的自我调节。它定位在脑干和皮层下部位包括上行网状系统和下行网状系统；前者对皮层起激活作用和抑制作用，调节其紧张度，后者接受来自皮层的调节作用。它们组成的统一的垂直排列的机能系统，是按“反射环”原则建立起来的、双向联系的自我调节器官。第一机能联合区并不对某个特定的信息进行加工(分析与综合)，但却提供各种活动的背景。当这个系统受到损伤时，大脑的激活水平或兴奋水平将会普遍降低，并影响对外界信息的加工和调节。

第二机能联合区是“接受、加工和保存信息”的联合区。它位于大脑皮层后部，包括大脑皮层的视觉区、听觉区和一般感觉，以及相应的皮下组织。其作用是接受来自内外界的感觉信息，对它们进行分析与综合，并把它们加以编码和储存。

第三机能联合区是“规划、调节和监督复杂活动形式”的联合区。它位于大脑皮层的前部，主要是前额叶。这是大脑皮层在种系发展过程中最“年轻的”组织机构，与脑的其余部位及网状组织均有双向联系。其主要机能是规划、调节和控制复杂的心理活动和行为，也就是使主体产生动机与目的，形成行为的预备状态和行为程序，积极地进行活动，并在活动中检验效果，及时修正行为。

脑的三个机能联合区的作用虽然有所不同，但并不是彼此孤立的，因为心理活动是一种复杂的机能系统，每一种机能并不是定位于狭隘的孤立的区域之中。例如，随意运动需要这三个机能联合区的协同活动，即第一机能联合区保证必要的紧张度，保持觉醒状态；第二机能联合区保证接受信息，对之进行分析、综合加工，并将它储存在记忆中；第三机能联合区保证行动服从相应的意图、计划，对之进行调节，保持行为的方向性。每一个机能联合区的作用虽然有所不同，但却是相互联系、相互协调，从而保证复杂心理活动的实现。

三、鲁利亚与心理科学其他分支

在鲁利亚的科学创造中，神经心理学居主要地位，但他对心理科学其他分支，包括普通心理学、历史心理学、儿童心理学、儿童缺陷学、心理生理学的发展，也作出了重要贡献。

鲁利亚在建立苏联心理科学和深入研究作为以后苏联心理科学根据的普通心理学重要概念中起重要作用。20 世纪 20 年代，当心理学面临危机时，鲁利亚与维果茨基、列昂节夫及其他心理学家一道，积极研究文化历史发展和人类心理机能活动的理论。

鲁利亚对普通心理学的许多问题有深入的研究，如人的心理的社会和生物的因素、外部心理机能是以各种符号(首先是言语)为中介的、心理机能和整体意识的系统组织、脑与心理、心理学与生理学、心理学理论与实践的相互关系等。鲁利亚在其整个一生中，从不同观点，并且较早和首先是从普通心理学观点研究高级心理机能及其系统结构、易变性、可塑性、社会制约性等问题。在研究情绪时，他揭示了情绪在言语和运动过程中反映的特点。他指出，言语和运动反应的结合比传统的植物性指标更适合反映情绪状态，并在此基础上创造性地提出了共轭运动法。

鲁利亚对历史(或者“文化交叉”)心理学进行具体的研究。在研究心理的社会历史决定问题时，他的实验证明，人的生活的外部(社会历史)条件，人存在的社会方式在很大程度上决定其认识过程的特点和心理结构。1930—1931 年，鲁利亚对中亚乌兹别克族心理特点的考察是最早的这类科学活动。在认识过程(感知、记忆、智力)很多领域，都验证了文化历史理论的正确性。

鲁利亚在儿童心理学领域也进行了卓有成效的研究。无论是在 20 世纪 20～30 年代，还是更晚的时期，鲁利亚都进行过这方面的工作。根据维果茨基关于所有心理机能都是通过掌握各种工具——符号形成的理论，鲁利亚与查波罗热茨、博若维奇等一同进行大量的实验研究，其目的在于分析作为高级心理机能形成的基本方式的中介。

鲁利亚还同 A.H. 米罗诺娃、H.Г. 莫罗佐娃等一道，使用“双生子法”对同卵和异卵双生子的感知、记忆和言语机能进行比较研究。根据这些研究，鲁利亚得出一个重要结论，即遗传因素在很大程度上影响“简单”心理过程(直接视觉记忆类型)特性，在较小程度上影响那些社会作用具有决定意义的“高级”心理过程(言语思维、间接记忆、理解知觉等)特性。遗传和环境因素以不同方式决定各种机能的参数。在对孪生子所做的实验中，鲁利亚揭示了许多重要的心理规律。

鲁利亚在儿童缺陷学领域的研究也很有知名度。20世纪20年代，特别是50年代，他很重视同智力落后诊断有关的问题。在鲁利亚的领导下，苏联教育科学院儿童缺陷学研究所对儿童各种智力落后形式进行综合研究：研究心理过程破坏的神经动力基础、言语概括和调节功能形成的特点、运动性暂时联系形成的规律、定向反应消退和恢复的进程及其同防御反应的相互关系等。

鲁利亚注意从多方面研究儿童缺陷学问题。在研究各种心理异常发展的儿童时，他综合利用普通心理学概念(心理机能形成的结构和方式)、生理学理论(心理机能破坏的机制)、教育学资料(儿童教学特点)、临床学资料(神经学和其他各种分析器系统工作异常的资料等)、神经心理学理论(儿童脑活动特点)；这种综合方法在诊断学，以及在制定机能发展和补偿中富有成效。

鲁利亚还在心理生理学领域进行研究。他经常使用研究结果客观化的各种方法，重视生理学方法，他在研究中采用的最主要的方法是“共轭运动反应”法，这是分析人的情绪状态很精致的方法。共轭运动法是按照顺序向被试者提示一系列词的刺激物。被试者对这一系列的每一个词应当按照自由联想的方式用另一个词来回答，同时用右手和左手的指头按压气动键。根据言语回答和运动反应的变形(它们的持续时间、形式等的变化)，把用词引起的情绪状态记录下来。把言语的和运动的征兆结合起来，比传统上所应用的植物性指标能更完全地反映出情绪状态的动力。共轭运动法的基础(依据的)是左手较小的随意“可控制性”和它较之右手对情绪状态较大的“感受性”现象，这与大脑右半球机能有关，符合现代情绪心理学理论。

对于鲁利亚杰出的学术成就，苏联政府和人民给了他很高的荣誉，授予多种奖章，其中著名的有“一级罗蒙诺索夫奖”、“列宁勋章”、“荣誉标志勋章”等。同时，他的成就也使他赢得了很高的国际威望。他是美国科学院、美国科学与艺术学院、美国教育科学院的外籍院士，外国许多大学的名誉博士，1967—1968年度国际心理科学联合会执行委员会委员，1969年国际心理科学联合会副主席。

社会文化历史学派是苏俄著名的心理学派，它对当代心理学作出了特殊的贡献。

(1)社会文化历史学派强调研究意识问题，研究人的高级心理机能，主张用文化历史发展的观点来研究人的高级心理机能，研究意识的起源、结构和发展，证明人的心理是受社会文化历史制约的，这对消除把心理过程理解为精神的内部固有属性的唯心主义观点的影响，克服无视动物行为与人的心理活动的本质差异的自然主义倾向发挥了积极的作用。

(2)社会文化历史学派重视对活动问题的研究。活动问题是苏俄心理学的传统问题。维果茨基和鲁宾斯坦为此都作出过自己的贡献。列昂节夫继承了这个理论传统，提出了系统的活动理论，成为20世纪70年代以后苏俄心理学最重要的理论思潮。这一理论对于坚持心理学的唯物主义，反对形而上学的观点是有进步意义的。

(3)社会文化历史学派创立了心理学的一个重要的新领域——神经心理学，进一步揭示了心理活动的生理机制，丰富和发展了高级神经活动的理论。

(4)文化历史学派大量的理论探索和实验研究，不仅对苏俄心理学的建立与发展作出了重要贡献，而且对世界心理学的发展也产生了深远的影响；当前国际学术界掀起的“维果茨基研究热”就是一个最好的佐证。

但是，社会文化历史学派在其形成和发展过程中也存在一些缺点和不够完善的地方。早在20世纪30年代初，维果茨基的某些观点就受到学术界的批评，以后列昂节夫的活动理论也受到人们的指责。譬如，他们对于文化和历史的论述大多是抽象的论述，缺少具体的研究；过分夸大活动的意义，试图以研究活动代替对整个心理学的研究，等等。然而，这并不影响社会文化历史学派在苏俄乃至世界心理学史上所具有的特殊意义。

第十五章

认知心理学

认知心理学(cognitive psychology)是西方现代心理学的一种新的思潮、范式和研究取向。

认知心理学有广义和狭义之分。广义的认知心理学是指那些凡是以人或动物的认知或认识过程为研究对象的认知。包括两种理论观点：一是结构主义的认知心理学，以皮亚杰为代表，主张不同发展阶段的儿童具有独特的心理构造，标志着一定阶段的年龄特征；二是信息加工心理学，即指现代的认知心理学。狭义的认知心理学则是专指信息加工心理学。它是用信息加工的观点和术语说明人的认知历程的科学。它所研究的认知历程是指人接受、贮存和运用信息的过程，包括知觉、注意、记忆、心象、思维和语言等。由于认知心理学是受多种因素影响、逐渐演变而来的，并非由某个人独创，因此，与其说它是一种心理学流派，更不如说它是现代心理学的一种新思潮、新范式和新的研究取向。

第一节 日内瓦学派

一、日内瓦学派产生的历史背景

日内瓦学派(Geneva School)是当代儿童心理学和发展心理学中的主要学派之一，是瑞士心理学家皮亚杰(Jean Piaget, 1896—1980)在20世纪50年代创立的。该学派是以日内瓦大学及发生认识论国际中心为主要基地，以研究儿童认知发展为主要内容的学术共同体。因此，它被列入认知心理学的范畴。

日内瓦学派最初的起源可追溯到20世纪20年代。当时，皮亚杰在巴黎比纳实验室进行儿童智慧研究。后来，皮亚杰在日内瓦大学卢梭学院长期任实验心理研究室主任和院长，集合了一大批志同道合的学者，形成了日内瓦学派的基本队伍。1950年，《发生认识论导论》(Genetic Epistemology)二卷集出版，标志着发生认识论体系的建立。1955年，发生认识论国际中心在日内瓦大学成立，大批来自世界各国相关学科的知名学者会聚一堂，从事跨学科的研究，希望通过对儿童的科学概念以及心理运算起源的实验分析，探索智慧形成和认知机制的发生发展规律。

日内瓦学派的形成受到多学科的影响，既有心理学自身内部的欧美机能主义心理学、格式塔心理学的影响，又有生物学、数学、语言学、逻辑学等的影响，而它最根本的思想渊源则是康德、柏格森的哲学思想。

下面分别简要分析日内瓦学派的历史背景和其思想渊源。

(一)哲学背景

作为日内瓦学派的创始人，皮亚杰受康德哲学的影响非常深，从皮亚杰的发生认识论完全可以看出康德哲学的烙印。正如皮亚杰自己所说："我把康德范畴的全部问题加以重新审查，从而形成一门新科学，就是发生认识论。"[①] 皮亚杰的"图式"概念源于康德的"先验图式"：他的关于认识发展的连续性、阶段性理论，同化、顺应、平衡理论，也吸收了德国古典哲学的辩证思想。

另外，皮亚杰受结构主义影响也很深。结构主义是19世纪60年代在西方特别是法语国家兴起的一种方法论思潮，主要在一些人文学科各自研究的领域中运用大致相同的结构方法。皮亚杰的思想还受到索绪尔、布卢菲尔德的结构主义语言学，乔姆斯基的转换生成语言学，布尔巴基学派(Bourbaki School)(法国一个用结构观点研究和统一数学的学派)等的影响；而且，皮亚杰还主张用结构主义来补充操作主义。从思想发展来看，皮亚杰不是坚持反对操作主义，而是感到操作主义有缺陷，所以需要用结构主义来补充。应该说，皮亚杰的发生认识论是结构主义的发生认识论。

(二)科学背景

1. 自然科学背景

皮亚杰早期从事生物学研究，深受生物学的影响，他对心理学的研究工作可以说是从生物学开始的。"同化、顺应"概念直接来源于生物学。他认为生物体适应环境的机能，人类也同样具备，并将这一原则应用于人类心理的发生，把儿童认识发展看作是个体环境适应的逐步完善和智慧化的成熟。皮亚杰

① 高觉敷主编：《西方近代心理学史》，431页，人民教育出版社，1982。

坚持生物学的功能和结构之间具有同型(或同构)关系的立场，并把这一种关系看作是同一种结果运用于两组不同的元素。皮亚杰还认为，心理发生与有机体间的关系除了同构性外，还表现在作为认知发展基础的动作对神经系统的依赖上。他说，“每种心理学的解释都迟早要依赖生物学和逻辑学”[①]。

此外，皮亚杰还受到布尔代数、符号逻辑和控制论的影响，用符号逻辑来研究儿童的智慧活动，认为符号逻辑可作为衡量思维发展水平的标志。

2. 心理学背景

从心理学背景来看，皮亚杰深受机能主义和格式塔心理学的影响。

皮亚杰在日内瓦大学时深受著名机能心理学家克拉帕雷德的影响，后者最早提出人的心理适应问题，对皮亚杰早期研究儿童的语言和思维起重要作用。皮亚杰表示，是克拉帕雷德帮助他用机能观点和本能观点考察每一种事实；没有这两种观点，就会忽视儿童活动中埋藏最深的“发条”。

皮亚杰学说和格式塔学说都主张既研究行为又研究意识；都强调心理活动和结构的整体性，反对元素论和还原论；都认为已构成的主体认识结构是认识活动的前提；他们还提出了类似的认识活动公式。说到底，皮亚杰的智慧心理学其实就是欧洲机能主义心理学和格式塔心理学相结合的产物。

除此之外，皮亚杰的学术思想还受到精神分析的影响。皮亚杰早年在苏黎世大学跟随荣格学习精神分析学，其学说中的“自我中心倾向”、“自恋”概念都来自精神分析理论。

二、皮亚杰的心理学思想

(一)智慧的本质

智慧的本质问题，是发生认识论首要解决的问题。皮亚杰认为，智慧就是适应(adaptation)。儿童的智慧既不是起源于先天的成熟，也不是起源于后天的经验，而是起源于动作。这种动作的本质是儿童对客体的适应；儿童通过动作对客观环境的适应，是儿童智力发展的真正原因。而适应则依赖于有机体的同化(assimilation)和顺应(accommodation)两种功能的协调，使有机体与环境取得平衡(equilibrium)。

皮亚杰认为，适应的形成，在生物学上是有机体的同化与顺应的平衡，在心理学上则是主体与客体相互作用的一种平衡。他认为主客体的关系不是静止的、单向的，而是动态的、双向的。

---

① 高觉敷主编：《西方近代心理学史》，432页，人民教育出版社，1982。

(二)认识结构的基本概念

皮亚杰认为认识结构的发生涉及四个基本概念。

1. 图式

在认识结构发生的四个基本概念中，图式是作为一个核心概念被提出的。皮亚杰认为：“图式是指动作的结构或组织，这些动作在相同或类似的环境中由于不断重复而得到迁移或概括。”① 图式最初来自先天遗传，因而儿童的最初图式只能是遗传性图式，如吸乳动作、抓握反射等，以后在适应环境的过程中，图式不断改变并丰富起来，即遗传性的低级动作图式，经过同化、顺应、平衡逐步构建出高级的新图式。儿童的认知发展实际上就是由低一级水平的图式在环境适应过程中不断地建构成高一级水平的新图式，从而使其认知结构不断发展完善。婴儿在吸奶时，既看到妈妈的形象，又听到妈妈的声音，还接触到妈妈怀抱的姿态等，因而由最初遗传性的反射图式发展为多种图式的协同活动，儿童的心理水平随之不断提高。根据儿童智慧发展的整个进程，皮亚杰将图式划分为感知运动图式、象征言语图式、具体运算图式和形式运算图式。

2. 同化

同化指主体将外界的刺激有效地整合于已有的图式之中，或用皮亚杰的话说就是：“刺激输入的过滤或改变叫做同化。”② 也就是说，同化是个体以其既有的图式或认知结构为基础去吸收新经验的历程。同化与顺应两者互相配合，形成个体对环境的适应。

3. 顺应

顺应指主体改造已有的图式以适应新的情境，是主体为了适应新外界的刺激以更新或调整原有的图式，创立新图式的过程。就主体原有的图式而言，同化只是数量上的变化，不引起原有图式的改变和创新；顺应则是引起原有图式质的变化，创立新图式的过程。由此可知，同化与顺应既互相对立，又彼此联系，是个体适应过程中的两个方面。当主体遇到不能以原先的图式来同化新的刺激情境时，便要对它加以修改或重构，以适应变化的环境。这一顺应过程一旦完成，不仅增强主体的同化能力，也使认知达到新的水平。

4. 平衡

平衡是指由同化和顺应过程均衡所导致的主体结构同客体结构之间的某种相对稳定的适应状态，也可以说是个体同化与顺应两种机能之间的协调一致。

① 杨鑫辉主编：《心理学通史》第五卷，88页，山东教育出版社，2000。
② 皮亚杰、英海尔德著，吴福元译：《儿童心理学》，130页，商务印书馆，1980。

儿童每遇到新事物，在认知过程中总是试图以原有图式加以同化。这种意图如获成功，便得到认识上暂时的平衡；如果失败，儿童便作出顺应，调整原有的图式或创立新的图式以进一步同化新事物，以达到新的平衡。所以，个体心理的发展就是由低水平的平衡向高水平的平衡的运动过程。个体心理的发展是一个由平衡——不平衡——平衡的否定之否定的矛盾运动过程。平衡永远是动态的，平衡永不停止。平衡的否定之否定的过程是个体认知结构形成与发展的基本过程；正如皮亚杰所说，智慧行为是依赖于同化和顺应两种机能从最初的不稳定的平衡过渡到逐渐稳定的平衡。

(三)影响儿童心理发展的基本因素

皮亚杰认为，儿童心理学是研究心理的成长，即研究儿童行为模式的发展。他提出儿童心理发展是在内外因的相互作用中不断产生量和质的变化的发展观。

皮亚杰认为有四个因素影响儿童心理发展。

1. 成熟

成熟(maturation)指机体的成长，特别是神经系统和内分泌系统的成熟。成熟是心理发展的生理基础，如约四个半月的婴儿的视觉和抓握反射的协调便是成熟的结果。成熟可以为发展提供新的可能性，但它只是心理发展的必要条件，要使这些可能性变成现实性，还必须依靠后天的活动和环境的影响。

2. 物理环境

物理环境(physical environment)是指“个体对物体作出动作中的练习和习得经验”[①]，也就是指影响个体心理发展的主客体因素。这主要包括两种经验。第一种是物理经验(physical experience)，指个体作用于物体，获得物体的特性，如对物体大小、形状、重量、颜色、速度等的知觉；第二种是逻辑数理经验，是指个体作用于物体，从而理解动作与动作之间相互协调的结果。如6~7岁的儿童玩卵石时，会从经验中发现卵石的总数同其空间排列的位置、先后次序无关。可见，物理经验是由物体本身的特性动作间的相互协调引出来的，逻辑数理经验是由主体作用于客体引起的。因此，皮亚杰认为知识来源于动作，而非来源于物体。

3. 社会环境

社会环境(social environment)指影响个体心理发展的社会因素，包括社会生活、社会传递、文化教育、语言信息等。儿童的活动是发生于社会环境之中

① 皮亚杰、英海尔德著，吴福元译：《儿童心理学》，115页，商务印书馆，1980。

的，是在与他人交互作用的过程中进行的。因此，社会生活、文化教育、语言信息的沟通对人的心理发展有着极其重要的作用。但它们也不是惟一决定的因素，而是只能起着促进或延缓的作用。皮亚杰强调社会环境对人的心理发展的影响是以个体的认识结构为前提，通过社会互动作用而实现的。儿童在学校环境中，如果缺乏个人主动的同化作用，学校教育是没有什么效果的。

4. 平衡化

平衡化(equilibration)指心理的成长(包括儿童智慧的发展)向着更为复杂和更加稳定的组织水平前进的过程。这一过程是个体不断成熟的内部组织与外部环境相互作用的过程，是儿童心理发展中最重要的因素。平衡化作为影响儿童心理发展的第四个因素，不是凌驾于另外三个因素之上的额外过程，而是渗透于每一遗传或获得的过程之中，渗透于它们的相互作用过程之中。通过自我调节的作用，心理或智慧结构的不断变化和发展得以实现。所以，追求平衡化的内在倾向，是心理和智力发展的决定因素。

(四)儿童心理发展阶段的理论

皮亚杰通过多年的观察和努力，花了大半生的精力，提出了儿童心理发展阶段的理论。按儿童智慧发展的水平，他把儿童心理(思维、智慧)发展划分为四个阶段。

1. 感知运动阶段(sensorimotor stage)

这一阶段从出生到2岁，相当于婴儿期。在这一个阶段中，儿童逐渐能区分自己与物体，知道动作和效果间的关系，开始认识主体与客体间的相互关系、客体与客体之间的相互关系；动作与动作之间开始逐步协调，由动作间的协调逐步发展为动作、感觉、知觉间的协调。这一阶段还没有语言和思维，主要靠感觉和动作探索周围世界，逐渐形成客体永久性的观念，即使物体不在眼前，婴儿也仍然知道物体的存在。这是认知发展的第一个阶段，是智慧的萌芽时期。

2. 前运算阶段(preoperational stage)

2~7岁，相当于幼儿期。在这一时期，随着语言的出现，儿童开始用语言和表象来描述外部世界和不在眼前的事物，也用语言与他人交际，以表象来再现交际活动。这个时期的主要特点是：(1)形象性和直觉性。儿童只能凭借表象进行思维，以完成象征性的游戏、延迟的模仿和早期的各种绘画活动。(2)自我中心化和思维的不可逆性。这时的儿童只能站在他的经验中心，只有参照他自己，才能理解别的事物，而认识不到还有他人或外界事物的存在，也认识不到自己的思维过程；还没有掌握概念的守恒和思维的可逆性运算，如只知道个别鸟而还没有形成鸟的概念，只能辨别自己的左右手，而不能辨别对面人的左右手。(3)思维缺乏系统的传递性。这时的儿童只能将注意力集中在某一问题上，不能转移到其他的问题；对事物的判断缺乏系统的传递性，如能理解 $A=B$、$B=C$，但不能推出 $A=C$。

3. 具体运算阶段(concrete operational stage)

7~11 岁，相当于小学阶段。具体运算是对前运算阶段的许多表象加以融化和协调而发展形成的。之所以称为具体运算是因为这一阶段的思维运算还离不开具体事物的支持，这时的儿童离开具体事物而进行纯形式的逻辑推理就会感到困难，因为其运算的形式和内容都是以具体事物为依据的。例如，给前运算阶段的儿童看两排同样多的珠子，他能逐个数，说出它们相等；但如果把一排珠子散开使其变长，儿童则认为长的一排珠子多些。可见，他面对变化，还没有数目的守恒概念。但 7 岁左右的儿童能够在心理上对珠子进行运算，并认为把珠子散开和挨紧是两个相反而又互补的运动，重新排列珠子可以使它恢复到起始状态。这说明此时儿童的思想开始有较大的易变性，出现可逆性，能解决守恒问题，可凭借具体事物或形象进行逻辑分类和认识逻辑关系。不过，这种运算仍有其局限性。原因之一是这一水平的运算还不具有足够的形式化，尚脱离不了具体事物或形象的支持；原因之二是运算还是零散的、孤立的，不能组成完整的系统。

4. 形式运算阶段(forma operational stage)

约 11~12 岁，处在青春前期。这一阶段的儿童不再依靠具体事物来运算，而能对抽象的和表征材料进行逻辑运算。这一阶段的儿童思维有四个特点：(1)能够进行假设—演绎思维；(2)能够进行命题逻辑思维；(3)能够在头脑中把形式和内容完全分开；(4)能够形成两种形式运算的认知结构，即组合系统的形式思维(指对形式思维认知结构的整体性质的全景摄像)和四群运算的形式思维(指任何一个二元命题运算都有相应的四个转换命题运算，亦即相同、相逆、相互和相关这四组互相区别的组合运算)。

这一阶段的儿童不受具体内容的束缚，可以通过假设推理来解答问题，或从前提出发，得出结论；会把逻辑运算结合成各种系统，并根据可能的转换形式去解决脱离了当前具体事物的有关命题，或是根据掌握的资料，作因素分析，进行科学实验，从而发现规律。这个阶段也是儿童开始掌握理论的时期。由于儿童在这个时期摆脱了具体事物的束缚，所以有利于儿童把兴趣朝着不在当前的而在未来的事物方向发展，因而儿童开始有了对将来的远大理想。

(五)皮亚杰的研究方法

皮亚杰综合观察法、询问法、测验法和实验法，创造出临床法(诊断法)(clinical method)，即研究者和儿童在半自然交往中向儿童提出一些活动任务，让他们看一些实物或向他们提出一些特定的问题，从而收集资料的一种方法。这种方法的主要特点是：(1)采取参与和自然观察的方式进行研究；(2)研究对象是少数人，甚至只有一个人；(3)设计丰富多彩的小实验；(4)安排合理灵活的谈话；(5)具有新颖严密的分析工具，不采用标准式的测验来评量行为；(6)不限制被试者，注意从个体自发性反应中去推理分析其心理历程。

临床分析法虽然不是一种客观精确的方法，但由于皮亚杰敏锐的观察力，却用这种方法取得了大量的第一手材料，提出了独创性的见解，建立了一套儿童认知发展理论。

三、对日内瓦学派的评价

日内瓦学派在西方心理学诸派别中有着独特的地位。皮亚杰的工作引起了整个心理学世界的注意并激起了大量的研究。

(一)皮亚杰理论的主要贡献

1. 把认识论与心理学紧密结合起来，促进科学认识论的丰富和深化

传统认识论基本上是现象学认识论或认识现象学，属于纯哲学的领域，主要致力于人的高级认识活动的研究。而皮亚杰则在综合神经生理学、生物学、人类学、逻辑学、数理逻辑、系统论、控制论和信息论的基础上，把认识论和心理学结合起来，创立了发生认识论；从认识起源的角度，运用心理学的方法来探索哲学中的问题，填补了传统认识论在认识发生上的空白，为认识论的研究开辟了一条独特的道路；促进了当代认识论向辩证思维的方向复归。主体和客体的关系问题是皮亚杰的发生认识论的出发点和中心问题。皮亚杰根据现代科学的成果总结经验论与惟理论的争论，不仅为主客体统一的思想提供大量的心理学的论证，而且对主体和客体相互作用的机制提出完整的系统的观点，从而促进了科学认识论的发展。

2. 促进儿童心理学和认知心理学等学科的发展

皮亚杰在儿童心理学领域的主要贡献在于：他批判了各种形而上学的发展观，提出儿童心理发展观是在内外因相互作用中不断产生量和质的变化的心理发展观；提出影响儿童心理发展的四个要素，(即成熟、物理环境、社会环境以及平衡化)这四个要素对儿童心理的发展各具独特的作用，是其他因素所不

能代替的，它们共同作用，推动儿童心理向前发展。皮亚杰还首次概括了儿童心理发展的阶段论，认为心理发展的阶段具有连续性、交叉性、次序不变性、整合取代性的特点。另外，皮亚杰划分心理发展的四大阶段，揭示了感知运动、前运算、具体运算，以及形式运算的一般规律。这些对儿童心理学的研究有积极的意义。因此，日内瓦学派极大地丰富和深化了儿童心理学的研究，成为儿童心理学史上的一个重要里程碑。

皮亚杰创立的发生认识论，属于广义的认知心理学的范畴。通过对儿童科学概念及心理运算起源的实验分析，探索智慧形成认知机制的发生发展规律，为认知发展心理学的建立奠定了基础。

3. 临床法是对儿童心理学研究的一大贡献

皮亚杰创立的临床法，是对传统测验法、观察法的一个革新。它使皮亚杰学派产生了丰硕的成果，提出了一套具有真知灼见的儿童心理学发展理论，创建了发生认识论。这种方法既注意研究的整体性，又注意深入把握本质；既注意研究的精密性，又注意灵活多样性；既注意高度的科学性，又注意高度的艺术性。所以，有的心理学家把冯特的引进实验方法、巴甫洛夫创造的条件反射法、皮亚杰创造的临床法和引进数理逻辑方法称为一百年心理学史上的三大突破。

(二)皮亚杰理论的局限

尽管皮亚杰理论对心理学、认识论的发展起了巨大的作用，但它也不是完美无缺的，所以也遭到一些心理学家的批评。皮亚杰理论的局限主要有以下两个方面。

1. 生物学化的倾向

皮亚杰理论的生物学化倾向，主要表现在把生物学类比作为发生认识论的方法论。他认为生物学类比是发生认识论的基本方法，故把发生认识论定义为比较心理解剖学，把智慧的本质归结为生物适应。皮亚杰赋予适应以最普遍的哲学意义，把适应从生物学扩展到人类社会。因此，虽然他一再声称反对元素论和还原论，但他把智慧的本质归结为生物适应，实质上就是将高级规律还原为低级规律，忽略了作为社会人的根本特性。

另外，皮亚杰理论的生物学化倾向还表现在他重图式、轻反映，对人的社会性和时间活动重视不够。虽然他也未完全否定社会因素在认识发生中的作用，但他却把社会因素的理解狭隘化，只看到微观的社会因素的作用，没有看到宏观的社会环境的作用；只看到文化因素和家庭关系，没有看到社会物质条件和社会关系的制约，以致对人的社会性和实践活动重视不够。

2. 某些理论依据有限，论证不足

近年来的一些研究表明，儿童认知发展并不完全像皮亚杰的发展阶段理论所描述的那样，较高阶段出现的能力并不出现在较低阶段，一些认知能力在儿童十分年幼时已经存在。其主要原因在于皮亚杰理论所依据的是非常有限的实验，且部分实验任务的设计不适合儿童去做。

同时，在皮亚杰的理论中存在着一些论证不足、流于思辨的问题，主要表现在对儿童自我中心化、思维活动过程中心化、运算的结构化等问题的描述，推论多于论证。

(三)皮亚杰学派的影响

由于发生认识论的跨学科性质的特点，使皮亚杰学派及其思想对心理学、哲学、教育等领域都产生了重要的影响。

首先，皮亚杰学派对西方心理学产生了多方位的影响，不仅促进了儿童思维发展的研究，而且也促进了儿童品德发展的研究；不仅进行了大量的实证研究，而且建立了崭新的理论体系。

其次，发生认识论对哲学认识论、科学认识史也产生了广泛的影响。“发生认识论就是企图根据认识的历史，它的社会根源以及认识所依据的概念与运算的心理起源，借以解释知识，尤其是科学知识。”[①] 皮亚杰以结构的整体性、转换性、自身调节性来解释所有科学认识的结构问题，并以此分析了数学、物理学、生物学、心理学、语言学、社会学、人类学的结构问题，对科学认识史产生了深远的影响。

最后，皮亚杰理论蕴涵着深刻的教育思想。他的《教育科学与儿童心理学》(1970)和《教育往何处去——理解即发明》(1973)两部专著，提出了加强幼儿教育和早期培养，调动学生学习主动性，开发学生智力的独到见解，启发并推动许多教育家用皮亚杰的理论来开展教育实验和教育改革运动，使皮亚杰成为对教育最有影响的心理学家之一。这种影响主要在：(1)教学内容要以儿童认知发展的限度为依据，即要符合儿童的年龄特征；(2)教材内容的编排应该是螺旋式上升，便于学生对知识进行循序渐进的认知，直至最终能够完全科学地建构新的知识；(3)教学要让儿童能按自己的步调发展，体现个别差异；(4)提出动作学习理论，反对把儿童看成一个主动的接受者，认为认识的获得是在儿童与外部世界相互作用过程中逐步建构的，为此，在教学过程中，应该放手让儿童去动手、动脑探索外部世界，不断建构自己的知识经验系统；(5)

①皮亚杰、英海尔德著，吴福元译：《儿童心理学》，3页，商务印书馆，1980。

要重视社会交往，特别是合作性的交往。

第二节　信息加工心理学

认知心理学是现代西方心理学思潮中一种新的思潮和研究取向。它产生于20世纪50年代中期，60年代得到迅速发展，70年代后成为当代心理学的主流，几乎遍及世界各国心理学研究的一切领域。

认知心理学有广义和狭义之分。就广义而言，凡是以人或动物的认知(cognition)或认识过程为研究对象者，都统称为认知心理学。信息加工心理学(information processing psychology)是指狭义的认知心理学，即“用信息加工的观点和术语说明人的认知历程的科学。这种认知历程也就是人接受、储存和运用信息的历程，包括知觉、注意、记忆、心象(意象、表象)、思维和语言等”[①]。

作为一种新的心理学思潮，现代认知心理学有时与其他心理学思潮是对立的：与行为主义对立，反对它只研究可观察的外部行为，强调探清人的内部认知结构；与精神分析对立，反对它过分关注潜意识，强调意识的主导地位；与人本主义心理学对立，反对它只关注个人成长和人际关系，强调应以认识过程为研究对象。

认知心理学不是由某人独创的，而是受多种因素影响，逐渐演变而成的。虽然它与很多心理学派观点对立，但它并没有简单地否定历史上各派心理学的建树。因此，与其说认知心理学是一个独立的心理学流派，倒不如说它是当代心理学的一种新思潮、新范式和新的研究取向。

总而言之，信息加工的认知心理学的兴起是世界心理学发展史上的一件大事，对世界整个心理学的发展具有重要理论意义和实践意义。了解它们，有助于我们了解人类心理学的主要方面，也有助于我们了解它对其他心理学领域的广泛影响。

一、信息加工心理学产生的历史背景

(一)社会背景

认知心理学的产生与当时的社会背景是有密切关系的。第二次世界大战以前，行为主义一统心理学领域，绝大多数心理学研究都是在实验室中，依据刺

① 车文博主编：《西方心理学史》，580页，浙江教育出版社，1998。

激—反应的行为主义原则进行的，多以动物为被试者；研究的是外部行为的表现，几乎不涉及任何的内部心理过程；即使少数有关人的知觉、思维、情绪等的研究，也深受行为主义的观点的束缚。

第二次世界大战的爆发改变了这种情况。战争需要心理学的服务，战争又直接推动了心理学的发展。战争中发明的许多新式武器和装备，向使用者提出了更高的认知要求，否则，就会造成严重的后果。人—机系统的工程心理学研究为战争提供了必要的服务。复杂的高科技对抗也要求人们运用正确的认识去驾驭。为了赢得战争，不仅需要改进武器和装备，而且需要改善人的操作和技能。例如，雷达、声纳、通讯、自动控制技术等的出现，都要求提高操作技能；战争中的空中优势要求培养大量合格的飞行员。这些实战的需要都是无法在实验室中得到满足的。要使人们迅速地适应战争，必须对人有更多更深入的了解。这样，关于认知的研究就日益显得重要起来了。

此外，关于人的决策研究在战争中也得到很大发展。例如，在雷达荧屏上观察信号刺激的准确性，过去的研究认为只和刺激的持续时间、强度或主体的感受性有关。但在实战报告中却发现它还与决策的标准有关；就是说，观察者作出决策的标准是因奖惩的轻重多寡而异的。这一发现使心理学家从注重外部因素转向注重内部决策标准，使心理学研究更具有实用性，从而也推动认知心理学的发展。

第二次世界大战以后，随着西方进入“后工业社会”，第三(服务产业)、第四(信息及高新科技产业)、第五(金融、交通运输产业等)产业的飞速发展，生产自动化的迅速实现，科学、知识和智力在国际竞争中日益显示其极端重要性，知识分子在经济、政治、军事等各个领域的科学决策中日益发挥更大的作用，因而迫切要求研究人的认知、智力或思维，掌握人对信息选择、接受、编码、贮存、提取和使用的规律。另外，关于人—机系统、工效学、操作技能自动化生产线的设计和运行等工程心理学的研究成果大量涌现。这些研究探讨人在每一具体时刻、能够接收和加工的信息数量、信息的选择和编码、注意的转换和保持，以及其他认知过程。他们直接反映了战后社会生产发展的实际需要。这是现代认知心理学得以产生的最基本的原因。

最后，教育实践也对智力开发提出了更高的要求。行为主义的教育理论和实践把人等同于动物，强调环境决定论和教育万能论，否认人的主观能动性。战后社会经济的发展要求培养出高智能的人才，这种需要促使心理学把人的意识作为心理学的研究对象，通过对人的认知发展过程的研究来了解人的心理活动规律。这种智力开发需要成为认知心理学兴起的一个动力。

(二)科学技术背景

1. 电脑科学的影响

电脑科学是产生信息加工心理学最为重要的外部条件。电脑是物理符号系统，能操作符号；人脑也是物理符号系统，概念、观念及脑内信息加工过程也是对符号的操作。这样就可以把原来认为是抽象的、不可捉摸的脑内的心理事件置于与物理事件同样的理论体系中加以探讨。任何物理系统的事件、过程和操作，只要能用符号的形式来表示，并能明确每时每刻的状态，就能用电脑模拟出来。同样，人类思维中的各种抽象概念既然是物理符号，也就可以像物理事件一样加以复制、转换、联结和加工。

英国著名数学家图灵于20世纪30年代发表后被称为“图灵机”的数学系统，使人们想到人类的认知系统也可以视为符号运用系统，人类的某些观念可以用符号来代表，并通过符号运算过程来加以变换。这些认知思想对认知心理学是有很大启迪的。但是，只有在电脑科学的直接影响下，才使人们产生电脑与人脑进行类比的构想，并提供了用电脑类比和检验人的内部心理活动的新途径。由此，纽厄尔和西蒙把电脑和人脑这两者的内部工作都看成是符号操作系统，并把电脑的操作原理作为人类信息加工的模式。这就是以信息加工的观点研究人的认知过程的重要开端，也是现代认知心理学赖以产生的重要的外部原因。

2. 控制论和信息论的影响

控制论(cybernetics)是由美国数学家维纳创立的。它是研究各种系统的控制和调节的一般规律的科学。控制论认为，机器系统和生命系统从物质构成上虽不相同，但在结构和功能上却有相同的基本要素和类似的调节机制，因而均可称为控制系统。任何控制系统都由操纵机构、受控对象、直感通道和反馈通道四个基本要素构成。其中，操纵机构负责加工、选择和评估信息，根据接受和贮存的信息对于受控对象发出指令；受控对象则接受操纵机构的指令，执行某种特定的任务；直感通道与反馈通道负责与外界联系，搜索当前环境与自身完成任务情况的信息。

信息和反馈是控制论的两个基本概念。信息是指物质的结构、状态和属性的一种表征。反馈，指受控制对象的输出信号以某种方式返传给输入端，以调整某一系统的活动。动物和人的神经系统的活动，也是通过反馈来调节并保持系统的动态平衡的。

自20世纪50年代以来，工程控制论、生物控制论和人工智能等已广泛地应用于心理学的研究中。把机器系统和人的系统进行功能上的分类，控制、信息和反馈的概念，信息方法、黑箱系统辨认方法和功能模拟方法等，都为现代认知心理学提供了一种重要的理论观点和科学研究方法。

信息论(information theory)是美国数学家申农建立的。信息论是应用数理统计和概率方法研究信息加工的一门通讯理论。它的发展非常之快，已广泛应用到物理、化学、生物、医学、心理学经济和管理等不同领域。受信息论的启发，信息加工认知心理学的先驱者开始把人看作是通讯通道，即把人视为接受和加工信息的传送装置。人能同时传送的信息量是有限的，但通过对信息的编码可以克服通道容量的局限性。人具有对信息进行系列加工和平行加工的能力。这些不仅构成了现代认知心理学用信息加工的观点说明人的行为和内部心理过程的基本理论，而且还为人们使用抽象的符号和操作系统的术语去思考人的认知过程提供了一个横向科学的依据。

3. 语言学的影响

语言学的新发展是加速现代认知心理学诞生的一个重要条件。

乔姆斯基(Chomsky)1957年创立的转换生成语法理论认为，人的语言行为基本上不是学习的，而是天赋的。语法规则主要包括基础部分和转换部分。基础部分生成深层结构，即基本语法和语义，属语言能力；深层结构经转换形成表层结构，即为人们直接感知的语言。儿童学习语言，不是学习某个特定的词语或句子，而是运用一系列规则去构成和理解新的句子。儿童生来就会使用这些转换规则。

这一语言学理论对信息加工的认知心理学的产生具有积极的意义。首先它抨击了行为主义完全否定遗传在语言获得中的作用，使人们进一步认识到行为主义心理学的环境决定论的缺陷，促进语言学和心理学的合作，由语言的外显行为的探索转向它的内部心理机制的研究。其次，它扭转了专门研究动物行为并以此推论人的行为规律的偏向，支持了研究人的认知过程的取向和具有先天能力的观点。信息加工心理学认为，人们具有一定的先天能力；运用这些能力，才能使环境事件得到加工、贮存和恢复。这已得到乔姆斯基关于语言获得研究的佐证。另外，语言学提出语言具有新颖性和生成性的观点，也具体支持了现代认知心理学关于人的认知活动具有新颖性和生成性的特点的观点。

(三)心理学背景

行为主义的危机和内部出现认知派，对认知心理学的产生发生了重大的影响。20世纪50年代前后，行为主义所坚持的逻辑实证主义的哲学基础、极端的环境决定论和生物学化的观点，造成行为主义心理学的困境和危机，也使行为主义遭到越来越多人的反对。行为主义内部出现的认知派，强调中介变量即认知的作用，要求恢复认知的研究；完形心理学对知觉、思维和问题解决进行了专门研究，反对行为主义把认知看作是被动的刺激反应器，强调完形的组织、结构等原则。这些观点对认知心理学有重大影响。完形心理学坚持现象学的研究方法，重视观察者对自己知觉内容的直接描述，主张把直接的生活经验与实验材料结合起来，这与认知心理学的观点是比较一致的。

此外，实验心理学也对认知心理学的产生有重大的影响。经典的反应时研究法，关于心理学的研究对象和方法的看法(心理学研究的对象应是经验或意识内容，方法是控制条件下的内省)，关于两种记忆的学说，都成为认知心理学的基础。当代以检测论和决策论为根据的新的心理物理学方法，不仅承认心象和动机对信号检测的影响，而且还提供了测量这些变量在心理物理任务中所起作用的方法；也就是说，人们借此方法能够操作期望和动机，并考察它们对行为操作的影响。因此，这些现代心理物理学的新方法直接影响了信息加工认知心理学的产生。

二、信息加工心理学研究的基本内容和方法

(一)信息加工心理学的研究对象与特点

信息加工的认知心理学的研究对象，就是“运用信息加工的观点研究人的认知活动，其研究范围主要包括感知觉、注意、记忆、表象、概念、推理、问题解决、决策、语言、认知发展和人工智能等”[①]。

这里所说的信息加工观点，实际上是将人脑与电脑进行类比，把人脑看作是类似于电脑的信息加工系统。人的认知活动过程相当于计算机的信息加工过程，也包括感觉输入的转换、简约、编码、储存和提取的过程。因此，信息加工的观点就是将电脑作为人的心理模型，企图对人的心理和电脑的操作作出某种统一的解释，发现一般的信息加工原理。这是信息加工心理学与一般认知心理学根本区别之处。

根据纽厄尔和西蒙的观点，信息加工系统应由感受器、效应器、记忆和处理器四部分组成。感受器接收外部环境中的信息；效应器输出经过加工的信息；记忆装置贮存和提取经过加工而表征头脑中的各种信息；处理器对所接收或贮存的信息进行各种转换或变化的操作，它由一组基本信息加工过程、短时记忆和解说器构成。

总之，信息加工系统把人脑比作电脑，认为两者虽然在物质结构上完全不同，但在活动功能和信息加工原则上是一致的，都可以通过与外部环境的相互

① 杨鑫辉主编：《心理学通史》第5卷，154页，山东教育出版社，2000。

作用，通过“输入”和“输出”过程，实现信息的加工和转换。

(二)信息加工心理学的主要研究内容

现代认知心理学的研究范围很广，包括感知与模式识别、注意记忆、表象、概念与推理、思维与问题解决、决策、语言、认知发展、人工智能等。限于篇幅，下面仅就其主要的几个方面加以介绍。

1. 知觉与模式识别的研究

知觉是现代认知心理学的重要研究领域。认知心理学家依据信息加工的观点对感知觉作了新的揭示，认为感觉是对信息的觉察，知觉是对感觉信息的组织及其意义的解释。他们除了提出知觉组织、过去知识经验的作用、自下而上加工(bottom-up processing,指人在知觉活动时按着由具体到抽象的顺序去加工刺激的物理特征及其内涵意义的过程)和自上而下加工(top-dowm processing，指人在从事知觉活动时运用已有的知识和概念按着由整体到部分的顺序去加工当前信息的过程)，以及整体加工和局部加工等一些重大问题外，还重点研究了模式识别(pattern recognition)问题，构建模式识别的三种理论。

(1)模板匹配模型(template matching)。指当前刺激形象与长时记忆中的模板相匹配时才得以识别，即传入的刺激与原有的模板相匹配，该信息就得到破译和接受。此模型是根据机器的识别模式提出来的。从生理机制来看，这些模板是由一定结构组成的觉察细胞群组成的。人能识别投射到视网膜上的字母A，是由于在长时记忆中存在着一个相应的模板，即具有理解A的觉察细胞。当A作为一个刺激模式呈现之后，它的视觉形象就与长时记忆中的许多模板进行比较，结果记忆中关于A的模板获得了最佳的匹配。因此，人们就把这个模式识别为A。模板匹配的假说不仅在计算机的视觉中得到证实，也得到一些实验结果的支持。但这种机械的、一一对应的呆板模板匹配与人类高度灵活的认知过程，显然是不能完全吻合的，因此，心理学家又进一步提出了另两种匹配模型。

(2)原型匹配模型(prototype matching)。指模式识别决定于物体是否与原型中的基本形式相匹配。原型本身是一种综合与抽象的产物，表现出一类事物所共有的关键特性，但并不表示这一类事物中具体的某一个。外界输入信息和储存在记忆中的原型只要有相似之处，就能被识别。在识别过程中，往往要与几个原型进行比较，当刺激模式与某个原型获得最近似的匹配时，人们就会确认这个事物。原型匹配实际上是对模板匹配的一种改进，在原型匹配的过程中也可以容纳模板匹配模型。

(3)特征分析模型(feature analysis)。指人接受输入的信息后，首先要进行特征分析，然后找出它们的特征与长时记忆中的各种特征表加以比较，一旦它们获得最佳匹配时便被识别出来。例如，一个大写的英文字母A可以分解为两条斜线、一条水平线和三个锐角。字母A的模式是由这些线条加上它们结合在一起的形式组成的。这种假说是前两种假说的发展，并成为模式识别的主导观点。其优点在于，第一，因为特征是比较简单的，所以也就容易看到；第二，对于模式至关重要的那些特征之间的关系，能够用特征分析说加以说明；第三，使用特征可减少所需要的模型的数量，因为这时一个人对于每一可能的模式并不都需要一个模型，而只是每一特征需要一个模型。因相同的特征常出现在许多模式中，所以，这是一种重要的节省。因此，特征分析理论的主要优点就是能够解释人类有限的认知能力何以能加工大量不同的模式。

2. 关于注意与信息选择的研究

信息加工认知心理学从信息选择的角度，提出了三种有关注意和信息选择的理论。

(1)过滤理论。也叫早期注意选择模型，是英国心理学家布罗德本特在1958年提出的。该模型认为，由于神经系统加工信息的容量有限，因此，当外界大量信息进入神经系统时，便出现一个"瓶颈"。为了避免信息加工系统超载，就需要有一种过滤的机制，以允许一部分信息由此进入高级分析阶段，而把未被选择的信息阻断在信息加工系统外面。这种模型是一种全或无的装置，对信息的选择取决于刺激物的物理性质，因此该理论假定过滤器的位置可能处在信息加工的早期阶段。所以，此模型又被称为早期注意选择模型。

(2)衰减理论。又叫中期注意选择模型，是美国心理学家特瑞斯曼于1960年提出的。她根据双耳听力试验的结果认为，感觉信息的过滤不是一种全或无的过程，而是一种伴有不同程度的衰减与保留的过滤。所谓没有被接受的信息只是没有达到被注意的程度而已，进入的信息只有达到一定的阈限时，才被接受。例如，各人对自己的名字都有牢固的记忆，激活这一选择模型的阈限是很低的，所以最容易通过选择装置而引起注意。

(3)反应选择模型。又叫晚期注意选择模型，是德尤奇夫妇在1963年最早提出，后经诺尔曼1968年修正后正式确立的。该模型认为，所有输入的信息都经知觉分析而进入高级分析阶段，注意的选择发生在晚期的反应阶段，信息能否得到选择，取决于感觉输入的强度，每种信息的重要性以及与记忆表征的相关性。因此，过滤器或"瓶颈"处在信息加工的晚期阶段。

3. 关于记忆问题的研究

记忆问题在信息加工的认知心理学中占重要地位。认知心理学家把记忆视为信息编码、贮存和检索的过程。从这个角度对记忆的结构、记忆的表征和容量等问题进行深入的探讨。

(1)记忆的结构。最初，美国心理学家威廉·詹姆士于1890年在《心理学原理》一书中提出初级记忆和次级记忆说。1959年，彼德森用实验证实了记忆可划分为短时记忆和长时记忆的假设。在此基础上，阿特金森和谢林夫提出感觉记忆、短时记忆和长时记忆三个记忆阶段的信息存储模式。外界信息进入感觉记忆，仅停留一秒钟左右即消失。通过过滤和衰减，部分感觉信息进入短时记忆阶段。转入短时记忆的信息大约停留三十秒，若得不到适当的强化也会消失。短时记忆中，只有经过复述的信息才有可能转入长时记忆阶段。长时记忆是一个容量很大、保留时间很长的记忆系统。信息从一个记忆阶段进入下一个记忆阶段，是受个体意识控制的。

(2)记忆的容量。信息加工认知心理学对记忆的容量，尤其是短时记忆的容量进行过大量的研究。1956年，米勒在《奇妙的数字7+2——信息加工的限度》一文中，提出了组块(chunk)概念，并认为短时记忆的容量在5~9个单位之间。后来，信息加工认知心理学都采用这一概念。米勒认为，每个组块既可以是一个字母，也可以是一个单词，还可以是一个短语。组块所含信息量的多少和组块化过程密切相关，而组块化过程又受个体知识与经验的影响。组块过程一般从两方面进行：一方面是把时间和空间上非常接近的单个项目结合起来；另一方面是利用以往的知识把单个项目组成一个有意义的组块。正因为如此，在记忆容量方面存在着个体差异。

4. 思维的研究

思维(thinking)是认知心理学中一个极为重要且富有成果的研究领域。它主要包括概念和问题解决两大课题。

第一个问题是关于概念形成和概念结构的问题。认知心理学认为，概念形成是获得事物的概括表征，而概念结构则是这种表征的内部组织。假设检验说(hypothesis-testing theory)认为，概念形成的过程是对假设进行检验的过程。人在概念形成过程中，对任何一个刺激作出反应之前，总要利用现在和过去获得的信息所形成的假设库中的一个或几个假设，作出反应，进行检验。如果是正确的就会继续使用下去，否则就会更换，直到获得正确的假设，形成某个概念。可见，概念形成过程是一个运用策略检验假设的过程，显示人的主动性和智慧性。

概念结构(concept structure)指概念构成的因素及其组合关系。主要有两种理论。一是特征表说(feature list theory)，认为概念是按一定规则组合起来的事物的定义性特征或有关特征。如“鸟”的概念的表征是“羽毛”、“动物”两个定义性特征及其关系之“和”。二是原型说(prototype theory)，认为概念主要是以原型即它的最佳实例所表征。如在思维活动中涉及"鸟"的概念时，我们常会想到"鸽子"，而不大会想到"企鹅"或其他什么的。这说明人对概念的理解不仅包含着原型，而且也包含着向度(dimension)。罗希在1973年提出：这种概念结构的力量可以解释全部自然概念，包括我们日常应用的最简单的以及最基本的概念。

第二个问题是关于问题解决(problem solving)的研究。问题解决是由问题引发并指向其解决的思维活动，在人们的实际生活中有重要意义。传统的联想主义和完形心理学也对问题解决进行研究，并取得一定的成果，但仍没有成功解释整个问题解决的过程。现代认知心理学则将人看作是主动的信息加工者，将问题解决看作是对问题空间的搜索，以便从起始状态达到目标状态。在解决问题的过程中，思维活动可分为理解问题、订出获取答案的计划、实施计划、检验结果四个步骤。启发式和算法式是解决问题的两种策略和途径；其中，启发式是主要的。启发式探索是一种运用知识和经验改变探索范围，选择最大可能性途径的方法。启发式探索包括接近性探索和手段—目的分析。心理学家根据上述理论编写电脑程序，成功地模拟人在解决几种不同类型问题如解决密码算题、逻辑定理证明时的思维过程，为研究人工智能作出了重大贡献。

5. 人工智能的研究

人工智能是研究如何使机器从事某些智能活动和功能的科学。从20世纪50年代起，认知心理学就和人工智能建立了密切的联系，其研究成果为人工智能中的计算机程序设计提供了理论基础，而人工智能的研究也反过来促进认知心理学对内部心理机制的深入研究。

人工智能的内容主要包括：(1)问题解决；(2)自然语言加工；(3)知觉与模式识别；(4)信息贮存与提取；(5)机器人的控制；(6)博弈；(7)自动程序设计；(8)计算逻辑等。

(三)信息加工心理学的特点

信息加工认知心理学的特点有五。

(1)强调人的意识的主观能动性，强调知识对认知行为的决定作用。认知心理学反对行为主义强调外部环境而排除内部因素的机械论观点，认为人脑中已有的知识和知识结构对人的行为和当前的认知活动有决定作用。在信息加工中，人的主观能动性表现为，由于加工系统的能力所限，人不可能同时应用所有可能的信息，也不能采取一切可能的行动；人必须有选择地采取一定的行动计划或策略。这体现出人的主动性和智慧性。

(2)重视研究认知过程的内部心理机制。揭示认知过程的内部心理机制，即信息是如何输入、表征、编码、贮存、检索和输出的，是现代认知心理学的实质和核心，也是信息加工心理学最根本的目的和任务。这种研究的意义不仅在于它反对行为主义的客观性和表面性，而且在于它重视研究心理活动本身的结构和内部过程，立足于心理机制层面来研究信息加工过程；同时，在研究内部心理机制中，信息加工的认知心理学还强调行动方案、计划和策略的作用，以便发挥人的主动性和智慧性。尽管心理学家所涉及的方面和在具体表述方面有所不同，但他们所涉及的实际上都是认知活动的内部心理机制。

(3)注重心理过程的整体性研究。认知心理学反对传统心理学中的元素主义和行为主义的分析研究，强调研究各种心理过程之间的相互联系和相互制约，主张对认知结构、过程和功能进行整体的综合分析。认知心理学把心理活动看作是由一系列不同的信息加工阶段组成的有机整体，因此，在分析某一阶段的活动时，也要考虑其他心理过程、过去的知识经验，以及情绪、动机等人格因素的影响。这样，对人的认知活动的理解才更加全面准确。

(4)用计算机模拟人的心理过程是信息加工的认知心理学的一大特色。认知心理学把研究的结论用计算机进行模拟，一方面可以验证和修正研究的结论，另一方面对人工智能的发展及其服务于社会需要都是有意义的。但这一点也是信息加工的认知心理学引起最大争论的一个方面。人们对它的批评主要之点在于它把人等同于计算机，并且限于目前的条件，还无法把人的情绪、动机等人格因素和过去经验结合起来。

(5)把人的心理过程视为有层次结构的信息加工系统。概括起来，信息加工系统可分成三个层次：最高层次的思维策略、中间层次的简单信息加工过程，以及最低层次的生理过程即中枢神经系统的活动。目前，认知心理学着重研究中间层次，这一个层次也是一个有层次结构的信息加工系统。各信息加工成分之间形成了一定的信息流向关系，通过各层次间输入、输出的相互转换，使人将原始的感觉材料转换成有组织的知识体系。

（四）信息加工心理学的研究方法

信息加工认知心理学继承了实验心理学的传统，吸收了计算机科学的研究成果，形成了一套比较完整的研究方法，即实验、模拟、理论分析相结合的方法。正是在研究方法上的突破，促进信息加工认知心理学的发展。

1. 实验法

现代认知心理学非常强调将实验条件和实验结果即输入和输出加以对照，以便推论某一心理现象的内部机制。因此，信息加工的认知心理学特别重视以反应时和作业成绩为指标的实验法(experimental method)。

在以反应时为指标的实验中，有三种方法。

(1)相减反应时实验(subtracting reaction time)。这种实验的主要目的是测量包含在复杂反应中的辨别、选择等心理过程所需要的时间。在这种实验中，通常要安排两种不同的反应时作业，其中一种包含另一种作业所没有的某个心理过程即所要测量的过程，这两种反应时之差就是该过程所需要的时间。此法适用于研究比较简单的心理过程。

(2)相加因素法实验(additive factor method)。这种方法建立在这样的假设上，即完成一项作业所需要的时间是一系列信息加工阶段分别所需时间的总和。如果两个不同的实验因素，彼此独立地影响作业完成的时间，它们的效应可以相加起来，那么这些因素一定作用于两个不同的阶段；相反，如果两个不同的实验因素对作业的影响，具有交互作用的性质，那么这些因素只作用于同一个信息加工阶段。实际上，相加因素法实验是相减反应时实验的延伸。

(3)开窗实验(open window)。这种实验是反应时实验的一种新技术。因为前面两种反应时实验都不能直接测到某一特定加工阶段所需的时间。开窗实验通过对某种认知作业的分析，可以把每种认知成分所经历的时间过程，比较直接地估计出来，因而比相减反应时实验和相加因素法实验具有更大的优越性。当然，它也会有某些局限性，如用出声报告将转化阶段外化，可能会对作业完成产生负面影响。

2. 观察法

观察法(observational method)能够提供内部心理过程的线索，是认知心理学家非常重视的一种研究方法。它又分成外部行为观察法和自我观察法。

对于人的内部心理过程，认知心理学家通过观察输入和输出的东西来掌握线索、获取资料、积累数据、加以推测，即从可观察到的现象来推测观察不到的心理过程。这种把不同性质的数据汇聚到一起合理陈述内部心理过程的方法，也被称为汇聚证明法或辐合验证法(convergent validation)。

自我观察法的一种主要形式是口头报告法(oral report)，即在解决问题时让被试者口头思考，把他们在进行各种实际运作活动时的想法，直接地讲出来，主试者将这些口述记录下来，并结合其行为一起加以分析，从而发现人的心理活动规律。

3. 电脑模拟法

电脑模拟法是信息加工认知心理学最有代表性、最独特的一种研究方法。具体地说，电脑模拟就是先推断出人的行为的内部心理机制，提出认知理论模型，将其编成程序输入电脑，然后把电脑的输出和人的行为相比较，如果理论或模型是正确的，那么电脑的输出应当类似于人类解决同样课题时的反应(输出）；如果程序给出的输出和人的反应不一样，就说明它不符合人的认知活动机制，那么就应该找出这个差别并修改其理论依据。

电脑模拟的方法是建立在一种假设的基础上的，即人和电脑的信息加工原理一致，所以可以把电脑当成实验工具，把关于人的认知过程的一些设想，在电脑上进行实验验证。通过这种方法，可以逐步揭示人的内在心理活动规律。

三、对信息加工心理学的评价

作为西方心理学研究中的一种新方法和新方向，信息加工认知心理学自产生以来发展迅速，无论在理论探讨还是在研究方法上都有较大的突破，并积累了丰富的实验资料，对心理学的发展具有独特的贡献。当然，也存在着不少的问题。下面就其贡献和存在的问题作一简要的介绍。

（一）信息加工心理学的主要贡献

1. 研究对象的转变

科学心理学诞生以后，心理学长期以意识为其研究对象。早期的心理学家无论是哪个流派，都主张研究人的内部主观的意识经验或心理过程。到心理学的行为主义时代，心理学只是研究客观的外部行为，与意识有关的心理学概念都被视为不可知的形而上学的问题，被排斥在心理学的研究范围之外。信息加工的认知心理学则打破行为主义的禁忌，把心理学从外部行为的研究转向内部心理活动的研究，在现代科学技术的影响下，以新的方法重视探讨认知问题，恢复了记忆、思维等高级心理过程在心理学研究中应有的地位。信息加工心理学对内部心理过程的重新研究，反映了心理学螺旋式发展的趋势。

2. 研究方法的创新变革

从研究方法上，信息加工认知心理学既继承了传统心理学的方法，又吸收了现代科学技术，在研究方法上实现了新的突破。它把反应时实验重新引入心理学研究，并促其进一步发展，分成相减反应时实验、相加因素实验、开窗实验，用于揭示内部信息加工过程的各个阶段，取得不少有益的成果。它还把传统的内省分析方法改造成口述记录法，研究被试者心理活动中的内部表现，克服了传统内省法的一些弊端。

另外，信息加工认知心理学的电脑模拟法，是心理学研究方法上的一大突破，它以电脑程序模拟人的心理过程，把有关认知过程的假设放到电脑上进行检验，从而找到探索高级心理过程的一种新的方法，这必然促进心理学的科学化进程。

再者，信息加工认知心理学在一定程度上克服了传统心理学孤立地研究某一心理现象的局限性，对人的认知过程采取整体论的观点，其电脑模拟法也是在综合性研究的基础上提出来的。

尽管信息加工认知心理学具体的研究中还存在着某些困难和不足，但其整体论倾向却代表了心理学研究的必然趋势。

3. 拓展研究领域，促进相关学科发展

早期的认知心理学主要关注认知过程的研究，研究领域有很大的局限性。经过30多年的发展，认知心理学开始对相关学科的研究产生影响，通过神经生理学、人工智能语言学等的渗透与合作，取得了令人瞩目的成绩，并促成认知科学的诞生。并且，认知心理学自身的领域也逐渐得到扩展，从单纯的认知扩展到情绪、动机、人格和心理治疗等相关领域。在研究认知现象的同时，还竭力把实验室研究同实际生活结合起来，从而推进认知心理学在应用领域的发展。现代认知心理学的理论已逐步广泛地被应用于教育、医疗、生产、管理等各个实践领域。

(二)信息加工心理学的主要局限

信息加工的认知心理学对心理学的贡献是巨大的，其影响是深远的，但它还有许多不成熟的地方，也不可否认信息加工认知心理学还存在着一些自身难以解决的问题和局限。

第一，它忽略人的本质属性。信息加工观点是把人类看作机器，从一开始就主张最高级的心理过程也可以用机械的方法模拟和实施。但人是社会的人，人的本质在其现实性上是各种社会关系的总和。电脑的信息加工系统无论设计得多么复杂，也永远无法和制造它的人脑相比拟。因此，信息加工心理学一开始就从理论上预先作出人机完全可以类比的假定是错误的。正如西方一些持批评观点的人所说："计算机模型正在被证明是不恰当地模仿人类的次序和行为主义的变异的老鼠。再说一遍，控制人类的梦想这一最初的欺骗将在令人失望的实际结果中结束。"①

第二，认知心理学仍然缺乏统一的理论模式。信息加工的认知心理学虽然经过几十年的发展，做了大量的实验，也提出了许多不同的理论和模型，但直到现在仍然没有一个统一的、完整的理论体系。即使在某些具体的研究领域如知觉、注意、记忆、思维等，由于所做的实验建立在不同材料的基础上，其理

① F·沃兹主编：《人本主义运动：重新找到心理学中的人》(英文版)，10页，1994。

论基础也各不相同，从而使许多研究要么难以重复，要么无法进行理论间的比较。这显然不利于心理学理论的完整建构。

第三，在实际生活中应用不广。信息加工认知心理学虽然在应用方面作出积极的努力，但由于实验室研究的局限性以及缺乏实际生活的比较和验证，其研究成果往往难以推广到实际生活中去，从而也导致人们对这些结果的怀疑。由于信息加工认知心理学的基本研究倾向仍然是实验室研究，因此存在着一种研究主题与人类实际生活相分离的危险状况。

目前，国际上对信息加工认知心理学有两种态度。一种是持基本否定的态度，认为认知心理学只不过是用信息加工的新名词来取代传统心理学的名词而已。这显然是不符合客观实际的。认知心理学实际上提出了一种新的研究取向和理论范式；一种是持全面肯定的态度，认为认知心理学是心理学发展的未来，甚至认为认知心理学在21世纪将取代心理学。这显然也有言过其实之嫌。应该说，信息加工的认知心理学是研究认知过程的一种好的取向和范式。认知心理学在心理学历史中的地位应是第三种看法，即对它采取一分为二的态度，即既肯定信息加工认知心理学的贡献是巨大的、主要的、第一位的，也承认它存在着一些不可忽视的问题和局限。

现代认知心理学的兴起，可以说是心理学的第三次革命。它打破了行为主义外周论和精神分析非理性主义的禁锢，提出了一种研究人的认知过程内部心理机制的新范式；开拓了研究心理学的新途径和新方法，拓展了心理学的新领域，使整个心理学出现了全新的面貌；并且，它还促进了电脑科学和认知科学的发展，使心理学在教育、生产、管理、临床等社会生活领域得到广泛的应用。虽然它也有局限于理论主义和心理主义框架的问题，但并不妨碍其强大的生命力和广泛发展的前景。

第十六章
人本主义心理学

人本主义心理学又称现象学心理学，20世纪50年代兴起于美国，60~70年代迅速发展。

人本主义心理学主张研究人的本性、潜能、经验、价值，反对行为主义机械的环境决定论和精神分析以性本能决定论为特色的生物还原论，故在西方被称为心理学的第三势力。目前，它已成为当代西方心理学中一种新的、有着重要影响的研究取向。

人本主义心理学是美国特定的时代背景和心理学自身的内在矛盾相互冲击的产物，也是当时流行的存在主义和现象学哲学影响的结果。其代表人物主要有马斯洛、罗杰斯、罗洛·梅和布根塔尔等人。

本章将在分析人本主义心理学的成因和基本观点的基础上，着重阐述马斯洛和罗杰斯的人本主义心理学思想。

第一节 人本主义心理学的形成和发展

一、人本主义心理学产生的历史背景

(一)社会背景

人本主义心理学产生于美国，因而与美国当时的社会历史条件有着不可分割的联系。

首先，第二次世界大战之后，美国的科学技术和社会经济迅速发展，人们的物质生活水平不断提高。然而，与此相对的是在高度发达的物质文明背后，生命意义和价值感的丧失。人们精神上的空虚，强烈而持久的精神压抑，造成精神病患者日趋增多。

其次，美苏军备竞赛和核大战的威胁，也在人们久经创伤的心理上施加

了更大的压力。

再次，20世纪五六十年代，美国社会内部的各种矛盾表现得非常尖锐，社会问题日益严重。道德水平下降、少年犯罪、吸毒、种族歧视和失业率居高不下；青年人对现实不满，60年代发生的一场反主流文化运动，其实质是宣扬个人主义，把个人的欲望满足视为价值中心。美国社会生活的异化导致青少年价值观的危机，学校教育方式面临严峻的挑战。社会各界强烈要求改革当时的教育，反对传统的灌输式教学。要求开发人的内在潜能，重新发现自我和人的尊严的呼声日益高涨。

面对上述社会现实，传统的行为主义心理学和精神分析心理学都显得无能为力，而主张研究人的整体意识经验，研究人的本性和尊严的人本主义心理学，就是在适应这一社会需要而迅速发展起来的。

(二)哲学背景

人本主义心理学的思想渊源，上可以追溯到柏拉图、康德、卢梭等人，以及欧洲的人道主义传统；近可以从存在主义哲学和现象学中找到其理论依据。柏拉图、康德等人对人性的看法是：人具有潜在的善性，应设计一种理想的社会通过教育使人格得到发展。人本主义心理学家大都主张人性本善，认为恶是来自社会或文化。这种人性观与柏拉图等人的观点是一脉相承的。人本主义心理学主张人性解放，强调关心人的价值和尊严，促使人得到充分的发展，正是继承了人道主义的传统。但从晚近的角度来看，存在主义哲学和现象学是人本主义心理学的主要哲学来源。

存在主义哲学是人本主义心理学基本观点的理论根源。存在主义哲学起源于19世纪丹麦哲学家克尔凯廓尔。他反对以黑格尔为代表的理性主义哲学，主张以孤独的、非理性的个人存在取代客观物质和理性意识的存在。他从探讨真理的主观性及其对个人的意义出发，表述了一种悲观主义的存在哲学。

进入20世纪之后，存在主义的哲学观开始在德国哲学家海德格尔、雅斯贝斯等人那里得到了进一步发展。海德格尔把人类看作是一种特殊的存在，是能够意识到自己存在的存在，因此应该通过主客体关系的分析来理解人的存在及其实质。

第二次世界大战期间和战后，存在主义的中心从德国转向了法国，萨特、马塞尔、梅洛—庞蒂等人成为这一思潮的主要代表。他们用存在主义的观点探讨当时西方社会普遍存在的空虚和孤独感，探讨人类困境的荒谬和意识的虚无，试图通过人的自由行动和自由选择来超越自我，摆脱危机感。20世纪50年代后期，存在主义哲学风行美国。

人本主义心理学家不同程度地受到克尔凯廓尔、海德格尔和萨特的影响。

罗洛·梅被公认为人本主义心理学中存在主义取向的发言人。他非常重视对人及其存在感的研究。试图通过对人生意义的探索，开发人的自我选择和创造能力，发现人的存在价值。马斯洛和罗杰斯喜欢引用克尔凯廓尔的话，即人生的目的是"成为真正的自我"。因此，一个人要想自由地成长和实现内在的潜能，就必须作出正确的"选择"。但与存在主义不同的是，大多数人本主义者认为，自我实现的人总是选择对他们来说最美好的东西，这主要是因为他的真正自我的内核是美好的、值得信任的和有道德的。因此，马斯洛等人对人类本性持一种积极乐观的态度；这和存在主义的悲观主义倾向是截然不同的。

总之，人本主义心理学和存在主义哲学的基本精神是一致的：把个人尊严和成长作为研究对象，强调个人的主体体验、自由选择、创造和责任等。

现象学是人本主义心理学的方法论基础。现象学是20世纪初由德国哲学家胡塞尔创立的。胡塞尔在吸收和利用布伦塔诺的意动心理学的基础上，提出了现象学哲学的基本构想。他试图一方面以超越自我的方式对认识外部现象的基础结构进行深入的分析，另一方面从自我的立场对这些对象的"意向性"结构作了深入的分析。

胡塞尔现象学观点对人本主义心理学的创立者有很大的启发。他们把现象学等同于一种研究主体的直接经验和内省报告的方法。马斯洛反对心理学的实证主义和原子论的观点，认为现象学方法更适于研究人类个体的现象，因为它更强调自我的内在感受，所以现象学方法应成为心理学所适用的方法。人本主义心理学的其他代表人物如布根塔尔和奥尔波特提出一种折衷主义的观点，主张用部分现象学的、部分数量化的方法来研究自我。罗洛·梅在20世纪60年代末则以其意向性研究阐释他的现象学思想，并通过对梦的解释、潜意识、神话和象征、爱与意志的研究等对现象学方法做了创造性的发展。总之，他们在运用现象学方法探讨人类本性等无法用实证方法研究的方面作出一定的贡献，从而推动心理学研究的进步，使其更接近人类现实生活。

（三）心理学背景

人本主义心理学的先行者是德国的哲学家和心理学家狄尔泰、斯特恩和斯普兰格等人，他们主张把人视为一个统一的整体，从整体上用描述的方法研究人类经验，研究人格及价值观。他们的思想主要通过奥尔波特影响人本主义心理学家。

德国的格式塔心理学和机体论者戈尔德斯坦的机体论心理学，都为人本主义心理学的整体倾向和自我实现理论提供了前提。格式塔心理学的整体论对人本主义心理学产生很大的影响，这不仅因为人本主义心理学的先驱奥尔波特在德国直接接触过格式塔心理学，而且人本主义心理学的创建者马斯洛本人也非常推崇格式塔心理学家惠特海默等人的思想。马斯洛明确指出，他的健康与成长心理学是格式塔心理学的整体论、精神分析的动力论，以及机能心理学的整合。戈尔德斯坦是机体论心理学思想的创始者，又是人本主义心理学的先驱者。他把有机体看作是一个整体，认为人类的行为动机主要是由“自我实现”的倾向所驱使的。“自我实现”包括实现有机体各种潜能的需要。他首创的“自我实现”一词奠定了马斯洛自我实现概念的理论基础。罗杰斯也公开承认人的“实现倾向”或“成长倾向”类似戈尔德斯坦的机体论心理学。

美国20世纪30年代末期出现的人格心理学是人本主义心理学重要的理论基础，著名的人格心理学家奥尔波特、默里、墨菲和凯利等人都参与人本主义心理学的创建。

奥尔波特是一位具有浓厚人本主义思想的人格心理学家。20世纪20年代，他在德国作博士后研究时，曾与斯顿夫、惠特海默、苛勒、斯普兰格、斯特恩等人有过交往，深受德国传统心理学思想的影响，从而形成了他关于人格结构及其组织的人本主义观点。在对人格的看法上，奥尔波特重视个体的独特性，重视人类的未来，而不赞成精神分析对人的早期经验的偏重。他把健康人的动机看作是主动的、不受约束的、具有未来倾向的，因而在功能上是自主的。从这个意义上说，动机、目标和态度是持续变化的，因此，人格是一个成长的永不终止的过程。奥尔波特的研究促进了人本主义心理学的发展，他本人也被公认为人本主义心理学的先驱者。

奥尔波特在哈佛大学的同事默里，是人格心理学的建立者。他主张全面理解处在环境关系中的个体，并且要把人生作为整体来对待。他认为人格是一个整合的和独立的整体运行过程。

奥尔波特和默里都把人看作是积极的、独立的，重视未来而非过去，其兴趣在于正常人而非精神障碍者。他们的观点都为人本主义心理学所继承。

美国另一位具有人本主义倾向的人格心理学家凯利的思想，对人本主义心理学家也产生极大的影响。凯利非常关注人的“完整无缺的意识经验”。他认为人类最终能自由地选择自己的命运，这和罗洛·梅的自由选择说颇为相似。他的理论关注的是人的未来和生命的意义，这一点和存在主义对人的关注是不谋而合的。在心理学理论上，凯利把人的创造力看作是健康人格的决定因素，从而否认和轻视遗传和环境的作用，这和人本主义者注重人类潜能的创造性是吻合的。

除了上述心理学家之外，美国的彪勒夫人、安杰尔、卡特尔、萨蒂奇、弗兰克尔、里奇拉克和德国的皮尔斯等人，以及强调社会和文化对人格形成的作用的精神分析学者霍妮和弗洛姆等人，都对人本主义心理学的产生作出过积极的贡献。

总之，人本主义心理学之所以能发展成为具有国际影响的心理学思潮，是与许多人的共同努力分不开的。

人本主义心理学的诞生还直接导源于它对行为主义和精神分析心理学的批判。

行为主义是20世纪60年代以前美国乃至整个西方心理学的主流，属于心理学的第一势力。行为主义心理学坚持方法中心论，为了使用客观的、量化的和可验证的方法，不惜抛弃对人类的主观意识经验的研究，用研究物的模式来研究人，其结果不仅大大缩小了心理学的研究范围，而且导致人的尊严、价值、地位的降低和人的潜能与自主权的丧失。人本主义心理学正是看到了行为主义心理学的这一缺陷而倡导恢复对人性、对人的意识经验的研究。

精神分析心理学是西方心理学的第二势力，它在把潜意识、动机论引入心理学的研究方面作出了重大贡献。然而，古典精神分析心理学把对病态人格的研究结论推及普通人，持潜意识决定论和性恶论的观点，进而走向悲观主义和宿命论的境地。人本主义心理学家对此持反对态度，主张人性是善的，人有自我选择的能力，心理学的研究对象应该是健康人的心理或健康人格。

可以说，人本主义心理学是顺应时代的发展，是在对行为主义和精神分析心理学的批判中发展起来的。

二、人本主义心理学的形成和发展

人本主义心理学作为一场独立的运动，约从20世纪50年代初开始萌芽，其标志是一批具有人本主义倾向的书刊和文章的发表，但它的真正开端却是《人本主义心理学杂志》(1961)的创刊和美国人本主义心理学会(1963)的建立。

早在1950年，马斯洛就发表了他题为“人的自我实现的评判标准”的文章，1954年又出版了《动机与人格》一书。奥尔波特的《成长》和墨菲的《人的潜能》分别于1955年和1958年出版。这类文章和书籍的数量尽管不多，但它们均强调以人为中心，以价值为中心，主张现象学和存在主义的心理学。

与此同时，心理学圈内外的一些著名人士的言论也促进人本主义心理学的形成。1954年，心理学家、科学哲学家布伦斯维克(E.Brunswik)主张心理学应从还原论的自然科学中解放出来，同那些在结构上有关联的统计学科相结合。1955年，著名的物理学家奥本海默在美国心理学会的一次发言中，提醒心理学家不要把心理学弄成过时的物理学。在方法论上他为多元论辩护，提倡自然的和描述的方法。基于这种劝告，人本主义心理学家试图把潮流转向“恢复人性”的心理学上来。许多不同倾向的心理学家汇聚到同一个观点之下：人作为一个生物体不是简单地由外界力量或无意识的冲动所控制的，而是受他们自己的价值观和选择性支配的。

20世纪60年代，与上述观点有关的专著和期刊文章大量出版发行。1958年，马斯洛和萨蒂奇就筹划创办一个体现人本主义心理学思想的刊物。1961年春，《人本主义心理学杂志》正式创刊，萨蒂奇任主编。此刊物成为人本主义心理学的理论阵地。1963年夏，美国人本主义心理学会成立，由布根塔尔任第一任主席，出席会议的共有75位心理学家。这标志着人本主义心理学的正式诞生。1968年，马斯洛当选为美国心理学会主席，这证明他提倡的人本主义心理学已在美国心理学家中得到承认和重视。1969年，美国人本主义心理学会改名为“人本主义心理学会”，成为一个国际性组织。1970年，彪勒夫人任人本主义心理学会国际顾问委员会主席。由于她的影响和国际威望，到20世纪70年代，人本主义心理学在一些欧洲国家、以色列、印度，以及中南美洲的许多国家都建有分会。在1975年出版的一份新闻通讯录中，列举了13个国家的52个与人本主义心理学有关的中心。1971年，美国心理学会第32分会——人本主义心理学会正式建立。至此，人本主义心理学经过10年的努力，终于获得美国心理学界的承认。

值得一提的是，20世纪60年代末，从美国人本主义心理学中兴起一个新的派别：超个人心理学。这是因为马斯洛、萨蒂奇等认识到人本主义心理学未能从人类社会发展的高度去观察人的动机发展，为了弥补从个人出发的动机论的不足而提出的。如果说，人本主义心理学是渴望以人为中心、崇尚自由和尊严的心理学，那么超个人心理学则是以宇宙为中心、超越人类和人性的心理学。超个人心理学更强调以超越自我或自我超越作为一种高级价值的社会意义。但是，超个人心理学尚处于初创阶段，它既没有形成完整的理论体系，也没有确定成熟的研究内容，特别是在许多问题上还缺乏实证的研究和科学的检验。

第二节 人本主义心理学的基本观点

人本主义心理学派是一个组织结构松散的团体，其内部成员的思想观点并不完全一致。正如罗洛·梅所说："人本主义心理学是一个包括许多不同研究观点的全面术语。"[①] 然而，人本主义心理学在反对行为主义的经验实证论和古典精神分析的生物决定论方面，有许多一致的看法，在研究对象、研究方法，以及人性观和价值观等方面表现出一些共同的思想倾向。

一、研究对象

人本主义心理学家强烈反对行为主义排斥意识的机械的S—R模式，而强调要通过对刺激与反应之间所发生的各种意识现象的分析来研究独特的人。在人本主义心理学家看来，意识经验能向心理学家提供重要的信息，使他了解仅靠行为分析所无法获得的关于人的内在本性的信息和此时此刻的内在体验。马斯洛认为，人类的行为不仅仅是单一孤立的刺激与单一反应之间的直线联结，而是受构成完整人格的全部感情、态度和愿望决定的。因此，用行为主义的观点来理解人格是一种简单化的、误导的取向。罗杰斯、罗洛·梅和布根塔尔等人也以类似的方式批评行为主义的观点，强烈呼吁改变行为主义占统治地位的这种研究倾向，强调把具体的人类自我体验置于心理学研究对象的位置上。

通过对行为主义者的批评，人本主义心理学重新恢复意识经验在心理学研究中的地位。但是，他们所强调的意识经验不同于心理学初创时期冯特的观点。冯特是运用实验内省法对人的意识内容进行分析的，因而具有相当大的社会局限性，而人本主义心理学则强调人的意识经验是一个整体，与人的社会生活有密不可分的关系。

人本主义心理学与精神分析的不同之处，是以健康人的心理或健康人格为研究对象。在人本主义心理学者看来，弗洛伊德对病态人格的研究是一种贡献，但对于心理学来说，更重要的是研究健康人格；而健康人格的核心特征是有意识的目的和抱负。在马斯洛看来，一味地"对畸形的、发育不全的、不成熟的以及不健康的人进行研究，就只能产生畸形的心理学和哲学"[②]。马斯洛

① 叶浩生：《西方心理学的历史与体系》，535页，人民教育出版社，1998。
② 车文博：《西方心理学史》，550页，浙江教育出版社，1998。

尤其强调研究人类中的出类拔萃者或精英，即不断发展的一小部分人。

二、研究内容

在具体的研究内容上，人本主义心理学与以行为主义为代表的学院心理学和精神分析心理学是不同的。行为主义心理学为了追求客观而放弃对于意识经验的研究；精神分析心理学尽管没有忽略意识，但将其置于次要地位，转而强调潜意识的重要性。人本主义心理学所要研究的恰恰是被历来的心理学派别所忽视的人的主观的内心体验，如人的本性、动机、需要、潜能、价值观、爱等等。人本主义心理学家关心的是人类生活的迫切问题与真实感受，他们试图以一种积极的态度去阐明人这一独特的存在。因而，“人本主义心理学承担了心理学诞生以来应当承担却没有承担起来的责任”①。

萨蒂奇的一段话很好地概括了人本主义心理学的研究内容：人本主义心理学“对那些在实证主义和行为主义理论中和在古典精神分析理论中都没有系统地位的人类能量和潜能感兴趣，例如，创造性，爱，自我，成长，有机体，基本需要的满足，自我实现，更高价值，自我超越，客观性，自主性，同一性，责任心，心理健康等”②。

三、研究方法

在西方心理学史上，关于对象与方法何者为第一性的争论中，人本主义心理学家持“问题中心论”的观点，即研究方法应服务于研究对象。因此，在方法论问题上，人本主义心理学家坚持整体研究和折中融合的方法论原则，在具体的研究方法上，兼收并蓄，并创造性地创造了许多独特的方法。

人本主义心理学的研究对象是作为一个整体发挥作用的人类的经验和人的主观世界。因此，对于这一对象进行静态的原子论分析是不够的，必须采用动态的整体观点对人类特有的心理现象进行整体的分析研究。这种分析的步骤，是先对有机体进行初步的整体了解，然后逐一研究各部分在整体活动中的作用，分出层次和等级。这种方法就是人本主义心理学家所提出的现象学的整体分析和经验描述。它取代了元素分析和惟实验主义，在方法论上是对心理学的一种改革。

---

① (美)夏洛特·布勒等著，陈宝铠译：《人本主义心理学导论》，中译本前言，4页，华夏出版社，1990。

② 车文博：《西方心理学史》，551页，浙江教育出版社，1998。

人本主义心理学家反对心理学中的惟实验主义，认为心理学模仿物理科学的模式，单纯采用实验方法，只能使心理学陷入非人化、机械论和还原论的境地。在他们看来，实验心理学的研究越精细、越巧妙，似乎与人类的现实生活距离越远。鉴于实验方法在研究人类存在的主观性方面的局限性，人本主义心理学家主张实证主义的方法应该与现象学及存在分析的方法结合起来，即将西方心理学中两种传统的研究范式——客观的实验范式和主观的经验范式加以整合。除了少数人本主义心理学家如罗洛·梅等人，完全否认实验方法在心理学中的应用价值以外，绝大多数人本主义心理学家都提倡用更开阔的、更综合的、多学科的方法来研究人的整体及其独特性问题。他们认为，研究人类本性应该以现象学知识为开端，然后再采取客观的实验方法进行研究。例如，罗杰斯在心理治疗中用实验仪器进行实验测试的量化研究，奥尔波特提出一般规律研究和特殊规律研究相结合来理解、预测和控制人类行为的研究，都是这种折中观点的尝试。

在对待具体的研究方法上，人本主义心理学家认为，只要某种方法能对人的本性作出符合实际的说明，这种方法就是可以接受的。例如，马斯洛在研究自我实现者的特征时，就运用了个案分析和心理历史学的方法。他对选取出来的显著案例逐一进行剖析和归纳，提出自我实现者的 15 种健康人格特征。罗杰斯和罗洛·梅在心理治疗中也普遍采用临床观察法、谈话疗法，在必要时也借助实验仪器协助治疗。如罗杰斯开创了借助于音像设备记录治疗过程的方法，这比传统的事后回忆法能提供更全面、真实的资料。

此外，人本主义心理学家在兼容和折中原则的基础上，还创造了许多独特的研究方法。比如，马斯洛针对元素分析和还原论，提出整体分析法，主张在现实情境中对人格发挥作用的动态过程进行分析。其步骤是：先对整个有机体有所理解，然后对于整体与部分的关系进行反复研究，通过分析发现原初理解中的问题，最终达到理解人格特征自身内部各个层面之间的关系，它与整个机体的关系，以及它与机体其他表现的关系。

罗杰斯倡导现象学研究法，把它作为对意识经验的一种直观描述法。这种方法有三个步骤：(1)通过自身内部的参考框架进行观察以取得主观知识；(2)用他人的观察来核对主观知识，取得客观知识；(3)设身处地(感情移入)地理解他人，取得人际知识。罗杰斯的现象学方法不仅应用于心理治疗，而且还应用于人际关系的研究，成为他以人为中心理论的重要组成部分。

奥尔波特提出的个体特征研究法，主张通过对个别对象案例的分析来找出特殊规律性，并依此提出对同类案例的推论和解释。这种方法又称特殊规律研究法，在人本主义心理学的研究中广为应用。

总之，人本主义心理学家在方法论上主张折中融合与整体分析，在具体方法上采取兼收并蓄的态度。他们并不排除各种有效的研究方法，既运用实验、测量和统计分析，也采纳解释学、启发式的方法；既重视现象学的描述和存在分析，也重视系统的研究；既研究意识层面的各种心理现象，又研究那些鲜为人知的潜意识内容和超个体的神秘现象。可以说，这种方法论取向为全面理解人类本性提供了有用的参考框架。

第三节　马斯洛的人本主义心理学理论

一、马斯洛的生平与主要著作

亚伯拉罕·马斯洛(A.Maslow，1908—1970)，生于纽约，是社会心理学家、人格理论家和比较心理学家，也是人本主义心理学的主要创建者之一。1929 年入威斯康星大学学习心理学，在著名心理学家哈洛的指导下获博士学位。

马斯洛先后接触过铁钦纳的构造主义心理学和华生的行为主义，但很快便抛弃了上述理论。1943 年，马斯洛到布兰克林学院任职，开始接触到霍妮的社会文化精神分析理论、弗洛姆的人本主义精神分析理论，以及惠特海默的格式塔心理学。这些理论对马斯洛的思想产生深刻的影响，促使他彻底摒弃行为主义的简单化观点而形成一种动力的、整体的人格观。第二次世界大战后，马斯洛到布兰戴斯大学任心理学教授兼心理学系主任，开始对健康人或自我实现者的心理进行研究。

1963 年，在马斯洛等人的倡导下建立人本主义心理学会，后来归并为美国心理学会的第 32 分会。

马斯洛曾任美国人格与社会心理学会主席，1967 年当选为美国心理学会主席。1970 年因心脏病去世，终年 62 岁。

马斯洛一生著述颇丰，且影响很大。他的主要著作有《动机与人格》(1954)、《人格问题和人格发展》(1956)、《宗教、价值和高峰体验》(1964)、《科学心理学》(1966)、《存在心理学探索》(1968)、《人性能达到的境界》(1971)等。

二、马斯洛的主要心理学理论

(一)人性观

人性观是马斯洛的动机理论和人格理论的基础。与大多数人本主义心理学家一样，马斯洛持人性本善的人性观，认为人性的内核是潜能，人性的显著特点是“持续不断地成长”。

马斯洛和罗杰斯等人都相信，人是一种“正在成长中的存在”；成长过程有一个生物学基础。马斯洛认为，人性的核心在于人类有机体内部有一个“本能的”内核，它包含着趋向实现的潜能。这个生物学内核只是作为一种潜在“原材料”而存在，它等待着个体对它进行主观的开发和实现。马斯洛相信，当提供适当的成长和自我实现的环境和机会时，人的本性便是善良的，至少是中性的。恶则是由环境影响造成的。马斯洛强调人作为生物进化的产物，有高于一般动物的发展，人已成为富有社会性和创造性的动物，人性基本上是建设性的，破坏和侵犯行为是人的基本需要遭受挫折后而引起的。可见，马斯洛坚信人性是善良的，对人的健康成长和自我实现持乐观主义的态度。这与弗洛伊德的性恶论和悲观主义态度是不同的。

马斯洛还认为，人性的内核是人的基本需要或似本能(instinctoid)，它不同于弗洛伊德理论意义上的本能，因为它是一种人类内在的、高级的需要或潜能(potentiality)。潜能和本能虽然都属于先天生物因素和动力系统，但潜能是一种比较微弱的先天因素，既不像本能那样强烈迅猛，也不包含不学而能和不可更改的意思。物种的等级越高，这些似本能的冲动或需要也越明显；越是高级需要，越带有人性的特征。如友爱、合作显见于似人动物和人类，而创造则仅为人类所独有。

(二)需要层次论

马斯洛以他对人类需要的理解阐明了一种动机理论。他认为，需要的性质决定着动机的性质，需要的强度决定着动机的强度，但需要与动机之间并非简单的对应关系；人的需要是多种多样的，但只有一种或几种成为行为的主要动机。

马斯洛从总体上把人的需要分为两大类。一类是基本需要。这类需要和人的本能相联系，因缺乏而产生，故又称缺失性需要。在一个健康人身上，它处于静止的、低潮的或不起作用的状态中。这类需要主要包括生理需要、安全需要、归属与爱的需要、尊重的需要。另一类是成长性需要或心理需要，这类需要是不受本能支配的，它的特点是：第一，不受人的直接欲望所左右；第二，以发挥自我潜能为动力；第三，这类需要的满足会使人产生最大程度的快乐。这类需要包括求知需要、审美需要和自我实现的需要。两类需要根据对人的直接生存意义及生活意义的大小，即按照出现的先后和力量的强弱，呈金字塔形状按等级排(如下图)。

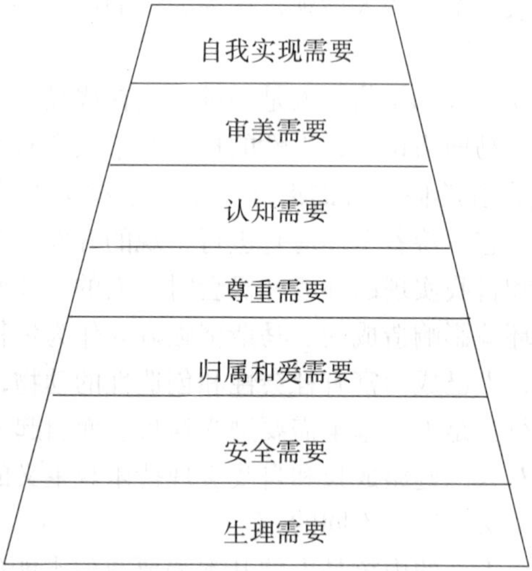

马斯洛的需要层次图

马斯洛提出的这两类七个层次的需要①，其性质和特点如下：

1. 生理需要

生理需要是人最基本的需要，它直接与人的生存相关，是维持个体生存和种族发展的需要，处于最优先满足的地位，如饥、渴、性和休息等。

2. 安全需要

若生理需要得到相对充分的满足，安全需要便会作为支配动机显露出来。马斯洛把安全的需要解释为对组织、秩序、安全感和预见性的追求。这种需要如得到满足，人们就会产生安全感，否则便会引起威胁感和恐惧感。

3. 归属和爱的需要

当生理和安全的需要得到基本满足时，对归属和爱的需要就开始支配人的

① 20世纪50年代，马斯洛提出人类需要有五个层次，70年代又增添了认知和审美的需要，构成七个层次。

动机和行为了。马斯洛认为，在生理和安全需要得到基本满足的基础上，人就开始追求与他人建立友情，渴望家庭的温暖，希望得到所在团体和组织的认同。这种需要如果得到满足，人们就会产生良好的归属感，否则便会引起强烈的孤独感和被抛弃的感觉。

4. 尊重的需要

当上述三种需要都得到基本满足之后，尊重的需要开始占主导地位，并支配人的生活。尊重的需要是对自己尊严和价值的追求。这种追求包含两个方面。一是要求得到别人的重视和尊重，如希望得到关心、重视、赏识、赞许、威信、支持和拥护等。二是自尊，具体包括对充满自信、获得本领、实力、成就、独立和自由等的欲望。这种需要如得到满足，人们就会产生自信心，感到自己有价值、有能力、有成就，否则就会引起自卑感、软弱感和无能感。

5. 认知的需要

在社会活动中，人们有理解周围环境，探索事物发展规律的欲望即认知的需要。认知需要对帮助人选择活动目标、指导活动的方向、设计人的合理行为，都具有重要意义。如果这种需要得不到满足，人在精神上就会产生很大的压力，甚至导致心理变态。

6. 审美的需要

审美的需要是属于高层次的、对成长具有重要意义的社会需要。这种需要并不是每个人都具有的。马斯洛认为，在每个文化的背景中，都有一部分人受此需要的驱使。审美需要包括对美的需要、对美学上的令人快乐的经验的需要，如艺术家的工作往往是在此需要的作用下产生创造性思维的。有强烈的审美需要的人，都希望有一个令人愉悦、舒适、美观的环境。当他们的这种需要不能满足时，也会产生严重的心理障碍，对他们的活动起不良的影响。

7. 自我实现的需要

马斯洛认为，如果一个人的前述六层需要都得到满足，那么，他就可以达到需要层次的最高点——自我实现。马斯洛把自我实现需要描述成为一种想要使自己变得越来越像人的本来样子，实现人的全部潜力的欲望。他指出，所谓自我实现，就是指一个人能够成为什么，他就必须成为什么；他必须忠实于他自己的本性。

马斯洛认为，低层次需要是高层次需要的基础。一般来说，当低层次需要获得满足后，高层次需要才能出现。例如，只有当生理需要基本得到满足时，安全需要才会产生；只有生理和安全的需要基本得到满足时，归属和爱的需要才会产生；其余依此类推。此外，基本需要是分层次的，从低级需要到高级需要是逐级上升的。但马斯洛也指出，这只是一般的模式，实际上它并不完全像台阶形排列那样刻板，例外是很多的。比如，有些人把自尊看得比爱更重要，这种人自高自大，想突出自己；具有天赋创造性的人，其创造性的驱动力似乎比其他相对的决定因素更为重要。这种人尽管缺乏基本需要的满足，但仍有创造性。

马斯洛还指出，各层次需要的产生和个体发育密切相关。婴儿期主要是生理需要占优势，而后产生安全需要、归属和爱的需要；到了少年时期、青年初期，尊重需要日益强烈；青年中、晚期以后，自我实现的需要开始占优势。但是，个人需要结构的演进是持续地呈波浪式发展的。较低层次的需要高峰过去后，较高一层的需要才能起优势作用；但是，即使是在较高层次需要占优势时，较低层次的需要并不消失，只是不再占据优势而已。

（三）自我实现理论

马斯洛把自我实现看作人的本质存在，而这种本质存在其实是在超越物质需要的直接缺失性动机之上的高度精神境界。为了引导人们走向自我实现，他对自我实现进行了较为系统的阐述。

1. 自我实现的内涵

马斯洛认为，自我实现是一个人力求变成他能变成的样子。具体说来，自我实现主要有两层含义。一是完满人性的实现，指作为人类共性的潜能的自我实现，包括人的友爱、合作、求知、审美、创造等特性或潜能的充分展现。二是个人潜能或特性的实现，指作为个体差异的个人潜能的自我实现。

自我实现还有以下几个方面的本质特征：自我实现是在人的各种需要得到充分满足之后才能出现的高级需要，这是人的真正的存在状态；自我实现的人是完全自由的，支配他们的行为的因素是来自主体内部的自我选择；自我实现的人在其非常喜爱的工作中显示出巨大的潜能；自我实现的人是摒弃了自私、狭隘观点的人；自我实现的人是人的创造性的最终实现。

2. 自我实现者的人格特征

在对自我实现含义的理解基础上，马斯洛对自我实现的人格特征进行深入的研究。他通过对大学生的抽样调查，以及对历史上和当代著名学者、文艺家和政治领袖等的个案研究，概括出自我实现者的15种人格特征。

(1)能准确、客观地洞察现实，并与现实保持良好的关系；

(2)能接纳自然、他人和自我，即能对周围的事物进行正确的辨别，对自己作出客观的评价，对他人的缺点有足够的度量；

(3)思想言行自然、坦率、真诚；

(4)以问题为中心，而不是以自我为中心；

(5)有独立和独处的需要；

(6)能自立、自制、超越文化和环境的约束，即具有很强的自主性；

(7)有反复欣赏生活的能力，并对周围的事物具有持续的新鲜感；

(8)较经常地经历神秘体验或高峰体验；

(9)有强烈的社会责任感，对人类怀有一种很深的认同、同情和爱的感情；

(10)能与少数人建立深入、良好的关系；

(11)具有民主的性格结构；

(12)能对方法和结果进行辨别，有明确的伦理道德标准；

(13)具有富含哲理的、善意的幽默感；

(14)富有创造性；

(15)具有很强的独立性。

自我实现者在人格特征上表现出许多常人所不具备的积极特点。这一事实说明，人性是积极而健康的，人类的前途是光明的。同时它还提醒人们，在普通人身上还有许多人们未曾想像过的成长潜能，努力实现这些潜能，才是最合乎人性的价值选择。

当然，自我实现者也不是尽善尽美的，在他们身上也存在着一些缺点。比如，他们常常有憨直、挥霍或轻率的行为习惯；他们易烦恼、激动、刚愎自用；在他们身上还残存着一些浅薄的虚荣、自夸；他们有时也会表现出令人吃惊和难以想像的冷酷无情等等。

3. 通向自我实现的途径

虽然自我实现者还存在一些不足，但他们比一般人能更自觉地弥补自己的不足，更接近完满的人性。为了使自我实现者能顺利地达到自我实现的目标，马斯洛提出加强自我修养、完善人格结构的观点，并在研究如何加强自我修养的基础上，提出通向自我实现的途径：

(1)忘我地体验生活，全身心地献身于事业；

(2)作出发展的选择而不是防御、畏缩的选择；

(3)承认自我存在，让自我显露出来；

(4)要忠诚，不搞欺骗，也不要隐瞒，遇到问题有反躬自问的责任心。

上述四个方面是无自我意识参与的体验，能够做到这些方面的人，能在自身素质基础上作出正确的选择。此外，要认真对待自己的志趣和爱好，看准的事，就要勇敢地去做，不要畏首畏尾，谨小慎微，错失良机；自我实现不是一种静态意义上的阐释，而是在任何时刻、任何程序上实现一个人的潜能的过程，要达到自我实现，一个人需要经历勤奋的、付出精力的准备阶段；高峰体验是自我实现的短暂时刻，每个人在生活中都能够产生这样的体验。对于这种体验，你可以丢弃，也能创设条件使其经常出现。只有在生活中经常产生高峰体验，才能顺利地达到自我实现。通过以上步骤，最后发现自己的生物学本性、自己的先天本性，那是不可逆转或很难改变的本性。自我实现就是这样的成长过程。

4. 高峰体验

在马斯洛的自我实现理论中，高峰体验是一个重要的概念。马斯洛在阐述高峰体验时认为："这种体验是瞬间产生的、压倒一切的敬畏情绪，也可能是转瞬即逝的极度强烈的幸福感，或甚至是欣喜若狂、如醉如痴、欢乐至极的感觉。"[①] 因此，高峰体验是人在进入自我实现和超越自我状态时所感受到的一种非常豁达与极乐的瞬时体验。这种体验是每一个正常的人都可以产生的，但自我实现者有更多的高峰体验。马斯洛列举了高峰体验的 19 种特征，主要的如整体意识、统一意识、感知丰富、全神贯注、审美感受、创造精神、真知灼见等。

高峰体验在不同人身上表现方式不同，甚至在同一个人身上由于从事不同的活动，表现方式也是不相同的。它可以是作家完成了自己的一部得意之作，也可以是音乐家的一次成功的演出；可以是工匠完成一件精湛的雕刻，也可以是一次陶醉的艺术品欣赏；可以是家庭生活的美好感受，也可以是对自然景观的迷恋；可以是某一科学真理的发现，也可以是某一发明创造。高峰体验既可以是极度的快乐，也可以是宁静而平和的喜悦。

马斯洛在阐述高峰体验时，还着重强调高峰体验与自我实现的密切关系。马斯洛认为，自我实现者的人格特征之一，就是常常产生高峰体验。高峰体验还是通向自我实现的重要途径，因为自我实现是一个动态的发展过程，迈向自我实现的每一步，都有高峰体验出现。它似乎是一种引导，引人达到更完善的自我实现。马斯洛强调，能否创设条件使高峰体验更易于出现，是达到自我实现目标的重要途径。

为什么说高峰体验与自我实现有这样紧密的联系?这是因为，高峰体验是一种身心融合的、发自内心深处的感受。在这种时刻，人会产生一种返璞归真或与自然合一的欢乐情绪。自我实现作为人的本性的实现是人与自然的合一，作为一个人天赋的表现也是人与自然的合一。为此，自我实现者能更多地产生高峰体验。

马斯洛的心理学理论，在西方心理学界，已得到公认，在社会应用上也产生了较大影响。马斯洛强调心理学的研究应以问题为中心，心理学必须更有成

① 叶浩生：《西方心理学的历史与体系》，557 页，人民教育出版社，1998。

效地解决真善美及价值等复杂而重要的问题，这就为心理学的研究扩大了范围，并在一定程度上填补了传统心理学的空白；马斯洛冲破传统心理学以研究动物的模式来研究人的心理模式，以及冲破精神分析心理学只关注变态人群的不足，直接把健康人作为研究对象，概括出健康人的人格特征，在心理学的研究上独树一帜；马斯洛的需要层次理论在现代行为科学中占有重要地位，它不仅是管理心理学建立的五大理论（人际关系理论、群体动力理论、权威理论、需要层次理论、社会测量理论）之一，而且已成为西方行为科学的主要基础理论之一；马斯洛关于人类的潜能及发挥的研究，被认为是走在当代西方盛行的人类潜能运动之前，是这一运动的基础理论之一。

不过，马斯洛的心理学理论也有一定的局限性。

首先，马斯洛过分强调生物因素在人的发展中的决定作用。马斯洛不仅把归属和爱的需要、自尊需要、认识需要、审美需要和自我实现需要看作人类的类似本能的固有倾向，而且也把“存在价值”看成类似本能的东西，是人所固有的内在潜在能量。因此，在他看来，完善人格似乎只是内在潜能自由而充分的实现而已，社会环境只起着限制或促进的作用。这就使他的理论带有生物决定论的色彩。

其次，马斯洛强调个人价值、潜能的自我实现，而忽视社会价值的实现，把个人的自我实现同社会发展对立起来；过分强调人性善的一面，片面夸大人的自我认识、自我调节、自我管理和自我选择的能力，强化了个人主义和自由主义。

再次，作为一种心理学的价值理论，马斯洛的自我实现理论，从个体生活的角度看，有值得我们借鉴的地方，但从社会价值的角度看，这一理论是否具有普遍性尚需要具体分析和进一步的验证。

第四节 罗杰斯的人本主义心理学理论

一、罗杰斯的生平及主要著作

卡尔·罗杰斯（C.R.Rogers，1902—1987），出生于美国伊利诺伊州，是美国著名的心理治疗学家，人本主义心理学的创建者之一。罗杰斯于1924年从威斯康星大学毕业，之后转入哥伦比亚大学主攻临床与教育心理学，其间结识著名精神分析学家阿德勒和临床心理学家霍林沃斯。1928年获心理学硕士学位，同年受聘于纽约罗彻斯特防止虐待儿童协会儿童研究室。1931年获得博士学位。1940年任俄亥俄州立大学心理学教授。1945—1957年任芝加哥大学心理学教授，1957年任威斯康星大学心理学教授。1962年起在斯坦福大学行为科学高级研究中心任研究员。1964—1968年任加利福尼亚州西部行为科学研究所常驻研究员。罗杰斯是美国应用心理学会的创始人之一，并任该学会1944—1945年度主席。他还担任过临床和变态心理学分会主席(1949—1950年)及美国心理学会第55任主席(1946—1947年)。1956年荣获美国心理学会首次颁发的杰出科学贡献奖。根据吉尔森的一项调查，罗杰斯在第二次世界大战后最有影响的100名心理学家中名列第4位。

罗杰斯一生笔耕不辍，出版了16本专著，发表论文200余篇，其中最主要的著作有《问题儿童的临床治疗》(1939)、《来访者中心治疗》(1951)、《心理治疗和人格改变》(1954)、《论人之形成》(1961)、《学习的自由》(1969)、《择偶：婚姻及其选择》(1973)、《卡尔·罗杰斯论个人力量》(1977)、《一种存在的方式》(1980)和《20世纪80年代的学习自由》(1983)。

罗杰斯是人本主义心理学最有影响的人物之一。马斯洛去世之后，他实际上成了人本主义心理学的主要代言人。罗杰斯对心理学的贡献主要表现在：提出人格的自我理论，创立来访者中心疗法(或称以人为中心疗法)，倡导以学生为中心的教育思想。

二、罗杰斯的主要心理学理论和来访者中心疗法

(一)人性观

罗杰斯对人性的看法是乐观的和积极的。他说："我不赞同十分流行的观念，即人基本上是非理性的，假如不加控制，他的冲动将导致他人和自己的毁灭。人的行为是理性的，伴随着美妙的和有条理的复杂性，向着他的机体奋力达到的目标前进。"① 与其他人本主义心理学家一样，罗杰斯也趋向于把人类本性解释为生长和发展。但是，罗杰斯把他的发展观放在广阔的进化背景下。他认为，"形成中的定向趋势"，使得生物体朝着越来越复杂、相互关联和有顺序的方向发展。虽然这种发展趋势可能会受到不利环境的抑制，但只要生存着，它就不会毁灭。

罗杰斯还认为，人的本性是富有建设性的，人性的核心是自我保存与社会性，人类的恶行是由文化的影响导致的。这种文化表现为物质的丰富与生活的

① 叶浩生：《西方心理学的历史与体系》，568页，人民教育出版社，1998。

丰裕，商业化、技术化充斥整个社会，人类进入从未有过的“精神孤独”时代。为了净化人性，罗杰斯为人类构想了一种“纯文化”（pure culture）。这是一种以人的情感为主要特征的文化，在这种文化的社会中，人类的行为目标属于价值范畴，人类行为的动机已不是盲目地为“事业”或“生涯”，而是人对人的一种承诺。

(二)自我论

罗杰斯的人格理论以其自我理论为核心。他从他关于人格的基本假设出发，论述了自我的本质、自我的发展方式及发展机制，总结了自我实现者或充分起作用的人(fully functional person)的人格特征。

罗杰斯的自我论非常强调现象场。他认为现象场是一个人生活的全部经验，自我由现象变异而来。也就是说，自我是自我经验的产物，是从环境中分化出来的，是一种主观经验的“同化”机制，决定着个体是否接受外界刺激的影响及接受什么样的影响。罗杰斯把自我概念和理想自我区分开来，前者是实际经验中的自我，后者是期望中的自我；二者都是可以测量和用于诊断的概念，两者的一致性程度可作为个体心理调节能力的标志。假如自我概念略低于理想自我，就导致自尊，对未来充满乐观态度，并有追求成就的“冲动”。

自我具有四个明显的特点：(1)自我属于对自己的知觉范畴，包括对“我”的特点的知觉，以及与“我”有关系的人和事物的知觉的总和；(2)自我是组织化的稳定结构，对经验虽具有开放性，但其“概念格式塔”的性质不变；(3)自我并非弗洛伊德精神分析意义上的人格结构要素，“自我”不是控制行为的主体；(4)“自我”作为一种经验的整体模型，主要是有意识的或可以进入意识的东西。

罗杰斯非常重视自我发展的“方式”。他认为，影响儿童发展的因素很多，凡是对发展起作用的因素都可称为“机体经验”。然而，并非所有的经验都能为儿童意识到。儿童所能意识到的经验仅为有限的一部分，叫做“现象经验”。机体经验与现象经验既可能是一致的，也可能是不一致的；一致时产生积极的效果，否则是消极的。一个人对经验的评价，既受机体经验的影响，也受别人评价的影响；也就是说，一个人的自我价值感是有条件的，只有他的行为产生积极的机体经验，同时也受到他人的积极评价或尊重时，他的人格才会得到正常的发展。例如，一个孩子在学习钢琴的过程中，一方面体验到能力的增长与快乐，一方面又得到他人的称赞，他就会形成积极的经验，产生对自己行为的正确认识和评价。

在论及自我发展的机制时，罗杰斯试图用“无条件满足”或“无条件接受”来进行解释。自我发展的特殊道路，有赖于儿童婴幼儿时期所得到的爱；而且，无论如何，爱总是有益于健康的。在自我开始发展的时候，婴幼儿也学会要求爱。这是人人都有的追求积极关心的需要。对于健康人格的形成来说，最基本的必需品是在婴幼儿时期得到“无条件满足”。当母亲给予婴幼儿以慈爱和热爱而较少注意他们如何行为时，这种满足也就实现了。在这种条件下成长起来的儿童，不会显示出价值的条件。在一切情况下，他们都感觉到自己的价值，而且也就没有防备行为的需要，在自我和现实知觉之间也便不会有不一致。

然而，父母对孩子行为的评价并非是单向性的，有时表现为积极评价，有时表现为消极评价，说明父母对孩子的关注是有条件的。通过条件性积极关注，孩子就把有价值的和无价值的行动与情感加以区别，产生机体经验与现象经验的不一致。孩子必须学会避免遭到非难和反对的思想和行为；做了被禁止的事会体验到内疚和可耻，同时就决定他们今后必须防备这些行为。防御成了儿童行为的一部分。作为这种防御的结果，个体的自由就变得有局限性了。他们不能把自我的一切方面都加以现实化，从而导致人格的混乱或不健全发展。事实上，罗杰斯在这里强调的是“无条件”的自我尊重，即自我行为不必考虑在客观上是否与他人确定的方式相一致。这样，自尊的需要与机体经验便不会有冲突，心理适应也就比较好。

同马斯洛一样，罗杰斯对自我实现者的研究也特别青睐。他总结自我实现者或充分起作用的人具有如下一些明显的特征。

(1)经验的开放性。个体毫无拘束地体验所有的情感和态度，一切方面都不是封闭的。他们可以被看作有灵活性的人，不仅对生活提供的经验具有接受能力，而且能把这些经验运用到开辟新的感知和表现的途径上去；他们可以被描述为情绪体验更为强烈的人。

(2)存在主义的生活方式。他们生活于存在的每一瞬间，每一经验都被视为新鲜的和不熟悉的。他们没有预想好的或僵硬的自我，并不控制或摆布经验，而是自由地分享经验。他们的适应性很强，因为他们的自我结构对于新的经验通常是敞开的。这种品质是健康人格最本质的方面。

(3)信任自己的机体。健康的人格犹如一切资料都程序化了的计算机，能考虑到问题的各个方面、可能的选择和后果，并对行动的过程迅速作出决定。只是在理智或智力的基础上进行操作的人，在一定的意义上说是不利的，因情绪因素被忽视了。充分起作用的人能按照瞬间的和直觉的冲动行动，有大量的自发性和自由。他们像信任自己一样信任作出的决定。

(4)自由感。人的心理越是健康，体验到的自由度也就越大。他们在思想和行为的取舍过程中，能够在没有强制和压抑的情况下进行自由选择。他们还有享有生活的个人权力感，相信未来是由自己决定的，而非幻想、环境或过去所决定的。

(5)创造力。所有充分起作用的人都具有高度的创造力。他们不是以遵循或者消极适应社会和文化的传统而著称。在环境条件激烈变革中，他们更有适应能力并能生存下来。

罗杰斯认为，健康人格或充分起作用的人的这些特征不是一蹴而就的，而是长期发展的结果。自我实现是一个困难的过程，它意味着把自己完全投入生活的激流之中。虽然大部分自我实现者都被描述为快乐和满意的人，但他们并非在任何时候都是欢快的。

(三)来访者中心疗法

“来访者中心疗法”是罗杰斯创建的一种人本主义的心理治疗方法，也是他对于心理学的最大贡献。

来访者中心疗法的形成分为三个阶段。

20世纪50年代以前，为了与过分强调治疗者的权威和指导作用的精神分析和行为治疗相区别，罗杰斯将自己的治疗命名为“非指导性治疗”。具体提出这一名称是1942年。

1951年，罗杰斯又将非指导性治疗改称为“来访者中心疗法”。因为他发现，治疗者在治疗过程中既要营造一种非常适宜的心理环境和心理气氛，又要帮助来访者澄清自己的思想，因而治疗者还是具有指导作用的。再者，他认为，治疗者不应把来访者视为病人，而应该看作是与其享有同等权利的参与者，来访者是能够了解自己的人。

到了1974年，罗杰斯又将来访者中心疗法改为“以人为中心的疗法”。这不仅进一步把他的理论和方法有可能应用到家庭、社会等其他人际关系领域之中，而且更充分地体现了他的人本主义的人性观。

罗杰斯的治疗观源于他对人性的积极假设，即人性具有积极向上、自我实现的潜力。因而，与精神分析和行为治疗不同，来访者中心疗法不是靠探究潜意识领域或改变反应形式来纠正不正常的行为，而是动员来访者主体内在的潜能进行自我理解，改变对自我和他人的看法，产生自我指导的行为，达到自我治疗的目的。治疗者的任务在于创设一种温暖、友谊、令人可以接受的气氛，以使来访者提高对被尊重的体验。罗杰斯的来访者中心疗法的治疗目标是达到人格的成长，具体表现为减少内在冲突、增强自我整合与自尊、对生活方式感到满意及变成一个充分起作用的人。这些目标的实现，往往有赖于次级目标的获得，如改变自我结构、对情绪经验开放。

罗杰斯认为，来访者中心疗法的关键在于治疗态度和治疗气氛。在他看来，成功的治疗必须具备三个条件。

(1)真诚一致(congruence)。治疗者与来访者保持一致，双方都是真诚的。特别是治疗者应该表里如一，不虚假、不做作。真诚既会消除沟通上的障碍，又会使来访者坦率地表露自己，建立真正良好的治疗关系。

(2)无条件积极关注(unconditional positive regard)。指治疗者对来访者表示真诚和深切的关心、尊重和接纳。来访者受到无条件积极关注，治疗者对来访者表现出无条件的接受，并不意味着治疗者完全认可来访者的行为，而是通过无条件接受以达到深层次治疗。比如，当来访者在叙述某些可耻或令人焦虑的感受时，治疗者要尊重他自由表达的权利，以关注的态度接纳他，既不鄙视或冷漠，也不给予评价或纠正，相信来访者自己能够找到改正的途径或方法。

(3)同情性理解或同理心(empathic understanding)。指治疗者深入了解和设身处地地体会来访者的内心世界。治疗者应该敏感地倾听和设身处地地理解来访者当时的心境、痛苦、恐惧等情绪，帮助和鼓励他更充分地、自由地宣泄，表露其隐藏在内心的郁结，既可认识自己问题的所在，又可使自己的人格和行为发生良性的变化。

从总体上看，相对于治疗技术，来访者中心疗法更看重治疗者的态度及治疗气氛。在罗杰斯看来，治疗者本人是治疗成功的最重要的工具。再者，同情式倾听是治疗的主要方法，通过积极认真的倾听动作表达对来访者的深切同情。而一旦治疗者清楚地意识到来访者真正在说什么，他就应当通过语言表达出对来访者的理解。这种会谈技巧是鼓励、重复及对感情的反应。

总之，来访者中心疗法就是在尊重来访者的前提下，相信他们具有成长的潜力及自我导向的能力，理解他们的经验与体验，真诚地关注他们，以使他们发展独特的自我。

(四)教育观

罗杰斯的来访者中心疗法的治疗理论应用到教育领域，就形成他的“以学生为中心”的教育思想。1969 年，在《学习的自由》一书中，罗杰斯系统地阐述了他的人本主义教育、教学观。

1. 教育目标

罗杰斯认为，我们的时代是一个迅速变化、充满矛盾的时代，为了在这一不断变化的世界中立足，教育的目标应该是促进学生的发展，使他们成为能够适应变化，知道如何学习的“自由”人。他说：“只有学会如何学习和适应变化的人，只有意识到没有任何可靠的知识、惟有寻求知识的过程才可靠的人，才是有教养的人。现代世界中，变化是惟一可以作为确立教育目标的依据。这种变化取决于过程而不取决于静止的知识。”①

罗杰斯所谓的自由不应理解为通常意义上的“从外部对各种可供选择的事物作出抉择”，而是指“能使人敢于涉猎未知的、不确定的领域，自己作出抉择的勇气”。按上述教育目标培养出来的人，必然是人格充分发挥作用的人。这种人的基本特征是：(1)富有创造性，即对经验采取开放的态度，能够创造性地对各种新旧条件作出健全的顺应；(2)具有建设性和信任感，即他们积极向上，对社会和他人持建设性的态度，并且容易受到社会和他人的信任和尊重；(3)具有独立自主性，即承认人的行为表现有规律性，但又认为人有选择行为的自由并能够做到独立自主。

显然，罗杰斯是以培养具有极高适应变化的能力、具有内在自由特性的人为其教育目标的。这样的人与传统教育注重知识接受、养成顺从特性的人相比，具有更大的灵活性、自主性、能动性。

2. 自我主动的学习

罗杰斯的学习观是人本主义学习理论的集中体现。罗杰斯认为，学习不是机械的刺激—反应联结的总和，而主要是学习者对外界情境或刺激的解释或看法的形成。学生的学习是一种经验学习，它以学生经验的生长为中心，以学生的自发性与主动性为学习动力。具有不同经验的学生对同一事物的反应方式与反应水平往往不相同。如果说行为主义的学习重视的是“无意义”的记忆的话，那么人本主义则强调学生的学习需要、愿望、兴趣与学习材料的关系，因而是一种“有意义的学习”或“自我主动的学习”。这种学习的主要特征是：它使整个人沉浸在学习之中——躯体的、情绪的和心智的；教学的方向来自学生；它导致学生不同的行为和态度；它由学生而不是教师对学习活动作出评价。这样便培育了学生的独立性、创造性和自我依赖。罗杰斯把这种学习纳入他的“自我”形成与发展的理论之中，经验成了自我的构成要素。

罗杰斯认为，最有用的学习是学会如何进行学习。他强调学习方法的学习和掌握，强调在学习过程中获得知识和经验的重要性。在罗杰斯看来，在学习过程中获得的不仅仅是知识，而更为重要的是获得如何进行学习的方法或经验。这些方法和经验可以运用到以后的学习中去。所以，最有用的学习是学会学习，它导致对各种经验的不断感受，以及对各种变化的承受性。罗杰斯的这一主张又被称为“学习即成长”的观点。

① 高觉敷：《西方心理学的新发展》，436页，人民教育出版社，1989。

3. 以学生为中心的教学

罗杰斯的教学论思想与其学习观和学生观是相辅相成的，也是他的“来访者中心疗法”在教育实践中的具体运用。

罗杰斯对于传统教育和传统教学大加贬斥，主张加以改革。他认为传统的教育重知轻情或知、情严重分离，这种教育体制下的学习实际上是一种“消极的学习”。他主张应该“把学生作为一个完整的个体加以接受，把学生作为具有各种感情、埋藏着大量潜能的一个尚未臻于完美的人”来看待，学习过程就是学习者内在潜能的发挥过程。于是他提出了“以学生为中心”的教学论思想。他认为，人类具有学习的自然倾向或学习的潜能。教学的任务就是创设一种有利于学生学习潜能发挥的情境，使学生能够成长为选择和塑造自己行为并从中得到满足的人。教学要以学生为中心，教师的作用只是促进学生的学习和变化，为学生的人格发展创造条件，而不应该像行为主义学习论那样，用安排好的各种强化去控制或塑造学生的行为。

“以学生为中心的教学”的基本原则是强调教师(罗杰斯更喜欢用“促进者”，Facilitator)在教学中要有安全感，信任学生，并同时感受到被学生的信任。在满足这一基本原则的基础上，教师必须遵循以下八个原则。

(1)教师与学生共同承担责任，一起制定课程计划和管理方式等方面的内容。

(2)教师是一个非强制的知识资源。教师为学生提供各种各样的学习资源，包括自己的学习经验或其他经验、书籍、参考资料及社会实践活动，并鼓励学生把个人的经验纳入这种学习资源之中。

(3)让学生单独或与同学一起形成学习计划，把探寻自己的兴趣作为重要的教学资源。

(4)教师要以真诚、关怀和理解的态度对待学生的情感和兴趣，营造促进学习的良好氛围。

(5)学习的重点是学习过程的持续性，学习的内容退居第二位。

(6)学习目标由学生自己确定。为达此目标，需要对学生进行“自我训练”，用自我训练代替外部训练。

(7)对学生学习的评价由学生作出。学生应提供能表明个人学业进展的证据。当然，教师及其他学生对某一学生的自我评价要热心反馈，以促进自我评价的客观性。

(8)促使学习以一种更快的速度更加深刻地进行下去，并渗透到学生广泛的生活和行为中去，使学生的情感、理智沉湎于这一过程的始终。

4. 师生关系

正像在心理治疗中把重点放在医患关系上一样，罗杰斯把教学的重点也放在良好的师生关系上，即他对教师在学生发展中的作用的认识，是强调教师的态度及师生相互作用的心理气氛。他说："我们知道促进这种学习，关键不在于教师的教学技能，不在于他的课程计划，不在于他的视听设备，不在于他采用的程序教学，不在于他的讲授和演示，不在于图书的丰富，虽然其中某一方面可能在某一时刻可以被用来作为教学的重要资源，但是它们不是促进教学的关键所在。促进意义学习的关键乃是教师和学生关系的某些态度品质。"①

为了促进学生人格的充分发展，教师必须具备如下四种态度品质：(1)充分信任学生能够发展自己的潜能，鼓励他们面向生活、正视问题，学会自我—主动学习；(2)教师对学生应当持真诚、真实的态度；(3)尊重学生的个人经验，珍视学生的感情和意见，在感情上和思想上与学生产生共鸣；(4)深入理解学生的内心世界，设身处地地为学生着想。教师应像治疗者对来访者那样对学生产生同情式理解，从学生的内心深入了解学生的反应，敏感地意识到学生对教育与学习的看法。同时，教师还要学会赞赏学生，包括他们的感情、意见与人格。

同大多数坚持人本主义方向的心理学家一样，罗杰斯以人"性本善"为基石建起了他的理论大厦：强调人有"先天"向上发展的"自我实现趋势"；相信只要一个人能对经验采取"公开性"态度，能体验到全部的情感，能将生存的着眼点放在"此时此地"的"我"，他就能成为一个健康的人，一个充分起作用的人。罗杰斯的"自我观"及其对健康人格的勾勒，对心理学尤其对自我心理学产生了重要影响。罗杰斯在心理治疗实践中，首创"来访者中心疗法"，并将其发展成为一种具有国际性影响的心理治疗理论与方法。罗杰斯将其人格理论和心理治疗的理论推广到教育领域，形成"以学生为中心"的教育观，强调尊重学生，发挥学生的主观能动性，使他的教育理论成为第二次世界大战以来最有影响的教育学说之一。

罗杰斯的整个理论体系都是建立在存在主义哲学和现象学的方法论之上的。存在主义过分夸大人的主观能动性和突出人的"绝对自由"，以及现象学将主观意识及其产物等同于事物的本质的唯心主义倾向，在罗杰斯的观点中都有所反映。比如，他只强调人的"自我选择"、"自我设计"，而忽视人的心理和行为的社会制约性。

从总体来看，罗杰斯的贡献是远远大于其局限性的。罗杰斯凭着对人类生活的洞察及敏感，使他毫无疑问地成为代表时代精神的"第三思潮"的发起者和代言人。

---

① 车文博：《西方心理学史》，564页，浙江教育出版社，1998。

第十七章

超个人心理学

超个人心理学(transpersonal psychology)是当代西方心理学中的一个新学派。它是从人本主义心理学派中发展起来的，因此自称为心理学的第四势力。它不仅关注个人及其潜能的充分实现，而且更加关注超越个人的经验和精神生活，即将个人的生命与外部的世界和意义联系起来的精神领域。

超个人心理学的定义有许多种表述。简而言之，超个人心理学是关于个人及其超越的心理学，是试图将世界精神传统的智慧整合到现代心理学的知识系统中的一个学派。它将世界精神传统和现代心理学视为两种关于人自身的知识体系，前者是指世界各民族文化的传统宗教和哲学，其中包含着对人及其精神生活的理解和践行方式，但不是以现代科学的方法和系统化的表达方式存在的；后者包含着对人的心理和行为的科学研究，但这种研究在很大程度上割断了与世界精神传统的联系。超个人心理学对世界精神传统和现代心理学持同等尊重的态度，试图将二者结合起来，并加以创造性的综合，进而提供一种包含身体、心理和精神(body-mind-spirit)的架构来全面地认识我们自己[①]。

第一节　超个人心理学的形成

最早使用“超个人”一词的是詹姆士，他在1905年的一篇演讲提纲中，构造了“超个人”这个词。荣格曾经将集体潜意识也称为超个人潜意识，他在德文中使用“超个人”(ueberpersonlich)一词是在1917年。1920年，荣格著作的英文译者使用了与此词相对应的英文词。但作为一个学派的超个人心理学是20世纪60年代末诞生的，它是人本心理学运动发展的结果。

① 柯莱特：《心理治疗与精神》(英文版)，8~9页，1997。

苏蒂奇(Anthony J.Sutich，1907—1976)在《人本心理学杂志》1968年第1期撰文中宣称："心理学中的第四势力，即超个人心理学正在形成。"[1]当人本心理学兴起的时候就将行为主义视为心理学的第一势力，精神分析为第二势力，自称人本主义为第三势力。随着人本心理学被主流心理学所承认，到20世纪60年代中期，一些人本心理学的领袖人物，包括马斯洛和苏蒂奇等人经常讨论超越人本主义的问题，他们越来越不满人本心理学只关注个体的自我及其实现，意识到应该将自我与个人以外的世界和意义联系起来，这个领域属于超越的领域或超出自我关怀的精神生活领域。于是他们开始酝酿一种关注这一领域的心理学，即第四势力心理学，或超个人心理学。苏蒂奇的上述宣布，就是这一酝酿过程的结果。

他们还在1968年创建了超个人心理学会。1969年6月，《超个人心理学杂志》创刊号在美国加州问世。在以后的年代里，许多超个人取向的机构相继建立。1973年，格罗夫创建国际超个人学会；1975年，弗雷格组建加州超个人心理学研究所，1986年改为超个人心理学研究所；此外，还有一些机构，如加州整体研究所等。自创建至今，超个人心理学稳步发展，现在已经有好几个研究生教育机构能授予硕士、博士学位。截至2000年4月3日，在权威的检索工具WebSPIRS上，检索"transpersonal"可以查到1 576种文献；如果检索标题中包含"transpersonal"的文献，可以查到551种。超个人心理学会的会员也是逐年增长，从20世纪90年代初至今都保持在3 000人左右。1992年国际超个人学会在布拉格开会，会议计划的2 000人的位置全部被占满，另外还有好几百人列在候补代表的名单上。参加会议的人来自世界各大洲的大约40个国家。自1992年以来，美国心理学会(APA)的第32分会(人本心理学)的活动就一直将超个人心理学包含在内。超个人取向被专业领域或学术界接受的一个重要事件是，美国精神医学学会出版的《诊断统计手册》(Diagnostic and Statistical Manual，DSM-IV)在1994年将"宗教"(psychoreligious)和"精神"(psychospiritual)问题收入其中。

超个人心理学是20世纪60年代以来西方特别是美国社会经济、政治、文化和生活方式的产物，它反映了这个时代的人的生存状态和精神需求。从经济上讲，战后经济繁荣及由此导致的社会结构的变化、物质生活条件的改善、闲暇时间的增加，是超个人心理学产生的物质基础。从政治上讲，超个人心理学是20世纪60年代全球社会动荡的反映。这包括东西方冷战、越南战争、美国黑人民权运动(马丁·路德·金1968年遭暗杀)、欧洲的学生运动和工人运

① 苏蒂奇："超个人心理学：一种形成中的势力"，载《人本心理学杂志》(英文版)，1968年第8卷第1期。

动。从文化和生活方式上讲，超个人心理学产生的社会文化背景包括人们对物质主义的不满、竞争与压力的加剧、自我中心的文化的弊端、价值失落、青年一代的反主流运动。20世纪60年代是一个狂热的反叛时代，以上各种因素的复杂作用，引起年轻一代对主流社会的抗议。他们通过集会游行、摇滚乐、“嬉皮士”运动、吸毒等新的生活方式表达对社会的不满，反对传统的生活方式。但在不满的情绪发泄以后，人们开始沉静下来，转向寻找一种新的生活方式，寻找精神依托之所在。致幻剂、东方的宗教在六七十年代越来越受到欢迎。例如，用英文介绍禅宗的日本学者铃木大拙特别受欢迎，一个叫 Maharishi Mahesh Yogi 的印度人发明的超越的静坐(transcendental meditation)吸引了数百万人参加练习。

超个人心理学与这种背景有着直接的关系。一方面，超个人心理学一开始就大力倡导整合东方传统心理学，并热衷于研究意识变异状态(包括致幻状态)；另一方面，致幻剂和东方宗教的流行又为超个人心理学的研究提供了现实需要。超个人心理学继承了许多古老文化传统，特别是东方宗教哲学的遗产。概括起来，这些遗产主要包括：将世界看成一个有机的整体，而不是由一些部件组成的机器；将人放到一个更大的与宇宙合一的背景中去考察，而不是把人视为自然或命运的征服者；宇宙人生的真理要靠直觉的领悟才能获得，而不是靠理智的分析与推理；获得领悟的途径往往是各种形式的静修[①]，在静修中获得智慧，并达到精神自由的境界。

超个人心理学还从现代物理学中吸取营养，以对抗长期在心理学中占统治地位的还原论。詹姆士和荣格则是超个人心理学的两位最重要的先驱。詹姆士明确宣称心理学是对意识的科学研究。他系统地探索宗教经验及其他神秘经验。他对东方传统文化的浓厚兴趣，以及他的经验主义立场，都是超个人心理学的思想源泉。荣格关于整体和动力的观点，他对神秘经验的兴趣，他对经验中影像的象征意义的揭示，他关于中年危机的理论，他个人的精神体验，以及对非西方的文化有关精神与实践的关注等等，都为当代超个人心理学提供了启示；而且，荣格学派在当代的发展本身也是超个人运动的组成部分。

① 静修(meditation)，又译静坐、打坐、入静、沉思、冥想、心悟等。

第二节　超个人心理学的主要理论

一、早期的主要代表人物

超个人心理学的主要创始人和奠基人是苏蒂奇和马斯洛，以及随后的阿萨鸠里(Roberto Assagioli, 1888—1974)。相对而言，苏蒂奇主要是学派的组织者。他热衷于打出新旗帜，积极致力于创办杂志、创建学会，并试图提出这一新的学派或研究领域的基本理念。马斯洛一方面积极支持苏蒂奇的工作，另一方面，更多地致力于理论的建构。他晚年的理论发展，为超个人心理学的形成奠定了理论基础。阿萨鸠里则致力于创建心理治疗的模型，将超个人心理学的理念运用于人格理论和心理治疗中，形成了超个人心理学的第一个完整的模型，即心理综合(psychosynthesis)。

在《动机与人格》(1954)一书中，马斯洛提出了著名的需要层次理论。他认为，人的基本需要，从低级到高级，依次是生理需要、安全需要、归属与爱的需要、尊重的需要和自我实现的需要①。但随着对自我实现的人的研究的深入，马斯洛也在不断完善其需要理论。到晚年，他意识到最高层次的需要已经不是他早年所说的那种自我实现的需要所能涵盖的了，这样，马斯洛的需要层次模型的完整表达应该是六个层次，即生理需要、安全需要、归属与爱的需要、尊重的需要、自我实现的需要和超越性需要。超越性需要也可以称为精神性需要或超越自我实现的需要②。马斯洛的需要层次理论提供了一种超个人的发展模型和人格理论。作为一种发展模型，马斯洛的理论显示，每一个体的生命历程的发展，都要经过从低层次需要向高层次需要发展的顺序，发展到最高层次就是超个人的或精神性的；当然，不是每个人都能发展到最高层次。

意大利精神医学家阿萨鸠里早期也是弗洛伊德的信徒，但后来不再信服弗洛伊德，自己径行创立了一种富于原创性的超个人理论与治疗方法，即心理综合，以与弗洛伊德的心理分析(psychoanalysis)相对立。他认为需要一种更全面的心理学一样，能够完整地包括我们的本性，既包括本能、驱力、情结等等，

① 马斯洛的需要层次理论的传统表述有两种表述，一种是本书第十六章所说的七个层次，另一种是这里所说的五个层次。在后一种表述中，求知、审美和自我实现三者之间并无高低之分，且可用“自我实现”一词加以概括。

② 李安德著，若水译：《超个人心理学》，173页，台湾桂冠图书股份有限公司，1994。

也包括人性中更高部分的心理学。应该有一种高度心理学，正如已经有了深度心理学一样。心理综合的立场十分强调人类心理较高层的表现，如创造性的想像力、直觉、抱负、天才等等现实，都和条件反射一样真实和重要，因此也应和条件反射一样得到科学的研究。阿萨鸠里一再声明，“高度心理学”、“高层自我”、“精神性”及“高层潜意识”等名词，在他的体系中都是中性的词汇，可以赋予宗教含义，也可以不赋予宗教含义，这应视个人信仰而定。究竟是否应该对精神予以宗教的诠释，心理学并无资格作出决定，因为它所牵涉的哲学或神学问题，已超出心理学研究的范畴。

阿萨鸠里在论及“高层自我”时写道，对所有宗教人士，我们可以说这中性的心理学名词可用来指称灵魂；而对于不可知论者，我们也可沿用他们的说法，假定人性内部存在较高层的核心。事实证明，许多人(有些是西方人，更多是东方人)都亲身经历高层潜意识或真我的境界。阿萨鸠里还指出，过去，一般都把精神列入宗教领域或视为灵修经验；现在，人们越来越认识到精神也是科学研究的适当领域；换句话说，心理学若对普遍的人性经验视而不见，将精神或超越的领域排除在心理学研究之外，这种貌似严格科学的立场，恰恰是科学精神不彻底的表现。因为科学精神意味着无禁区，即对事实进行研究，在心理学中，就是对一切本能、经验和行为进行研究；精神或超越性经验无疑是重要的心理事实之一。

阿萨鸠里积极认同并支持超个人运动，特别致力于创建心理治疗的模型。他将超个人心理学的理念运用于人格理论和心理治疗中，综合了人本心理学、荣格心理学和东方精神传统，形成超个人心理学的第一个完整的模型。在这个模型中，治疗家所起的积极的、有指导的作用，以及有关精神取向的心理治疗技术等等，为以后超个人心理的发展打下基础。心理综合在20世纪70年代很流行。那时，超个人心理学刚创立起来，心理综合很快就对超个人领域作出了自己的贡献。现在，它的影响在慢慢减弱，但在北美还有少数训练中心存在[①]。

二、当代最著名的超个人理论家：维尔伯

维尔伯(Ken Wilber, 1949—)是当代最著名的超个人思想家和理论心理学家。他的著作涉及很多学科，如心理学、哲学、社会学、人类学，以及宗教等广泛的领域，并试图站在超个人的立场上将这些领域的知识加以整合。他特别

① 柯莱特：《心理治疗与精神》(英文版)，95页，1997。

希望在东方与西方、心理学与哲学、科学与宗教等通常视为相互对立的领域之间化解隔膜，消除障碍，实现整合。他的思想已成为当代超个人心理学的理论基础。他的声誉和影响也正在超出心理学界，超出英语国家的范围。

以下重点介绍作为维尔伯的理论出发点的意识谱理论及其他相关理论。

(一)意识谱理论

维尔伯说，天地万物原来是息息相关、浑然一体的。可是人类由于有了意识，便习惯于在这些范畴之间划定各种界限。人们对"我是谁"问题的不同回答，也就体现了不同的划界方式，这些不同的划界方式分别处于不同的意识层次上。这些意识层次，从最深层次到最浅层次，依次为心灵水平、存在水平、自我水平、角色水平(如下图)[①]。这些划界的水平，体现了一个人自我意识的

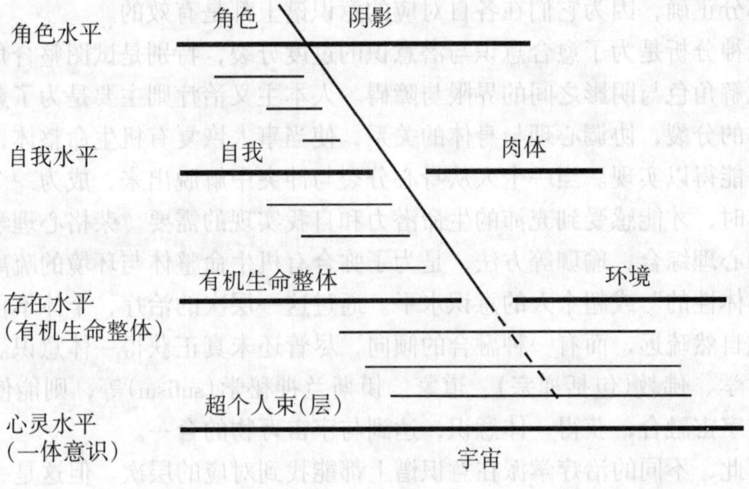

意识谱图示

水平。维尔伯借用物理学中的光谱或频谱(spectrum)概念，来说明这些不同水平上的意识之间的关系。不同水平上的意识共同构成意识谱(the spectrum of consciousness)。不同的层次各有不同的界限，这些界限向下延伸，直到心灵水平，界限便消失了。意识谱显示出人们对"我是谁"的不同认识，越往表层上推移，限定越加狭隘，便有越多的领域被拒斥于自我之外。在存在水平上，环境被视为非我；在自我水平上，不只是环境，连自己的身体也成了非我；在角

① 沃什、奥菡主编：《超越自我之路》(英文版)，23页，1993。

色水平上，不只是环境和身体，连心理的某些层面或内容也成了非我。因此，维尔伯称心灵水平(一体意识)为惟一真实的意识状态，其他层面本质上都是幻觉。

有界限，就会有矛盾。例如，军事上的界限往往是战争的导火线。界限内外的双方往往相互敌视。在意识谱的不同水平间会形成不同的冲突，因不同的冲突而引发不同的心理疾病。然而，当一个人需要借助心理治疗解决这些冲突时，他却面对众多的学派，这些学派之间往往相互攻击。那么，如何解决这一难题?

(二)意识谱与治疗学派

维尔伯认为，不同的心理学派实际是从事意识谱上不同水平的冲突的解决。因此，这些不同的学派之间并不是互相对立的，而是互相补充的；每个学派都部分正确，因为它们在各自对应的意识谱上都是有效的。

精神分析是为了愈合意识与潜意识的过度分裂，特别是试图整合角色与阴影，化解角色与阴影之间的界限与障碍。人本主义治疗则主要是为了愈合自我与身体的分裂，协调心理与身体的关系，使当事人恢复有机生命整体，并且使生命潜能得以实现。当一个人从身心分裂与冲突中解脱出来，成为一个有机生命整体时，才能感受到充沛的生命潜力和自我实现的需要。荣格心理学、阿萨鸠里的心理综合、瑜珈等方法，是为了弥合有机生命整体与环境的疏离，以达到“集体性的”或超个人的意识水平。通过这一层次的治疗，个体不再感到与他人或自然疏远，而有一种融合的倾向，尽管还未真正获得一体意识。最后，吠陀哲学、佛教(包括禅宗)、道家、伊斯兰神秘学(sufism)等，则能使个人有机体与宇宙融合，获得一体意识，达到与宇宙万物的合一。

因此，不同的治疗学派在意识谱上都能找到对应的层次。但这是一种简化的模型，实际上各层次之间、各种心理学派之间的区分不是泾渭分明的，而是互相重叠互相渗透的。从总体上讲，对应于较深层次的学派能吸收或包含对应于较浅层次的学派，但对应于较浅层次的学派则不能包容对应于较深层次的学派，如人本心理学能吸收或包含精神分析，超个人心理学能吸收或包含精神分析和人本心理学，但精神分析则不能包含人本心理学和超个人心理学。

意识谱越往深处延伸，便意味着人的心灵越深越广越丰富，界限也逐步向外延伸，最后消除一切界限，达到无界限的境界。这就是心理治疗所要达到的目标。

（三）发展理论

维尔伯在他的《生命本源计划》(1980)一书中，将注意力转向发展心理学。在这本书中，他探讨了从生命初期到成年的发展历程，比较和综合了西方心理学中几种主要的发展理论，包括弗洛伊德、荣格、皮亚杰和柯尔伯格等人的发展理论，并且进一步探讨了由主要的非西方传统的学说所揭示的更高水平(超个人水平)上的发展，从而提出一种从生命初期到开悟(enlightenment)的包括人的整个成长谱(the full spectrum of human growth)的发展模型。

就人的发展历程，维尔伯提出三个基本阶段：前个人(prepersonal)、个人(personal)、超个人(transpersonal)。到超个人阶段，自我(self)发展到顶点，便具有完整的自我意识，超越心理的创伤及其对创伤的防卫，超越潜能的实现，进入到精神世界。

由于传统的西方心理学理论将个人的水平视为人的发展的顶点，所以人们常常将超个人水平的经验病理化。确实，某些超个人体验，如自我界限(ego boundaries)的化解，与某些病理状态具有表面的相似之处，以至于人们将它们等同起来，弗洛伊德就将合一的体验视为神经症的表现，其根据是这种体验的本质与其他神经症症状一样，是向童年状态的退行，因此神秘体验被解释为倒退到婴儿，回到母亲怀抱的倾向。与大自然结为一体被解释为与母亲的乳房结为一体。为此，维尔伯在前个人意识状态与超个人意识状态之间进行了区分。他认为幼儿还没有自我意识，这种前个人状态不同于超个人状态，后者是自我意识充分发展并达到超越境界。某些心理疾病可以被解释为人格向童年状态的退化，这种人还没有形成成熟的自我(ego)，不能与在成熟自我基础上进一步超越的水平相提并论。维尔伯将这种把超越与退化混为一谈的错误称为“退化与超越的谬误”(pre/trans fallacy)。

维尔伯认为现实(reality)是多层次的，存在是多水平的，包括物质、身体、心理和精神，好比一条巨大的存在之链，一环套一环。处于不同发展水平上的人认同于存在之链上的不同水平。人一开始认同于身体，然后认同于自我—心理(ego-mind)；其后，如果致力于灵修实践，他会认同于精微的心灵领域，最终达到认同纯粹意识本身。发展和进化意味着沿着这个层次逐步上升，意识变得越来越优雅、精练、纯净、广阔和自由。

在《意识的转换》(1986)一书中，维尔伯进一步完善他的发展阶段理论，并将此模型与特殊的病理和治疗相对应，从而形成一套有关发展理论、病理学和心理治疗的理论。在这一发展模型中所隐含的一个理念是，每一个发展阶段都以一定的发展任务向个人提出挑战，要求个人发展新的能力和新的适应水平，而这些发展任务与个人的心理组织发展到一个更复杂的水平是相适应的，每一个发展水平又包含并超过前一个发展阶段。如果发展任务与相应的发展阶段不相适应，就会出现固结或退化，或者妨碍与下一个阶段的整合。

(四)知识论与心理学

维尔伯形象地说，人有三只获取知识的眼睛，即肉体的眼睛、心智的眼睛和沉思的(contemplative)眼睛，因此有三种不同来源的知识，分别是来自感官的认识、来自理智或象征的知识和来自沉思的知识。每一种知识都有特殊的事实根据，而这三种知识之间只有部分的重叠。混淆这些不同的领域，例如相信沉思的知识可以还原为理智的知识，就会导致范畴错误，并丢失各自知识领域的特有信息。同时，每个领域都有评价本领域知识有效性的方法。传统的科学方法最适合于研究物理现象；解释学的方法最适合研究象征的领域，如莎士比亚笔下的哈姆雷特就适合用解释学的方法研究，而不适合用科学的方法。同样，沉思的知识最好由精通这一领域的人用主体间的测验(intersubjective testing)来评估。每一种方法只在它自己的领域有效。因为没有认识到这一点，所以在科学家、哲学家和神学家之间导致巨大的混乱和冲突。

在心理学中，不同的心理学知识也是通过不同的眼睛获得的。例如，传统的行为主义研究强调必须以感官可观察测量的数据为根据，避免假定不可直接观察的心理变量，如动机、表象等等，所以行为主义是从肉体的眼睛所获得的心理学知识；从心智的眼睛所获得的心理学知识包括各种内省心理学、精神分析和各种动力心理学、人本心理学等；从沉思的眼睛所获得的心理学知识，是关于超越现象的，包括有关宇宙人生的各种领悟和智慧，以及获得超越体验的知识。

除了马斯洛、阿萨鸠里和维尔伯的理论，还有其他一些理论，这里不能一一介绍。这些理论都表达了对人的自我及其超越的不同理解，以及进入精神本源的不同途径和策略。

三、超个人心理学的基本方法论立场

通过以上所述，我们可以总结出超个人的一些基本的方法论立场[①]。

(1)超个人领域要求多元化的方法论。超个人心理学是对象中心的，方法为对象服务，只要有助于解决超个人视野的问题，无论定量的研究或定性的研究、“客观的”测量数据或“主观的”自我报告，都可以采用。所以在方法论

① 斯科腾等编：《超个人精神医学和心理学教科书》(英文版)，409~411页，1996。

上，超个人心理学不再是自然科学取向的，而是开放地研究一切经验。

(2)相应地，超个人心理学必须是多学科的，依赖于生物学、人类学、社会学、文学和神学等多学科领域的方法、发现和传统。艺术家、作家和诗人、神经化学家和统计学家在这个领域都可以各自的方式，作出同样重大的贡献。每一个学科都可能提供不同的有关人的心灵的观点和方法。

(3)跨文化的途径对于超个人心理学而言是很重要的。超个人心理学反对现代心理学和精神医学中普遍存在的西方优越论(Western ethnocentrism)倾向，一开始就有明确的各民族文化平等的意识，并试图整合不同文化在有关增进对人性的理解，提升人的精神品质，解决各种病痛等方面的知识和智慧。

(4)人的发展，通常要经过前个人(前自我、前理性)、个人(自我、理性)到超个人(超自我、超理性)的发展阶段或水平，发展的障碍或病理现象可能出现在任何阶段或水平上，这就是生物—心理—社会—精神连续体模型，它提供了一种整合有关人的理论和各种临床方法的架构。

(5)充分有效的理论与治疗系统在所有的发展阶段或水平上都能有效地解决病理学和治疗学的问题，包括能促进人的身体、心理和精神的发展。西方传统心理学特别集中于前个人和个人水平上，而东方的传统则侧重于超个人的水平。超个人心理学的任务就是将这两种传统加以整合。

第三节　超个人的心理治疗

一、超个人治疗的临床法则

超个人心理学主要是在临床治疗实践中发展起来的，所以有必要探讨超个人治疗的临床法则。

根据斯科腾(B.W.Scotton)和柯莱特(B.Cortright)等人的观点，超个人心理治疗的临床法则主要包括五个方面[①]。

(一)精神成长的视野

超个人心理治疗，必须以所有传统心理治疗已有的发现和已完成的工作为基础，同时又将所有层面的治疗纳入广阔的精神(spirit)成长的视野之中；就是

① 斯科腾等编：《超个人精神医学和心理学教科书》(英文版)，412～414页，1996；柯莱特：《心理治疗与精神》(英文版)，239～241页，1997。

说，超个人的治疗应以较低层面的工作为基础，但又不能停留在这些层面上。正如康复和成长对于传统心理治疗的重要意义那样，开放地面对各个层面的痛苦、未解决的冲突、早期创伤所留下的发展缺陷等等，对于超个人治疗也是非常重要的。但充分医治各种创伤，实现每个人所具有的潜能，所有这些问题的充分解决只有在面对精神存在的时候才会发生。只有将精神能量灌注到人的心理世界，个体才会发生根本的改变。因此，不是要等到较低层面的问题解决以后才能面对精神性(spirituality)的问题，超个人的视野对于治疗较低层面的问题也是必要的，只是不能忽略较低层面的问题，直接致力于所谓精神的发展。

(二)乐观主义和希望中心

超个人的观点是乐观的，这远远超出人本主义对人的潜能的信念，而是一种对整个存在的精神本质和超越性的潜能的信心，这种每个人都具有的超越性的潜能表现在人的现实生命过程中。这种观点可以被称为希望中心论。这不意味着盲目乐观、天真浪漫或透过玫瑰色的眼镜看世界。的确，在心理治疗中我们也不可否认，人类每天都在遭受巨大的悲剧、创伤和苦难，许多宗教甚至就是从人类存在的这个基本事实出发的：生活就是受苦，痛苦与死亡不可避免。但是世界宗教传统也试图超越人的这种处境，克服人的悲剧命运。各种宗教传统普遍确认有天赐之福、完美的幸福和作为精神存在的欢乐，这是一种纯粹的生命存在的欢乐。生活在这种精神的世界里，生命会得到补偿，会获得意义之感。

(三)整体取向

超个人心理治疗要求一种整体的取向，因为精神体验的意义和效能依赖于作为整体的个人。这里所说的整体主要包含三方面的含义：第一，从人性结构上看，整体的观点包括将人视为身(body)、心(mind)、魂(soul)、灵(spirit)多层面的整体；第二，从发展的范围上看，整体的观点是将人的经验发展视为从前个人、个人到超个人的一个广阔的发展范围；第三，从治疗模型上看，整体的观点是采取生物—心理—社会—精神的整体的治疗模型。超个人的治疗意味着包含整个人的经验过程，还包括开放地面对经验的不同形态，例如意识的变异状态(altered states of consciousness)。

(四)多维度和多途径

一个人的超个人发展可能是不平衡的，不一定要等到较低水平或层面得到充分发展以后，才能致力于精神的发展。正如一个人在智力上可能是个天才，但在情绪上可能不成熟，或在社交方面显得很笨拙；一个在静修方面达到很高境界的人，可能不擅长人际关系或缺乏丰富的感官体验；一个人在精神成长的某个领域有突出成就，可能同时在精神的另一个领域显得无知。因此，超个人的治疗是多维度的，可以通过任何途径，进入当事人的任何层面，目的是使人在各个层面上都得到和谐而丰富的成长。

（五）以个体的发展水平为依据

超个人治疗必须针对个体的发展水平和眼前所面临的特定问题。对处于前个人水平的人，治疗目标通常是要帮助他建立一种能胜任的自我(ego)和一种稳定的内在结构；对处于个人水平的人，治疗目标通常是矫正自我功能上的一些问题，例如通过心理动力学的治疗，解决精神内部的冲突，改进人际关系；在超个人水平上，个人所面临的主要问题可能是存在的终极意义问题，或者说一个适应很好的人可能有某些不平常的经验，可能会陷入精神性的痛苦之中，这类问题是超个人的，需要一种明确的精神治疗。治疗家可能需要对这些超个人危机的当事者给予精神的指导。但选择哪一种精神传统进行指导，则是一个复杂的问题；它取决于当事人的背景和兴趣。

二、超个人治疗的主要途径

意识变异状态，特别是由致幻剂所产生的意识状态，对于超个人心理学具有特别的重要性。在某种意义上，超个人心理学是20世纪60年代致幻剂革命的产儿，那是致幻剂尝试遍布美国社会每个角落的一个非常时期。所有超个人心理学的创立者都受到致幻剂的影响，或最初是因致幻剂而对精神现象发生兴趣。马斯洛当时就说过："我也许可以为关于超越状态的科学研究增加一种新的可能性。最近几年越来越清楚地显示出，某些叫做致幻剂的药物，给我们提供了某些人为引起高峰体验的可能性。似乎这些药物可以使适当的人在适当的环境中经常产生高峰体验，所以也许我们不再需要等待好运的降临也能经历到高级体验。"[①]

研究表明，不同的致幻剂会产生不同的效果，因而具有不同的治疗意义。将致幻剂用于心理治疗，应遵循一些原则。但致幻剂治疗有其局限性，有时会导致消极后果，例如它会使服用者进入神秘状态并丧失对现实定向的能力，这可能导致极端非理性的和失去方向的行为，有时会产生恐慌，使服用者失去控

① 斯科腾等编：《超个人精神医学和心理学教科书》（英文版），176页，1996。

制自己的能力。

致幻剂和静修所引起的意识经验是超个人心理学的两大经验基础，致幻剂的使用和静修又是通往最高的精神状态的主要途径。但由于致幻剂意识状态是由药物人为引起的，具有明显的局限性，静修对超个人心理学就具有更大的意义。如果致幻剂是精神之门，那么静修就应该被视为精神之路。研究表明，静修可能导致很多治疗上的好处。这些好处，可能体现在生理方面，包括降低觉醒程度，增进大脑两半球不同区域的同步性；也可能体现在心理方面，包括放松，解除催眠状态，以及领悟、自我理解和自我控制技能的发展；还可能体现在精神方面，如达到与宇宙万物融为一体的境界。但在目前，对于静修的研究仍然处于早期阶段。

第四节 对超个人心理学的评论

超个人心理学实际上是一个既古老又年轻的领域。说它古老，是因为超个人的取向，即对人的内在的超越性体验的关注植根于所有传统的本土心理学(indigenous psychologies)中；说它年轻，是因为它自诞生至今，只有30年历史。对这样一种心理学取向或学派的功过是非，现在还远不是作结论的时候；况且，这里所呈现的内容远不是超个人心理学的全貌。在这样的情况下，若贸然根据我们已经了解的有限的内容来评价整个超个人心理学，难免不犯以偏概全的错误。但这并不意味着不能尝试对这种心理学作出一些价值判断。正如推勒(E.Taylor)指出的，超个人心理学有优点也有缺点，我们现在要做的工作是将糠与面区分开来[①]。尽管这是一种非常艰巨的工作，但还是值得尝试的。

一、超个人心理学的主要贡献

第一，在心理学的对象问题上，超个人心理学提出一种最具包容性的人性模式，从而扩展了心理学的研究范围。超个人心理学提出不仅要有心理分析，还要有心理综合；不仅要有深度心理学，还要有高度心理学。它还把意识区分为前个人、个人和超个人三种状态、结构和发展水平，将人视为身、心、魂、灵的统一体，并提出生物—心理—社会—精神四个层面的宽广的医学模式。这

① 推勒："超个人心理学的几个优点"，载《人本心理学家》(英文版)，1992年第20卷第2、3期。

是一种最具包容性的人性模式，体现了一种整体的研究取向，拓宽了心理学对人性的理解；同时，也可以将其视为一种整合的心理学架构，为整合心理学中的不同观点不同理论提供了一个参照系。

第二，在心理学的方法论问题上，超个人心理学提出了一种对象中心论的最具开放性的方法论模式。超个人心理学主张方法论的多元化，因为在方法论问题上，超个人心理学是持对象中心立场的。方法为对象服务，只要有助于解决超个人视野的问题，无论定量的研究或定性的研究，"客观的"测量数据或"主观的"自我报告，都可以采用。在方法论上，超个人心理学的最大贡献在于，它向长期统治心理学研究的还原论(reductionism)提出比人本主义更为彻底的挑战。超个人心理学所关切的超越性层面是人性中离生物基础最远的领域，因此超越论(transcendentalism)可以被视为还原论的另一个极端，是与还原论具有平衡力量的一种立场。与还原论相反，超越论不是试图将较高的人性层面降低为较低的层面，而是试图将较低的层面提升到较高的层面。例如，超个人的心理治疗对较低层面的处理，一方面强调采取相应水平的策略，另一方面强调将较低层次的康复纳入超个人的背景中。

第三，在心理学的任务问题上，超个人心理学提出一种最具综合性的理论与应用模式，超个人心理学者试图消除东方与西方、宗教与科学、人文学科与自然科学、社会科学与自然科学、理论与应用的界限。心理学就其本性而言就是处在多学科多文化背景之中，单一的学科架构(自然科学)、单一的文化背景和价值标准(西方)逐渐被抛弃；这种趋势在社会学、人类学等领域早已被广泛接受，成为后现代的一种潮流。超个人心理学顺应了这种潮流，架起了东西方心理学传统的桥梁，促进了各学科之间的交流。超个人心理学一开始就试图超越单一的西方自然科学的局限，试图整合不同文化在有关增进对人性的理解，提升人的精神品质，解决各种病痛等各方面的知识和智慧。超个人心理学尤其重视东方传统的哲学和宗教，包括印度教、佛教(包括禅宗)、道家学说等。它通过对东方宗教哲学及其实践体验的研究，试图在心理学的架构中融合东西方人性理论和通向良好状态的践行策略。

第四，在心理学的学科性质与价值取向上，超个人心理学突破了惟科学主义的局限，不再将心理学定位于科学的架构内，而是定位于有关人性的知识的研究。知识不仅是科学的知识，还有人文的知识和宗教的知识。研究不仅有科学的研究，还有人文的研究；不仅有客观的研究，还有主观的研究；不仅有描述性研究，还有评价性研究；不仅有揭示事实的研究，而且有提供意义的研究。超个人心理学主张彻底放弃将心理学视为科学的立场，而将心理学定位于关于人性的知识的研究，包括科学的研究，但不仅仅是科学的研究。

超个人心理学提出了一种整合有关人的知识的途径和架构，这就是维尔伯的知识论。他认为感官、理智和沉思是获得知识的三只眼睛，分别借助于感觉信息的输入、心智—现象学的观察和沉思的观察与质询。每一种眼睛都能发现知识，但从不同的眼睛获得的知识是不同的，因此知识可以分为感官的知识、理智的知识和沉思的知识。每一种知识都有它自己的严格标准，不能用感官知识领域的标准来要求理智的知识和沉思的知识，也不能用理智的知识领域的标准来要求沉思的知识。心理学的知识可能来自感官，也可能来自理智，还可能来自沉思，这三种心理学的知识对于一种包含人的经验、本性、潜能和发展的完整谱系的心理学都是重要的。但这些知识远远超出了科学的范围，因为科学只是知识的一个领域，如果把文学、艺术、宗教知识都视为科学，那科学就失去了特定的含义。

因此，超个人心理学不再把心理学视为一种科学，而是关于人性的知识的研究。

第五，在心理学的应用问题上，超个人心理学发展了新的心理治疗技术，扩展了心理学的应用领域。超个人心理学的应用还不只限于治疗领域，在管理和教育领域，超个人心理学也有广泛的应用，马斯洛的Z理论就是将超个人心理学应用于管理的著名例证。

第六，超个人心理学为现代人提供了一种崇尚宁静、和谐，追求超越和神圣的精神生活样式，以抗衡那种喧嚣的、浮躁的、物质利益至上的生存状态。现代人习惯于生活在机器的世界中，机器对于现代人变得像水和空气一样不可缺少，人的几乎所有需要的满足，从衣食住行，信息的获得，人际交流，到创造性的工作，都离不开机器。无论在哪里，只要醒着，就不能没有声音或机械操作，随身听、移动电话、笔记本电脑似乎成了身体的一部分。电视也无处不在，人们吃饭要看着电视，乘车要看着电视，只要没有非做不可的事就坐在电视机前。人们习惯于生活在充斥着噪音的世界里，宁静反而会导致恐慌。这种对机器的依赖在心理上导致一种结果，就是害怕独处，害怕宁静，害怕面对自己。人们在这个喧嚣的世界里，心情始终是浮躁的，总是被永无止境的物质利益吸引着，直到生命力被消耗殆尽。超个人心理学则提醒人们在紧张的生活之余使身心放松下来，使浮躁的心情沉静下来，回到自然的和谐状态，回归自我，进入内部的精神世界，去关怀生命的意义，去追求某种超越的、神圣的价值。

二、超个人心理学的局限

推勒认为超个人心理学也有一些严重的局限。还有一些著名的心理学家如罗洛·梅和理性—情绪疗法的创始人艾理斯批评超个人心理学。现在的问题是，用什么标准来衡量超个人心理学；如果用严格的科学标准去衡量，超个人心理学确实有严重的问题。可是超个人心理学根本就不将这些标准视为绝对的东西，而且有意识地超越它们。所以在分析超个人心理学的局限时，会面临比讨论其贡献还要艰难的处境；这就是说，所有的问题都是值得商榷的，还不能作出既能被主流心理学家接受，又能被超个人心理学家接受的结论。

超个人心理学的局限性可能包括：

第一，许多超个人学者相信永生、再生或灵魂不死，并将有关这些观念的体验视为超个人经验。这些观念作为一种经验而成为研究的对象是无可非议的，可是不加怀疑地相信这些观念，就混淆了意识的真实性与现实性[①]。意识的真实性是指在人的意识中发生的事情是被当事人所真实地知道的，一切意识中发生的东西对该意识的拥有者来说都是真实的；而意识的现实性则是指所发生的意识是否与现实生活中的事物符合或一致，凡与之符合或一致者是现实的，反之则为不现实的。有的经验是真实的，但不等于是符合现实的，如濒死经验显示灵魂可以脱离肉体而存在，这种经验是真实的，但这不意味着这种经验是符合现实的；就是说，一个人在濒死状态下体验到灵魂可以脱离肉体，并不意味着事实上灵魂真的可以脱离肉体。超个人心理学家对此不加区分，并美化所谓前世、来世、魂不附体等经验，让人感到没有这些体验这辈子简直是白活了。但我们知道，这些经验不仅无助于引导人的行为和活动的正确进行，而且可能把人的整个认识和活动引向错误和荒谬的方向，还可能被不同的宗教派别所利用和传播，用以控制人们的思想。

第二，从一个学术领域来讲，超个人心理学的主要缺点是缺乏规范[②]。所谓规范，是指根据权威、习惯或普遍的赞同而建立的一种模式或样板，也就是一种评判的标准。规范是衡量价值或品质的尺度，决定什么是应该的，什么是不应该的。超个人心理学家中的许多人会反对建立规范，因为在他们看来，在这个领域中设定任何标准都会限制它的发展；再说，超个人心理学太年轻，现在说什么是应该的什么是不应该的，还为时太早。但超个人心理学既然是一个学术研究的领域，即使在形成初期，也有责任维护一种令人尊敬的形象，而不

① 王启康：“论人的意识的真实性与现实性”，载《教育研究与实验》，1999(4)。
② 维德曼：“超个人领域深处的缺点”，载《两个世界之间》(英文版)，1986。

是给人一种这样的印象，即超个人心理学就是研究那些所有科学心理学都不研究的东西。

第三，超个人心理学对人性的消极方面关注不够。超个人心理学关注人性中最健康、最高级的层面，但对于人性的消极方面，如痛苦、焦虑、冲突、敌意、仇恨、贪婪、破坏性等，它却没有给予特别的关注。有些人甚至认为“超个人”就是超越人性的消极面，似乎可以忽略自我的各种消极的、病理的方面。这可能是由于超个人心理学源自人本心理学，因而提倡研究最高的、最健康的人性层面①。这就容易给人这样一种印象，即超个人心理学家不重视体察现实的普通人的喜怒哀乐，也不强调对人性的消极方面的抗争。也许这种对于恶的放任主义态度源自这样一种推论：一切心理现象、一切原型，甚至整个生命，都具有两极性，例如快乐与痛苦、希望与失望、生与死；即使是神也具有两极性。因此，善与恶作为两极，不过是同一枚硬币的两面。没有黑暗就没有光明，正如我们应该接受黑暗那样，我们也应该包含心理的阴暗面，因此人性中的破坏性、敌意、仇恨、贪婪等等也应该被包含在心理的整体之中。这种推论被认为是建立在荣格理论基础上的，但这是对荣格理论的一种误解。荣格并不认为阴影应该被接受，而是一种应该估计到的力量。应该承认这种力量的存在，但不意味着应该包含它。一旦承认它的存在，就要面对它(不等于接受它)。许多精神传统的例证显示，个人需要面对和战胜而不是包容这些破坏其精神进步的力量。

总体上讲，有人认为超个人心理学的优点大于缺点(如推勒)，也有人认为其害处大于益处(如艾理斯)。但现在作结论为时尚早。作为关注超越的超个人心理学能否超越自己，能否应对来自各方面的挑战，这是决定其未来命运的关键。

① 杨鑫辉主编：《心理学通史》第5卷，400页，山东人民出版社，2000。

第十八章

人学理论

人学是近些年来世界学术界研究的热点问题之一。在人学理论中最具代表性的当推苏俄著名心理学家Б·Г·安纳耶夫的人学理论。

20世纪60年代，由安纳耶夫倡议和领导，列宁格勒大学心理系开辟了一个新研究领域，安纳耶夫把这个研究领域叫作人学(человекознание)，或是关于人的统一的基础学说，以整合关于人的问题的一切研究成果。

第一节　人学理论概述

对人的综合研究是苏俄心理学的传统，最早是从列宁格勒精神神经病研究所开始的。在那里，В.М.别赫捷列夫和Н·М·谢洛瓦诺夫组建了一个诊所——早期儿童实验室，在实验室中对处于童年早期的儿童提出并采用长期研究的综合的方法，1928年发表了研究成果。正是在这一年，Н·Н·雷布尼克首次提出有必要建立年龄心理学——有关成熟期或成年期的思想，并建议把这门新兴学科称为“极期学”。

安纳耶夫关于社会历史过程不仅影响人的个性特征，而且还影响人的个体机体特征，这一重要的理论实验研究主要受Л.Ф.列斯加弗特著作的影响。列斯加弗特发现，人的机体结构和动态的变化对经济条件和劳动过程有重要的依从性。在概括列斯加弗特的观点时，安纳耶夫写道，人始终是个完整的机体，同时也是社会的个体[①]。

在分析世界心理学的状况时，安纳耶夫对20世纪产生的新的流派不按照整体性原则以及在人们彼此的联系之外研究人的不同水平表示不满。当时在

① 转引自安齐费罗娃：“关于人的心理学说：Б·Г·安纳耶夫理论，国外的理论，现实的问题”，载《心理学杂志》，1998(1)。

心理学界出现了一些理论，其创始人力图在动态和统一中研究人的不同的“系统”。

在维也纳心理研究所，彪勒首先开始研究儿童智力发展的问题，然后着手完成一项宏大的计划——研究人的毕生发展，并于1933年出版了她的名著《作为心理学问题的人生历程》。在书中，彪勒区分出研究人的生命系统的三个方面——生物历程、内部世界感受和变化的历史、作为意识具体体现的创造的历史。但是，她把人的多种结构的生命演变看作是孤立于社会历史条件的变化之外，也没有揭示人的发展不同因素间的关系。

20世纪30年代初，在巴黎出版了P·让内研究个性发展不同阶段的讲义。让内的分析是从“物质的个性”开始的，作为社会历史现象的个性是在“物质的个性”基础上逐渐形成的。让内把个性列入心理生理序列级形成过程的个性研究的历史演变的方法，这给安纳耶夫以深刻的启示。30年代，当苏联心理学开始形成时，安纳耶夫把注意转向维果茨基的理论，并吸收了维果茨基关于人的发展存在“自然的”和“文化的”两种发展过程的思想。对于安纳耶夫来说，自然的发展过程就是作为个体(完整的有机体)的人的成熟、成长的过程。

正是在上述科学背景下，安纳耶夫把人列为心理学研究的对象，从而提出了他的人学理论。

一、安纳耶夫的生平与著作

安纳耶夫(Борис Герасимович Ананьев，1907—1972)是苏俄著名心理学家，人学问题的开拓者和研究者，列宁格勒学派的创立者。

安纳耶夫于1907年8月14日出生于弗拉季高加索的一个教师家庭。他17岁中学毕业，1928毕业于弗拉季高加索矿山师范学院历史系。同年，他又就读于戈尔斯基工学院，学习期间，他还担任心理学教研室助教工作。1929年结业后(在此之前安纳耶夫已有5部著作发表)，他成为列宁格勒别赫切列夫脑研究所的一名心理学研究生。从这时起直到生命的最后日子，安纳耶夫的科学历程都与列宁格勒有关。

安纳耶夫在40余年的心理学研究工作中，在许多方面表现出杰出的才能。例如，他对感觉认识心理学、意志和性格心理学有深入的研究，有关神经心理调节、两性异形和人的生理心理演化方面的著作，至今仍具有重要的意义，其艺术心理学、心理学史、作为教育对象的人的教育评价心理学以及其他很多的研究成果今天仍被学者们广泛地使用着。

安纳耶夫一生发表了大量的论著，其代表作是《人是认识的对象》(1969)，此外还有《教育评价心理学》(1935)、《中小学生观察力的培养》(1940)、《中小学生性格的培养》(1941)、《空间辨别》(1955)、《小学的教学和教育问题》(合著，1960)、《感性认识心理学》(1960)和《感觉的理论》(1961)等。

二、人学理论的一般问题

(一)创立人学的必要性

科学认识的进步及其运用于社会实践的各个不同领域，使得对人本身各个方面的知识日益增多。这是当代特有的现象。安纳耶夫分析了当代科学发展的三大特点：第一是人的问题成了全部科学的一切分支包括各门精密科学与技术科学中带有普遍性的问题；第二是对人的科学研究的日益分化，形成了一系列研究人的学说；第三是各门不同的科学对人的研究的各种观点与方法趋向于联合成各种不同的综合系统，由此产生了各种边缘科学。

20世纪后半期，有关人的学科从不同角度对人进行研究，例如年龄生理学与形态学、性学、人类躯体学、高级神经活动类型学、人类工程学、符号学、心理语言学、性格学等等。然而，由于科学发展所导致的高度分化与整合，使这些学科的关系发生了显著变化。

安纳耶夫认为，由于不同社会实践的需要，应该有一门关于人的统一的基础学说，以便克服人在实际工作中表现出来的局部性与片面性，把对人的认识以及指导其发展的一切手段加以联合和整合。

(二)心理学与人学的关系

安纳耶夫认为，现代心理学是一种在许多学科边缘上发展起来的理论学科与应用学科的枝叶繁茂的体系。“由于把人的问题提到现代科学的中心地位这一重要的进展，心理学在整个科学知识体系中的地位发生了本质的变化。”[①]既然人的行为由他过去的生活条件，对他有重要意义的环境，以及他的遗传和先天特性决定的，那么就应当研究这些条件、环境和特性(广义上说就是心理的整个基础)，所以有必要吸收包括心理学在内的邻近科学的方法和资料。安纳耶夫强调指出，心理学通过行为与大脑和整个有机体的关系同自然科学联合起来，而通过与社会中人的生活条件的关系同社会科学、人文科学和技术科学

① 安纳耶夫：《人学》，34页，北京广播学院出版社，1993。

联合起来。由此可见，心理学是把自然科学与社会科学的各个不同分支联合成的新的综合性的人学的重要武器。

皮亚杰也认为，"心理学不仅作为一切其他科学的产品而且也作为它们形成与发展加以说明的可能的源泉，都占据着中心的地位。"①

(三)人学的基本结构

安纳耶夫于1969年发表的重要著作《人是认识的对象》，概括了列宁格勒学派自20世纪50年代以来在人学领域的各种理论与实验研究的成果，被认为是人学的奠基性著作。安纳耶夫认为，人学可以分为四大基本领域：(1)作为生物物种的人的问题；(2)作为个体的人的个体发生和生活道路；(3)作为个性的人的研究；(4)人类起源与演化以及历史发展的研究。每一基本领域又都包含许多下属的学科，如人类学、古语言学、人种学、比较解剖学、比较生理学、古社会学、生物宗谱学、民族学、躯体学、人口学、差异心理学、社会心理学、文化人类学、现代医学等许多新型学科。人学研究也是个性研究的一个方向。

第二节　安纳耶夫人学理论的主要内容

虽然安纳耶夫的研究涉及心理学的众多领域，但纵观他的学术生涯，其理论研究的主要方向是：科学地全面地解释以人作为其认识对象的科学联合的原则；探索既研究最简单的心理形成物，又研究最复杂的心理形成物及整个心理世界的综合方法的基本原则，并将其引入科学的日常生活中；同时，他还特别强调要加强心理科学中新的重要方向——个体心理学和极期学的研究。

一、个体心理学

安纳耶夫对作为科学研究客体的人及其心理的概念性解释，在内容方面本质上有别于传统的解释。在他的人学理论中，人是作为多系统的形成物而受到研究的；在这个多系统的形成物中，安纳耶夫区分出人存在的不同形式(或称为人格)，即个体、个性和个体性。他把个体心理学建立过程中要解决的问题归纳为四组：(1)在个体发生和人的生活道路的不同时期从生物社会方面揭示

① 皮亚杰：《心理学，学科间的联系与科学的体系》(俄文版)，2页，1966。

个体和个性特征发展的实质；(2)探索人在个体发展的不同阶段个体和个性特点的相互关系；(3)揭示人的个体现象，以及个性现象同人的主体活动特征的相互关系；(4)研究作为整合在很多参数方面具有不重复特点的个体、个性和活动主体的人在其基本特征发展过程中的个体性的形成。

(一)个体

人的第一种存在形式可以定义为个体或完整的有机体。人的个体特性就是不同特性——原生特性和派生特性最复杂的组合体。身体的、神经动力的、结构的和性的特征属于原生特性。在生命过程中它们之间产生的联系导致个体派生特性——感觉运动组织、气质、有机体需要的结构，以及素质的出现。在深入研究它们的进一步整合时，安纳耶夫得出的结论是，气质和有机体需要的结构构成了人的性格和动机的自然基础①。

安纳耶夫为了揭示个体组织和他的个体发育而进行的研究证实，个体特征年龄的比较研究乃是认识心理自然形式最重要的方面之一，只要心理的自然形式在人的一生中继续执行心理潜力的机能，那么它就不会随着心理活动的复杂而失去相对的自主性。

在人生的不同时期，个体特性具有不同的相互关系和相互联系。在包括各种成分的个体组织的复杂结构问题上，安纳耶夫既研究相同水平的关系，又研究不同水平的关系，从而指出，由于个体成分的分化、分层而存在的个体不同水平结构，产生对人的这个系统中分化和整合过程的研究。派生的个体特性的进一步分化，同样也是社会化的结果。心理生理机能(记忆的、言语的、随意机能的等等)的社会水平，是在人的心理的自然形式的基础上形成的。在个体水平上，无论是固有的联系还是获得的相互联系，在社会因素的作用下会具有越来越强的专门化、动力性和特别的可塑性的特点。

在人的整体性中划分出作为个体的人的存在水平时，安纳耶夫把人的发展路线称作个体发育的演变。在心理学中常常把所谓的个体发育仅仅理解为人生的早期阶段。安纳耶夫摒弃这种传统，认为个体发育的路线贯穿整个人的一生，因而研究者应当既研究早期的个体发育，也研究晚期的个体发育，以及它们之间的关系②。

在个体的个体发育演变水平上已表现出整个人生道路的基本规律：某些过程表现出位相性、阶段性、周期性、间歇性、异时性和非等时性。所有这些规

① 安纳耶夫：《人是认识的对象》(俄文版)，82页，1969。
② 安纳耶夫：《人是认识的对象》(俄文版)，103页，1969。

律也都说明人在向他存在的新的方面——个性方面转化。

(二)个性

个性的发展比个体的发展要晚。个性是由社会关系系统派生的。安纳耶夫认为，社会关系包括经济的、政治的、法律的、民族的、种族的、阶级的、职业的关系等，在个性形成和发展中起着决定作用。因此，安纳耶夫对个性提出了两个基本观点：(1)个性的形成与发展是由该历史时期社会存在的全部条件决定的；(2)个性既是社会影响的客体也是社会发展的主体，因此个性永远是具体的、历史的，没有超越时空的抽象的个性。对个性作历史的、社会学的、社会心理学的研究，是对其进行研究的主要途径。

为此，安纳耶夫十分重视社会情境对个性形成和发展的作用。社会情境——包括政治、社会、思想、社会心理、教育、民族乃至人口、代际继承等方面——是不断变化的，它对个性的影响也不断变化。然而，个性“不仅是历史的产物，而且是历史生动发展的参加者”①，即个性既是社会情境影响的客体，也是创造社会情境的主体。“人并非社会环境的消极产物或者遗传力量的玩物。用自己的行为和劳动来创造和改造当前的生活环境，通过各种社会联系(同志、友人、爱情、婚姻和家庭，加入到各种大大小小的群体之中)来形成自己的发展环境——这些才是人在自己的生活过程中发挥社会积极性的表现。”②

安纳耶夫强调，个性的社会心理特征的意义，是由它们的调节机能决定的。人正是根据自己对周围现实不同方面的主观态度的考虑作出某一决定的。人们的社会环境整体上也包括对待作为社会关系主体和个性的自身的态度。按照安纳耶夫的看法，个性成熟的程度是通过在复杂的情境中作出自己的决定和自觉地实现选择的能力表现出来的。

在个性结构问题上，安纳耶夫认为，个性的结构是在其社会发展的过程中逐步形成的，因而是这种发展的产物，是整个人生道路有效的结果。这一结构影响着个性状态、行为动态、活动过程和全部交往方式。他还指出，“个性理论经常对智力在个性结构中的意义估计不足”③。而根据他所获得的资料，智力因素对个性结构来说是非常重要的。因为“在人的实际发展过程中，社会功能、社会行为和动机总是同人反映周围世界的过程，特别是同认识社会、认识他人和认识人本身联系在一起的”④。

①②③ 安纳耶夫：《人学》，316、182、345页，北京广播学院出版社，1993。
④ 安纳耶夫：《人学》，345、332页，北京广播学院出版社，1993。

谈到个性结构概念时，安纳耶夫特别赞同K·K·普拉托诺夫提出的个性动态结构的理论。这一结构包括四个方面：(1)生物方面制约的个性特点；(2)个性个别生理过程特点；(3)个性成熟水平(个性经验)；(4)社会制约的个人品质。个性的这四个方面的影响是很密切的，但起主导作用的仍然是个性的社会方面——世界观和方向性、需要和兴趣、理想和追求，道德品质和美学品质。

（三）活动主体

在作为整体的人的发展过程中，还有一种人的存在形式，即活动主体。“主体”和“个性”的概念常常很难区分。安纳耶夫认为，“主体永远是个性，而个性也永远是主体，但主体不仅仅是个性，而个性也不仅仅是主体”[①]。一般地说，“个性”与社会关系有关，而“主体”与活动有关。例如，作为个性的人规定他对某一种族、民族、宗教的归属，而在劳动活动中这些情形就不大有意义。安纳耶夫强调个性在社会中的重要作用。在其作为活动主体的人的概念之前，他先提出以下原理：个性是历史过程的客体和主体，社会关系的客体和主体，交往的主体和客体，社会行为的主体——道德意识的载体。

尽管安纳耶夫的主体概念有些宽泛，但他在这方面的合理研究对20世纪50~60年代的苏联心理学仍有重要意义，在相当长的一段时间里在苏联心理学体系中，活动概念占有重要地位。就像安纳耶夫指出的那样，在脱离活动者中研究活动。事实上，在一些心理学家如C·Л·鲁宾斯坦、阿德勒等人的著作中，对主体概念早就有过论述。在前人研究的基础上，安纳耶夫试图使主体概念充满心理的内容。他首先区分出人对待世界的多种形式，诸如游戏、学习、劳动、战斗和运动活动、认识、交际、管理、创造性，以及与之有关的概念包括在最广泛的范畴——社会行为之中。活动主体的动态也符合活动的动态。在活动主体的动态结构中可以区分出：形成动机，提出目标，制定行为计划和行动步骤，选择战略和策略，设计未来活动的结果，比较获得的结果和预料的结果。智力、意志是有效活动的必要条件。这些成分使主体结构和个性结构联系在一起。在开始研究活动主体问题后，安纳耶夫对心理学提出很多非常有趣的任务，其中之一是当前需要揭示不同活动形式主体心理结构的特殊性。这个领域的研究能够丰富对活动主体心理机能作用的认识。

（四）人的生活道路

在完成对“主体”现象的分析后，安纳耶夫转向对人的整体性原则的研

① 安纳耶夫：《人学》，345、332页，北京广播学院出版社，1993。

究。他认为，人是沿着他的生活“旅途”而变化的。作为主体的人的生活道路对他的个体发育的演变，心理生理机能的发展，心理运动机能的完善，有机体不同特性之间新的关系的建立，都有重要影响；同样，个体发育的特点也影响活动主体的未来。

安纳耶夫指出，人的生活道路很重要。“人的生活道路——就是在一定的社会中某个个性形成和发展的历史，是一定时代中某个同时代人和一定的世代中某个同龄人的历史。”[①] 再加上他本人生活道路中某些重要事件，如教育、生活的变迁等等都直接影响着人的个性形成。他还指出，一个人的地位(经济的、法权的、家庭的、学校的等等)、各基本要素的相互作用、人在集体中(大的、中的、小的共同体)所扮演的角色和人际关系系统对个性形成的作用，它们所表现出的不平衡和异时性，乃是个性发展的内部矛盾。

生活道路、生活的主要路线、生活目标和计划的概念，在阿德勒的理论中占有重要地位。虽然阿德勒和安纳耶夫都涉及生活道路及其充满事件的内容、转折点的划分问题，但他们研究的重点明显不同，研究方法也不一样。

另外，人生进程(或者变化)也是彪勒研究的问题，阶段性问题更是彪勒理论的中心问题之一。她把人的整个一生看作是实现个体所特有的倾向的不同形式的序列。在她的理论中，人生的变化是由个体具有的条件、动力趋向、能力决定的。安纳耶夫高度评价彪勒研究个性心理演变的多维方法，尤其对她研究生活道路的履历的观点颇感兴趣。但是在彪勒的理论中，个性生活社会历史制约性的原则未得到实现。

安纳耶夫强调指出，人在实现自己的生活道路时，主要是使自己置身于自己时代、国家生活的社会历史空间。对于他来说，“历史时代是一切社会发展中的一个参数，而对于人的个性发展来说也是一个有首要意义的因素。一个人发展进程中的所有事件(履历)总是要按照历史时代的测量体系铺列的”[②]。

安纳耶夫在分析生活道路时，将它区分为准备、开始、稳定、第一次极限(或高峰)、暂时衰退、第二次极限(或高潮)等阶段，随后出现衰退过程的增强和最后阶段。安纳耶夫预言，生活道路的阶段性问题因人的生活的多维性而变得很复杂，他所划分的阶段对于活动主体的命运来说较具有代表性。但同时每一个阶段的内容中都牵涉地位和角色的变化、新的价值观的产生、人所获得的新的理想、改变对世界的主观态度等等。因此，安纳耶夫认为，只有通过对人的社会发展的很多参数——公民身份、经济状况、家庭地位、社会职能的协调或解除、生活计划的实现或未实现等变动的比较，才能确定阶段更替的要素[③]。

① 安纳耶夫：《人学》，115页，北京广播学院出版，1993。

②③ 安纳耶夫：《人学》，174、182页，北京广播学院出版社，1993。

在描述生活道路时，安纳耶夫力求区分出由个人历史主体的稳定性所决定的他的生活道路的某些整体品质。才能——能力和意志的统一就属于这类特性。所以，有必要说明生活道路的才能程度。当然还要区分出生活才能的标准，确定才能同满足才能的程度之间的关系。K·A·阿布哈诺娃对揭示生活的整体品质作出了贡献。她特别关注作为生活策略最重要特征的生活道德程度。

安纳耶夫不仅揭示了生活道路期间内人的心理发展的一般规律，而且还对成年和老年期的心理进行研究。在安纳耶夫看来，成年是人的社会心理的成熟期，在这个阶段，“历史不仅是装饰履历的背景和主线，而且是人生生活之剧中的主要搭档”①。个性表现出的“历史感”决定社会生活事件改变人的内部世界和社会行为到何种程度。成年期——这是道德感和美感最强的发展时期。安纳耶夫学派成为研究生活道路终结阶段的中心。安纳耶夫、M·Д·亚历山德罗娃及其学生对老年心理学的研究，揭示了老年形成的阶段，晚年创造性效能的动态特性，对衰老过程实施个别对待的方法。他们对生命晚期持乐观主义的态度。根据安纳耶夫的看法，当人已走到终点时，并非耗尽了自己的潜能。

根据安纳耶夫的观点，个性晚期的完整性取决于他的社会积极性水平。如果人不失去同当代生活的积极联系，继续完成某种社会职能，那么他的个性就不会发生扭曲。安纳耶夫还认为，甚至在社会大变动的情况下，人在晚年也会成为自己跟世界关系的主体，会找到新的途径进入社会生活。就像现代老年心理学研究指出的一样，老年人生活的内容在很大程度上取决于他们作为渴望扩展自己同他人联系范围的交往主体的积极性。

人的生活道路在其所有的整体性中表现为社会历史存在的特殊形式。在这种品质中，它以最有力的形式影响人的个体发育的演变、人的个体特性。按照安纳耶夫的说法，社会条件在物理化学的、生理的、心理生理的过程的机能作用中起着兴奋剂、应激因子、催化剂的作用。生活道路甚至可以依靠人的性格掩盖人的神经动力类型，因而个体发育的过程越来越具有个体化，并对人的新的存在形式——人的个体性的出现作出贡献。

(五)个体性

人在参加不同的活动形式——无论是基本的形式(交往、认识)，还是派生的形式(游戏、学习、劳动)时，都在实现自己自然的和生活过程中积蓄的潜

① 安纳耶夫：《人学》，312页，北京广播学院出版社，1993。

能。这导致可以归为新的形成物的高级类型的个体性的形成。按照安纳耶夫的看法，个体性是教学和教育的条件，而且也是教育影响的产物。

在安纳耶夫的人学理论中，整合性是个体性最重要的特性：对作为个体、个性和活动主体的人的特征进行综合和协调。但整合过程本身未必能成为个体性出现的充分条件。在个性和活动主体范围内，大量的新类型的出现是必然的。人应该从自己的生活道路中吸取经验，如同拒绝外加于他的某些立场、观点那样。因而，他以前的心理生活的组织会受到破坏。但这时他反省的性格特征已形成，于是人借助于这些特征开始建构自己的个体性；在反省过程中对人的行动计划和才能、潜力和倾向进行协调。在安纳耶夫看来，由此产生的个体性具有特殊的组织，在这个特殊的组织中包括人的"自我"，他的世界观、价值观等内部世界占据中心的部位。"如果人的各种特性组成的整个结构的'最高峰'是个性的话，那么个体性就是个性和活动主体的'最深处'。"[①] 在个体性中社会的任务和个性定势是借助利用所有个体组织潜力的积极的创造活动实现的。所以个性特点对其自然基础最积极的影响只有在作为生活道路结果的个体性结构中才能实现。所以，"人的个体性的一个重要标记就是人对创见性、创造性活动的积极程度，就是在这一活动中人的历史本性的所有巨大潜力的体现和实施"[②]。

最后，安纳耶夫认为，可以用个体——个性——个体性的图式说明三者复杂的从属、"等级"联系。

二、极期学

除了对个体心理学问题的研究外，安纳耶夫对创立极期学也作出了重大而富有创造性的贡献。极期学是一门产生于自然、人文和技术学科结合部的科学。它研究成年阶段，特别是在这个阶段达到最高水平时人的发展的现象学、规律和机制。

继别赫切列夫之后，安纳耶夫反对某些学者的观点，即人的发展是在他到达成年情况下完成的，此后在这个过程中的表现中似乎出现了特殊的"停滞"现象。安纳耶夫强调指出，人在成年状态下达到的成熟和这种所谓成熟的极点或者就像人们称它为"极期"一样，虽然按时间的间隔它也包括人生的重要阶段，而且始终表明，作为个体、个性和活动主体的人实现到何种程度，但同时它任何时候也不是静态的形成物，相反，它或多或少具有变异性

①② 安纳耶夫：《人学》，370页，北京广播学院出版社，1993。

和易变性的特点。

安纳耶夫和他的学生通过一系列的实验研究后指出，人的生理状态经常具有典型的特征，然而在成熟参数的范围内这种生理状态也会发生改变。当人表现为个性和活动主体时，这种成熟表现的富有内容的特征和形式的动态统一便会显露出来。一般来说，通过这些研究可以表明，心理形成物的各种成分不是全面地同步地达到成熟程度的。在心理形成物中，人表现为个体、个性和活动的主体。以后，在已成熟的阶段，在人身上可以观察到上述形成物变化的不同速度。作为个体、个性和创造性活动主体的人，进入极期水平的时间往往很不一致。

安纳耶夫和他的学生的著作多层次地分析了决定人达到成熟状态的所有因素，并在各种复杂性中研究它们影响这个状态特征的动力。

人的成熟状态不是突然和立刻表现出来的，人以前所有的生活都是为他以及他的成熟状态“服务”的。人什么时候成为成人，不仅取决于自然的素质，而且在很大程度上还取决于已经历过的生活，即人是以什么样的身体安全系数走近成熟阶段的，是以什么样的价值观和态度组成他的个性核心的，是以什么样的能力，以及以什么样的知识、技能和习惯的储备来表征他是活动的主体的。

因此，在思考作为个体、个性和活动主体的人的最佳发展时，安纳耶夫把研究和解决这种组织人的生活策略的问题提到心理学和整个人学(以及整个社会)的面前。实现这种策略有可能使人在成熟阶段的各个方面顺利地表现自己。

安纳耶夫学派的研究结果表明，人在通过表明其成熟的发展阶段时，要经历发展、相对稳定、开始衰退的阶段。这与他的健康状况、他的个性表现、他在各种活动中表现自己有关。假若在这种情况下考虑到有机体不同系统及其机能工作的变化，心理过程效能的波动，动机需要的内容和积极性、情感意志反应的改变，表现为能力的概括化技能的效果，那么它们彼此的联系是很复杂的，并且是非同义的依存关系。

但是，在成年阶段人的发展特征这种矛盾和多种指标的情景，就像安纳耶夫和他的同事的研究所证实的那样，它不是对人的活动、人同周围人们的相互关系，概括地说是同他所参与的环境的关系，以及他作为个性和主体的外部和内部积极性的阻碍。假若它们同时都具有创造性的结构要素，也符合道德的命令——最后将人引上他的发展的最高水平，那么他就达到了极点或极期。

如果人的这个极点原来很高，内容是多方面的和丰富的，那么在达到极期时人的行为结果在社会上就伟大而富有创新精神。自然，这取决于极期之前人的生活道路的特点，也取决于走上成年阶段后他进入的社会的、经济的、政治的、法律的环境。

人们在完成道德高尚的行为，以及在最困难的条件下对真正的创造来说完成创造的和在其社会影响方面有重大意义的行为时，彼此具有不同的能力特点。考虑到人表现的具体条件而对他们极期的测定始终说明，作为个体、个性和活动主体的他们有什么价值。

在以上认识的基础上，安纳耶夫提出极期学应当解决的问题，这就是科学地阐明极期的现象学，概括不同的人在现象学方面共同的和不同的极期，在行为中探索决定极期质量特征的因素。揭示这些因素的规律、机制、职能的意义在于使人达到完全的极期，使他能成为本国最受尊敬的公民和最高级的专家。

安纳耶夫是著名的列宁格勒学派公认的领袖，在苏俄心理学中占有特殊的地位。他对心理学的重要贡献在于：他顺应世界心理学发展的潮流，首次提出人学理论，把“人”的范畴引入心理学的概念系统中，将人列为心理学研究的对象，开创了人的科学研究的新方向——个体心理学和极期学；他提出和发展了个体生理机能、心理过程、个性、活动主体、人的生活道路及其发展的重要观点。所有这些探索都服从于同一种研究，即在由存在方式——有机体体质的、心理生理的、心理的、主体活动的、个性的、独特个体的多样性构成的人的整体中研究人。在动态、发展、彼此存在着的关系中研究人的各种存在的方式。安纳耶夫力图通过个体性研究的综合方法解决有关人的科学的整体性问题。正如他本人所说：“……对人的发展不同方面和成分间相互关系量的描述和鉴定对现代人学具有特殊的意义，因为这种鉴定有助于理解人的发展的整体性。”[①]

另外，安纳耶夫把研究的人的主要坐标系置于具体的社会历史环境、一定的社会空间和国家的生活之中，认为，这个具体的历史现实如何，将制约着人的生活直至他的个体发育演变的水平，从而提出了关于在整个人类和全世界范围内对人的研究将证明人有“极值的”人格——“普遍性”或“超越性”的假说。

尽管安纳耶夫仅仅构建了自己理论结构的大致框架，他的理论同大多数心理学理论一样，在其重要方面是不完善的，但安纳耶夫在这个领域中所作的种种努力，无疑对建立人学这门新兴科学起了重要的奠基作用。现在，圣彼得堡大学(原列宁格勒大学)每年都要举行安纳耶夫国际学术会议，以此纪念这位著名心理学家对人学和心理学作出的突出贡献，继续推动人学领域的进一步研究。

① 安纳耶夫：《人是认识的对象》(俄文版)，11 页，1969。

第十九章

后现代心理学

通过前面各章的阐述，我们不难看到，心理学是一门充满矛盾的学科。在现代主义语境中，林林总总的研究取向以及价值对立的现象，可以用英国思想家斯诺所说的“两种文化”，即科学主义和人文主义来加以概括。美国心理学家金布尔的研究实证了这种文化冲突在现代心理学中的存在。在现代时期(modern era)，心理学内在的价值对立被认为是学科不统一的根源。价值对立导致学科的合理性危机。然而，在后现代的视阈中，整一的科学及其宏大理论已无法解释社会现实的细节和人类生活中的不确定性。心理科学应该具有复数性，“心理学”应该被“心理学诸研究”所替代。

本章将在“后现代心理学”这一标题下，讨论现代性与心理学的危机、后现代性与心理学的发展等问题。

第一节　心理学与现代性

一、心理学是现代性的产物

科学心理学的形成与“现代性”(modernity)的形成几乎同步。“现代性”可追溯到15世纪欧洲的文艺复兴运动，历经启蒙运动，成熟于法国大革命。现代性被认为是启蒙运动的“宏伟筹划”(grand project)。现代性追求自由、平等、博爱，以秩序压制混乱，以一元统一多元。在现代性中，理性优于感性，知识高于无知。现代性将人置于宇宙的中心，将人视作理性的存在，信仰通过理性和科学来获得解放和进步。

在很长的一段历史时期中，心理学一直处在哲学的怀抱中。罗素指出，作为人生观与世界观，哲学乃是两种因素的产物：一种是传统的宗教与伦理观念，另一种是可以被称为科学的那种研究。“这两种因素在哲学家的体系中所占的比例如何，则各个哲学家大不相同；但是惟有这二者在某种程序上同时存在，才能构成哲学的特征。”[①]然而，17世纪前后科学中发生的“培根革命”，使得科学的面貌被彻底改写。世界被数学化了。由于科学的不断拓殖，“早在19世纪初期以前，两个知识领域的分化业已失去了它们原先作为两个独立而平等的领域的意义”[②]。到19世纪初，科学已大获全胜。1830年至1842年间，孔德发表了六卷本著作《实证哲学教程》，在宣告实证主义诞生的同时宣布科学与传统哲学的离异。

在孔德那里，“实证”的概念具有现实的、有用的、可靠的、确切的和肯定的等意义。在实证主义视阈中，科学或人的一切认识活动所追求的是确定的、有用的知识。科学的认识对象被局限在经验现象的范围之内。

在孔德的“科学体系”中，科学被划分成研究一定种类现象的规律的抽象科学，以及将这些规律用于局部领域的具体科学。例如，生物学是一门关于生命的总的抽象科学，而医学则是一门运用生物学一般规律的具体科学。孔德不赞成内省心理学，认为它是混乱的、形而上学的。由于对颅相学抱有希望，孔德将个体的研究归入生理学或生物学，而将作为社会动物的人的研究纳入社会学。他将心理学肢解成两部分。“心理学研究……主要地被归入医学领域。这意味着，心理学的合法性取决于它与自然科学关系的紧密程度。……对于许多人来说，只有建立在生理学乃至化学基础上的心理学才具有科学的正当性。因此，这些心理学家力图‘超越’社会科学，把心理学变成一门‘生物’科学。”[③]

冯特尽管是孔德的激烈批评者，但在客观上他顺应了实证主义的反哲学思潮。1879年，在生理学家冯特的带领下，现代心理学以生理心理学的面貌向哲学大厦的门外跨出了第一步。心理学科学化的第一步跨得如此成功，“以致心理学一切其他的方面从他的时代以来一直忍受着二流角色的遭遇”[④]。冯特及早期的实验心理学家通过首先假定在无形的心理事件与有形的、可直接观察的物理事件之间有着某种功能关系，来寻求对意识进行实验研究。主观的心理事件根据其在可观察的物理事件中的作用得到测量。私人的心理事件因此被降格到“物性”事件的档次，而这样的事物又依赖于或相关于那些可以用实验方法而加以控制或测量的物理事件。冯特被视为“他的那个时代那种改造心理学的科学力量最全面的体现”。在冯特的眼中，“生理心理学从头到尾都是一门

① 罗素：《西方哲学史》，11页，商务印书馆，1986。
② 华勒斯坦等：《开放社会科学》，6页，三联书店，1997。
③ 华勒斯坦等：《开放社会科学》，28~29页，三联书店，1997。
④ 墨菲、柯瓦奇：《近代心理学历史导引》，220页，商务印书馆，1982。

以经验为根据的科学”，心理学应该同生理学并肩而立[①]。

但是，这时的实验心理学尚未成为牛顿意义上的自然科学。因为，冯特始终认为心理学与哲学之间的密切关系是不能武断地一刀两段的。在冯特的体系中，心理学终究未彻底生理学化，因为它的另一条腿始终未跨出哲学大厦。冯特非但没有将实验视作心理学研究中的惟一方法，还提倡心理学应该奠基在对人类文化的民族志研究之上，即所谓文化心理学之上。与冯特的割裂的两步式研究计划(即前半生研究实验心理学，后半生研究文化心理学)一样，心理学从呱呱落地时就具有分裂的自我。

当冯特放弃实验的方法，寻求对心理学作人文的叙事分析时，实证主义却通过马赫开始直接影响心理学领域。马赫是一位物理学家、生理学家，又是一位心理学家。他的哲学目的在于寻求一种思维经济原则，即一种观点从物理学领域进入生理学和心理学领域时，不需作任何改变。在此，实证哲学的问题被表述为经验的明证性。在马赫看来，惟有感觉是明证的，一个物理客体不过是某种比较牢固的样式的感觉的复合。马赫企图将主观世界直接外化为感觉经验，并以此否认康德的物自体的存在。

马赫的反形而上学倾向和合乎科学逻辑的实证主义认识论，在崇尚实用主义的美国很快获得了反响。“由于美国在心理学和哲学(当时这两个领域还没有明确划分)中的本土的经验传统，他们对马赫心理学之内和之外的思想，都抱接受的心态。”[②]而马赫也确认，他的思考方式接近于实用主义，尽管他从来没有用过这个术语。从实用主义观点出发，詹姆士也认为，“物质是作为我们对于某些颜色、形态、硬度等等感觉被认识的，这些感觉是‘物质’这个名称的兑现价值”[③]。1904年，在一篇名为“意识存在吗”的文章中，詹姆士明确指出，意识“只是一种回声，只是在哲学空气中为正在消逝中的‘灵魂’所遗留下来的一点模糊的传声”。他说：“过去二十年我不相信意识是一个实体；过去七八年间我已建议给我的学生，说它是不存在的了。”[④]所谓“意识之流”，不过是“经验过程”而已。

如前所述，冯特是骑跨在实证科学和传统哲学的门槛上研究心理学的。虽然，他也将经验作为心理学的研究对象，但他所谓的“经验”是被裁割成外在的直接经验和内在的间接经验的。冯特的学生铁钦纳则秉承马赫主义以及与马赫主义一脉相承的美国实用主义传统，在美国心理学研究传统的建构中，只谈

① 墨菲、柯瓦奇：《近代心理学历史导引》，220、222页，商务印书馆，1982。
② 杰拉耳德·霍尔顿：《科学与反科学》，10页，江西教育出版社，1999。
③ 夏基松：《现代西方哲学教程新编》(上册)，62页，高等教育出版社，1998。
④ 约翰·杜威：《人的问题》，334页，上海人民出版社，1986。

感觉要素而不问感觉反映的客观对象，而所谓的要素也就是经验中最基本的感觉及其不能再分解的部分。这种元素论与马赫的要素论如出一辙。如果说铁钦纳的构造主义体系中尚存些许意识的痕迹，那么在早期的行为主义研究中意识已被彻底荡涤净尽。什么也敌不过时代精神。在20世纪的头10多年间，心理学完全按照实证科学的发展逻辑而走向行为主义。植根于哲学之中的心理学的人文传统逐渐被忽视，直至被根除。

著名行为主义心理学家托尔曼、赫尔和斯金纳与行为主义运动的开创者华生一样，都承认自己受益于马赫的科学哲学。斯金纳曾说自己是“严格遵循马赫的路线，在其中，行为被分析为一种对象，它本身是环境变量的函数，而不要参照心灵或神经系统”①。斯金纳深受马赫“科学启蒙主义”思想的影响，奉行马赫的经验实证论。他将那些看来是含混的内部心理过程，部分转译成行为，部分则当作无意义的、不必要的东西予以抛弃。因此，行为研究被他简化为对白鼠的爪的运动进行观察。说明被简化为描述，因果性被简化为函数概念，而主要目标则是把观测到的事件联结起来。

面对19世纪末实用主义哲学通过取消形而上学来实现科学统一的境况，胡塞尔认为，实证主义把科学与人分离开来，与人的精神生活割裂开来，使科学失去了目的、意义和价值。“实证主义科学方法的证明性是一骗局……这种证明性本身就是有问题的。”② 在胡塞尔看来，科学仅仅描述了经验事实。所谓科学规律也不过是经验事实之间的不断重复出现的或相似的联系和关系。而这种联系和关系并不具有内在的必然性。这样，人的认识只局限于经验事实，人至多只能认识而不能超越现存的世界。由于无法追求绝对真理，科学也终将失去确实可靠的基础。

胡塞尔认为，实证主义—心理主义观点动摇了科学确证性的根据。因为，按照实证主义—心理主义的解释，逻辑和真理都不是精确可靠的。为了拯救危机中的科学，胡塞尔要恢复哲学原有的王国，使之成为一门追求世界绝对知识的“严密科学”。

站在纯粹哲学的立场上，胡塞尔认为哲学应关心“本质”，哲学的目的在于对实在的本质性有一个明晰的把握。由于“本质”是内在的，本质只有在反思性意识中才能被把握，即通过反思主观意识的方法，从呈现在每个经验自我的现象中把本质揭示出来。

在重建哲学的努力中，胡塞尔非常关注实证哲学中的“自然主义”倾向。

① 杰拉耳德·霍尔顿：《科学与反科学》，19页，江西教育出版社，1999。
② 夏基松：《现代西方哲学教程新编》(下册)，492页，高等教育出版社，1998。

在他看来，自然主义已彻底主宰了自然科学和社会科学的思维。自然主义的哲学观视实在为全部的形而下存在，因而未能将全部的本质域包括在实在之中。胡塞尔拒绝自然主义是因为它并不是有关实在的完整而又精确的画面。自然主义只是有关实在的一个视角。在胡塞尔看来，实在是由众多的存在形式构成的。除自然存在之外，还有数理存在、动物存在、价值存在、神的存在、意识存在等本质。因此，现象是各种各样的，如数字、逻辑规则、数学公理等等。它们虽然不具“自然性”，但却完全是实在的。

我们由此可以清楚地看到，现象学与冯特开创的经验性实验心理学有着完全不同的根基。明白了这一点，也就明白为什么在20世纪初，包括胡塞尔在内的107位哲学家会联名要求将心理学赶出哲学系。在这些哲学家看来，实验心理学完全是无根基的、自然主义的和相对主义的。

现象学对本质意义的追求给具有人文传统的心理学家以巨大的鼓舞。现象学的方法很快为人本主义心理学的创立者所继承。他们视现象学为一种研究主体的直接经验和内省报告的方法。马斯洛在《存在心理探索》中指出：第三势力深受存在主义的影响，而存在主义是以现象学为基础的，它把个人的主体经验视作一切抽象知识构成的基础①。奥尔波特说：“在我看来，人格中的一切有趣的事情就存在我们必须对这些中介变量，如动机、兴趣、态度、价值观等中所发生的一切做出的推论中。”② 人本主义心理学由于强调研究人的价值与人生意义、人的本性与人的潜能等曾被实证主义当作无意义的形而上学而加以抛弃的问题，而重新靠近哲学。

人本主义心理学将价值导入心理学研究从而恢复了这一学科应有的人的科学的性质。马斯洛指出，“人类的心理规律与非人类的自然规律在某些方面是相同的，但在某些方面又完全不同”③。人本主义心理学家认为，人在其内部包含有自己的未来，而这个未来在当下是作为动力积极地活动着的。“假如我们想知道人类精神成长、价值成长或道德发展的可能性，那么我们要坚持，只有研究我们最有德性、最懂伦理或最圣洁的人，才能有最好的收获。”④

作为人文取向心理学的典型代表，人本主义心理学坚决反对行为主义在将心理学“科学化”的过程中，贬低人在宇宙中的地位，损害人作为万物之灵的尊严，剥夺人追求美善的自主发展。这一部分心理学家反对那种将人还原为物，将意识外化为行为的研究，要求在心理学的研究中恢复人的尊严和地位。

① 马斯洛：《存在心理学探索》，8～9页，云南人民出版社，1987。
② 叶浩生主编：《西方心理学的历史与体系》，535页，人民教育出版社，1998。
③ 马斯洛：《动机与人格》，8～9页，华夏出版社，1987。
④ 马斯洛：《动机与人格》，12页，华夏出版社，1987。

在争夺权力话语的过程中，人本主义心理学对行为主义展开全面的攻击，并在价值取向上与行为主义彻底对立，形成了金布尔所说的“心理学中的两种文化”。心理学家各自选择了不同的文化群体，并由于对自身文化价值的过分强调而导致心理学中两大文化的分离和冲突。

二、现代性的局限与心理学的危机

1959年，美国心理学家西格蒙·卡奇(Sigmund Koch)在其编纂的《心理学：对一门科学的研究》一书的“跋”中，对作为一门现代科学的心理学所竭力追求的外在“合法性”、“普适性”、形式“理性”，以及“通约性”进行了批判。科赫在此所说的这几大特征，正是现代性在现代心理学中的体现。

西方文化中的现代主义与现代化的过程是联系在一起的，与科学技术的发展以及这一发展对世界的祛魅，是联系在一起的。启蒙时代的心理学反映了人类摆脱灵魂观念，朝向物质观念的运动。康德给启蒙所下的定义是，“启蒙运动就是人类脱离自己所加之于自己的不成熟状态”[①]。缺少理性被认为是人类不成熟的标志，因此，启蒙精神的实质就是高扬理性。

“笛卡儿把法国心理学思想引向唯物主义……他相信有一个自由的非实体的灵魂和一个机械操作的身体，他用二元论解决这两个实体之间可能的矛盾。”[②]笛卡儿的机械动物观开启了时代从惟灵主义走向唯物主义的运动。18世纪，拉·美特里断然砍去笛卡儿二元论中灵魂的一端，径直宣称“人是机器”。他试图表明，当时人们所说的“灵魂的官能”从本质上讲依赖于大脑组织和身体的其他部分。当美特里断言灵魂不过是台“启蒙了的机器”时，我们看到科学已在理论上完成了“世界的祛魅”。

“祛魅”也就是德国社会学家马克思·韦伯所说的“驱除魔力”。现代性及对现代性的不满皆来自于此。这种祛魅的世界正是崇尚二元论和还原论的现代哲学。它既是现代科学的依据，又是许多科学产生的先决条件，并且被认为是科学本身的结果和前提。在对自然和世界的祛魅过程中，由伽利略始创并由笛卡儿完善的分析方法起了重要的作用。对分析法的作用的无限夸大必然导致形而上学的还原论，也就是把事物从复杂还原为简单，从多元还原为一元。丰富多彩的生活世界被简约为线形的逻辑。科学需要一种还原论的解释，摒弃一切从人的原因到所有远距离作用的向下的原因。机械论观点的中心内容是，否

① 康德：《历史理性批判文集》，22页，商务印书馆，1996。
② 波林：《实验心理学史》，182页，商务印书馆，1981。

认自然事物有吸引其他事物的隐而不露的力量。泛灵论天然的“远距离作用”被彻底否认了。因此，“所有从人性到非人性过程的‘向下的原因’都被革除；用基本的非人性过程解释一切的还原论方法被广泛接受。就这样，整个世界被祛魅了。这就意味着，宇宙间的目的、价值、理想和可能性都不重要，也没有什么自由、创造性、暂时性或神性。不存在规范甚至真理，一切最终都是毫无意义的。”① 科学的发展与世界的世俗化(祛魅)互为前提又互为结果，共同开启了现代化的进程。

理性的客观性概念，要求观察者与客体之间放弃对等的互动。科学家成了博识的计算者和独立于自然之外的、对象的观察者。科学家可以观察自然，但自然却不可能影响自身被观察。科学的解释被视为外在观察者对反映真正的决定关系的、定律般的规则的阐述。科学渐渐取代了神学，开始被界定为对于超越时空、永远正确的普遍自然法则的追寻。在现代的世界中，科学家是惟一的“人类立法者”；科学成了知识(episteme)的惟一代名词。“科学”不予承认的东西，就不具有合法性。

从其诞生的第一天起，现代心理学就竭力追求自身的“合法性”。主流心理学竭力向作为显学的物理学靠拢，将物理学的语言当作自己的理想术语。现代心理学的理论常常奠基在相当严格的观察之上。心理学家希望通过对对象的观察和研究而得出可以普遍适用的定律。然而，问题是这些对象基本上不是白鼠，就是实验室中的大学生。他们都不是社会中活生生的人。当有着丰富内涵的人的内心世界被物化并外化为测量对象时，现代性所追求的大写的科学已经将意义完全排斥。从艾宾浩斯的无意义音节到行为主义以物理学术语对无意义行为的描述，都企图在对人的科学研究中祛除意义。这是因为实在论认为，无论事物有什么样的客观存在，人都可以凭借与客观存在相符的方法去加以认识。科学知识是科学家脑中镜的真实反映。大脑被想像成一块白板，感知的印象就是留在这块白板上的信息。科学之眼因实验和数学的精确方法而变得更加明晰。科学作为大自然的镜中映像，理应永远为真。因此，虽然自然被还原成仅有统计数据而无主观价值标准，但是这种科学之真仍然被认为不仅在某些控制的环境中是有效的，而且具有普遍性。这种科学之真不是暂时的真，而是永恒的、绝对的真。在现代观念中，科学是追求真理的，只有真理才能给我们以真相。真理是放之四海而皆准的。大写的科学模型假定，自然界和人类对自然界的认识之间，有着紧密的、不太复杂的符合。因此，只有永远正确的绝对真理才是科学的本质。现代心理学也竭力追求这种“普适性”，试图找到具有无

① 大卫·格里芬：《后现代科学》，14页，中央编译出版社，1998。

限普遍性的、适于一切行为的规律。

我们知道，在知识起源的问题上有“外成观”(exogenic perspective)和“内成观”(endogenic perspective)之分①。前者认为，外部世界在人的认识产生过程中起着主导作用；而后者正好相反，认为内在的心理活动在知识产生过程中起着主导作用。这两种知识观的对立，其实正是哲学中不同理智传统的对立。它们体现了不同的认识论取向。

经验主义取向的思想家往往视知识为心理表征。他们认为，知识源于实在世界，我们有可能获得关于这个世界的有客观根据的知识。适当的知识完全能够映射或镜像般地反映实在世界的实事状态。知识的外成观构成了科学自身基础的后设理论。主流心理科学的当代理论基本上是经验主义或外成论哲学的副产品。行为主义心理学信奉的正是这种外成论的知识观。而理性主义取向的思想家则认为，知识有赖于机体的内在过程。人类有着各种内在倾向，如思考、分类或信息加工。正是这些内在过程对知识的形成有着极为重要的意义。

当代与行为主义相左的认知主义心理学，信奉的则是内成论的知识观。然而，由于认知心理学依旧沿用行为主义的实验方法，并刻意追求真正独立于主观评价之外的客观真理，所以，认知心理学事实上已忽视了它所要解释的对象——认知过程的重要性。

虽然行为主义和认知主义这两大势力在研究取向上有所不同，但有一个共同点，那就是视“心智”为一种具有确定意义的实在。在主流心理学的视阈中，“心智”完全具有实证主义意义上的决定论色彩。主流心理学放弃了对价值、对心理的特殊性，以及对心理发生的特殊语境——社会的研究，将问题局限在经验的、技术的层面。结果，在自然科学的模型中，人及其心灵被看作同其他实体一样的物。行为主义和各种实验主义心理学完全专注于有机体与环境间的互动，专注于这一物理体系中的种种因果关系。

在现代主义旗帜下，现代心理学崇尚形式“理性”，追求科学主义的假设—演绎理论，并将预测和控制作为科学的标准。西方心理学家力求发展出一套理论程序，希望能够找到一种经典的实验—定量方法，以解决心理学的一切问题。20世纪的技术发展，更是让人觉得，人类似乎到了发现根本规律的边缘，人们似乎真的可以想像乌托邦社会的可能性了。如果说早在17世纪，培根就创造了一个科学乌托邦——大西洋国的话，那么到了20世纪，这一乌托邦便由美国心理学家斯金纳改造成一个更加完善的“沃尔登第二”。在这一理

① K.J.Gergen, *The Social Constructionist Movement in Modern Psychology*, in American Psyehologist, Vol.40, No.3, 1985, p.269.

想国中，科学解决了日常生活中的一切难题，疾病被消灭了，粮食富足，寿命出奇地长。不仅如此，斯金纳还凭借其行为控制技术，积极进行文化设计以完善控制。人类的自由与尊严被超越了。一切都在控制之中。

现代心理学还崇尚现代性所强调的“通约性”。心理学家努力寻求用来比较各种异质理论以及理论争论的裁定程序。现代心理学家完全信仰那种具有普遍综合性的、定量化的行为理论。他们的理想是，行为的数学与机器的数学同样精确。心理学完全是按照自然科学所遵循的“伽利略原则”——测可测之物，并使不可测之物可测——而发展的。总之，对于现代心理学来说，科学的脸面远比真知灼见更具魅力。心理学史已成了对自然科学的模仿史。“在体制的建构领先于学科的内容，方法领先于问题方面，心理学真可以说是绝无仅有的。”[①] 对自然科学的盲目追求并没有促使心理学的昌盛，却导致这样一种现象的存在，那就是：“心理学正在从社会科学中神秘地消失。它在现实世界中的闻所未闻的成功，已诱使着它放弃那种理论生活(theoretical life)。”[②] 这就是说，心理学的传统领域被自然科学化后，心理学的学术地位已变得极不明朗。心理学开始分化和萎缩。在美国的高等院校中，一部分心理学系已经解体，并被纳入“脑科学或认知科学”院系之中。

现代总是从一种极端化的情绪陷入另一种情绪。它导致一种彻头彻尾的乌托邦、末世说和虚无主义。当关于乌托邦的企盼令人失望之时，现代也就陷入末世说式的绝望之中。由于末世实际上不可能出现，现代也就沦为一种虚无主义。

第二节　后现代性与心理学的发展

从字面上看，后现代性(postmodernity)似乎是指在现代之后，然而，对它到底是指与现代性的一种决裂抑或仍是现代性的延续，有着不同的争议。不管怎么说，“后现代”并没有想创设出自己的一套系统理论或综合性哲学体系，而是要对当今文化作出不同的诊断和解释，即要对众多不同的相关现象作出描述。

后现代思潮中的一个明显特征是，人们丧失了对客观世界的信仰，并对合法性的元叙事表示怀疑。随着对整体(global)思想体系的去合法化，普遍、客观的实在丧失了自身原有的基础。在哲学中，人们也放弃了对单一实在的信

① S.Koch(ed.), *Psychology: A Study of a Science* (Vol.3), New York: McGraw, 1959, p.783.
② A.Bloom, *The Closing of the American Mind*, New York: Simon & Schuster, 1987, p.361.

仰，而这一实在曾被认为是通过感知在我们脑中主观地加以复制，或在科学的模型中得到客观呈现的。后现代认为，根本不存在任何纯粹的、未加诠释的数据，一切事实都体现了理论。知识成了作出有效行动的能力。后现代一词并不意味着反现代性。后现代的历史研究方法既不表示对过去的尊敬，也不是对传统的完全抹杀。它是要在一块白板上重新书写历史。因此，后现代的方法具有拾起传统要素，在新的语境中再加以利用和拼凑的性质。

一、后现代转折

心理学的当代研究，相当程度上是在现代主义的架构内进行的。从20世纪60年代起，在心理学家从中寻求理性基础的科学哲学领域中，出现了反绝对真理的涌动。20世纪70年代，美国哲学家库恩提出了用社会因素解释科学革命起源的命题，对基础主义(foundationalist)思想形成强烈的冲击。库恩认为，心智是由理论组织而成，并受到社会惯习(social institution)的强化。揭示理论和社会惯习的影响作用并不会使科学事业丧失价值；恰恰相反，它只会使科学增添一些人性而已。在库恩看来，知识增长其实是观点转换的结果。不通过范式的转换，我们是无法凭借系统研究来增进我们的知识的。社会因素使科学家受到常规科学的束缚，理论的转换则使科学家得以逃脱。

然而，库恩并没有说明这种转换是反对科学研究方法的结果，还是无视经验实证研究的结果。这种说明由费耶阿本德在《反对方法》一书中完成。他站在实在论的立场上，提出相对主义的真理观。他认为，理论是“人”创造出来的，没有一种理论可以称作是真理，因为任何理论都不可能与它所研究的事实完全符合。由于任何用实验、观察或任何其他研究方法所获得的结果，都受到理论的指引，所以我们从一个理论出发，看到只是与理论一致的事实，而无法看出其盲点。费耶阿本德因此提出方法论的无政府主义，希望以“什么都行”这个口号，来挑战“科学主义”的意识形态。他要以这种“反归纳法”来向人们说明，科学是人类所发展出来的众多思想方式之一，但并不一定是最好的思想方式。种种批评改变了科学哲学的重心所在。基础主义开始让位，科学进入所谓的后经验主义时期。

在反实证主义者对经验主义的基础主义进行批判的同时，知识社会学家也加入这场对绝对真理的颠覆运动。他们认为，真理似乎首先是个视角问题，而观点说到底是社会交换的产物。不同的观点先天地处在交际和关系的体系之中。所以，在科学中被当成知识的那一切，完全可以被视为科学这一文化内部的社会过程的结果。由此，便引起更广泛的关于科学这一文化的研究。阿多诺和霍克海默等批判理论家早在20世纪30年代就对社会科学的价值中立的主张表示质疑。在哈贝马斯的努力下，这一怀疑到20世纪80年代便日趋明朗。哈贝马斯认为，价值和意识形态问题由科学家非常系统地转变成技术问题。只要这种转变一发生，价值的问题就被压制了。技术上的巨大成功，往往会使技术精英的价值立场神秘化，乃至被忽视。然而研究表明，科学家在其对研究结果的组织、对事实性资料的解释、对研究方法的选择以及对知识概念的理解上，都存在着偏见。因此，无论是科学的理性判断，还是对经验主义方法论的依赖，都无法使科学家摆脱道德、伦理、意识形态等问题。不论结果好与坏，所有的观点都会对生活方式产生作用。

具有后现代倾向的思想家认为，自然科学企图以惟一的标准去衡量叙事知识，从而使一切人文知识陷于“非合法状态”。在知识的合法性问题上，福柯认为，任何时代的任何话语，都不是个人的创造和想像力的结果，也不是自然而然延续的结果，而是权力的产物。权力通过一系列复杂的程序和隐蔽的手段，来控制、选择、组织和传播作为话语形式的知识。话语构成了普遍的文化实践的基础部分。在福柯看来，真理和谬误间的区别，始终是由不同时期的社会权力中心中占上风的话语模态决定的。而这种话语模态与其说是在假设与观察，或理论与实践之间进行自主交流过程中所形成的产物，不如说是构成在一定时期内决定哪些理论和实践占上风的基础。福柯据此认为，西方人“求知意志”的现代史，并非一个不断迈向“启蒙”的进步和发展的历史，而是一个在由各种排斥所构成的系统中欲望和权力永无止境的相互作用的产物。因而，话语的背后是欺和骗的结构。而不同的话语之间是激烈的争斗，一方是那些声称自己对话语拥有“权力”的集团，另一方则是那些被否认对他们自身的话语拥有权力的集团。在福柯的努力下，事实描述与权力间的关系变得非常明确。

随着各种观点在社会中的产生并被整合到社会之中，社会所具有的种种社会性安排相应地也出现变化。各种话语都会成为社会变迁的支撑点。正是在这样的一种语境中，修辞研究得到复兴。因为，学术写作说到底是一种修辞形式。其作用具有劝说性，从而也具有强权性。因此，对学术性论述所具有的修辞性质加以理解，也就是在对它们所拥有的权力加以理解。

后现代性向主流心理学赖以发展的现代主义假设提出了挑战。总的说来，变化可能会在以下几个方面出现[①]。

1. 主题材料的消失

在现代主义时期，心理学家可以很有信心地宣称，存在着一个确定的研究

① S. Kvale, *Psychology and Postmodernism*, London, Newbury Park, New Delhi, 1992, pp. 23 – 24.

主题。无论是心理或行动，总有一个领域可以加以阐明。这是因为，作为现代性的实践，现代主义的内核在于对可知世界的信仰。这一信仰要求，每一学科都应具有自身确定的边界。每一学科都是构成其主题材料的那一可知世界的一个领域。现代心理学在假定一个可知的主题之后，坚持了现代主义的普适观。在现代心理学看来，一定存在着可以被发现的、主题材料的原则和规律；对个别的研究可以推广到所有的时间、地点和人之上。但是，在后现代的观点中，上述论点是不成立的。因为，正如我们所见，后现代主义假设我们的语言成了反映世界的镜子，并由此提出了一些根本性问题。世界性的话语主要是在社会过程的基础之上运作的，而社会过程反过来又因各种修辞规则和修辞选择而得到确定。因此，假定主题材料的独立存在并由话语得到反映，也就是对话语作一种无保障的客观化。这种物化可能充满着各种意识形态和价值的偏见。因此，假定主题材料就是将自己的本体论的价值基础神秘化。

后现代思想专注于异质的语言游戏、不可通约性、不稳定性、决裂和冲突。会话不再是两人间的对话，而是一种语言游戏，是对手间的对抗。关于意义的普遍共识根本不是理想。根本没有任何对不同的语言游戏和范式加以度量和比较的标准方法。它们是不可通约的。后现代世界的特点是，不断转换视阈，毫无作为基础的参照系，有的是多种变化中的视阈。语言和知识并非复制世界。确切地说，语言建构了实在。每一种语言都以其特有的方式建构着实在的特定方面。后现代关注的，是对实在的语言建构和社会建构，是对生活世界的意义的阐释和商定。

人类语言既非普遍亦非个别，而是以方言或民族语言的形式，植根于特定的文化之中。当下的哲学经历了语言转向，专注于语言游戏、言语行为、诠释学的阐释、文本分析和语言分析。语言游戏发生于地方性共同体之中；它们具有异质性和不可通约性。一种语言中高度凝练的表述(如诗歌)，如不改变其意义就不可能转译成另一种语言。不存在任何元语言，不存在任何通约性。因此，对语言的关注意味着对主体的去中心化，自身(self)不再用语言来表达它自己；语言通过人来言说自己。个体的自身成了文化及其语言中介。

2. 从普适性到语境性反思(contextual reflection)

在现代主义的论域中，我们总是有可能对某个主题材料的普适性进行追问。这是现代性的另一个主题，即社会与独特的个人之间的普遍性与个别性之分。这种二分法忽视了人类在特定社会和历史语境中的活动和语言的植根性。在现代性中，个人不是普遍意志(universal will)、历史或自然的普遍规则的对象，就是世界的中心：个体的自身感受成了现代思想的基石。个人要么是确然的自身，要么是应然的自身。从后现代的观点来看，这种追问不仅使人所具有的理解的先在结构具体化，而且还遮蔽了这种先在结构所具有的价值承诺。

如果将人从其语境中抽象出来，那么我们就会陷入普遍与个别的对立之中。解脱的方法是，对文化和社会语境中的人加以研究。地方性互动，亦即群体性网络，是一个很好的背离点。普遍的法则和独特的个体自身，可被视作对人的现世存在的抽象。随着意义的或元叙事的普遍体现的瓦解，人们将文化重新叙事化(re-narrativization)，强调沟通和信息对听众的影响。如今，人们感兴趣于叙事和对故事的言说。与求助于元话语或乌托邦这样一种外在合法性不同的是，利奥塔主张，通过一种叙事性知识而获得内在的合法性。叙事不仅仅是信息的传递。在对故事的言说中，叙事者与听者的地位，以及它们在社会秩序中的位置形成了。故事创造并维系社会结合。群体的叙事坚持这一群体的价值与社会秩序。后现代要求，研究者能够对自己的科学追问的历史条件(如话语的植根性、局限性、支持该话语的文化模式等等)给个说法。批判性自我反思是后现代学术的关键。

3. 方法的边缘化

在现代主义传统中，方法论实际上被神化了。方法论(其实是定量方法)被当成通向真理和光明的手段，因而也是拯救的手段。从古典行为主义到新行为主义，到现代认知心理学，都具有方法中心的倾向。如果说行为主义为了适应客观的方法，竟然否定心理学的真正对象——意识，用能够被观察和实验的行为取而代之的话，现代认知心理学则在它运用先进的计算机技术进行精致的实验时，将人类复杂的意识简化和人为化了。然而，在后现代主义中，方法论丧失了它的主导地位。心理学的研究方法甚至被认为是一种证明正当性的、误导性的手段。实验方法论往往将个体塑造成机械的自动机角色，其行为只是环境输入的产物，因而完全否认个体的自主行为的可能性，否认他们应担负起的个人责任。这种方法论在作为科学家的知者(scientist-knower)与主体之间做出人为的划分，似乎只有通过这种异化了的关系才能获得知识。

在后现代状况中，对实际世界中异质的、非通约性语境的重视，也就意味着形式化的、实验和统计的研究方法的霸权地位的丧失。以定性的方法，可以很好地把握人类实践的意向本质。从后现代的观点来看，产生知识的途径是多种多样的。当代对定性研究的兴趣映照出科学哲学内的语言和会话转向。人们关心的重点已从与自然的冲突转向人与人之间的会话，从与客观实在的相符转向对意义的协商。

二、后现代语境下的心理学前景

如果将心理科学与后现代文化结合起来加以讨论，那么我们可以看到心理学发展的三个前景①。当然，这三大前景只是关于后现代状态和心理科学之间关系的不同视阈而已。

首先，从极端的立场来说，后现代的主体死亡等于是心理学这一关于主体的现代科学的死亡。如果说心理学一直是现代性用以探讨人的一种优先方式，那么，后现代时期也可以意味着一个后心理学时期。后现代的主体去中心化可导致现代主体科学的去中心化。如果心理学过分专注于个体的主体性，它就有可能消解为一门单独的科学。然后，它也可能与在后现代自由发展的其他学科融合，如新兴的计算机认知科学、神经生理学、语言学等，并与健康科学运动相融合，专门对作为“生物—精神—社会单元”的人的研究和修复。

其次，从另一个极端立场来说，当代心理学可以被视作后现代的概念拼贴，是一首充满从其他领域中引借的再生(recycled)观念和方法，并按大众文化的最新消费者的要求拼凑而成的混成曲。凭借其适应性和灵活性，心理学可以像阿米巴虫一样爬进治疗、自我实现以及人员的选择和控制这样一个市场中的任何一个空位之中。

再次，还有另一种心理学。它走出心理考古学，进入当今世界的文化景观之中，并直接进入后现代的话语之中。这将包括直面特定历史、文化境况中人类生存的植根性，以及对艺术和人文科学所提供的对人的状况的洞识的开放态度。研究的主题，可以包括对实在所做的语言和社会性建构、地方性语境的交互关系，以及关系网络中的自我等研究。这就要求接受一种开放的和含混的知识本质，并通过实践获得知识的效度。这就涉及多方法的研究路向，包括对人与世界的关系的多样性所作的定性描述，对试图对这一关系进行描述的种种文本进行解构。但是，目前的问题是，这种变化过于激进，以致在具有强烈的个体主义和理性主义植根性的心理科学中找不到一席之地。

从这三大前景中，我们看到了一门去中心化的心理学，一门作为后现代概念拼凑的心理学，以及一门非常激进的、另类的后现代心理学。事实上，后现代思想中有一种理性的扩张，它要超越认知的和科学的领域，将伦理的和美学的领域也纳入理性之中。“现代的时代”涉及一种有限的理性观，凸显了技术的手段—目的理性。人们曾过分强调计划和程序，强调计算、预测和控制。理

① S.Kvale, *Psychology and Postmodernism*, London, Newbury Park, New Delhi, 1992, p.52.

性和科学过重地肩负着乌托邦的幻象。在那里，人类的一切问题，从长远来看，似乎都可以通过科学技术得到解决。后现代思想则超越了康德对现代文化所作的科学、道德和艺术三分法，复兴了伦理和美学的领域。实证主义的事实与价值的分离，再也不具有公理性。科学是一种由价值构成、又构成着价值的事业。

三、后现代与心理学的本土化

西方后现代思潮是以科学主义的泛滥为背景的。在中国与在西方谈后现代性，尤其是谈心理学的后现代性，语境是不同的。我们在相当程度上是将现代西方心理学的困境当作前车之鉴来加以谈论的。西方后现代取向的心理学强调放弃中心统一的心理学，主张多种心理学群的研究，这为未受实证主义制约的中国心理学提供了一个融合科学与人文心理学的机遇。

从历史渊源来说，心理学是西方文化的产物。心理学本土化的目的，并不完全在于对后殖民文化的反抗，还在于要跳出当今单一的心理模式。本土心理学并不是与西方心理学相对立的一种心理学，而是“把已经西化的心理学本土化”（杨国枢语）。这就要求承认历史的现实，不可虚骄地宣称本土心理学要重起炉灶。本土心理学的核心在于哲学，并不在于琐碎的课题和方法。这与实证论在认识论上的错误是相左的。由于实证主义将问题局限在经验的、技术的层面，因而妨碍了心理学在本体论和认识论层面上的自我反思。本土心理学在一定程度上给予现代心理学以文化赎救(cultural redemption)。因此，“本土化具有消灭、转化、厘清乃至超越此种知识创衍移植之偏误现象”[①]。

本土心理学是相对于西方主流心理学而言的，是把已经西化的心理学本土化。因此，必须历史地理解心理学本土化。通过心理学的本土化，我们才能与西方后殖民的论述保持一定的距离，这样我们才能有自己的发言权。心理学的本土化就是对西方大一统主流心理学进行解构，接受依据具体境况给个说法(account)的正当性。

在后现代的境况下，研究者可能放弃以往那种将心理行为和观念当作直接的理解对象的研究理念。这是因为，根据这样一种理念，研究者必然会尽其所能专注于方法的运用，以便将观察的资料记述得更加详尽并在研究中充分地加以运用。根据经验主义的范式，既适于研究者又适于人类主体的知识的基础，在于可观察的“原始资料”。这些资料被认为是有关可以通过独立于诠释的方

① 叶启政：“对社会研究‘本土化’主张的解读”，载《香港社会大学学报》，1994(3)。

式来加以认识和记录的那个世界的事实。在这一范式中，科学追问的一个关键要素是独立于理论的“资料收集”。这一过程被认为先于并且在逻辑上独立于理论建构、人类主体。这是一种被动的知识观。但是，人类思维和行为的计算机模型，依赖的正是这样一种观点。

后现代心理学家往往将历史的文本或行为者的话语视作历史文化的脉络，而非事实本身。人文的心理学注重定性研究，即对文本或话语的行事进行认定。因此，在后现代的语境中，心理学知识的来源不同于现代主义语境下的知识来源。在知识的起源上，各种形式的理性主义追问对知识的起源都有一个共同的看法，那就是，“理论化”是产生知识的最主要方式。个体正是通过提出假设和证实假设的方式，来认识世界并作用于世界的。皮亚杰的发生认识论的基本原则正在于此。在皮亚杰看来，甚至婴儿的感知运动智慧(sensorimotor intelligence)也是通过试误形式发展的。这种试误形式等同于科学实验的基本动机，即对环境的工具性控制。尽管乍看之下，这具有一种数理逻辑的的效度，但是，结构主义一般认为社会性世界也是以同一种方式被人认识的。因此，在理性主义的范式中，知识不仅基本上具有演绎性，而且知识的增长或发展也被认为是按照逻辑的方式进行的。根据这种观点，知识则具有程序性，是通过理论化或逻辑分析的过程达致的。

后现代则认为，人类活动的模式主要是围绕话语展开的；话语也许是各种关系得以实现的最关键的媒介。由于话语存在于一个开放的市场之中，并且以混乱、弥漫的变更为特征，因此，人类行为的模型也始终是处在不断展开之中。所谓行事的内涵正是在于将文本和话语放回到实践的时空中，考察其历史和处境的变化。正如巴赫金所言：“真切的不是生在一个人的大脑里，而是出生于人与人的对话之间。”① 人的社会性世界并不是独立于人的活动而存在的。在日常活动中，我们每个人都对他人有所理解。这是因为我们掌握了语言。“我们对我们的实在的理解和经验，很大程度上是由我们试图对这一实在加以述说而必须言谈(talk)的方式为我们建构的。”②

社会建构论者认为，人化世界是通过话语建构的。日常生活表明，人并非孤立的认知者或世界的诠释者，而是和他人一起共同参与实际的交际活动。正是在人们合作的“言谈”活动中，思想、感情、个体的各种筹划形成了。人将外在世界作为一个终极事实加以接受，并对之加以解释，使之连贯、易于理解和领悟。这一“建构”是在诸如宗教、艺术、科学、哲学乃至日常生活等人类

① M.M.Bakhtin, *The Dialogical Imagination: Four Essays*, Austin: University of Texas Press, 1981, p.110.
② J.Shotter, *Social Accountability and Self Specification*. In Kenneth J.Gergen, Keith E.Davis, *The Social Construction of the Person*, New York: Springer-Verlag, 1985, p.168.

活动中，以不同的方式加以实施的。在所有这些活动中，人被证明并不是外在世界被动的接受者。人富有创造性。但是，“人所创造的并不是一个实体性的东西，而是一种关于经验世界的陈述，是一种关于经验世界的客观描述”①。这一述说对于智、对于自身的发展是至关重要的。因此，心理过程永远只是历史的暂时显现。当下的话语、行动和文本只是我们理解的一个部分，整体则是尚未确定的实践空间和历史时间。

后现代思潮从 20 世纪 80 年代起，开始对心理学领域产生影响。但是，这种影响仅仅是作为有别于主流心理学的“另一种声音”出现的。相对一个半世纪以来孜孜追求科学主义之道的现代心理学而言，这种声音是微不足道的。

然而，后现代对主流心理学的现代主义范式进行反思和解构，其意义和必要性是显而易见的。应该说，心理学的每一步发展，都伴随着人性的某种丧失。在行为主义心理学的鼎盛时期，心理学的对象——人似乎无异于自动机，无异于自然界中的动物。心理学由于一味注重于方法和手段，忽视社会和文化的作用，已日益远离自身的研究对象。狭隘的思维方式，严重地阻碍了心理学的发展。后现代作为一种另类的思维方式，为我们展示了一片新的视阈。其强调差异性、独特性和多元性的观点，对拓展心理学的疆域是有益的。后现代反对的是科学主义的“霸权主义”及其“元叙事”，但并不反对科学本身。后现代主张兼收并蓄，为我所用，即所谓的“什么都行”。后现代的语境观提醒我们，文本的解读与文本的语境之间有着不可分割的关系。因此，所谓普遍的心理规律是根本不存在的。

我们在接受后现代的心理观时，应该发扬的是后现代的怀疑精神和批判精神，但要避免其无政府主义和相对主义乃至虚无主义的陷阱。

① 恩斯特·卡西尔：《语言与神话》，173 页，三联书店，1988。

后 记

我国现有自编的心理学史教材，或者由于编写时间较早而没有反映新的研究成果，或者是专门的西方心理学史，或者虽然涵盖了中外心理学的历史，却又是篇幅宏巨的心理学通史。考虑到高校心理系、教育系、哲学系、社会学系等有关专业开设心理学史课程课时较少而知识面又要求较广的实际情况，特组织力量编写了这部涵盖中外的简明心理学史教材，同时也可以借此满足社会上对心理学史感兴趣的其他读者的需要。

前年我主编出版了五卷本《心理学通史》，本教材就是在这部通史的基础上编写的。因而，本书也能基本上反映出《心理学通史》的一些特点。第一，指导思想明确，坚持辩证唯物论与历史唯物论的编纂原则，运用唯物的、辩证的、历史的观点分析和评价问题。第二，内容比较全面、系统。尽管限于课时要写得简明扼要，但总的说来建构了一个横跨中外、纵贯古今的内容框架，概要地反映了中国、西方国家和苏俄的心理学史。第三，学术观点的新颖性与科学化。在吸取已有心理学史教材长处的基础上，尽力反映中外心理学史研究中的新材料新观点。第四，编纂体例的完整性与多样化。中国古代心理学思想史按范畴专题编写，中国近现代心理学史分时期编写，外国心理学史则按流派编写，这样可以反映各自的实际与特色。

本书的作者主要是一批中青年教授、副教授、博士后和博士，其中许多人原来就是《心理学通史》一书的撰稿人，这对编写本教材也带来一些方便和好处。各章执笔人为：杨鑫辉(绪论、后记)，彭彦琴(第一章)，刘华(第二章)，汪凤炎(第三、第四章)，施春华(第五、第七章)，邹艳春(第六章)，吕航(第八章)，郭永玉(第九、第十七章)、李爱梅(第十章)，郭斯萍、陈培林(第十一章)，罗清旭(第十二章)，王国芳(第十三、第十六章)，王光荣(第十四、第十八章)，曾红(第十五章)，邵迎生(第十九章)。

本书由我拟定编写大纲与编写原则、体例与要求，并负责中国心理学史与苏俄心理学史的统稿和全书的最后定稿。特邀西方心理学史博士生导师郭本禹教授担任有关西方心理学流派各章的主审和统稿工作；对他的辛勤劳动与大力帮助，表示衷心的感谢。本教材尤其是西方心理学史许多章节的执笔人，参阅了《心理学通史》和叶浩生教授主编的《西方心理学的历史与体系》等著作，谨向有关作者深致谢意。暨南大学出版社张仲玲同志对本书的编辑出版给予了大力支持，我的学生曾红博士、王国芳博士协助做了一些具体工作，一并在此致谢。

对于本教材存在的疏漏之处，敬请专家和读者提出宝贵意见，以便再版时改正。

杨鑫辉

2003年7月9日于南京师范大学寓所古今斋